2011－2020年國家古籍整理出版規劃項目
國家古籍整理出版專項經費資助項目

張岱全集

胡益民 主編

古今義烈傳 史闕

（明）張岱 著
石梅 點校

鳳凰出版社

圖書在版編目（CIP）數據

古今義烈傳；史闕 /（明）張岱著；石梅點校. --
南京：鳳凰出版社，2020.8
（張岱全集 / 胡益民主編）
ISBN 978-7-5506-3258-5

Ⅰ. ①古… Ⅱ. ①張… ②石… Ⅲ. ①歷史人物－列傳－中國－古代②中國歷史－雜史－明代 Ⅳ. ①K820.2 ②K248.045

中國版本圖書館CIP數據核字(2020)第164174號

書　　名	古今義烈傳　史闕
著　　者	(明)張　岱 著　石　梅 點校
責任編輯	汪允普
裝幀設計	陳貴子
出版發行	鳳凰出版社(原江蘇古籍出版社) 發行部電話025-83223462
出版社地址	江蘇省南京市中央路165號，郵編:210009
出版社網址	http://www.fhcbs.com
照　　排	鳳凰零距離數字印前中心
印　　刷	蘇州市越洋印刷有限公司 江蘇省蘇州市吴中區南官渡路20號，郵編:215104
開　　本	880毫米×1230毫米　1/32
印　　張	21.625
字　　數	378千字
版　　次	2020年8月第1版
印　　次	2020年8月第1次印刷
標準書號	ISBN 978-7-5506-3258-5
定　　價	158.00圓

(本書凡印裝錯誤可向承印廠調换，電話:0512-68180628)

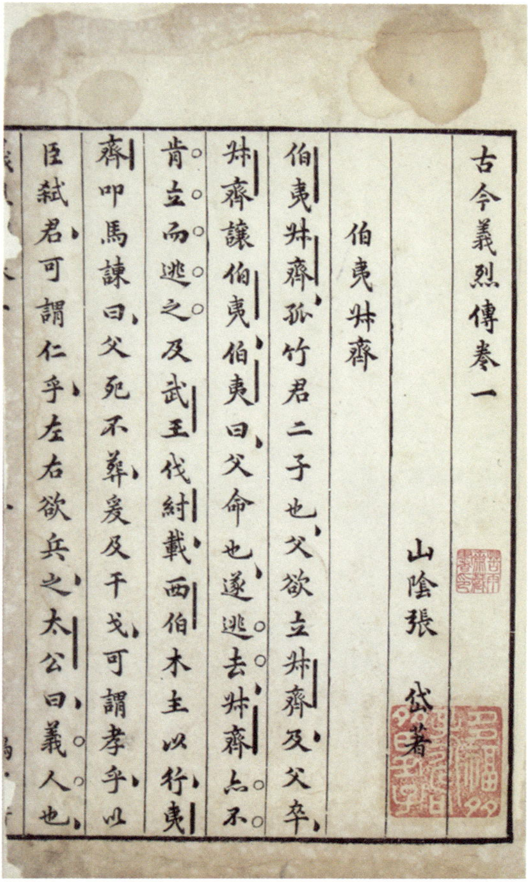
古今義烈傳卷一

山陰張　岱著

伯夷叔齊

伯夷叔齊孤竹君二子也父欲立叔齊及父卒叔齊讓伯夷伯夷曰父命也遂逃去叔齊亦不肯立而逃之及武王伐紂載西伯木主以行夷齊叩馬諫曰父死不葬爰及干戈可謂孝乎以臣弑君可謂仁乎左右欲兵之太公曰義人也

圖一

《古今義烈傳》卷一卷端（國家圖書館藏明崇禎刻本）

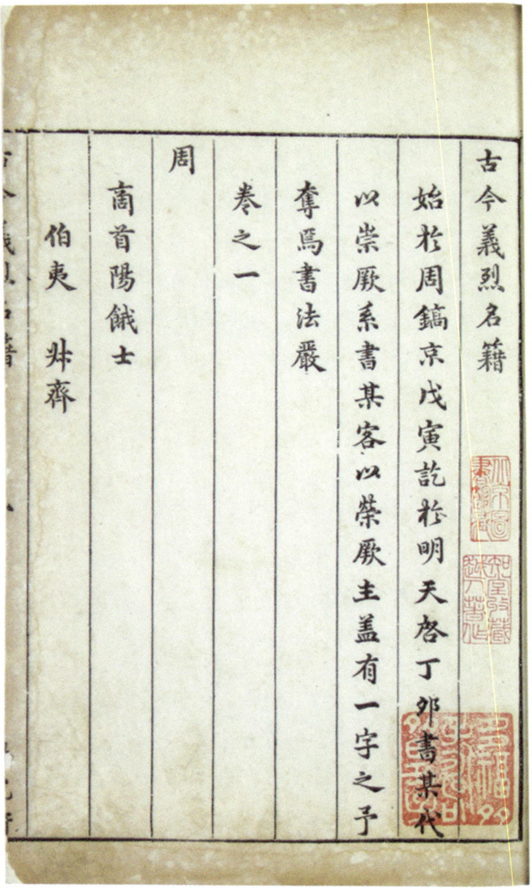

古今義烈名籍

始於周鎬京戊寅訖於明天啓丁卯書其代以崇厥系書其客以榮厥主蓋有一字之予奪焉書法嚴

卷之一

周

商首陽餓士

伯夷　叔齊

圖二

《古今義烈傳》名籍卷端（國家圖書館藏明崇禎刻本）

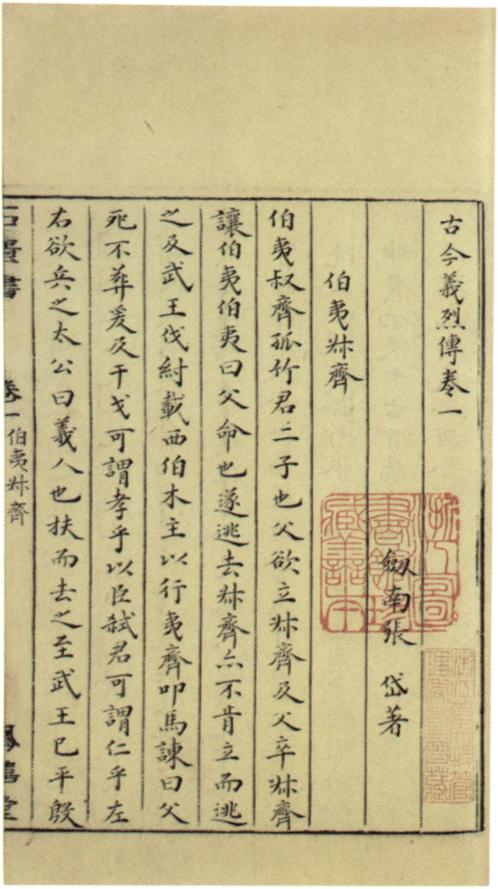
古今義烈傳卷一

歙南張　岱著

伯夷叔齊

伯夷叔齊孤竹君二子也父欲立叔齊及父卒叔齊讓伯夷伯夷曰父命也遂逃去叔齊亦不肯立而逃之及武王伐紂載西伯木主以行夷齊叩馬諫曰父死不葬爰及干戈可謂孝乎以臣弑君可謂仁乎左右欲兵之太公曰義人也扶而去之至武王已平殷

圖三

《古今義烈傳》卷一卷端（浙江圖書館藏清康熙鳳嬉堂抄本）

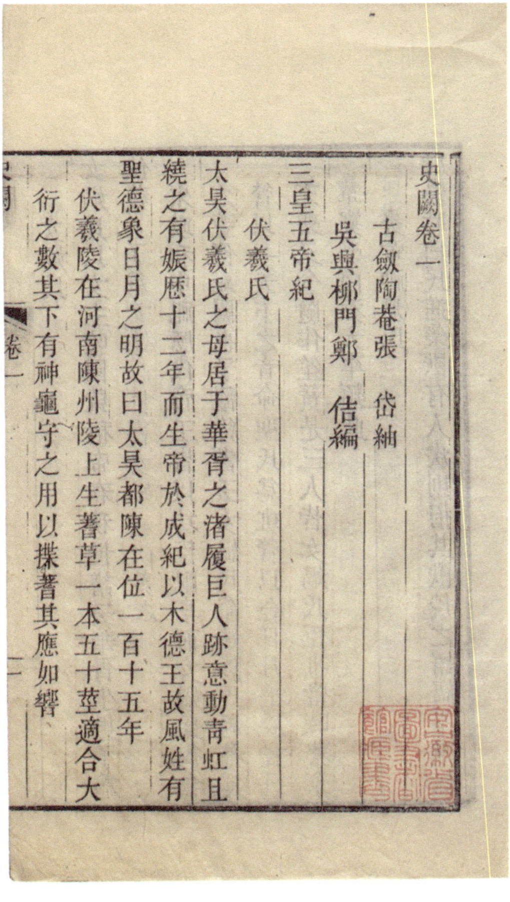

史闕卷一

古歙陶菴張　岱紬

吳興柳門鄭　佶編

三皇五帝紀

伏羲氏

太昊伏羲氏之母居于華胥之渚履巨人跡意動青虹且繞之有娠歷十二年而生帝於成紀以木德王故風姓有聖德象日月之明故曰太昊都陳在位一百十五年

伏羲陵在河南陳州陵上生蓍草一本五十莖適合大衍之數其下有神龜守之用以揲蓍其應如響

史闕　卷一　一

圖四

《史闕》卷一卷端（安徽省圖書館藏清道光四年徐鴻本刻本）

整理前言

明末清初的文壇群星璀燦，張岱是躋身其中的一位文化巨匠，他涉獵廣泛，才藝出衆，學殖富贍，著述等身，被譽爲史學家、散文家、詩人和藏書家。《古今義烈傳》和《史闕》是他撰寫于明季的兩部史學著作。六十九歲時，他撰成《自爲墓誌銘》，枚舉了十五部代表作，自稱「好著書，其所成者，有《石匱書》《張氏家譜》《義烈傳》《琅嬛文集》《明易》《大易用》《史闕》《四書遇》《夢憶》《説鈴》《昌谷解》《快園道古》《傒囊十集》《西湖夢尋》《一卷冰雪文》行世」。可見，《古今義烈傳》和《史闕》這兩部史著的水準足堪代表張岱的史學成就，是他爲自己蓋棺定論之時最爲認可的得意之作。《古今義烈傳》八卷，是一部旌表從商周至明崇禎末年義烈人物的英雄譜録；《史闕》十四卷，是一部記録從三皇五帝至宋遼金元的歷史述評。這兩部通史是張岱較早期的史學著作，體現了張岱青壯年時期即已具備的深厚學養和天賦才情，因此被胡益民先生編入《張岱全集》之首部進行整理點校。

一、張岱生平

張岱，一名維城，字宗子、天孫、石公，號陶庵、蝶庵、會稽外史、六休居士，浙江山陰（今紹興）人。祖籍四川綿竹，因題署「蜀人」「古劍」。生于明萬曆二十五年（一五九七），卒于清康熙年間，文獻中關于他的傳記所稱卒年自康熙四年（一六六五）至二十八年（一六八九）不一，《（乾隆）紹興府志·張岱傳》稱年六十九後又十餘年卒；《（嘉慶）山陰縣志·張岱傳》記卒于康熙四年，稱「年六十九卒」；邵廷采《思復堂文集·張岱傳》稱「年七十餘卒」；温睿臨《南疆逸史·張岱傳》、徐承禮《小腆紀傳補遺·張岱傳》等認爲卒于康熙二十三年（一六八四），所謂「年八十八卒」，且所撰《修大善塔碑》署年八十八；商盤《越風·張岱傳》言卒于康熙二十八年，謂「年九十三卒」。近年胡益民據《有明於越三不朽圖贊》陳仲謀跋及乾隆六十年余烜重刊跋，考證張岱卒于康熙十九年（一六八〇）冬，「岱年八十有四」（《張岱評傳》）。夏咸淳輯校《張岱詩文集》附《張岱年譜簡編》，稱康熙二十八年卒，「葬于項里預營之生壙」，時年九十三歲，且有六子七女。經諸家考證可知，張岱卒年當在康熙十九年冬至二十八年間，準確時間尚待新發現。

張岱生活于明清更祚之際，是家中長子，前半世受祖蔭而儘得享受繁華精奢的生活，戲謔笑駡皆成文章，自言「少爲紈絝子弟，極愛繁華，好精舍，好美婢，好孌童，好鮮衣，好美食，好駿馬，好華燈，好烟火，好梨園，好鼓吹，好古董，好花鳥，兼以茶淫橘虐，書蠹詩魔，勞碌半生，皆成夢幻。」隨著家道中落，至崇禎十七年（一六四四）李自成進京不久，清兵南進，于順治六年（一六四九）攻陷紹興，是年張岱適逢五十天命，國破家亡，目睹了許多親朋故交爲抗清慷慨赴義，他的人生也急轉直下，面臨人生的選擇和際遇的考驗，他絶望于南明諸王復明之路：「唐王粗知文墨，魯王薄曉琴書，楚王但知痛哭，永曆惟事奔逃……弘光貪財好殺，殢酒宣淫。」也絶不更事新朝，笑言「豈無長安米，苟得非所欽」。他直言：「世亂之後，世間人品心術歷歷皆見，如五倫之内無不露出真情，無不現出真面。余謂此是上天降下一塊大試金石。」（《快園道古》卷四）爲了完成《石匱書》編纂的文化擔當、完成張氏三代人的家族宏願，他舉家躲入嵊縣荒僻山中，專事著述。他在《石匱書·義人烈傳》中剖析了自己忍辱而活的衷曲：「然余之不死，非不能也，以死而爲無益之死，故不死也。以死爲無益而不死，則是不能死。而竊欲自附于能死之占。能不死，而更欲出不能死之上。千磨萬難，備受熟嘗。十五年後之程嬰，更難于十五年前之公孫杵臼；至正二十六年之謝枋得，更難于至正十九年之文天祥也。」順治六年秋，他從紹興城外項里回到城中，故宅已毁，他租下諸氏快園廢址稍爲補葺，以爲一家二十餘口栖身地。二十年後，他將快園讓于子孫，自己復歸項里鷄頭山，直至終老。張岱後半生的四十餘年充斥著貧困與淒凉，他在《仲兒分爨》詩中形容自己「骨瘦如鷄肋」，年近七旬仍要做舂米、擔糞之事。然而生計之艱、家累之重絲毫没有影響他的精神世界，他始終保持著士子的堅貞氣節，唯將一腔飽經滄桑的故國之思訴諸簡端，筆耕不輟，《瑯嬛乞巧録》書成時序末題識署「八十四老人古劍張岱書于瑯嬛福地」，八十八歲時撰寫的《修大善塔碑》更堪稱金聲玉振之作！他的著述多成書于清初，因此難得襄助刊刻以廣其傳，現今所見多爲張氏鳳嬉堂稿抄本及後來的傳抄本，這裹有其歷史的成因。關于張岱著述版刻及其存佚情况，黄裳《關于張宗子》一文有述略：「以《夢憶》流布最廣，文集至光緒中始墨版。……十餘年前先後得《史闕》《瑯嬛文集》二種，皆張氏手稿。……其曾于生前墨版者，祇天啓中刻《古今義烈傳》八卷一種。他書不傳。康熙季年始刊《西湖夢尋》五卷于粤東，是爲家刊最早之本。……又有漢陽朱氏乾隆中抄《評東坡和陶詩》一册，後附宗子補和二十四首（見會稽周氏《舊書回想記》）。又《快園道古》一種，則見于《夢尋》原刻《凡例》。年來瀏覽所及，僅乃得此。今《瑯嬛文集》卷一存自撰諸書序文，尚十餘種，（《自爲墓誌銘》所著録自撰諸書，尚有《張氏家譜》《明易》《大易用》《説鈴》《昌谷解》《傒囊十集》《一卷冰雪文》等。）恐皆無從蹤迹矣。」

張岱生于累世簪纓的名門望族，家學淵源，厚業世澤，詩書相傳。其高祖天復、曾祖元忭、祖父汝霖皆舉進士，曾祖元忭隆慶五年狀元及第，是一代理學名家。山陰張氏一門三代藏書弘富，藏書樓有鳳嬉堂、鷗虎軒、壽芝樓、林雲秘閣等處。張岱少時亦喜藏書，四十年間所收藏書籍達三萬卷之著，《陶庵夢憶》述其家族藏書事云：「余家三世積書三萬餘卷。大父詔余曰：『諸孫中惟爾好書，爾要看者，隨意携去。』余簡太僕、文恭、大父丹鉛所及，有手澤者存焉，匯以請，大父喜，命舁去，約二千餘卷。……余自垂髫聚書，四十年不下三萬卷。」張岱自幼博覽群書，對《史記》《左傳》《戰國策》及諸家評著、稗官野史等愛不釋卷，且深諳治學法門，少時即有「神童」之稱，吟詩賦對機敏佳妙，《快園道古·夙慧部》記：「陶庵六歲，舅氏陶虎溪指壁上畫曰：『畫裏仙桃摘不下。』陶庵曰：『筆中花朵夢將來。』虎溪曰：『是子爲今之江淹。』」陳繼儒《序》稱：「古文辭其游戲也。」劉榮嗣《叙義士傳》云：「今秋，其長公宗子來，望其丰采，軒軒若朝霞舉，商古論今，如數家物。」劉光斗《義烈傳序》亦云：「宗子，文恭曾孫……故綜列閎博，蔑足異。余尤異宗子貌恂恂，抱對温克，無卞激之態，而持論諷誼，直以雷光霍開魅界。」鄭佶《史闕後跋》描寫他：「家世通顯，畜梨園數部，徵歌度曲無虚日，未嘗見其挾册吟誦，而酒間譚故事，自四部、《七略》以及唐宋説家瑣屑之書，靡不該悉。頡頏詩酒社中，鮮有能難之者。讀書有天授，睢陽之流亞歟？」張岱早有效法漢代史官司馬談、司馬遷父子的志向，這完全是緣自于家族的影響使然。其高祖張天復纂有《山陰縣志》十二卷和地理類史籍《廣皇輿考》十二卷，曾祖張元忭修《萬曆紹興府志》五十卷、《會稽縣志》十六卷及《雲門志略》五卷，張岱《家傳》稱《山陰縣志》《紹興府志》《會稽縣志》「三志并出，人稱談、遷父子」。張舜徽曾引章學誠語，指出浙東學術注重史學一翼：「南宋以來浙東儒哲講性命者多攻史學，歷有師承。宋明兩朝紀載皆稿薈于浙東，史館取爲衷據。其間文獻之證，所見所聞所傳聞者，容有中原耆宿不克與聞者矣。浙中自元明以來，藏書之家不乏。蓋元明兩史，其初稿皆輯成于甬東人士。故浙東史學，歷有淵源。」張岱從青年時代起服膺家學，參加了曾祖張元忭主持的《會稽縣志》編纂工作。來自家學治史的氣節觀和不畏强權思想的教育，樹立了張岱實録直書、述評嚴謹、史出一手的治史原則，由此奠定了其史著文章的主基調。

二、《古今義烈傳》的撰寫、刊刻與流布

張岱最早的史著實踐，是從《古今義烈傳》開始的。萬曆四十七年（一六一九），張岱二十三歲，生母陶宜人病逝，居喪期間，他開始有意識地廣泛收拾史料，自西周至明季，名垂青史的人物有很多，張岱以「忠義」二字爲義烈之士的選録標準，如《凡例》所明，「凡慷慨赴義，必于倉皇急遽之交，生死呼吸之際，感觸時事，卒然迸眦，如電光江濤，不可遏滅。雖生平未通半面，遽欲與臧洪同日死者，此爲弟一。」而「受人恩結，有爲而死，如荆軻、聶政之流」，皆不得入選。以張岱獨特的史家視角，勘破了人性。史書所記的捨生求死之慘烈事何其多也，然考量其背後原因，有不得已而求死者，如臣之死君者，其實應的是君臣之分難逃天壤，看似臣死君以名節，實則爲斧鑕所逼迫，「故一丁艱厄，有死無他」。有爲利益而求死者，如門客之死家主，應的是主家對寄居食客性命的收買應承，「名分雖定，乃名士不免射鈎，賢臣亦嘗鬻羖，朝秦暮楚，世半有之」。捨生爲取利者，如名聞天下的刺客荆軻、聶政，不收録；不遇明主糊塗捨生枉死者，如蔡邕之哭董卓、揚雄之死王莽，不收録。「凡豺狼當道，請劍無門，凡能以一身挫其鋒，以

片言折其角者，并收列之。」衹有爲取義成仁而捨生忘死的勇士，求死不爲名利，則不論草莽卒徒、家臣門客、奴僕婢女、未婚伉儷乃至豢養之動物鳥獸，皆可尊爲義士而立傳。初名《義士傳》，其著述緣起和特點明于《名籍》：「是集也，志在表微，故略于正史，詳于外史；略于前朝，詳于本朝。」張岱以鑑古知今爲要，輯選歷史上治亂之例，繫以論贊評語，一人一傳，一傳一評。書凡十年乃就，首列《古今義烈名籍》，傳主姓名前撮其號如「復楚義士申包胥」「生死交荀巨伯」「蕭山復仇孝子何兢」「姑蘇五人顔佩韋、楊念如、沈陽、周文元、馬傑」「斷臂小吏趙廣」等等，俱爲點睛之筆。文中諸傳文多見國史、方志、野史、志怪、史評等傳統史籍，但從不作故事全録，僅擇録其中忠義言行事，各傳所繫論贊尤其精彩，觀點鮮明，多有新見，足見張岱史觀正解。史不遠文，妙筆生花。《名籍》卷端云：「始于周鎬京戊寅，訖于明天啓丁卯。書某代以崇厥系，書某客以榮厥主，蓋有一字之予奪焉，書法嚴。」全書所録人物史迹按照朝代編次，自周、列國、秦、西漢、東漢、蜀漢、吴、魏、晋、南北朝、隋、唐、宋、金至明，别爲十五編，「得三百五十八人，爲二百八十八贊」。（《古今義烈名籍》卷末）其中，大部分傳主都是來自社會底層的下九流小人物，明季人物樹傳尤多。評價當朝人物事迹需要面對來自朝堂定論的不確定性和當朝史官的壓力。年輕的張岱初出茅廬，不拘舊窠，不畏成見，力排衆議，堅守實録直書的史著精神：「以草莽之董狐，定榔榆之野乘，雖遭兩觀之誅，決不泯三代之直也。覺爾時意氣，湯鑊在前，亦冰顧之矣。」（《凡例》）初稿成于崇禎戊辰鞠月，正值明季最後一任帝王臨朝伊始，朝堂内外禍患不息。《自叙》開篇振聾發聵：「天下有絶不相干之事，一念憤激，握拳攘臂，攬若同仇，雖在路人，遽欲與之同日死者。余見此輩，心甚壯之。故每涉覽所至，凡見義士俠徒，感觸時事，身丁患難，余惟恐殺之者下石不重，煎之者出薪不猛。何者？天下事，不痛則不快，不痛極則不快極！强弩潰癰，利錐拔刺，鯁悶臃腫，横決無餘。立地一刀，鬱積盡化，人間天上，何快如之！」爲歷史上品格高標人物作評傳，能夠更明晰地洞見歷史，其根本目的在于警示當下，研究解決現世的問題，取義守節，救亡圖存，特爲當世明鑒，以使後人知鑒，體現了張岱「以用世志」的著史初衷，這也是自司馬遷著《史記》以來歷代史家秉持的重要傳統之一。

《義烈傳》文稿初成，張岱請序就教于諸名家，尤其是父執輩的文壇名家，得到了很高的評價，紛紛褒贊張岱的少年英才，也爲山陰張氏史筆有傳感到欣慰。文壇宿儒陳繼儒對老友文孫的開山之作給予充分的肯定，《序》云：「余取讀之，見其凡例、名籍，豎議侃侃，便已心異其人。讀未終卷，其條序人物，深得龍門精魄；典贍之中，佐以臨川，孤韻蒼翠，筆底贊語奇峭，風雹雲霆，龍蛇虎豹，腕下變現，而雋冷悠然，飄渺孤鴻，天外嘹嚦，是又《漢書》《三國》諸贊中所絶不經見者也。……乃宗子遠逮商、周，近迄熹廟，卑至奴隸，瑣及犬馬，洋洋大章，洵是持世之作。《三都》成而傖父輟筆，嗣今以往，保無敵手也。」陳繼儒認爲張岱《古今義烈傳》的史論見解、立傳編次和奇峭文筆都是可圈可點的，尤其是重視爲社會底層小人物立傳紀行的特點，和司馬遷同出一轍，深得其史傳精髓。雖云溢美，却有其實。張岱父輩好友劉榮嗣認爲張岱此書在編纂體例、叙事繁簡和史評見解方面的水準均優于劉向所著《列女傳》，爲《叙義士傳》云：「所著《義士傳》，自商迄今，得四百餘人，各爲論贊。余得卒業，奇古靈雋，蓋統《腐史》《世説》，合而成一家言者。」父執劉光斗的書評特許贊詞云：「至諸贊詞，又復手涴七襄，腸貫九曲，而五色摩尼，逼現毫楮，使人琅琅披之，潻而日月，震而雹霆，栗而霜雪。究從舌瓣作冷香，沁入脾腑，又不翅釀沆瀣爲甘露也。宗子才擅金閨，行出而樹世，即《義烈》一刻，唾玉屑于地，而亘鐵英于天，且盡呼天下之蜍、志，而鼓朝氣以還其鬚眉，于功世也弘矣哉！」張岱同鄉摯友、澹生堂藏書家祁彪佳的評價則中肯而全面，他十分欽佩青年張岱所具備的獨到見解、史筆文辭和考證功力，作《義烈傳叙》云：「余友張宗子，目窮學海，才注文河，十年搜戢，得烈士數百餘人，手自删削，自成一家言。其點染之妙，凡當要害，在餘子宜一二百言者，宗子能數十字輒盡情狀，及窮事際，反若有千百言在筆下。論贊雜出，一字之評，筆懷秋嚴，舌蓄霜斷，出没其意中，忖度其言外，秦銅相照，纖悉不能躲閃。至如索隱鈎深，推心置腹，一出一入，無不忭直骨于枯墳，嚮諂魂于泉下。其所鑒别，片言武斷，尤足令千古輸心。宗子齒髮未及壯，其所得如此，則不知子長、子雲當宗子年齒時，文章果如何也？」

定稿付梓時，書名題爲《古今義烈傳》，卷首陳繼儒序、劉榮嗣叙、劉光斗序、祁彪佳叙及自叙，次《凡例》、《古今義烈名籍》擬定在先，内文諸傳題名與之不盡一致，可知刊刻之前仍有校改。張汝霖對長孫關愛有加，萬曆居喪期間，張岱曾在祖父的鷗虎軒讀書，弘富的藏書爲《古今義烈傳》的編撰提供了大量的史料。張岱第一部史學著作得到了祖父的認可與讚賞，張汝霖出資將長孫之作刊刻成書。《古今義烈傳》初刊于崇禎四年（一六三一）至七年（一六三四）間，每半葉八行十八字，白口，四周單邊，無魚尾，版心上題「義烈傳」，下鎸「鷗虎軒」。手書上板，卷端下題「山陰張岱著」。鷗虎軒，張岱祖父張汝霖的書室名。祁彪佳撰《表勝庵》有載：「表勝，庵也，而列之園，則張肅之先生精舍在焉。山名九里，以越盛時，笙歌聞于九里，故名。渡嶺穿溪，至水盡路窮而庵始出。冷香亭居庵之左，矽閣、鐘樓，若斷若續，俱懸崖架壑爲之，而奇石陟陵，則莫過于鷗虎軒至爐峰石屋之勝，載主人開山緣起，予不復縷數矣。」卷首劉榮嗣叙、祁彪佳叙和張岱自叙俱爲原書摹刻，文章書法俱見精神，張岱自叙款署套印對印兩方，其一爲「虎」字陰文方印，頗爲稀見。張岱希望通過刊印廣布，使得當世「同志如余者」能將此英雄譜傳紀「快讀一過，爲之眦裂」，以期在危亡之時得到仁人志士的共鳴。

《古今義烈傳》不僅是張岱首部著述，而且是他最早的一部家刻本，也是在明季唯一刊刻的著作，對于張岱的史論風格和叙述文筆來説，都可視爲一個高標起點。幾乎在《古今義烈傳》書成同時，張岱開始了另一部紀傳體明朝斷代史《石匱書》的寫作，這是唯一一部以個人之力仿《史記》體例撰寫的明史，《石匱書自序》云：「余自崇禎戊辰遂泚筆此書，十有七年而遽遭國變，携其副本，屏迹深山，又研究十年，而甫能成帙。」直至明亡後十餘年始成，可謂是嘔心瀝血之巨著，在清修明史時受到推崇。可以説，正是《古今義烈傳》的創作和編印經歷，爲《史闕》和《石匱書》的寫作積累了經驗，而《石匱書·義人列傳》又促使張岱在清順治年間增訂了《古今義烈傳》，《名籍》人物年代延伸訖于崇禎甲申，「得五百七十三人，爲四百七十二贊」，所傳人物增加了二百十五人，贊語條數增加了一百八十四條，足見增訂之富。這其中人物不僅有增訂，亦略有删削，所增總以明季人物爲多，補録一百二十八人。至于贊論，亦有修訂，張岱著書心情經過滄桑離亂已多有改變，再不是三十年前意氣風發的圖治少年。

《古今義烈傳》傳世較爲孤罕，分爲刻本和稿鈔本兩類，俱爲八卷本。最早爲明崇禎張汝霖鷗虎軒刻本，題「山陰張岱著」，存世僅兩部，一藏國家圖書館，此本始自《古今義烈名籍》，前序諸篇皆不存，版本著録爲「明崇禎刻本」，卷二抄配，鈐「多福多壽多男子」「苦雨齋藏書印」「知堂收藏越人著作」諸印，民國期間曾爲周作人舊藏。另一部現存臺灣「故宫博物院」，有前序五篇、《凡例》及《名籍》，無崇禎二年（一六二九）山陰知縣馬如蛟撰《義士傳序》，版本著録爲「明崇禎張氏鷗虎軒刻本」，是書卷八末十二葉殘缺嚴重，鈐「真州吴氏有福讀書堂藏書」，是清代吴引孫測海樓插架之寶，後歸北平圖書館，抗戰期間曾隨古物南運至美國，歸還時送至臺灣。臺灣「故宫」本由國家圖書館出版社二〇一三年影印出版，爲《原國立北平圖書館甲庫善本叢書》零種。入清後，《古今義烈傳》歷順治增訂，有清康熙張氏鳳嬉堂烏絲欄精抄本，每半葉七行二十字，白口，左右雙邊，無魚尾，版心上題「石匱書」，下鐫「鳳嬉堂」，卷端下題「劍南張岱著」，可見「玄」字避諱，有前序六篇。今藏浙江圖書館，版本著録爲「清鳳嬉堂抄本」，《中國古籍善本書目》著録爲「稿本」，入選第二批《國家珍貴古籍名録》。是本由浙江古籍出版社二〇一八年整理排印出版，爲浙江圖書館丁紅點校本。傳抄本中，有民國時期鈔本，每半葉七行二十字，白口，四周單邊，無魚尾，烏絲欄精抄，無避諱字，有新中國成立初年北京市圖書出版業同業公會價簽，書首有六序及凡例，《名籍》與崇禎本同，正文卷端下題「劍南張岱著」，又與順治本同。今藏中共中央黨校圖書館，版本著録爲「近代傳鈔本」；另有吴江柳氏舊藏傳抄本，未知所藏，謝國楨著《增訂晚明史籍考》存目。

三、《史闕》的撰寫、編印與流布

《史闕》是張岱繼《古今義烈傳》之後撰寫的又一部紀傳體通史，别爲三皇五帝紀、夏商周紀、春秋列國紀、西漢紀、東漢紀、三國紀、晋紀、南北朝紀、隋紀、唐紀、後五代紀、北宋紀、南宋紀、遼金元紀，編爲十四卷，各紀下又爲史、爲臣，區别條例。「其旨法《春秋》書『夏五』闕文取義之意」（《史闕·鄭佶跋》），「不以己見先横踞心中，而客觀看待史料的史學寫作與編撰思想，亦表明了張岱如日中天實秉筆直寫歷史的史家書法。」（張海新《水萍山鳥——張岱及其詩文研究》）《史闕》在體例上延續了《古今義烈傳》傳後附評的史論風格，搜羅史料頗豐，并由此奠定了《石匱書》述評兼備的創作模式。「其所序述，有與正史事同而文異者，有與正史全異者，辨證博洽，持論平允，熟讀百史而得間者也。」（《史闕·鄭佶跋》）

史闕，即史之闕文，典出《論語·衛靈公第十五》。楊伯峻釋《論語譯注》稱爲「史書存疑的地方」，張岱《史闕序》作「有所疑而闕之也」。張岱將史著分爲國史、家史和野史，《石匱書自序》云：「第見有明一代，國史失誣，家史失諛，野史失臆，故以二百八十二年總成一誣妄之世界。」其治國史用力最深，著書緣起詳見于《史闕序》：「余于是恨史之不賅也，爲之上下今古搜集異書，每于正史世、紀之外，拾遺補闕。得一語焉，則全傳爲之生動；得一事焉，則全史爲之活現。蘇子瞻燈下自顧，見其頰影，使人就壁模之，不作眉目。見者皆失笑，知其爲東坡，蓋『傳神政在阿堵』耳。余又常讀唐正史，太宗之敬禮魏徵，備極形至。使後世之拙筆爲之累千百言不能盡者，祇以『鷂死懷中』四字盡之，則是千百闕而四字不闕也。讀史者由此四字求之，則書隙中有全史在焉，奚闕哉？」《古今義烈傳》是一部道德色彩濃烈的歷史人物傳紀譜，而《史闕》則是張岱憑藉自己深厚的學識背景，從各家著書中輯録的諸篇奇聞逸事，索紀年爲編，意在以一事一語管中窺豹。《史闕》内容全來自史籍，選材以「闕」爲要，史所闕者，正堪綴補，史書疏漏之細碎處，恰以細節見賅要，以細節見真相。窮究細節、考核源流的史學研究精髓，大抵如此。

《史闕》的著述時間或在明季，大約是在《古今義烈傳》寫作後期的天啓間，又早于《石匱書》開始創作的崇禎初年。從前期取材來看，和《古今義烈傳》的準備時間是差不多同期的，或同爲居喪期間鷗虎軒讀書所得。從内容上來看，《史闕》比《古今義烈傳》内容更豐富，兼及正史、野史甚至神怪，史筆技法純熟，體例愈加精嚴，評論見解更見功力，體現了他過人的才識。從語言技巧來看，淺顯暢達，傳神貼切，琅琅上口，通俗易懂，真正達到了「得一語焉，則全傳爲之生動」的語言駕馭境界。《史闕》之著述僅此一稿，止于元紀，别無增補，鄭佶疑爲「有明一代不與焉，意其時明史未之修歟」？或因《石匱書》之編未盡而不及拾闕，或爲明季當朝所編未竟。光緒間，有好事者得《明季史闕》抄本一册四十一頁，不分卷，紀事自洪武迄洪熙，末節有「補永樂」小題，僅抄録一行，餘未盡，編撰事未詳。

《史闕》在道光年四年（一八二四）的首次刊刻，緣于一次偶然的訪書際遇，鄭佶《跋》曰：「右《史闕》十四卷，寧都下河巡檢蔣君芝樓貽余者也。芝樓得之吴門肆上亂書堆裏，題曰『古劍陶庵張岱紬』。……原本密行密格，未經繕寫，紙色甚舊，摺痕皆斷眦，殆非近時所抄。間有次序差錯，字畫魚魯，余與屠君愚谷同爲考訂。愚谷之力居多，且手録一通，置諸案頭。愚谷之舅氏徐君谷耘，于余爲内兄弟，其于異書有嗜痂之癖，見之狂喜，任貲付刊，閲三月而竣。於呼！向不爲芝樓所得，沉埋于廢紙叢中，歸于一炬，余何由得見？谷耘不即爲壽之梓，藝林亦不及共賞。今其傳也，豈偶然哉？」作爲明遺民的張岱，入清之後的際遇急轉直下，引匿郊野，聲名淹没，爲了却心願，究心著述，乃至道光初年距離紹興不遠的吴興鄭佶、蔣曾灼、屠儲芳、徐鴻本等人皆不知其生平，曰「岱之爲人不可考」。鄭佶，字柳門，湖州吴興人，生平待考，道光十年（一八三〇）重輯刊刻陳焯編《國朝湖州詩録》三十四卷。蔣曾灼，字芝樓，蘇州吴縣人，官贛州寧都下河巡檢。屠儲芳，字愚谷，烏程人，生平待考。徐鴻本，字谷耘，烏程人，鄭佶表兄弟，屠儲芳舅父。蔣曾灼在吴縣舊書攤翻檢，淘得《史闕》不分卷之密行舊抄本一册，稱異書，贈予鄭佶。鄭佶即刻與親朋屠儲芳、徐鴻本共事校正，依時代分爲十四卷，道光四年由徐鴻本出資付刻。道光七年（一八二七）臘月，鄭佶在維揚官舍題襟館續作《史闕後跋》稱，由金忠淳《西湖夢憶跋》知《嘉慶山陰縣志·書籍》收録張岱著書有「《史闕》無卷數，六册，寫本」條目，認爲蔣曾灼贈此二寸厚抄本「似非未全之本」，亟望得見原書，云：「《志》云六册，海内搜羅家得有别本，惠而示余，應續刊刻。」六册寫本者，黄裳《張岱〈琅嬛文集〉跋》稱用黑格紙，寫本手迹與《琅嬛文集》同云：「余于『傳薪』獲宗子《史闕》手稿六帙，尚爲待刻之本，剪貼毛訂……《史闕》六帙，出于會稽山中，深藏密鎖，幾三百年。此册則不知何時流入武林，入泉唐丁氏。八千卷樓書散，又未隨樓書俱入盋山，流至常熟，有『翁同龢觀』印。今又散入市肆，并歸余齋。

書緣之美，何可言耶？《北平圖書館目》中有《張子文粃》若干卷，亦稱稿本。不知與此書異同何若。他日鳳城觀書，當一決此疑也。……《史闕》稿本六巨帙，用紙與此全同，然皆經剪貼作帳簿狀，當爲宗子手稿長編原式，手迹與此正同。後得道光中刻《史闕》六卷，跋云所據爲蠅頭細字書，亦不言抄本抑稿本也。」

《史闕》傳本已知者有稿抄本、刻本、排印本三種。稿抄本知見者，有黄裳叙録其藏六册毛裝黑格寫本不分卷，云「卷首有大字序四頁，序末題『古劍老人張岱撰』，下鈐『張岱之印』、『天孫』二印，俱白文。每卷首大題下署『古劍陶庵張岱』」，有鄭佶舊藏一册舊抄本不分卷及道光屠儲芳抄本。刻本知見者，一爲道光四年徐鴻本刻本，每半葉十行二十二字，小字雙行同，白口，左右雙邊，單魚尾。卷端下題「古劍陶庵張岱紬，吴興柳門鄭佶編」，各卷末下鐫校字者，卷一至四、八至九、十一、十三至十四爲「烏程徐鴻本谷耘校字」，其餘五卷末記「烏程屠儲芳愚谷校字」。此刻本道光七年重印有鄭佶《史闕後跋》并附録一卷，故有道光刻十五卷本之説。道光刻本流存最爲多見。二爲胡益民《張岱史學著述考》所稱光緒間吴興邦刻本，在鄭佶編十四卷本基礎上補輟《明季史闕》爲第十五卷。排印本，即民國七年（一九一八）安徽法學社在北京益世報營業部排印出版的宿松熊佐虞批點本，由熊材達校對。每半頁十一行三十字，無行格界欄，有圈點句讀。書皮題名「熊批史闕」，蓋爲熊佐虞對道光本《史闕》原文分段、加句讀，并加批語。蔣元卿《皖人書録》有著録。熊佐虞，字仲山，一字家彦，安徽宿松高嶺熊家大屋人。同治丁卯科（一八六七）副貢，候選直隸州，封中憲大夫，吏部主事加四級。勤而好學，經史百家及漢唐以來經世之書，博涉靡遺。據《宿松縣志》記載，熊佐虞幼年求學時，常夙夜讀書以至于廢寢忘食，家中所携鹽豉置于棉被中，忘之不寢幾月有餘，皆以腐壞發臭。一生著述頗豐，尤長于史，曾編修《同治續修巴縣志》，另著有《讀漢書論略》。他奉行嚴謹治學的家風教育，其子熊元翰、熊元楷、熊元襄兄弟三人，因爲對中國近代法學發展作出的貢獻而被學界譽爲「熊氏三傑」，是中國近代法學教育的奠基人。《熊批史闕》以原刻底本排印，錯處多仍舊。其批《史闕》則多泛泛，又偏好中西對比，有如「此類外國之解剖術」「中國建專祠，外國立銅像」等等，熊批附于張贊，高下立見，史論并無更多見地。

又《明季史闕》舊抄本，每半葉八行二十字，白口，四周單邊，單黑尾，上有眉欄。版心上題「鶴軒日稽」。據胡益民考證，此本「殆據張岱未完成之稿本傳鈔」。今藏四川大學圖書館，巴蜀書社一九九三年編入《中國野史集成》影印再版。

四、整理點校説明

《古今義烈傳》是張岱史學著作的起點，明崇禎張汝霖鷗虎軒刻本所載述評論贊更接近張岱治史入世濟用的强烈初衷，作爲張氏家刻，具有較高的編校水準，刻印精善。本次整理以國家圖書館出版社二〇一三年影印出版的《原國立北平圖書館甲庫善本叢書》零種爲底本，編爲《張岱全集》首部第一種。臺灣「故宫博物院」藏本卷八末十二葉殘缺較爲嚴重，其脱文斷簡處，已據國家圖書館藏本補正。校本主要采用浙江圖書館藏清康熙張氏鳳嬉堂精抄本及浙江古籍出版社二〇一八年排印丁紅點校本，參校上海古籍出版社二〇一八年出版的夏咸淳輯校《張岱詩文集》、清順治張氏鳳嬉堂稿本《石匱書》、中華書局點校本二十四史及諸家史書常見版本。順治增訂本張氏雖無力付梓，幸得有鳳嬉堂家傳《石匱書》稿紙清抄本存世，卷首序文有馬如蛟撰《義士傳序》，則不知是明崇禎初刻本之缺，抑或是明刻未收而順治抄本補録？今見有民國傳抄崇禎本中首序録馬如蛟序，而源流待考，故本次整理未予采納綴補。《明季史闕》所紀自洪武迄洪熙，抄録殘缺甚多，本次整理亦未采補。

《史闕》整理點校以安徽省圖書館藏清道光四年徐鴻本刻本爲底本，編爲《張岱全集》首部第二種。校本主要采用民國七年安徽法學社排印熊佐虞批點本《熊批史闕》，參校上海古籍出版社二〇一八年出版的夏咸淳輯校《張岱詩文集》、中西書局二〇一二年出版的張海新《水萍山鳥——張岱及其詩文研究》、南京大學出版社二〇一一年出版的胡益民《張岱評傳》、中華書局點校本二十四史及諸家史書常見版本。

本次整理，將《史闕》所刻雙行小注改爲單行。對于底本中存在的異體字、古體字、俗字、錯字、别字及漏字等，尤其是手書上板的《古今義烈傳》，點校時參考王寧《通用規範漢字字典》（商務印書館二〇一三年版），文中徑直改爲規範的繁體字，比較重要的注釋説明隨頁出校記。底本字迹漫漶不清或脱文斷簡者，儘可能查考史籍，加以補正。原文錯誤以方括弧[]標出，點校者所增逸字、補字以圓括弧()標出。宥于整理者知見孤陋，水平有限，點校行文難免有誤，敬祈讀者、方家就正。

點校者

古今義烈傳

（明）張岱　著
石梅　點校

目録

古今義烈傳卷二

古今義烈傳卷四……八二

古今義烈傳卷六

古今義烈傳卷八……二〇〇

序

四海相識，落落如曉星，而老病相妒，不能一酬其墓。所當車過腹痛者，莫如山陰張肅之。肅之與余稱卅年老友，而素心遥對，杖屨詩酒，呼吸相通。今棄我七年，墓木已拱。陟阜臨風，人琴懷感，《篔簹》遺卷，曝書忽見，每動與可之哭也。

今年夏，吾鄉太史吴澹人持其友張宗子《烈士傳》視余，向余徵序，曰：「若故人子，若識之乎？」余取讀之，見其凡例、名籍，竪議侃侃，便已心異其人。讀未終卷，其條序人物，深得龍門精魄；典[瞻]（贍）之中，佐以臨川，孤韻蒼翠，筆底贊語奇峭，風電雲霆，龍蛇虎豹，腕下變現，而雋冷悠然，飄渺孤鴻，天外嘹嚦，是又《漢書》《三國》諸贊中所絶不經見者也。余于是深異之，力究其人。澹人曰：「是若友張雨若先生孫也，爲海内知名士，靡所不長，古文辭其游戲也。」余噓然笑，口張而不能噏，曰：「嗟乎！有以也。」昔張肅之與黄寓庸、羅玄父、張夢澤、王弱生諸公讀史于白門，余及見其評騭諸史，議果而確，識敏而老，余手鈔其副本歸，奉爲定論。今宗子風霜之口酷似其祖，但其才力天出，靈動活現，老泉之質，不若斜川之穎也。余少時亦有是志，取古來義士列其名，未及作傳。後見皇甫士安《列士傳》、屠緯真《義士傳》，寥寥數人，如武帝食露盤，無補多欲，便爾中止。乃宗子遠逮商、周，近迄熹廟，卑至奴隸，瑣及犬馬，洋洋大章，洵是持世之作。《三都》成而傖父輟筆，嗣今以往，保無敵手也。

常見老人飴弄孫子，見孺子能囁嚅效大人語，則其祖若父必喜而笑，舉以示座客，座客亦無不喜而笑。余于肅之不止座客，而宗子將作大聲驚人，亦不止僅僅作效大人語。余思吾良友，雖終不可得吾肅之之一笑，而見有文孫如此，肅之其不死矣。

壬申秋七月曬書日，雲間老人陳繼儒書于頑仙廬。（「糜公」「白石樵」陽文方印）

叙義士傳

生平見異人讀異書，輒作數日喜。余待罪東兗，張爾弢來相魯國，一見而異之。其人似《莊》似《騷》，半諧半謔，蓋以謫仙中人借金馬門作游戲散吏也。

一日，李滕宰索余顔署，爾弢在座。余擬議未得，爾弢曰：「薛歸于滕，今李宰晋秩郡司馬，宜書滕薛大夫。」一座叫絶。少頃，爾弢亦索書，余曰：「能工確如前語乎？」爾弢應聲曰：「季、孟之間，非魯名史而何？」余服其敏妙。

丁卯冬，嘉祥趙令〔一〕以大計殁于道，借庫藏千金，囊廉無補。胥役至，留難其妻孥喪輀，一邑騷動，以攝篆請者視爲岩邑。余曰：「老子胸中兵甲，無過余右史才志。」爾弢遂以單騎

〔一〕「嘉祥趙令」，《張岱文集》卷四《家傳》作「嘉祥令趙二儀」，張岱《快園古道》卷一《盛德部》作「前令趙二儀」。

往，見其老嫠諸孤煢煢無措，毅然解其囊中千金，代輸公帑，更錘其腰間黄鏹，爲麥舟之贈。東土喧填，謂范式再世矣。余于是益敬憚之。

今秋，其長公宗子來，望其丰采，軒軒若朝霞舉，商古論今，如數家物。余方驚其言似河漢之無極，出一卷見視，乃其所著《義士傳》，自商迄今，得四百餘人，各爲論贊。余得卒業，奇古靈雋，蓋統《腐史》《世説》，合而成一家言者。余平時讀劉向《列女傳》，貞淫雜出，繁簡失宜，末贅小贊，寥寥寂寂，愧不成語，乃擅一代詞宗，閉閣燃藜，至來太乙之照，是不可解。宗子著作，足垂千古。爾弢又身作之儀，留爲世則，如范堯夫以麥舟舉石曼卿三喪，文正聞而嘆其贈之何晚，一氣一理，水乳忽合。則是宗子以世德世其文章，彼青黎熸火，敢與日月争光耶？

己巳秋仲，半舫劉榮嗣書于兗東公署。（「半舫」「劉榮嗣印」陰陽文對方印）

義烈傳序

自𡣍澳者盈宙〔一〕，有利害而無是非。非無是非也，利害之太晰，一如鶩，一如沍，即是非之鏡朗懸于前，而闇然不能自振。爲突梯，不爲濡縷，而大義之頓淪也，直以溫蠖障燭龍之馭。于是上關國社，旁及衿盟，瑣至閭井，蒙貍面而匿鼠首。而古今之瀝肝指髮者，盡汩汩于容脰之智。如行墟墓間，無有生氣；如入女人國中，無有男子氣。以至偷蔭處堂，坐視禍敗，而莫之所。故曹蜍、李志之毒天下，較蹻、蹠烈也。

夫百年有盡，人殺鬼殺埒耳，亦安見汗餌床簀者之必不死哉？而究不如直行其是者。其幸而成也，而得不死也，可以肉虎狼而飴鼎鑊。即不幸而身徇〔二〕之，心抒一寸之丹，血化九原

〔一〕「盈宙」，浙江圖書館藏清順治張氏鳳嬉堂增訂謄清稿本《古今義烈傳》（下稱「順治本」）作「盈宇宙」。
〔二〕「徇」，通「殉」。順治本作「殉」。

之碧，赤利刃而死，青柔翰而生，而烈士之名，猶足以昭千古。

余不佞，夙負毅憤，見拳曲不平輒爲眦奮。往往讀《二十一［氏］（史）》之牒，流覽一二，則疾引大白酬之。既局局理官，括帖、簿書，兩耗疇昔，然私心所赴泐，拂拂從湛盧躍去。乃一睹張宗子之所彙《義烈傳》，而爽然消我瘕也。凡事出士大夫勿概論，其或它人之酒杯，與下士之嚆矢，無編摩以勖之，無旗表以驅之，不縮不矜，不利熒，不害怵，要于必行其是，尤足術也。

宗子，文恭曾孫，四世簪組，所家儲不止三十乘，故綜列閎博，蔑足異。余尤異宗子貌恂恂，挹對温克，無卞激之態，而持論諷誼，直以電光霍開魅界。至諸贊詞，又復手涴七襄，腸貫九曲，而五色摩尼，逼現毫楮，使人琅琅披之，滌而日月，震而［雹］（雷）霆，栗而霜雪。究從舌瓣作冷香，沁入脾腑，又不翅釀沆瀣爲甘露也。宗子才擅金閨，行出而樹世，即《義烈》一刻，唾玉屑于地，而亘鐵英于天，且盡呼天下之蜍、志，而鼓朝氣以還其鬚眉，于功世也弘矣哉！余時迫去越，亟題之以歸宗子。

蘭陵劉光斗題于龍嶼之夙有齋。（「暉吉」「劉光斗印」陽文方印）

義烈傳叙

孫樵曰：「爲史官者，明不顧刑辟，幽不見鬼怪，若梗避于其間，其書可燒也。」古人高擅史才，龍門、西蜀，千載絶唱。唐興二百年間，作者數十輩，獨高昌黎。昌黎修《順宗實録》，尚不能當班堅〔一〕，遑問它邪？至于廬陵、涑水，驥失而駑，駑失而蟆。雖有作者，子長、子雲，勿可及已。乃議者謂太史公排節義，退正直，不叙殺身成仁之美，而莽大夫《劇秦美新》，行負其腹，磨毫黷札，叢閣飽帙。但以官大寵濃，講文張字，如司馬子長之叙周繆，班孟堅之傳蔡義，其所謂梗避者，亦已甚矣。

余生平有史癖，見烈士俠徒，握拳攘臂，汹汹思逞，但記載散見，如電光石火，不能多

〔一〕「班堅」，順治本作「班孟堅」。東漢史家班固字孟堅，扶風安陵人。

逅〔一〕。余友張宗子，目窮學海，才注文河，十年搜戢，得烈士數百餘人，手自删削，自成一家言。其點染之妙，凡當要害，在餘子宜一二百言者，宗子能數十字輒盡情狀，及窮事際，反若有千百言在筆下。論贊雜出，一字之評，筆懷秋嚴，舌蓄霜斷，出没其意中，忖度其言外，秦銅相照，纖悉不能躲閃。至如索隱鈎深，推心置腹，一出一入，無不怍直骨于枯墳，謳諂魂于泉下。其所鑒别，片言武斷，尤足令千古輸心。宗子齒髮未及壯，其所得如此，則不知子長、子雲當宗子年齒時，文章果何如也？

余里居三年，與宗子析疑賞奇，數山間晨夕，得以窺其武庫獨富。而宗子王大父太史公創《紹興郡志》《會稽縣志》，而太史公尊人太僕成《山陰縣志》，義嚴衮鉞，傳爲一方信史。時人比之班氏父子，而未得殫其精華，常爲懊惜。今吾宗子以繡虎之才，克世其美，不減談、遷之繼述，異日石渠、虎觀虚左席以待宗子，宗子亦何庸多讓焉？

余驅車將北，告人曰：「會稽宛委禹穴間，有出手眼而挾龍門、西蜀之奇者，將大用矣！」

辛未仲夏，山陰友弟祁彪佳書于西湖偶居。（「虎子」「祁彪佳印」）

〔一〕「逅」，順治本作「遘」。

自叙

天下有絶不相干之事，一念憤激，握拳攘臂，攬若同仇，雖在路人，遽欲與之同日死者。余見此輩，心甚壯之。故每涉覽所至，凡見義士俠徒，感觸時事，身丁患難，余惟恐殺之者下石不重，煎之者出薪不猛。何者？天下事，不痛則不快，不痛極則不快極！强弩潰癰，利錐拔刺，鯁悶臃腫，横决無餘。立地一刀，鬱積盡化，人間天上，何快如之！

蘇子瞻無病而多蓄藥，不飲而多釀酒，嘗曰：「病者得藥，吾爲之體輕；飲者困于酒，吾爲之酣適。」余于節義之士，竊亦爲然。當其負氣慷慨，肉視虎狼，冰顧湯鑊，余讀書至此，爲之頰赤耳熱，眦裂髮指。如羈人寒起，顫慄無措；如病夫酸噎，泪汗交流。自謂與王處仲之歌「老驥」而擊碎唾壺，蘇子美之讀《漢書》而滿舉大白，一往深情，余無多讓。

因憶少時讀《水滸傳》，宋江爲宋室一大盗俠，少有折挫，輒爲之搤腕懊惜；與官兵截殺，惟恐水滸之人不獲全勝。一至從征大遼，手足零落，慘然悲悼，不忍終卷。宋江，盜也，何愛護之若是？無他，爲「忠義」兩字所挑激也。夏間，余偶令小傒演魏璫劇，聚觀者數萬人。酖殺裕妃，杖殺萬燝，人人憤[恑]（悒）〔一〕，[砮]（怒）目相視；至顔佩韋擊殺[禔]（緹）騎，人聲喧擁，汹汹崩屋，有跳且舞者，大井旅店，勾攝璫魂，撫掌顛狂，楹柱幾折。可見忠義一綫，不死于人心。田横五百人皆爲義死，豈五百人不混雜一不肖哉？一人創而死義，四百九十九人不得不死于創義之人，如謂爲田將軍而死，又其第二念矣。聽鄭聲而思淫，聽鼓鼙而思勇，情以境移，人緣物感，無怪其然也。

余自史乘旁及稗官，手自鈔集，得四百餘人，繫以論贊，傳之剞劂。使得同志如余者，快讀一過，爲之裂眦，猶余裂眦；爲之撫掌，猶余撫掌。亦自附子瞻之蓄藥、釀酒，不以爲人，專以自爲意也。

龍飛崇禎戊辰鞠月，會稽外史宗子張岱讀書于壽芝樓，秉燭撰此。（「虎」「陶菴」陰陽文對印）

〔一〕「恑」，當作「悒」，形誤。憤悒，又作憤邑，憤恨抑鬱之意。晋趙至《與嵇茂齊書》：「自非知命，誰能不憤悒者哉！」據改。順治本作「恨」，意稍近。

凡例

凡慷慨赴義，必于倉皇急遽之交，生死呼吸之際，感觸時事，卒然迸裂，如電光江濤，不可遏滅。雖生平未通半面，遽欲與臧洪同日死者，此爲弟一。其餘受人恩結，有爲而死，如荆軻、聶政之流，不在此列。

君臣之分，莫逃天壤，無論名節懸于其前，實亦斧鑕逼于其後，故一丁艱厄，有死無他。至如草莽卒徒，分誼殊絶，乃有爲國捐軀，至死不悔，是蓋純任憤烈，非謂當然而然也。凡亦此者，悉并列之。

家臣門客，名分雖定，乃名士不免射鈎，賢臣亦嘗鬻羖，朝秦暮楚，世半有之。有如轉展于家亡國破之餘，困頓于托孤寄命之日，至有仇讎相向，如豫讓、貫高之流，血族虀骸，萬死不顧，較之莫逃之王臣，尤難之難也，爲之掩卷三嘆。

有死主之勇，須先有擇主之明。苟使托身非人，不能見幾，復爲死難，則是蔡邕之哭董卓，揚雄之死王莽，徒資萬世笑罵耳，何義之與有？故凡狗黨狐群，即有義徒，概屏不録。古來有爲人謀事，既竭心膂，繼之以死者，如田光、侯嬴、古押牙之輩，據其生平，亦堪稱俠烈。但皆積慮所成，爰非義憤所激。故李禿翁集《藏書》入之「智謀·名臣」，而不入之「直節」，是具眼者。

博浪一擊，千古有椎秦帝之子房；沐浴一朝，萬世有討陳桓之孔子。雖係空弦，有關實録。吾嘗讀漢吉平與宋施全傳，毛髮倒竪，寒[慄](慓)〔一〕不能自禁，何快如之！故凡豺狼當道，請劍無門，凡能以一身挫其鋒，以片言折其角者，并收列之。蓋欲以空言存斧鉞，不欲以成敗論英雄也。

烏反哺，羊跪乳，孝故常彝。若伍員鞭尸，何兢矐目，怨毒之深，報及君父，此蓋純任憤激，員所謂倒行而逆施之也。下如曹娥、光絡死求父尸，嚴武、崔鑑椎殺父妾，此又二十四孝中所不盡也。孝不足以盡，出于義矣。

〔一〕「慓」，當作「慄」，形誤，據順治本改。

男女未偕伉儷，是夫妻而朋友也。曾未識面，肯以死殉，與矢志柏舟、苦嘗熊膽者，又勝一儔矣。至如節義所動，不辭刃斧，是節而烈矣。并録之。

間有商及時事，謬據傳聞，自成月旦，不無亥豕之訛，亦欲紆曲附會，以成人美耳。責之者曰：「朝憲未伸，公論未定，輒敢雌黄以成信史，爾何僭且誕也！」余應之曰：「以草莽之董狐，定椰榆之野乘，雖遭兩觀之誅，決不泯三代之直也。覺爾時意氣，湯鑊在前，亦冰顧之矣。」

世之人空列鬚眉，終鮮仁義，吾不得已而求之夷，則有韃官垛耳；更不得已而求之獸，則有義馬、義猴。夫馬如孫、符之能救主于澗下，猴如弄猴之能擊賊于殿前，是即馬中之尉遲敬德、猴中之段秀實也。余特署之簡末，以愧世人之不如猴、馬者。（「張岱」「壽芝樓」陰陽文對印）

古今義烈名籍〔一〕

始于周鎬京戊寅，訖于明天啓丁卯〔二〕。書某代以崇厥系，書某客以榮厥主，蓋有一字之予奪焉，書法嚴。

卷之一

周

商首陽餓士　伯夷　叔齊

杜伯友　左儒

周主忠婢　媵婢

列國

智伯國士　豫讓（附友青井）

晏嬰客　北郭搔

欒盈世臣　辛俞

〔一〕《名籍》人物排序與正文略異。順治本《古今義烈名籍》，多據内文重新排序。

〔二〕「天啓丁卯」，順治本作「崇禎甲申」。蓋書稿續有增補。

楚死友　羊角哀　左伯桃
齊天下士　魯仲連
覆楚孝子　伍員（附江上丈人、擊絮女子）
復楚義士　申包胥
齊布衣　王蠋
魏節乳母　公子乳母
晋介士　介子推
趙盾客　鉏麑　祁彌明　靈輒
晋史官　董狐
趙朔客　程嬰　公孫杵臼　韓厥
趙亡相　虞卿
齊孟嘗君客　魏子與粟賢者　馮驩
聶政姊　聶嫈
荆軻友　高漸離
侯嬴客　朱亥
衛伋弟　衛壽
復魯義保　魯稱保母
全齊義母　王孫賈母
報韓義士　張良

卷之二

秦

復趙義卒　厮養卒
外黄童子　舍人兒

西漢

彭越臣　欒布
田横義士　二客　五百人
張耳客　貫高　趙午
季布主　朱家

漢高帝孫　朱虛侯劉章
淳于意孝女　緹縈
竇嬰客　灌夫
主父偃客　長者孔車
衛青客　任安
朱雲友　辛慶忌
吳章弟子　云敞
光尼和孝女　光絡

東漢

孫萌郡吏　劉平
張宗友　陳綱
歐陽歙弟子　禮震
漢高士　李業（附子李翬）
范升弟子　楊政
董子張烈友　郅惲
何敞客　周嘉
托死義友　范式　王忳
孫福掾　劉茂
李元[倉]（蒼）頭　李善
尹興掾　陸續
義童子　彭脩
廉丹孫　隴西功曹廉范
焦貺弟子　鄭弘
梁湛客　決曹史繆肜
孝友侍中　劉平
河南尹　張酺
鄧隲友　朱寵
李固門客　王調　趙承　郭亮　董班

亭長　王成　文姬

陳蕃友　朱震

卷之三

東漢

會稽倉掾　戴就

史弼客　裴瑜　魏劭

趙岐主　孫嵩

禮宗　皇甫規妻

第五種俠客　孫斌　閭子直　甄子然

曹盱孝烈女　曹娥

生死交　荀巨伯

崔琦刺客　梁冀門士

李膺黨　景毅

范滂黨　督郵吴導　解印縣令郭楫

陳蕃立孤友　巴肅

虞偉高烈友　何顒

張儉主　李篤　外黄令毛欽

尹端客　主簿朱儁

王允客　趙戩

一門争死　孔母　孔褒　孔融

漢鼓史　禰衡

露筋貞女　鄭荷花〔一〕

蘇謙孝子　蘇不韋

舞陰長者　劉翊

〔一〕「鄭荷花」，正文題作「露筋女」。

卷之四

徐無山人　田疇
梅根冶烈女　李娥

晉

鍾會功曹　向雄
石崇妾　緑珠
棄子義兄　鄧攸
祖逖胡奴　王安
陸機門客　孫拯　費慈　宰意
令狐愚托客　馬隆
王覽孫　王彬
桓彝客　俞縱
庾冰客　吴郡卒
殷仲堪參軍　羅企生
桓冲客　朱綽　朱齡
東海王尉　何無忌
會稽烈女　翟素　翟婢
秦烈童子　佛念兒

南北朝

王味之主　張進之
范曄客　釋曇遷
范義友　蔡興宗
荆州二烈　邊榮　程邕之
王璩掾　龔穎
北魏史官　崔浩　高允
鄭羆孝子　鄭長子
義興長者　吴達之
求首故吏　朱瑒
江南義令　鍾離君　許令

義弟　陳業

卷之六

宋

宋藝祖侄　楚王元佐
富弼客　彭任
元祐黨　石工安民　陳敏
義軾客　收蘇文書
眉山古人　巢谷
秦觀文交妾　長沙[倡]（娼）
鄒浩友　王回
斷臂小吏　趙廣
上書貢士　陳東
宋烈宮人　王婉容
張浚刺客　河北人
宋高郵烈妓　毛惜惜
趙氏鬼　唐錡
鄂州豪人　屠户哮張二
代刑孝子　蔡定
岳飛客　獄卒隗順　劉元升
銀瓶烈女　岳氏
宋殿司小校　施全
胡銓友　陳剛中
宋劊子　鄭虎臣
湯岐公老兵　包明
宋民兵部將　張順　張貴
文天祥客　張千載　王炎午　趙時賞
　劉子俊　二樵者（附嵇聳）
李芾獄丁　沈忠

金

卷之七

皇明

卷之八

皇明

是集也，志在表微，故略于正史，詳于外史；略于前朝，詳于本朝，得三百五十八人，爲二百八十八贊〔一〕。睢陽城失載南霽雲，昌黎竊嘆；陳橋驛勿録韓節度〔二〕，歐陽貽譏。耳食未詳，目獵有限，頗多漏遺，以俟博雅。

黄山義士　唐皋孫
李信純　義犬（附蕭山義犬）
孫堅　義馬
王禎　義馬
符堅　義馬
唐昭宗供奉　義猴
荆溪義虎　荆溪虎
顔烏　義烏

〔一〕「得三百五十八人，爲二百八十八贊」，順治本作「得五百七十三人，爲四百七十二贊」，足見增訂之富。
〔二〕韓節度，即韓通，後周大臣，官至檢校太尉、同平章事，充侍衛親軍馬步軍副都指揮使，陳橋驛兵變中遇害。

古今義烈傳卷一

（明）山陰張岱著

周

伯夷　叔齊

伯夷、叔齊，孤竹君二子也。父欲立叔齊，及父卒，叔齊讓伯夷，伯夷曰：「父命也。」遂逃去。叔齊亦不肯立而逃之。及武王伐紂，載西伯木主以行，夷、齊叩馬諫曰：「父死不葬，爰及干戈，可謂孝乎？以臣弑君，可謂仁乎？」左右欲兵之。太公曰：「義人也。」扶而去之。至武王已平殷亂，天下宗周，夷、齊耻之，義不食周粟，隱于首陽山，采薇而食之。及飢且死，作歌，其辭曰：「登彼西山兮，采其薇兮，以暴易暴兮，不知其非兮。神農虞夏兮，忽焉没兮，我安適歸矣。於嗟徂兮，命之衰矣。」遂餓死首陽山。

贊曰：白魚入舟，赤烏流屋，會孟津者千八百國。煢煢二士，仗義孤竹。采厥山薇，不食周粟。慷慨浩歌，神農不没。千古首陽，陰雨則哭。

左儒

周宣王將殺其臣杜伯，而非其罪，伯之友左儒争之于王，九復之，而王不許。王曰：「汝别君而異友也。」儒曰：「君道友逆，則順君以誅友；友道君逆，則順友以違君。」王怒曰：「易而言則生，不易則死。」儒曰：「士不枉義以從死，不易言以求生。」王殺杜伯，左儒死之。

贊曰：君死制，臣死意。友死故當争，况復非其罪。順友以逆君，捨生以取義，後世有似者，漢之辛慶忌，同日死臧洪，三人〔一〕是其類。

〔一〕「三人」，指辛慶忌、臧洪、陳容。袁紹一日殺二烈士，參見卷三《臧洪　陳容》篇。順治本傳末重題贊語，與此有異，未見「三人」之説。

周主父婢

周大夫號主父，自衛仕于周，二年且歸。其妻淫于鄰人，恐主父覺，其淫者憂之，妻曰：「無憂也。吾爲毒酒，封以待。」使媵婢取酒而進之。媵婢心知其毒酒也，計進之則殺主父，不義；言之又殺主母，不忠。猶與，因陽僵覆酒，主大怒而笞之。既已，妻恐媵婢言之，因以他過笞，欲殺之。媵知將死，終不言。主父弟聞其事，具以告主父。主父驚，乃免媵婢，而笞殺其妻。使人陰問媵婢曰：「汝知其事，何以不言，而反幾死乎？」媵婢曰：「殺主以自生，又有辱主之名。吾死則死耳，豈言之哉？」主父高其義，貴其意，將納以爲妻，媵婢辭曰：「主辱而死，而妾獨生，是無禮也。代主之處，是逆理也。無禮、逆理，有一猶愈，今盡有之，難以生矣。」欲自殺，主聞之，乃厚幣而嫁之，四鄰爭娶之。

贊曰：卮酒可棄，主命不可［試］（弒）〔一〕；股肉可碎，主淫不可議。不忍辱主名，忍代主之處，一全則義，兩全則智。是姬姜之流亞邪？敢目之以婢！

〔一〕「試」，當作「弒」，形誤。

列國

豫讓

趙襄子滅智伯。智伯之臣豫讓欲爲報仇，乃詐爲刑人，挾匕首，入宫塗厠中，欲刺襄子。襄子如厠心動，索之獲讓，問曰：「子事范、中行氏，智伯滅之，子不爲報仇，反臣事智伯。今智伯死，子何爲報之深也？」曰：「范、中行氏衆人遇我，我故衆人報之；智伯國士遇我，我故國士報之。」襄子曰：「義士也。」捨之，謹避而已。讓漆身爲癩，呑炭爲啞，行乞于市，其妻不識也。其友識之曰：「以子之才，臣事趙孟，必得近幸。子乃爲所欲爲，顧不易耶。何乃自苦如此？」讓曰：「不可。既委質爲臣，又求殺之，是二心也。」襄子出，讓伏橋下，馬驚，索之，得讓。襄子曰：「嗟乎！豫子之爲智伯，名既成矣。寡人赦子，亦已足矣。子其自爲計，寡人不復釋子。」讓曰：「臣聞明主不掩人之美，而忠臣有死名之義。前君寬赦，天下莫不稱賢。今日之事，臣固服誅，然顧請君之衣而擊之焉，以致報仇之意，則雖死不恨。」于是襄子大義之，乃使使持衣與豫讓。豫讓拔劍，三躍而擊之，曰：「吾可以下報智伯矣。」遂伏劍自殺。死之日，趙國志士聞之，皆爲涕泣。

贊曰：拔劍三擊，繒飛石缺。一擊報智伯，仇衣寸寸裂；一擊報青荓，爲我甘尺鐵；一擊報襄子，知我爲義烈。有臣得如此，國滅猶不滅。笑彼中行氏，兩眼白如雪。

青荓

趙襄子游于囿中，至于梁，馬却不肯進。青荓爲參乘，襄子進，視梁下有人，青荓視梁下，豫讓却寢，佯爲死人。叱青荓曰：「去！長者吾且有事。」青荓曰：「少而與子友，子且爲大事，而吾言之，是失相與之道；子將賊吾君，而我不言之，是失人臣之道。如我者，惟死爲可。」乃退而自殺。

岱子曰：《史記》：豫讓漆身爲癩，吞炭爲啞，其妻不識，而其友識之。不言友爲何人。《呂氏春秋》載《青荓傳》，事甚俠烈。然則豫讓又有友，不減鉏麑也。

贊曰：左儒有言，君道友逆，殺友殉君；友道君逆，殺身殉友。荓既殉君，又復殉友，視漆身者，更高一籌。

北郭搔〔一〕

北郭搔家貧，無以養親。晏子知其賢，每分粟與之。後晏子爲齊君所逐，北郭搔遂自刎于齊廷，明晏子之無罪。齊于是復進晏子爲齊相。

岱子曰：分粟與人而獲其死報者三人，晏子之北郭搔、趙宣子之靈輒、孟嘗君之齊士。一飯之德，捐軀不忘，古之人矣。

贊曰：突來一士，自到于廷，證相無罪。齊君震驚，急召晏子，安車蒲輪。問子何德，得此于人，曰偶然耳。分粟養親，一飯之德，乃殺其身。世情視之，亦甚可省。

辛俞

晋逐欒盈之族，命其家臣有敢從者死，其臣辛俞從之。君曰：「命汝無從，敢從何也？」辛俞對曰：「臣聞三世仕于家，君之；二世者，主之。事君以死，事主以勤，爲其賜之多也。今臣

〔一〕「搔」，同「騷」。見《晏子春秋·内篇雜上第五》第二十七《晏子乞北郭騷米以養母騷殺身以明道晏子之賢》。

三世于欒氏，受其賜多矣[一]。臣敢畏死而忘三世之恩哉？」晋君釋之。

贊曰：三世君之，二世主之。君既流徙，臣復何之？幸而赦臣，身親獲之；不幸而殺臣，魂魄猶應依之。

伍員

楚誅伍奢，伍員亡。乞食至吴，遂將吴兵入楚。昭王出奔，員乃掘平王墓，出其尸，鞭之三百。申包胥亡于山中，使人謂曰：「子之報仇，其以意乎！」伍子胥曰：「爲我謝包胥。吾日暮途遠，吾故倒行而逆施之。」

王弇州贊曰：唉哉平乎，不父不君；壯哉胥乎，能子能臣。孝憤俠烈，宫郢乃伸。明哲沈幾，沼吴益神。雖然，忠之餘，足以鼓江濤，而不能回其主；智之先，若質蓍龜，而不能保其軀。要其心，蓋以吴報父，以身報吴。使殁者不愧，存者不孤。嗚呼，丈夫！

贊曰：撫我則后，虐我則仇。痛我兄父，無辜授首。煢煢乞食，江水倒流。撞破昭

[一]《國語·晋語·辛俞從欒氏出奔》：「事君以死，事主以勤，君之明令也。自臣之祖，以無大援于晋國，世隸欒氏，于今三世矣，臣故不敢不君。」

闕，寃魑夜吼。掘取帝羓，鞭之肉走。楚闕千年，猶聞遺臭。

羊角哀　左伯桃

羊角哀、左伯桃二人相與爲死友，欲仕于楚，道遥山阻，遇雨雪，不得行，飢寒無計。自度不俱生也。伯桃謂角哀曰：「天不我與，深山窮困，并在一人，可得生全。俱死之後，骸骨莫收。內手捫心，知不如子。生恐無益而棄子之能，樂在樹中。」角哀聽之，伯桃入樹中而死，得衣糧，前至楚。楚平王愛角哀之賢，嘉伯桃之義，以公卿之禮葬之。角哀夢見伯桃曰：「蒙子之恩而獲厚葬。然正苦荆軻冢相近，欲役使吾，吾不能聽也，與連戰不勝。今月十五日當大戰，得子則勝，否則負矣。」角哀至期日，陳兵馬詣其冢上，作三桐人，自殺，下而從之。是夕，喊聲震地，荆軻墓大木盡拔，封垤皆夷，泥礫如千軍躪踏。土人奇之。

贊曰：我裂子皮以爲衣，我啖子肉而肥。子受人侮，而我不[子]（予）扶持，是禽犢之所不如者也，而復何以生爲！

魯仲連

魯仲連，齊人也。好奇偉俶儻之策，而不肯仕宦任職。好持高節。游于趙，時政秦兵圍邯鄲，趙王恐。魏王使客將軍新垣衍間入邯鄲，約趙王共尊秦爲帝，以緩其師。魯仲連乃因平原君，往見梁客新垣衍，反復辨難，[豢]（義）不帝秦，且謂：「秦者，棄禮義、尚首功之國也。權使其士，虜使其民。彼即肆然而爲帝，過而爲政于天下，則連有蹈東海而死耳。吾義不爲之氓也。」反復開導秦稱帝之害，言之再三，垣衍詞屈，乃起拜曰：「先生真天下士也。吾請出，不敢復言帝秦矣。」秦將聞之，爲却軍五十里。會魏公子無忌奪晉鄙軍以救趙，秦軍引而去。于是平原君欲封魯連。魯連辭讓使者三，終不肯受。平原君乃置酒，酒酣起前，以千金爲魯連壽。魯連笑曰：「所貴于天下之士者，爲人排患、拯難、解紛，而無取也。即有取者，是商賈之事也，而連不忍爲也。」遂辭平原君而去，終身不復見。

贊曰：蕭然韋布，來見客卿。寧蹈東海，義不帝秦。秦將聞之，爲之却軍。慷慨而出，排難解紛；咄嗟而去，揮灑千金。先生之出也，龍躍雲興；先生之去也，豹藏霧隱。真天下士也，儀衍敢與之倫？

江上丈人

子胥奔吳，得丈[夫](人)〔一〕渡，解劍酬之。不受，曰：「楚國之法，得伍員者爵執珪，金千鎰。吾尚不取，何用劍爲？」員囑其勿露，遂覆舟而死。員至吳，每食輒祭，曰：「名可得聞而不可得見者，其江上丈人乎！」

贊曰：爵執珪，金千鎰，吾尚不取之，何爲解劍鋏？念子負奇冤，父仇當與雪。我死子心安，爲人須爲徹。蘆中人，古剛烈。

擊絮女子

子胥至溧陽界中，見一女子擊絮于瀨水上。子胥曰：「豈可得托食乎？」女子曰：「諾。」即發簞飯，清其壺漿而食之。子胥食已而去，謂女子曰：「掩爾壺漿，毋令之露。」女子曰：「諾。」子胥行五步，還顧，女子自縱于瀨水之中而死，明無洩也。

〔一〕「夫」，順治本作「人」，據改。

贊曰：溧陽道，瀨水側，擊絮女子坐碕石。行道乞食與壺漿，怎曉伍胥逃楚［革］（厄）〔一〕？勿言不必掩爾漿，奚用舉身擲水涯？余讀《越絕書》，疑是文人筆。

介子推

晋文公出奔，嘗餒于魯，介子推割股以食之。及歸，賞從亡者狐偃、趙衰、顛頡、魏犨，而不及子推。子推之從者懸書宮門曰：「有龍矯矯，頃失其所。五蛇從之，周流天下。龍飢乏食，一蛇刲股。龍返于淵，安其壤土。四蛇入穴，皆有處所。一蛇無穴，號于中野。」公出見之，曰：「此介子推也。」使人求之，不得。隱綿上山中。焚其山，子推死焉。于是文公環綿上山中，而封之以爲「介推田」，號曰「介山」，以誌吾過，且旌善人。

贊曰：聖主不再出，臣鄰偶爾從。股削肉仍長，蛇居安用龍？膏以明自熱，象以齒自焚。翻恨從游者，懸書于國門。

〔一〕「革」，順治本作「厄」，據改。

申包胥

伍員覆楚，申包胥走秦告急，求救于秦，秦不許。包胥立于秦廷，晝夜哭，七日七夜不絶聲。秦哀公憐之曰：「楚雖無道，有臣若是，可以存矣。」乃遣車五百乘救楚擊吴。吴人敗于稷，昭王還郢。

贊曰：伍員覆楚，信若左券；包胥復楚，手無尺鍜。灑泪秦廷，楚猿三咽。七日七夜，子規血戰。有臣如此，可以弭變。以泪存國，千古一見。

節乳母

秦攻魏，破之。殺諸公子，而一公子不得，令曰：「得公子者，賜千金。匿之者，夷三族。」乳母與公子俱逃。魏故臣見乳母而識之，曰：「公子安在？千金，重利也；夷族，極刑也，汝何居？」母曰：「見利而反上者，逆也。畏死而棄義者，亂也，吾不爲。」遂逃公子于澤中。故臣以告秦軍，争射之，母與公子同死。秦王以卿禮葬母，祠之太牢。

贊曰：殺麋放麑，乳母之志。巢覆完卵，乳母之意。轉展不得，乃與之同斃也。乳母之大義，嗟嗟！義血釁僕姑，剛腸塗白地〔二〕。

王蠋

燕初入齊，聞王蠋賢，令軍中曰：「環畫三十里無入。」以王蠋故。已而欲將王蠋，蠋固謝。燕人曰：「若不從，吾屠畫邑。」蠋曰：「忠臣不事二君，貞女不更二夫。齊王不聽吾諫，故退耕于野。國既破亡，吾不能存。今又劫之以兵，與其生而無義，不如烹。」遂經其頸于樹枝，自奮絶脰而死。齊亡大夫聞之曰：「王蠋，布衣也，義不北面燕，況在位食禄者乎？」乃相聚如莒，求諸子立爲襄王。

董份曰：觀此叙王蠋事，則是以齊存亡係一布衣，其推蠋至矣，孰謂太史公之退節義乎？

贊曰：王蠋而生，全畫三十里；王蠋而死，全齊數千里。一言遏寇兵，一言興滅主。蠋故一布衣，何緣而得此？

〔二〕「義血」二句，順治本作「魏國多鬚糜，不如一老嫗」。其後贊語更勝此刻本。

鉏麑

晉侯怒趙盾，使鉏麑往殺之。麑至盾第，謂盾曰：「子仁人也。吾入子之門則無人焉，入子之閨則無人焉，上子之堂則無人焉，是子之易也。子晉國重卿而食魚飧，是子之儉也。君將使我殺子，吾不忍殺子也。雖然，吾亦不可復見吾君矣。」遂觸槐而死。

贊曰：觸槐兒，頭腦裂〔一〕。王欲誅賢臣，雙瞳不能別。倘不食魚飧，刀頭污頸血。觸槐兒，來不來，須蚤决。

祁彌明

靈公欲殺趙盾，伏甲宫中，召而食之。趙盾之車右祁彌明者，國之力士也。仡然從乎趙盾而入，放乎堂下而立。趙盾已食，靈公謂盾曰：「吾聞子之劍，蓋利劍也。子以示我，吾將觀焉。」趙盾起，將進劍。祁彌明自下呼之曰：「盾食飽則出，何故拔劍于君所？」趙盾知之，躇階

〔一〕「頭腦裂」，順治本作「來不來，須早决」。

而走。靈公有周狗，謂之獒。呼獒而屬之，獒亦躇階而從之。祁彌明逆而踆之，絶其頷。趙盾顧曰：「君之獒不若臣之獒也。」遂得脱〔一〕。

贊曰：君之獒，躇階而走聲咆哮；臣之獒，絶頷而提出佩刀。賢邪變置黑白淆，縱有鮭鯱亦顛倒。周狗既喪走狗死，從此君門吠若嗥。

靈輒

靈輒，臨晉人。趙宣子舍于翳桑，見輒飢，食之。輒留其半曰：「請以遺母。」因與之簞食。靈公嘗伏兵攻宣子，輒倒戟以禦，得免。問其故，即翳桑餓夫也。

贊曰：翳桑餓夫無氣力，垂頭懊喪口微息。今日横戈聲辟易，喑啞叱咤千人失。試問餓夫何異昔，當朝宣子給我食。知恩不報非肝膈，自分今朝臣死日。但願仁人脱兵厄，何惜臣尸裹馬革。

〔一〕「遂得脱」，順治本作「彌明死之」。

董狐

董狐，晋史官。靈公欲殺趙盾，盾出奔。已而趙穿弑公，盾遂復。董狐書曰：「趙盾弑其君。」盾怒，詰之，對曰：「子爲正卿，亡不越境，復不討賊，問弑君者非子而誰？」孔子曰：「董狐，古之良史也。」

贊曰：晋史官，董狐筆，錚錚堅似鐵。甕窗篷户握筆書，老奸巨猾心膽裂。力能移晋祚，權能壓晋舌。任君顛倒幾千端，國可滅兮史不滅。

程嬰　公孫杵臼　韓厥〔一〕

屠岸賈殺趙朔于下宫，朔妻以晋成公姊走匿公宫，生一遺腹。岸賈聞之，索于宫中。夫人置兒綺中，祝曰：「趙宗滅乎，若啼；不滅，若無聲。」及索兒，無聲。已脱，朔門客程嬰、公孫杵臼相與謀：「今一索不得，必且再索之，奈何？」杵臼曰：「立孤與死，孰難？」嬰曰：「死易，立

〔一〕順治本此傳題下無「韓厥」及其小傳。

孤難耳。」杵臼曰：「子强爲其難者。」乃取他氏兒，衣以文葆，匿山中。嬰出曰：「與我千金，吾告趙氏兒處。」賈喜，乃使人隨嬰攻杵臼。杵臼曰：「忍哉程嬰！昔下宫之難不能死，與我謀匿孤兒。今又賣我，縱不能立，忍賣之乎！」抱兒呼曰：「天乎！天乎！趙氏孤兒何罪？請活之！猶殺杵臼可也！」諸將不許，遂殺杵臼及兒。趙氏真孤乃反在程嬰，嬰卒與俱匿山中，名曰武。

及武長，晋侯聽韓厥言，録宣孟后，立武，反其田邑，率諸將攻岸賈，滅其族。程嬰乃辭諸大夫，謂武曰：「昔下宫之難，我非不能死，思立趙氏之後耳。今武既立，爲成人，復故位，我將下報宣孟與公孫杵臼。」趙武啼泣，頓首固請曰：「武願苦筋骨以報子至死，而子忍去我死乎？」程嬰曰：「不可。彼以我爲能成事，故先我死。今我不報，是以我事爲不成。」遂自殺。武服齊衰三年，爲之祭邑，春秋祠之，世世不絶。

贊曰：死節易，立孤難，兩人立意鐵般般。群虎盤踞伺乳羊，手無尺[挺](梃)相遮攔。即將羊子寄虎穴，待等羊大與虎決。虎勢咆哮羊性柔，旁人觀看膽碎裂。怎如一劍死下宫，口含目瞑無他說。吁嗟兮！死節易，立孤難！

虞卿

秦昭王聞魏齊在平原君所，欲爲范雎必報其仇，乃遺趙王書曰：「王使人疾持其頭來。」趙孝成王發卒圍平原君家急，魏齊夜亡，見趙相虞卿。虞卿度趙王終不可説，乃解其相印，與齊偕亡，走大梁。

贊曰：昔有二相，皆爲人亡。一爲亡虜，國士無雙。一爲亡虜，偕走大梁。開柙出兕，建鼓求羊。爲蕭則易，爲虞則難。

魏子與粟賢者

孟嘗君相齊，舍人魏子收邑入，三反而不致一入。問之，對曰：「有賢者竊假與之，以故不致入。」孟嘗君怒退魏子。居數年，或告孟嘗君反。及田甲劫湣王，王疑之，于是出奔魏子所。與粟賢者乃上書，言孟嘗君不作亂，遂自剄宮門，以明孟嘗君。湣王乃驚，而蹤迹驗問，果無反謀，乃復召孟嘗君。

馮驩

馮驩，齊人，彈鋏客。田文尊之幸舍，侍者曰：「馮先生貧甚，惟一劍蒯緱耳。」爲文收責于薛，悉焚其券，市孟嘗義聲。文罷相，門下客皆散去，猶驩躡屩以從。文復相，乃驩說齊之力也。

岱子曰：孟嘗君食客三千，以粟羈天下士也。及解相印，客皆背去，門可張羅。乃有客焉，爲之上書自剄，則又舍人魏子所私粟者也。孟嘗數年餉士，不豢養狗彘哉？齊士此舉，不惟愧死食客，抑且愧死孟嘗矣。

贊曰：以粟豢犬，呼之即至；以粟豢人，位失即去。有客有客，狡如市儈。彼魏子者，眼始不瞶。食客三千，我取其二。死者冠之，馮驩居次。餘貒貉耳，不如狗彘。

聶政姊

聶政刺殺俠累，皮面決眼，自屠出腸，遂以死。韓取尸暴于市，購問，莫知誰子。政姊嫈聞之，於邑曰：「其是吾弟與？嗟乎！嚴仲子知吾弟。」立起如韓市，而死者果政也。伏尸哭，極哀，曰：「是軹深井里所謂聶政者也。」市人曰：「此人虐吾國相，王購其名千金，若何人斯，敢認之也？」嫈應曰：「聞之政所以蒙污辱，自棄于市販間者，爲老母無恙，妾未嫁也。今母亡妾嫁，嚴仲子乃察舉之困污之中而交之，澤厚矣，可奈何！士固爲知己者死，今乃以妾尚在之故，重自刑以絶從。妾其奈何畏歿身之誅，終滅賢弟之名！」大驚韓市人。乃大呼天者三，卒於邑悲哀而死政之旁。

贊曰：王購其名，縣以千金，若何人斯，敢認其姊？自有其姊，弟乃不死。弟乃不死，千古之下，有聶政姊。

高漸離

荆軻既敗，軻友高漸離變名姓爲人庸保，匿作于宋子。久之作苦，聞其家堂上客擊筑，傍徨不能去，每出言曰某善，某不善。從者以告其主，主召使前擊筑，悲歌慷慨，坐客皆驚。既而始皇召見之，有識者曰：「高漸離也。」始皇惜其善擊筑，重赦之。乃矐其目，使擊筑，未嘗不稱善。稍益近之，高漸離乃以鉛置筑中，復進得近，舉筑撲秦皇帝，不中。于是遂誅高漸離，終身不復近諸侯之人。

岱子曰：軻之死，爲丹，爲光，爲期。高漸離，軻之友也，乃不惜矐目，爲死友以報虎狼秦，較之然諾而死者，不更高一等哉！

贊曰：二鴞入秦，來食祖龍。爾斷其臂，我刳其瞳。但知友死，不令仇存。撲地一擊，博浪齊椎。爲軻死耳，于燕何功？

朱亥

朱亥爲侯嬴客，信陵君嘗親存之，朱亥故不復謝，公子怪之。及信陵君用侯嬴謀，竊兵符，發兵救趙。侯嬴曰：「將在外，主令有所不受。公子即合符，而晋鄙不授公子兵，復請之，事必危矣。臣客屠者朱亥可與俱，此人力士。晋鄙聽，大善；不聽，可使擊之。」于是公子請朱亥，朱亥笑曰：「臣乃市井鼓刀屠者，而公子親數存之，所以不報謝者，以爲小禮無所用。今公子有急，此乃臣效命之秋也。」遂與公子俱至鄴，矯令代晋鄙。晋鄙果合符疑之，欲無聽，朱亥袖四十斤鐵椎，椎殺晋鄙。勒兵下邯鄲，秦兵解去。

岱子曰：《山海經》「秦昭王會魏王，魏王不行，使朱亥奉璧一雙。秦王怒，置亥虎圈中。亥瞋目視虎，眦裂血出濺虎，虎不敢動」。亥遇虎狼，直芻視之矣。其于晋鄙，圈中豕耳，何異哉！

贊曰：吴起舐痔，卒母澤涕。主將殊恩，兒有死志。鼓刀屠者，公子倒屣，非不報謝，往來小禮。公子有急，臣願與俱。何物晋鄙，留難虎符。舉椎一擊，視如豚豭。東坡有言，惟是屠者，其養可取。

衛壽

衛後母子壽，母欲殺前母子伋而立壽，使伋乘舟于河，將沉而殺之。壽知之，與伋同舟，不得沉。又使伋之齊，令盜見載旌者殺之。壽又竊旌前行，盜見殺之。伋載壽尸還，亦死。

《鐵崖樂府》曰：「爾乘舟兮，河水濁且深。我同舟兮，誓與爾同沉。母有命兮，諫不我聽。示旌以盜兮，我先以旌。衛有國兮國在兄，殺兄及我兮，不如無生。」

贊曰：兒不欲衛國，如何必殺兄？吾兄若見殺，兒亦何求生？竊旌前遇盜，趙禮以肥争。雁行不可缺，在原呼脊鴒。後母自見悔，剜肉以決癭。

王孫賈母

王孫賈事齊王，國亂，閔王出，見弑，國人不討賊。王孫母謂賈曰：「汝朝出而晚來，則吾倚門而望；汝暮出而不還，則吾倚廬而望。今汝事王，王出走，汝不知其處，汝尚何歸乎？」王孫賈乃入市中，而令百姓曰：「淖齒亂齊國，弑閔王，欲與我誅之者，袒右。」市人從者四百人，與之誅淖齒，刺而殺之。君子謂王孫母義而能教。

贊曰：君仇不報，立世何顔？賢母數語，爲劉袒肩。昭王不復，吾將問焉。驅市人戰，渠魁受殲。王蠋全齊，田單破燕。誰愧母者，陳文趙宣。

魯義保母

魯武公立中子戲爲懿公，長子括之子伯御攻殺懿公而自立，求懿公子稱，將殺之。稱保母聞，乃以己子易稱處，伯御殺之，義保遂抱稱以出，逃他國十一年。魯大夫皆知稱所在，保（母）于是請周天子殺伯御，立稱，是爲孝公。魯人高之。

贊曰：重耳出奔，蛇以食龍；魯稱出奔，豕以易熊。但保君嗣，何惜幼冲。滎陽紀信，脱走沛公。趙武有言，願苦筋骨，報母無窮。

張良

張良者，韓人也。秦滅韓，良年少，家僮三百人，弟死不葬，悉以家財求客刺秦王，爲韓報仇，以大父、父五世相韓故。良因東見滄海君，得力士，爲鐵錐，重百二十斤。秦皇帝東游，良與客狙擊秦皇帝博浪沙中，誤中副車。秦皇帝大怒，大索天下，卒莫能得。

岱子曰：良以韓一亡虜，弟死不葬，傾家財求客刺秦王，志亦偉矣。余考《荀子》，良祖張去疾，韓篡臣也。良一孺子，當覆滅之餘，克蓋前愆，爲韓報仇。後世且不知有去疾篡者，良之力也。良豈止義士已哉！

再曰：良東見滄海君，得力士，爲椎擊始皇帝博浪沙中，大索不得，此際已自神怪莫測。人知良之一卷授自黄石，不知其所得于滄海君者，應不減圯上也。與明眼人商〔一〕之。

〔一〕「商」，順治本作「參」。

眉公贊曰：秦之鹿，椎其足。楚之猴，烹其頭。漢之蛇，得天下。帝借公，公借帝。爲韓來，報韓去。前黄石，後赤松。張子房，真英雄！

贊曰：祖龍肆鯨吞，氣勢如崒嵂。安得朱亥椎，亡韓一虜卒。迅雷劈地來，奔走同雷疾。雖中博浪車，已奪沙丘魄。何勞子美觴，擊桌爲懊惜。孔子沐浴朝，陳桓已受殛。

古今義烈傳卷二

（明）山陰張岱著

秦

廝養卒

趙王與張耳、陳餘北略地燕界，趙王間出，爲燕軍所得。燕將囚之，欲與分趙地半，乃歸王。使者往，燕輒殺之以求地。張耳、陳餘患之。有廝養卒謝其舍中，曰：「吾爲公説燕，與趙王載歸。」舍中大笑曰：「使者往十餘輩輒死，若何以能得王？」乃走燕壁。燕將見之，問燕將曰：「知臣何欲？」燕將曰：「若欲得趙王耳。」曰：「君知張耳、陳餘何如人也？」燕將曰：「賢人也。」曰：「知其何欲？」曰：「欲得其王耳。」趙養卒乃笑曰：「君未知此兩人也。夫武臣、張耳、陳餘杖馬箠，下趙數十城，亦各欲南面而王，豈欲爲卿相終邪？特其勢初定，未敢瓜剖，且論齒先立武臣，以持趙心。今趙地已服，此兩人欲王，在顧盼間耳。今君乃囚趙王，兩人名爲求趙王，實欲燕殺之，兩人分趙自立。夫以一趙尚易燕，况以兩賢王左提右挈而責殺王之罪，滅燕易矣。」燕將以爲然，乃歸趙王。養卒爲御而歸。

可惜此養卒不載名姓。卓吾子曰：「厮即姓，養卒即名。其姓名即千載不朽矣。豈似世之自負著姓，有名望，而實與草木俱腐者乎？」

贊曰：釋王而出，御王而歸。燕國君臣，提如傀儡。數語張弧，一車載鬼。攬轡徐行，敵〔二〕人囁嚅。王問伊誰，車前馬尾。

舍人兒

項王擊陳留外黄，外黄不下。數日降，項王悉令男子十五以上詣城東，欲坑之。外黄令舍人兒，年十一，毅然往説項王曰：「彭越强劫外黄，外黄恐，故且降以待大王。大王至，不加撫

〔二〕「敵」，順治本作「數」。

恤，又皆坑之，百姓豈有歸心哉！ 從此以東梁地十餘城皆恐，莫肯下矣。」項王然其言，乃赦外黃當坑者。

贊曰：舍人兒，年十一，咄嗟氣欲吞項藉。手援陳留百萬人，膽包梁地十餘邑。烏騅不敢蹂外黃，夜渡鴻溝走前壁。

西漢

欒布

漢既誅彭越，梟其首于雒陽，下詔曰：「有敢收視者，輒捕之。」布從齊使還，奏事彭越頭下，祠而哭之。吏捕布以聞。上召布罵曰：「若與彭越反邪？吾禁人勿收，若獨祠而哭之，與越反明矣。」趣烹之。方提趨湯，布顧曰：「願一言而死。」上曰：「何言？」布曰：「方上之困于彭城，敗滎陽、成皋間，項王所以遂不能西，徒以彭王居梁地，與漢合從，苦楚也。當是之時，彭王一顧，與楚則漢破，與漢而楚破。且垓下之會，微彭王，項氏不亡。天下已定，彭王剖符受封，亦欲傳之萬世。今陛下一徵兵于梁，彭王病不行，而陛下疑以爲反反形未見，以苛小案誅滅之，臣恐功臣人人自危也。今彭王已死，臣生不如死，請就烹。」于是上乃釋布，拜爲都尉。

贊曰：布自齊還，軌輪方結，揭竿者誰？濡縷頸血。奔走問之，吾王彭越。吾王彭越，魂銷膽裂。泪若泉悲，胸如猿咽。吾王賢王，遭此誣蔑，中心如擣，冰顧湯鑊。走狗果烹，良弓果折。人人自危，沙中耦説。慷慨趨湯，高皇氣奪。吾王賢王，冤情始雪。走看梟顱，掀髯開頰。

田横客

田横，狄人也，初相齊王廣，漢使酈生紿齊，解歷下軍，襲破之，虜廣。横怒，烹酈生，因自立。及漢帝天下，横懼，與其徒五百人入海島。漢使使赦横罪，召之。横謝曰：「臣烹漢使酈生。今聞其弟商爲將而賢，臣懼，不敢奉詔。」使還。帝乃敕酈商曰：「田横即來，人馬從者，敢動摇者族。」乃復使持節，具告以敕商狀，曰：「齊王來，大者王，小者侯。不來，且舉兵加誅。」田横乃與客二人乘傳詣雒陽。至尸鄉厩置，横謝使者曰：「人臣見天子，當洗沐。」止留。謂其客曰：「横始與漢王俱南面稱孤，今漢王爲天子，而横爲亡虜，北面事之，其耻已甚矣！且烹人之兄，與其弟比肩事主，縱彼畏詔不敢動我，我獨不愧于心乎？且漢王所以召我者，欲一見吾面耳。今漢王在雒陽，斬吾頭，馳三十里，形容尚未敗也。」遂自剄，令客函其頭，從使者馳奏之。帝曰：「嗟乎！有以也。夫起自布衣，兄弟三人更王，豈不賢乎哉？」爲之流涕，拜其二客爲都尉，發卒二千人，葬以王者禮。既葬，二客穿其冢旁孔，皆自剄，下從之。高帝大驚，以「田横之客皆賢，吾聞其餘尚五百人，在海中」。使使召之。使至，聞田横死，亦皆自殺。于是知田横兄弟之能得士也。

《鐵崖樂府》曰：黄鳥在楚，良死太苦。黄蛇穿土，良死其所。爾良慄慄，百七其人。我良忻忻，五百同身。君辱臣死，臣等弗疑。大王小侯，臣等弗知。

贊曰：作俑用芻人，後世嘆其失。殉葬至五百，人人爲節擊。可見得死所，性命何足惜！王侯如菽麻，死後同螟蛣。怎若田横頭，至今有血迹。

貫高　趙午

漢七年，高祖從平城過趙。趙王朝夕袒韝蔽，自上食，禮甚卑。高祖箕[倨]（踞）詈〔一〕，甚

〔一〕「詈」，順治本作「慢罵之」。

慢易之。趙相貫高、趙午等，年六十餘，故張耳客也，生平爲氣，乃怒曰：「吾王孱王也！」説王曰：「夫天下豪傑并起，能者先立。今王事高祖甚恭，而高祖無禮，請爲王殺之。」張敖齧指出血，曰：「君何言之誤！且先人亡國，賴高祖得復國，德流子孫，秋毫皆高祖力也。願君無復出口。」貫高、趙午等十餘人皆相謂曰：「乃吾等非也。吾王長者，不倍德。且吾等義不辱，今怨高祖辱我王，故欲殺之，何乃污王爲乎？令事成歸王，事敗獨身坐耳。」

漢八年，上從東垣還，過趙，貫高等乃壁人柏人，要之置[厠]。上過欲宿，心動，問曰：「縣爲何名？」曰：「柏人。」「柏人者，迫于人也。」不宿而去。

漢九年，貫高怨家知其謀，乃上變告之。于是上皆并逮捕趙王、貫高等。十餘人皆争自剄，貫高獨怒罵曰：「誰令公爲之！今王實無謀，而并捕王。公等皆死，誰白王不反者！」乃檻車膠致，與王詣長安。治張敖之罪。上乃詔趙群臣賓客，有敢從王皆族。貫高與客孟舒等十餘人，皆自髡鉗，爲王家奴從來。貫高至，對獄曰：「獨吾屬爲之，王實不知。」吏治榜笞數千，刺爇，身無可擊者，終不復言。吕后數言張王以魯元公主故，不宜有此。上怒曰：「使張敖據天下，豈少而女乎！」不聽。

廷尉以貫高事辭聞，上曰：「壯士！誰知者？以私問之。」中大夫泄公曰：「臣之邑子，素知之。此固趙國立名義不侵然諾者也。」上使泄公持節問之箯輿前，仰視曰：「泄公邪？」泄公勞苦，如生平歡，與語，問張王果有計謀不，高曰：「人情寧不各愛其父母妻子乎？今吾三族皆以論死，豈以王易吾親哉！顧爲王實不反，獨吾等爲之。」具道本指所以爲者王不知狀。于是泄公入，具以報。上乃赦趙王。

上賢貫高爲人，能立然諾，使泄公具告之曰：「張王已出。」因赦貫高。貫高喜曰：「吾王審出乎？」泄公曰：「然。上多足下，故赦足下。」貫高曰：「所以不死一身無餘者，白張王不反也。今王已出，吾責已塞，死不恨矣。且人臣有簒弑之名，何面目復事上哉？縱上不殺我，我不愧于心乎？」乃仰絶肮，遂死。

贊曰：檻車膠致，逮罪長安，可以死矣，而公獨生。張王已出，吾責已塞，可以生矣，而公獨死。公所生者，奔走髡鉗，衛成、甯武；公所死者，擊衣踴躍，智伯豫讓。公生非偷，公死非勒。睚眦未仇，[弩](怒)睛吐舌。

朱家

朱家，魯人。漢高購季布急，布髡鉗衣褐匿廣柳車中自賣。朱家心知其爲布也，買置田舍。因之洛陽，説汝陰侯滕公從容爲上言之，乃赦布。朱家俠聲益顯。

贊曰：朱家俠氣中州振，日日髡鉗走亡命。開門號召藏死囚，天子知之不敢問。

朱虚侯劉章

朱虚侯章，齊王肥之次子也。吕太后元年，章入宿衛，后封爲朱虚侯，以吕禄女妻之。章年二十，有氣力，見諸吕擅權，忿劉氏不得職。嘗入侍燕，后命章爲酒吏，章請曰：「臣將種也，請得以軍法行酒。」詔許之。酒酣，章進歌舞。已而言田事，抗聲曰：「田無他法，深耕概〔一〕種，立苗欲疏。非其種者，鉏而去之。」太后默然。頃之，諸吕有一人醉亡酒，章追，拔劍斬之。還報曰：「有亡酒一人，臣謹行軍法斬之。」太后左右大驚，業已許其軍法，無以罪也。

贊曰：石崇酒吏，有客不飲，乃斬其妾。劉章酒吏，有客不飲，乃斬其客。一人亡酒，不勝飲耳，奈何殺之？罪不至此！罪不至此！奈何殺之？非其種者，鋤而去之。

〔一〕「概」，通「溉」，灌注。順治本作「槪」，形誤。《漢書·齊悼惠王列傳》：「深耕概種，立苗欲疏。」概，稠密。

緹縈

齊太倉令淳于意有罪當刑，其少女緹縈上書，願没入爲官婢，以贖父刑罪，使得自新。天子憐[愍]（憫）其意，詔除肉刑。

贊曰：女贖父，令自新。天子喜，除肉刑。近見入官爲婢者比比也，怎無一人焉如漢之緹縈？嗚呼！古人。

灌夫

孝景時，竇嬰爲大將軍，田蚡乃爲諸郎。已而蚡益貴幸，嬰失勢，賓客益衰，獨潁陰灌夫不去。

贊曰：灌夫罵座，人人屏息。附勢趨炎，口鉗齒澀。勢盛勢衰，臣不懊惜。客去客來，臣不動色。一日定交，終身不易。田蚡何人？乃敢有大將軍之揖客！

孔車

主父偃方貴幸時，賓客以千數。及其族死，無一人收者，惟獨洨孔車收葬之。天子後聞之，以爲孔車長者也。

贊曰：主父被誅，棄尸于野。蠅蚊紛啑，狐狸碎剮。故人見之，夫顡有泚叶寫。歸反虆梩，收其骸鮭。天子聞之，稱爲長者。

任安

霍去病擊匈奴還，爲大司馬。衛青日退，而去病日益貴。青故人門下士多去事去病，輙得官爵，惟任安不去。

贊曰：惟蠅集羶，羶盡則飛；惟鳩争巢，巢空則徙。門可張羅，有客倒屣。是惟任安，勢盡不去。

辛慶忌

漢成帝時，諸王專政。時上書言災異者，多譏切王氏。上問安昌侯張禹，禹曰：「災變之意，深遠難見。新學小生亂道誤人，宜無信用。」上雅愛禹，由此不疑王氏。故槐里令朱雲上書求見曰：「臣願賜尚方斬馬劍，斷佞臣一人頭，以厲其餘。」上問：「誰也？」對曰：「安昌侯張禹。」上大怒曰：「小臣居下訕上，罪死不赦！」御史將雲下，雲攀殿檻，檻折。雲呼曰：「臣得下從龍逄、比干游于地下，足矣！未知聖朝何如耳？」左將軍辛慶忌免冠叩頭，流血諍之，上意乃解。及當治檻，上曰：「勿易，因而輯之，以旌直臣。」

贊曰：佞頭朱椎，忠頭先碎。殿檻迸裂，叩頭出血。臣髮當篷，以從龍逄；臣血休浣，以從比干。尚方勿出，以安反側；殿檻勿新，以旌直臣。

云敞

平陵云敞在吴章門下，往往好斥人過，人皆以爲輕薄。章後爲王莽所殺，禁錮，諸弟子更名通仕者甚衆。云敞時爲大司徒掾，自劾吴章弟子，收抱章尸歸葬。平陵人義之，爲立碑于吴章墓側，在南幕嶺上。

贊曰：丹吾轂，赤吾族，血塗門，長子哭，莽虎不悟反食彪。斬其徒，黥其傳，吴章弟子滿距鈎。獨遺云敞是何故？景毅漏名慚李膺，彭越梟顱哭欒布。平陵片石走螭文，蔡邕無慚誌郭墓。

光絡〔一〕

縣長趙祉遣吏光尼和以永建元年十一月〔二〕詣巴郡，没死成［濡］（湍）灘〔三〕。子賢求喪不得。女絡年二十五歲，有二子五歲，以還。至二年二月十五日尚不得喪，絡乃乘小船至父没處，哀哭自沈。見夢告賢曰：「至二十一日，與父俱出。」至日，父子果浮出江上。郡縣上言，爲之立碑。

贊曰：光絡救父，尸浮江溜。仿之曹娥，宜出其右。娥尚未笄，絡有子冑。及問絡

〔一〕「光絡」，《水經注》作「先尼和女絡」，先絡，其父先尼字叔和。《後漢書·列女傳》作「孝女叔先雄」。
〔二〕「十一月」，《水經注》《華陽國志校補圖注》俱作「十二月」，顧廣圻校稿作「十一月」。
〔三〕「濡」，《水經注》官本作「湍」，《范史》亦云「乘船墮湍水物故」，據改。

名，泯泯宇宙。展轉無他，文人未覯。彼有贔屭，外孫虀臼。

東漢

劉平

龐萌攻破彭城，將殺太守孫萌。郡吏劉平伏太守身上號泣，請代其死，身被七創。龐萌義而捨之。太守已絶，復蘇，渴求飲，平傾創血以飲之。

贊曰：驪失窟，蛇走陸。介山樊，彭城續。昔刳股肉療寓公，今傾創血飲亡牧。人生血肉亦無多，豈是尋常飽人腹？嗚呼！余觀懸書泪遬遬。

陳綱

陳綱字仲卿，少與同郡張宗同受學南陽。及綱以母喪歸，宗爲安衆劉元所殺。綱免喪，復往南陽，值元醉卧還須醒，乃殺之，自拘有司，會赦得免。

贊曰：提刀入魯，遇彼酒徒。是殺吾友，狰獰凶奴。乘醉斫之，終身糊糢。須醒漫罵，争辯紛呶。皇天有知，試吾錕鋙。藉以蒲蒯，漆作溺壺。

禮震

禮震，平原人，光武時師事歐陽歙。歙爲汝南太守，在郡教授數百人，徵爲大司徒，坐在汝南贓罪千萬餘，發覺下獄。諸生守闕，爲歙求哀者千餘人，至自髡剔者。震年十七，聞獄當斷，馳之京師。行到河内獲嘉，自繫上書，求代歙死曰：「伏見臣師大司徒歐陽歙以贓咎，當伏重辜。歙門單子幼，未能傳學，身死之後，永爲廢絶。上令陛下獲殺賢之譏，下使學者喪師資之益。乞殺臣身，以代歙命。」書奏，而歙已死獄中。歙掾陳元上書追訟之，言甚切至。帝乃賜棺木，贈印綬，賻縑三千匹。

贊曰：太守受誣，諸生伏闕。奔走千人，至自髡剔。乞斬臣震，願代臣歙。嵇康一誅，《廣陵散》絶。敢以死争，朱雲檻折。

李業〔一〕

李業字巨游，梓橦人。少勵志操，舉明經。值莽居攝，乃匿名山中。公孫述素聞其高，累徵不應。述愧之，遣大鴻臚尹融造門曰：「起則拜君列侯，不爾有藥酒在，可呼妻子計焉。」業曰：「身可殺，名不可辱。久已斷之心矣。」遂飲藥死。述耻殺一名士，賻錢百萬吊其家。業子翬逃去不受。

贊曰：上有堯舜，巢由洗耳。上有莽述，李業賜死。貍囓以臍，象焚以齒。桂剪〔二〕以馨，茜收以紫。一死鴻毛，高山仰止。逃彼賻錢，佳哉賢子。

楊政

楊政，字子行，光武時（從）〔三〕代郡范升受梁丘《易》。後范升爲出婦所告，坐繫獄。政乃

〔一〕順治本傳題下附「子李翬」，與卷首《名籍》同。
〔二〕「剪」，順治本作「翦」。
〔三〕「從」，據順治本補。

肉袒，以箭貫耳，抱升子潛伏道傍，候車駕，而持章叩頭曰：「范升三娶，惟有一子，今適三歲，孤立可哀。」武騎虎賁懼驚乘輿，舉弓射之，猶不肯去。旄頭又以戟叉政，傷胸，猶不退。哀泣辭請，有感帝心，詔曰：「乞楊生師。」即出升〔一〕。政由是顯名。

贊曰：何來楊政，范升弟子。肉袒輦前，以箭貫耳。潛伏道旁，爲升請死。可憐范升，惟有一子，今適三歲，覆巢累卵，難起後妻，必戕其梓。幸賜生全，願代師死。臣雖傷胸，臣惟捫趾。

郅惲

郅惲字君章，西平人。里有董子張者，父爲人所殺。及子張病危，惲往候。子張視惲，嗚咽不能言。惲曰：「知子痛仇不復也。」即奮臂而出，殺其仇頭，提示病者。子張含眸謝之，氣遂絶。惲詣縣自首。令義而釋之。

光武舉孝廉，侍講太子，郭后廢，惲力諫不納，乃勸太子引愆退身奉母。惲即出守長沙。

〔一〕「出升」，《後漢書·儒林列傳》作「尺一出升」。

贊曰：仇頭未入囊，子胥氣將絶。仇家皆拍手，病者齧床簣。見者徒泪垂，郅惲眦皆裂。提刀疾出門，仇頭手内挈。携來示病人，噏囈眼流血。病人看未真，模糊拭眼睫。汝是何人斯？爲我父仇雪。今生則已矣，來生效銜結。

周嘉

周嘉字惠文，仕汝南郡，爲主簿。王莽末，郡賊入汝陽城，嘉從太守何敞討賊。敞爲流矢所中，郡兵奔北，賊圍繞數十重，白刃交集。嘉乃擁敞，以身捍之，因訶賊曰：「卿曹乃人隸也，爲賊既逆，豈有還害其君者？嘉請以死贖君命。」因仰天號泣。群賊于是兩兩相規，曰：「此義士也。」給其車馬，遣送之。

後太守寇恂舉爲孝廉，拜尚書侍郎。光武引見，問以遭難之事，嘉對曰：「太守被傷，命懸寇手。臣實駑怯，不能死難。」帝曰：「此長者也。」

贊曰：太守被傷，主辱臣死。一時義憤，眼爲裂眦。蹡地號天，賊人熟視。此義士也，車馬送之。臣本無心，偶然遭此。天子下問，臣實忘之。

范式

范式，字巨卿，金鄉人。游太學，與汝南張劭善，臨别謂劭曰：「後二載當過拜尊人。」乃共期日。至期，劭白母，殺鷄炊黍候之，果至。後夢劭呼曰：「巨卿，吾以某日葬，子能相及乎？」式驚，奔赴之。喪已發，柩不肯前。母曰：「元伯豈有望耶？」頃見一人，縞衣白馬，號泣而來，乃范巨卿也。因執紼引柩，柩乃前。式留止冢旁，封植周固，始去。

後有陳平子，長沙人，爲太學生，與范式未相邂逅。遭病將亡，謂其妻曰：「吾聞范巨卿可以托死。」乃裂素遺書，令其妻埋尸式之户側。式還，省書感愴，乃營護平子妻子歸瘞臨湘，委素書于柩而去。陳昆弟訪求，不獲見。長沙上計掾吏上書，表式行狀。

贊曰：秉燭而待，二載鷄黍。縞衣而來，千里夢寐。長沙素書，延陵劍佩。鬼録金蘭，死友臭味。酬酒墓前，群魑〔一〕通贊。

〔一〕「魑」，順治本作「鬼」。

王忳

王忳字少林，新都人。嘗詣京，于空舍中見一書生疾困甚。書生謂忳曰：「我病當死，見公長者，有金十斤，願公葬我骸骨。」忳未及問名姓，而書生命絶。忳因鬻一金，以營殯葬，其餘悉置棺下。

後新都令初到之日，有馬馳入忳家，有綉被從空下。忳迹問之，馬乃令馬。令奇，究問，疑忳有陰騭事。因説及葬書生事，言其狀貌，乃令子也。因啓柩，餘金具在。忳由是顯名。

贊曰：閑槽來駿馬，從空墮綉被。清德畏人知，埋金應出世。扶櫬歸首丘，餘銀殉歛襚。鍬函夜壑紅，青燐遶庭陛。

劉茂

劉茂字子衛，光武時爲太原郡門下掾。時赤眉二十餘萬衆攻郡縣，殺長吏及府掾史。茂負太守孫福逾墻藏空穴中，得免。其暮俱奔盂縣，晝則逃隱，夜求糧食，積百餘日。賊去，乃得歸府。

明年，詔書求天下義士。福言之于朝，詔書即徵茂，拜議郎。

贊曰：蛇磨牙，來食雉。雉藏頭，恐露尾。鵪鶉銜食走山梁，驚顧徊翔不忍去。雉飛一唳天下知，不似焚山封介推〔一〕。

李善

李善字次孫，李元［倉］（蒼）頭〔二〕也。建武中疾疫，元家相繼死。孤兒續，纔生數旬，而貲財千萬。諸奴婢共計議，欲殺續，分其財産。善深傷李氏而力不能制，乃潛負續逃出，隱山陽瑕丘界中，親自哺養，乳爲生［潼］（湩）〔三〕，推燥就濕，備嘗艱勤。續年十歲，善詣縣官，修理舊業，收奴婢，悉殺之。時鍾離意爲瑕丘令，上書薦善行狀。詔拜善及續并爲太子舍人。

尋遷日南太守，道經淯陽，過李元家。未至一里，乃脱朝服，持鉏去草。拜墓，哭泣甚悲，身自炊爨，執鼎俎以修祭祀。泣曰：「君夫人，善在此。」盡哀，數日乃去。

〔一〕「介推」，介子推也。順治本此贊句作「勝彼晋文公之不封介推也」。

〔二〕「倉」，當作「蒼」。蒼頭者，奴僕也。顔師古注《漢書》引孟康曰：「漢名奴爲蒼頭，非純黑，以別于良人也。」據改。

〔三〕「潼」，形誤。《後漢書·獨行列傳》作「湩」，乳汁。據改。下同。

贊曰：維鵲有巢，維鳩居之。覆巢完卵，汝實持之。羝羊生乳，乃復哺之。既成羽翼，得反噬之。曰君夫人，九京之下，實式憑之。

陸續

楚王英以謀逆，連及太守尹興。陸續時爲尹興掾，逮者備受五毒，肌肉消爛，終無異詞。

贊曰：備受五毒，肌肉銷爛。明府奇冤，忍加誣陷。戴就焦膚，貫高鐵面。雪刃在前，視如敹麪。終我此身，爲尹興掾。

彭脩

彭脩字子陽，毗陵人。年十五，侍父出行，爲盜所劫，脩拔刀向盜曰：「父辱子死。汝不畏死邪？」盜驚曰：「童子義士，毋逼之。」遂遁去。

嘗作吴令，從太守討賊，中流矢。賊即殺（弩）中脩者〔一〕，請降，曰：「自爲彭君，非爲太

〔一〕「賊即殺中脩者」句，《後漢書·獨行列傳》作「賊素聞其恩信，即殺弩中脩者」，「弩」字據補。

守也。」

贊曰：楊香救父，虎自奔蹶；彭脩中矢，虎自殘嚙。此盜賊耳，猶知俠烈。近見黨錮，鉗羅網吉。安得若人，脯肝飲血。

廉范

廉范字叔度，請召皆不應。明帝永平初，隴西太守鄧融備禮，謁范爲功曹。會融爲州所舉（案）〔一〕，范知事譴難解，欲以權相濟，乃托病求去。融不達其意，大恨之。范乃東至洛陽，變姓名，求代廷尉獄卒。未幾，融果下獄，范遂得衛侍左右，盡心勤勞。融怪其貌類范而殊不意，乃謂曰：「卿何似我故功曹邪？」范訶之曰：「君困阨瞀亂邪？」語遂絶。融繫出，因病，范隨而養視。及死，竟不言，身自將車送喪致南陽，葬畢乃去。

後辟公府，會薛漢坐楚王事誅，故人、門生莫敢視，范獨往收斂之。吏以聞，帝大怒，召范入，詰責曰：「薛漢與楚王同謀反，亂天下。汝不與朝廷同心，而反收斂罪人，何也？」范叩頭

〔一〕「案」，據《後漢書·廉頗列傳》補。

曰：「臣無狀，以爲漢等皆已伏誅，不勝師友之情，罪當萬死。」帝怒稍解，問范曰：「卿廉頗後邪？與右將軍褒、大司馬丹有親屬乎？」范曰：「褒，臣之曾祖。丹，臣之祖也。」帝曰：「怪卿志膽敢爾！」由是顯名。

贊曰：施德于人，恐人知識。變姓移名，藏形斂迹。暗似漆膠，堅同金石。遇桂則辛，化枳爲橘。使人不知，欲鬼知德。是以每澤，及于枯髏也，復恩沾于肺石。

鄭弘

鄭弘字巨君，師同郡河東太守焦貺。楚王反，發覺，以疏引貺。貺被收捕，疾病于道，亡没，妻子皆繫詔獄，掠考連年。諸生故人懼相連及，皆改變名姓，以逃其禍。弘獨髡頭，負鈇鑕，詣闕上章，爲貺訟罪。明帝覺悟，即赦其家屬。弘躬送貺喪及妻子還鄉里，由是顯名。

贊曰：妻髡頭，兒着杻，故舊見之皆奔走。惟有河東鄭巨君，負鑕詣闕作冤吼。金鷄赦至護喪歸，漫對松楸酬樽酒。

繆肜

繆肜字預公，汝南邵陵人也。和帝時，仕縣爲主簿。時縣令被章見考，吏皆畏懼自誣，而肜獨証據其事，掠考苦毒，至乃體生蟲蛆，因復傳換五獄，逾涉四年，令卒以自免。太守隴西梁湛召爲決曹史。湛病卒官，肜送喪還隴西。始葬，會西羌反叛，湛妻、子悉避亂它郡。肜獨留不去，爲起墳冢，乃潛穿井旁，以爲窟室，晝則隱竄，夜則負土，及賊平，而墳已立。其妻、子意肜已死，還見大驚。

贊曰：貫高嗚冤，尸蟲積梃。季扎〔一〕登墓，歷山浚井。朝出暮入，忙如汲綆。賊氛方除，纍封在嶺。忠義心胸，穿窬行徑。

劉平

劉平字公子，彭城人。更始時，奉母避亂。弟死，有遺腹女一歲，平抱女而棄其子。母欲

〔一〕「季扎」，《史記・吴太伯世家》作「季札」。別名公子札、延陵季子、季子，吴王壽夢第四子。

并携之，平曰：「勢難兩全，仲不可絶後。」遂去，匿澤中。朝出求食，遇賊，將烹之，平乞歸食，母乃就烹。既而如期往，賊義之，得免。後以鍾離意薦，詔徵，特賜辦裝錢一萬，官侍中。

贊曰：既存弟嗣，棄子若遺。既供母餐，就烹若飴。斯人也，其天道無知之鄧伯道，與賊相約之尾生孝已。

張酺

竇憲既誅，其弟篤、景、瓌皆迫令自殺。初，河南尹張酺數以正法繩景，至是上疏曰：「方憲等貴寵，群臣阿附，惟恐不及。今嚴威既行，皆言當死。臣伏見夏陽侯瓌每檢敕賓客，未嘗犯法。臣聞王政，骨肉之刑有三宥之議，過厚不過薄，宜加貸宥，以崇厚德。」帝感其言，由是瓌得獨全。

贊曰：人若炎，加之箋。人若凉，覆之裳。堪怪世人，與時浮沉。天地始和，鷹化爲鳩。天地始肅，鳩化爲鷹。

朱寵

鄧隲自殺，大司農朱寵痛隲無罪，乃肉袒輿櫬上疏，謂：「宜收還冢次，樹立遺孤，奉承血祀，以謝亡靈。」因自致廷尉。帝意頗悟，乃還葬。隲等兄弟皆得歸京師。

贊曰：頸血淋灕尚未乾，故人輿襯爲鳴冤。立孤樹墓安忠魄，祇此三聲泣楚猿。

李固客王調　趙承

梁冀以妖言陷李固下獄。固門生渤海王調貫械上書，証固之誣。河内趙承等數十人，亦要鈇鑕詣闕通訴。賴太后明之，乃得出。固既出獄，京師市里皆稱萬歲。冀聞之益驚，乃更奏前事，固遂被害。

郭亮　董班

冀乃露固尸于市，令有敢臨者加其罪。固弟子汝南郭亮年始成童，游學洛陽，乃左提章鉞，右秉鈇鑕，詣闕上書，乞收固尸。不許。因往臨哭，陳辭于前，守喪不去。夏門亭長呵之，曰：「李、杜二公爲大臣，不能安上納忠，而興造異端。卿曹何等腐生，公犯詔書，干試有司乎？」亮曰：「亮含陰陽以生，戴乾履坤，義之所動，豈知性命，何爲死相懼也！」亭長嘆曰：「居非命之世，天高不敢不跼，地厚不敢不蹐。耳目適宜視聽，口不可妄言也。」太后聞而不誅。

南陽董班亦往哭固尸不去。太后憐之，乃聽襚斂歸葬。

王成

初，李固既罷，知不免，乃遣三子歸鄉里。少子燮年十三，燮姊文姬爲同郡趙伯英妻，賢而有智。見三子歸，默然獨悲，曰：「李氏滅矣！」密與二兄謀藏匿燮，托言燮還京師。有頃難作，下郡收固三子。文姬乃告其父門生王成曰：「君執義先公，有古人之節。今委君以六尺之孤，李氏存滅，其在君矣。」成感其義，乃將燮乘江東下，入徐州界，變姓名，爲酒家傭，而成賣卜于市，各爲異人，陰相往來。後〔一〕十餘年，梁冀誅，求固後嗣。燮乃以本末告酒家，酒家具車重遣之。姊弟相見，悲感旁人。

李生曰：「快矣哉！固既死而有生死之交，若郭亮，若董班，若亭長，若王成者。王成大類程嬰也。又有若王調，若趙承，何門下之多士乎哉？各從其類矣！」

贊曰：天高亦跼，地厚亦蹐。義之所動，性命奚惜？趙朔家臣，李固門客。北郭自

〔一〕「後」，順治本作「積」。

頸〔一〕，欒布號泣。程嬰立孤，杵臼死節。緹縈上書，孫嵩藏壁。一門之中，義士駢集。何以仿之？田横五百。

朱震

陳蕃既死黨錮，徙其家屬于北境，宗族、門生、故吏皆斥免。蕃友人陳留朱震，時爲銍令，聞而往哭，收葬蕃尸，匿其子逸于甘陵界中。事覺繫獄，合門桎梏。震受拷掠，終不言，故逸得免。

震字伯厚，生平去惡若仇，諺有曰：「車如鷄栖馬如狗，疾惡如風朱伯厚。」

贊曰：車如鷄栖馬如狗，爲友立孤髡我首。生死肉骨薄雲天，覆巢完卵真罕有。合門桎梏終不言，門生故吏掩口走。若使陳蕃得再生，不負死朋開笑口。

〔一〕「頸」，順治本作「剄」。

古今義烈傳卷三

（明）山陰張岱著

戴就

漢戴就，會稽人，仕郡倉掾。歐陽參誣奏會稽守成公贓私，遣部從薛安案倉庫簿領，羅織成獄。倉掾戴就慷慨疏説，証守無罪。安怒，收就于錢唐獄，幽囚拷掠，五毒慘至。就曰：「倉掾易虐，上天難欺。會稽士女誰不識太守廉者？而令就誣之，有死無貳。」安大恚怒，令獄卒燒鋘斧，使就持之。就以火斧挾之肘腋間，顔色不變，語獄卒：「可熱燒，勿令冷。」焦肉蘇蘇墮地，［輟］（輒）〔一〕取食之。主者窮竭，酷慘無餘。方乃卧就覆船下，以馬通薰之一夜二日，謂已死，發船視之，就張眼駡曰：「何不益火，而使滅絶！」又復燒地，以大針刺指爪中，使以把土，爪悉墮落。主者以狀白安，安呼就語曰：「太守贓穢狼藉，受命考實，君何苦以骨肉拒扞邪？」就據地言：「太守剖符大臣，當以死報國。卿銜命申斷，宜白冤毒。奈何誣枉忠良，强相掠理，令臣謗其主，子証其父。就無他言，義惟一死。就死之日，當白上帝，與群鬼殺汝于亭中。如蒙生全，當手刃相裂！」安深壯其奇節，即解械，更與美談，表其言辭，証守無罪狀，釋就歸鄉里。後太守劉寵舉就孝廉，仕至光禄主事，以病終。

贊曰：吉綱羅鉗，陷我明府。欲我誣之，以子証父。挾之何恬，熱燒鋘斧。食之何脆，墮地焦膚。我無威勢，骨肉扞拒。我無賂賄，皮膚鼓吹。有死無他，証守無罪。嗚呼！臣曾有言，倉掾易虐，上天難昧。

〔一〕「輟」，形誤，順治本作「輒」，據改。

裴瑜　魏劭

史弼字公謙，陳留考城人。辟公府，遷尚書，出爲平原相。時詔書下，舉鈎黨，蔓連者甚衆，唯弼獨無所上。從事切責之，弼曰：「水土異齊，風俗不同。它郡自有，平原自無。」

後奉詔舉孝廉，斷絶請托，關節不到。中常侍侯覽遣人詭以他事達書，弼怒曰：「太守忝荷重任，當選士報國，爾何人乎！」命左右捶楚，即日考殺之。侯覽大怒，詐飛章下司隸誣弼誹謗，檻車徵。吏人莫敢近者，唯前孝廉裴瑜送到淆澠之間，大言曰：「明府摧拆虐臣，選德報國，如其獲罪，足以垂名竹帛，願不憂不懼。」弼曰：「『誰謂荼苦，其甘如薺。』昔人刎頸，九死不移。」

及下廷尉詔獄，平原吏人奔走詣闕。前孝廉魏劭毀變形服，詐爲家僮護弼。弼受誣，當棄市，劭與同郡人賣郡邸行賂侯覽，得減死罪一等，論輸左校。時人或譏之，陶丘洪曰：「文王羑里，閎散懷金。史弼遭刑，義夫獻寶。亦何疑焉？」刑竟歸田里，稱病閉門不出。裴瑜位至尚書。

贊曰：蔓連鈎黨，累及無辜。他郡自有，平原自無。明府遭刑，義士奔走。他郡自無，平原自有。變服毁形，懷金獻寶。以吾案之，一郡皆黨。他黨小人，吾黨君子。君子茹荼，小人食薺。

孫嵩

趙岐，長陵人。中常侍唐衡兄玹驟貴，岐嘗面折，恨甚。及玹爲京兆尹，岐懼禍，出。果收岐家屬。岐匿姓名，賣胡餅北海上。安丘孫嵩，字賓碩，乘犢車入市，見岐，異之，呼與共載，密問曰：「察子非賣餅者，不有重怨，即亡命乎？」岐以實告。遂携之歸，白母，治具歡飲。藏岐複壁中，著書數年。諸唐滅，乃出。

贊曰：著絮巾，衣澣帛。胡餅[吹](炊)〔一〕熟賣幾錢？買三十兮賣三十。處士應非販餅人，一言喝定面土色。可憐閤門遭慘刑，趙氏諸兒不留尺。走北海，遇賓碩，倉卒之

〔一〕「吹」，形誤，順治本作「炊」，據改。

問告以實。誰識朱家在眼前，呼與同車藏復壁。一時邂逅定死交，千古如君誰與匹？

皇甫規妻

安定皇甫規妻者，規更娶之妻也。善屬文，能草書。規卒時，妻年猶盛，而容色甚美。董卓聘以輧輜乘馬，奴婢錢帛充路。妻輕服詣卓門，跪自陳請，辭甚酸愴。卓使傳奴侍者，悉拔刀圍之，而謂曰：「孤之威教，欲令四海風靡，何有不行于一婦人乎？」妻知不免，乃立罵卓曰：「君羌胡之種，毒害天下，猶未足邪？妾之先人清德奕世，皇甫氏文武上才，爲漢忠臣，君親非其趣使走吏乎！敢欲行非禮于爾君夫人邪？」卓乃引車庭中，以其頭懸軛，鞭樸交下。妻謂持杖者曰：「何不重乎？速盡爲惠。」遂死車下。後人圖畫其像，號之曰「禮宗」云。

贊曰：大臍賊，羌胡奴，拔刀來，劫主母。頭懸軛，鞭棰交下如雨急。若能頃刻碎如泥，拱手謝君如飲蜜。腦漿迸作銅龍飛，不學萇弘地下碧。

孫斌

孫斌，桓帝時爲衛相門下掾。初，第五種以糾發中常侍單超兄子匡奸臧，并劾超。超積懷忿恨，遂以事陷種，竟坐徙朔方。超外孫董援爲朔方太守，蓄怒以待之。種始爲衛相，以斌賢，善遇之。及當徙，斥斌。具聞超謀，乃謂其友人閭子直及甄子然曰：「第五使君當投裔土，而單超外屬爲彼郡守，夫危者易僕，可爲寒心。吾今方追使君，庶免其難。若奉使君以還，將以付子。」二人曰：「子其行矣，是吾心也。」于是斌將俠客晨夜追種，及之于太原，遮險格殺送吏，因下馬與種，斌自步從。一日一夜行四百餘里，遂得脱歸。

贊曰：俠客秉驄，其來何遽。立崗高呼，使君勿去。朔方何方，深爲公慮。彼爲猛獠，公爲擲絮。彼爲餓彪，公爲投餵。送吏逆顔，斬如敗蕢。君自乘驄，吾當爲御。馬駛如飛，不知其處。

曹娥

曹娥，會稽上虞人。父盱能絃歌，爲巫祝，善婆娑樂神。漢安三年〔一〕五月五日，于縣江迎伍君，逆濤而上，爲水所淹，不得其尸。時娥年十四，沿江號哭，晝夜不絶。乃投衣于江，祝曰：「父尸所在衣當沉。」旬有七日隨流至一處而衣沉，娥遂投江死，抱父尸出。觀者有爲抱父非禮，娥復沉。越三日，負父出。至元嘉元年，縣長度尚葬娥于江南道傍，爲立孝女碑焉。

贊曰：錢唐之滸，曹娥之湄。一爲鴟夷，一爲精衛。憤同覆楚，天壤易位。鐵浪翻空，冷如冰歸。何日何年，填此灔澦？

〔一〕「漢安三年」，《後漢書·列女傳》作「漢安二年」，順治本未言年號。

荀巨伯

荀巨伯，遠看友人疾。值胡賊攻郡，友人語巨伯曰：「吾今死矣。子可去。」巨伯曰：「遠來相視，子令吾去。敗義以求生，豈荀巨伯所行邪！」賊至，謂巨伯曰：「大軍至，一郡盡空。汝何人斯，而敢獨止此？」巨伯曰：「友人有疾，不忍委之，願以身代友人死。」賊曰：「我輩無義而殺有義，不可。」遂班軍而還。一郡并獲全。

贊曰：燕兵入晝，卧旗息纛。不爲齊王，顯爲王蠋。胡不竄奔，病友卧褥。棄之不祥，跼蹐躑躅。賊黨聞之，泪涌如菽。羞見義人，賣刀買犢。

崔琦刺客

崔琦字子瑋，騆之族。游學京師，以文章著。梁冀慕其才，折節引納。琦作《外戚箴》進冀，不省，復成《白鵠賦》以寓諷。冀怒曰：「君何激刺之過邪！」因遣琦歸。尋令刺客，陰求殺之。客見琦于壟上且耕且咏，不忍害，乃以實告曰：「將軍索子急，可亟自逃。吾亦從此逝矣。」

贊曰：崔琦《白鵠》，禰衡《鸚䳇》。祇因激刺，致喪厥顱。有客何人？賢于黃祖。惜彼鉏麑，觸槐徒死。

景毅

景毅，桓帝時爲侍御史。子顧爲李膺門徒。膺以鈎〔一〕黨收捕，而顧未有録牒，故不及于譴。毅乃慨然曰：「本謂膺賢，遣子師之，豈可以漏脱名籍苟免？」遂自表免歸，時人義之。

贊曰：范滂之母，幸與李杜齊稱。景顧之父，恨以黨[藉]（籍）漏名。不知者以爲鸇逐，知之者方以爲龍登。吾以滂顧之父母，而妒李膺之何以得此于人！

〔一〕「鈎」，順治本作「結」。

督郵吴導　郭楫

建寧二年，大誅黨人，詔下急捕范滂等。督郵吴導至縣，抱詔書，閉傳舍，伏床而泣。滂聞之曰：「必爲我也。」即自詣獄。縣令郭楫大驚，出解印綬，引與俱亡。滂曰：「滂死則禍塞，何敢以罪累君？」卒被逮。

贊曰：我見昔年，［褆］（緹）騎四出。鈎黨株連，追捕頗急。縣尉聞言，面如土色。用繩縛卵，惟恐走失。彼何人斯？伏床涕泣。范滂知之，狴犴自入。嗟嗟！當此之際也，爲范滂者幾人？爲郭楫、吴導者幾邑？

巴肅

巴肅，字恭祖，辟公府，稍遷拜議郎。靈帝時，與竇武、陳蕃等謀誅閹官。武等遇害，肅亦坐黨禁錮。中常侍曹節後聞其謀，收之。肅自載詣縣。縣令見肅入閤，解印綬，與俱去。肅曰：「爲人臣者，有謀不敢隱，有罪不逃刑。不隱其謀矣，又敢逃其刑乎？」遂被害。刺史賈琮刊石立名，以記之。

贊曰：爲人臣者，罪不敢逃，謀不敢隱。訊謀即言，拜詔即聘。胡爲不隱？閹官聞之，亦知少警。縣令解綬，吾方作鞶。

何顒

何顒字伯求，南陽襄鄉人。少游學洛陽，爲郭林宗、李膺所知。友人虞偉高有父仇未報，而病篤將死。顒往候之，偉高泣而訴。顒感其義，即將客遮殺其仇人，以頭醊〔一〕其墓。

贊曰：人之將死，未含兩眸。非田帛見，即兒女流。奚爲偉高，尚念父仇。泫然流泪，對我伯求。顒感其義，截取仇頭。懸之墓木，以代牲牡。

〔一〕「醊」，順治本作「酹」。《説文解字》云：「醊，祭酹也。」

李篤　毛欽

李篤，東萊人。時濟寧張儉劾中常侍侯覽不軌，覽怒，誣以黨事，遁去，望門投止。奔至萊陽，投李篤家。外黄令毛欽探知，操兵到門。篤曰：「張儉知名天下，而亡非其罪，寧忍執之乎？」欽因撫篤曰：「蘧伯玉耻獨爲君子。」篤曰：「僕雖好義明公，今日亦載半去矣。」欽嘆息而别。

贊曰：執之何心？釋之何意？義士一言，載半而去。載半者何？其侯覽不能磨滅之剛腸，季布不受髡鉗之勇氣。

朱儁

朱儁字公偉，會稽上虞人也，爲縣門下書佐，好義輕財。漢靈帝時，本縣長山陽度尚薦儁于太守尹端，以朱儁爲主簿。端坐討賊許昭失利，爲州所奏，罪應棄市。儁乃羸服間行，徑齎數百金，到京師賂主章吏，遂得刊定州奏，故端得輸作左校。端喜于降免，而不知其由，儁亦終無所言。

贊曰：緹縈贖父，朱儁贖主。懷寶微行，入生出死。似昔閎散，私進美女。一物足釋，不告羑里。文王曰俞，天王聖明，降此霖雨。

趙戩

李傕既殺王允，尸允于市，莫敢收者。故吏趙戩棄官收葬之。

贊曰：董養子，健如虎，盜取赤兔馬，緩急不相顧。七雄起，誅晁錯；臺下盟，醢子路。惟有故吏趙戩卿，棄官獨造司徒墓。

孔融

孔融字文舉，年十六。時山陽張儉爲中常侍侯覽所怨，覽爲刊章于州郡，以名捕儉。儉與孔襃有舊，亡抵于襃，不遇。儉見融少之而不告，融見其有窘色，謂曰：「兄雖在外，吾獨不能爲君主邪？」因留舍之。後事泄，相國以下密就掩捕。儉得脱走，遂并收襃、融送獄，二人未知所坐。融曰：「保納舍藏者，融也。當坐之。」褎曰：「彼來求我，非弟之過。請甘其罪。」吏問其母，母曰：「家事任長，妾當其辜。」一門争死，郡縣疑不能決。乃上讞之，詔書竟坐褎焉。

獻帝時拜融爲北海太守，曹操以楊太尉彪與袁術婚，將誣以同逆。孔融聞之，不及朝服，往見操曰：「楊公四世清德，海内所瞻。《周書》『父子兄弟罪不相及』，況以袁氏歸罪楊公？《易》稱『積善餘慶』，徒欺人耳。」操云：「此國家之意。」融曰：「假使成王殺召公，周公可得言不知邪？今纓緌縉紳瞻仰明公者，以公聰明仁智，輔相漢朝。今横殺無辜，則海内觀瞻，誰不解體！孔融，魯國男子，明日便當拂衣而去，不復朝矣。」

贊曰：孔融方垂髫，能爲張儉主。一門以死争，大義感貏貐。楊公世清德，海内所瞻許。朝廷戮無辜，願蹈東海死。藜藿不敢采，在山有猛虎。禰衡真知人，大兒孔文舉。

禰衡

禰衡字正平，平原般人。少有逸才，與孔融爲爾汝交。建安初北游，或勸其謁京師貴游者，衡懷一刺，遂至漫滅，竟無所詣。融數與曹操箋，稱其才。操傾心欲見，衡稱疾不肯往，而數有言論。操甚忿之，以其才名不殺，圖欲辱之，乃令録爲鼓吏。後至八月朝會，大閱試鼓節，作三重閣，列坐賓客，以帛絹製衣，作一岑牟、一單絞及小褌。鼓史度者，皆當脱其故衣，着此新衣。次傳衡擊鼓，爲《漁陽摻撾》，蹋地來前，躡馺脚足，容態不常，鼓聲甚悲，音節殊妙，坐客莫不忼慷，知必衡也。既度，不肯易衣，吏呵之曰：「鼓史，何獨不易服？」衡便止，當曹操前先脱褌，次脱餘衣，裸身而立，徐坐，乃著岑牟，次著單絞，後乃著褌。畢，復擊鼓摻槌而去，顔色無怍。曹操笑謂四坐曰：「本欲辱衡，衡反辱孤。」至今有《漁陽摻檛》，自衡造也。（送江夏，）〔一〕爲黄祖所殺。

〔一〕「送江夏」，據順治本補。

贊曰：我于往昔，録二鼓史。一爲摻撾，脱褌裸身。一爲奮袂，旁若無人。不可遏滅，劍芒濤聲。逆則爲敦，正則爲衡。具奸雄膽，存聖賢心。

露筋女

漢時處女鄭荷花與其嫂至楊州邵伯鎮，無處投宿，地多蚊虻，揮撲不去。偶有客舫，呼與同載。其嫂就之，呼處女，堅不肯往。露坐草莽中，經宿往視，蚊唼其膚，肌肉俱盡，僅存筋骨一具。時人烈之，爲造露筋貞女祠。

贊曰：荷花不染泥，下水豈便污？寧爲秉燭坐，不受鬼揶揄。仲尼見艾［豭］（貑）〔一〕，雄鷄嘴盧都。善學柳下惠，鄰媖門外呼。達旦非大節，術足走小巫。至今蚊腹血，纍纍垂珊瑚。

〔一〕「豭」，順治本作「貑」，據改。艾豭，老公豬，借指漁色之徒，語出《左傳·定公十四年》：「既定爾婁豬，盍歸吾艾豭？」

蘇不韋

東漢蘇不韋，父謙嘗爲司隸校尉李暠挾私忿論殺。不韋時年十八，載喪歸鄉，瘞而不葬，仰天嘆曰：「伍子胥獨何人也！」遂藏母武都山中，變姓名，盡以家財募劍客，邀暠于諸陵間，不值。久之，暠遷大司農，時右校芻廥在寺北垣下，不韋與親從兄弟潛入廥中，夜則鑿地，晝則伏匿。如是者經月，遂達暠寢室，出其床下。會暠如厠，殺其妾及小兒，留書而去。暠大驚，自是布棘于室，以板[籍]（藉）地，一夕九徙。不韋知其有備，即日夜馳至魏郡，掘其父阜冢，取阜頭以祭父，又標之市曰「李暠父頭」。暠心痛，不敢言，憤恚嘔血死。不韋于是行喪，改葬父。

贊曰：天生不韋，父死非罪。此恨未仇，穿天穴地。殘賊何[姣]（狡），九徙其處。戮及父尸，標之通市。痛心嘔血，差足吐氣。把臂子胥，含笑入地。

劉翊

劉翊字子相，舞陰人。張季禮遠赴師喪，遇寒冰車毀，委頓道路。翊即下車與之，不告姓氏。季禮意其爲子相也。後造謝還所借車，杜門不納。自陳留守罷歸，見一士人病亡途次，翊以馬易棺，脱衣治斂。又逢故知困乏，遂殺所駕牛以濟其急，從者止之，翊曰：「視難不救，非志士也。」乃徒步枵腹而歸。

贊曰：爲故脱驂，古人喧涌。曾未半面，借車解騄。道見横尸，脱衣治冢。贈麥無舟，殺牛示寵。長物無遺，蹻穿衣溽。余推其心，磨頂放踵。

王脩

王脩字叔治，漢獻帝時，袁譚在青州，辟脩爲治中從事，別駕（從事）〔一〕劉獻數毀短脩。後獻以事當死，脩理之，得免。時人益以此多焉。

曹操攻譚于南皮，脩時運糧在樂安，聞譚急，將所領兵及諸從事數十人往赴譚。至高密，聞譚死，下馬號哭，曰：「無君焉歸！」遂詣操乞收葬譚尸。操欲觀脩意，故默然不應。脩復曰：「受袁氏厚恩，若得收斂譚尸，然後就戮，無所恨。」操嘉其義，聽之。

贊曰：以直報怨，理獻之案；以德報德，赴譚之急。世受袁氏恩，收尸裹馬革。誰謂曹孟德，虎鬚不可捋？

〔一〕「從事」，上文有「治中別駕」，故補以應之。漢代職官設別駕從事史，爲州刺佐史，簡稱「別駕」。

臧洪　陳容

東漢臧洪，字子源，廣陵射陽人。舉孝廉，補即丘長。袁紹奇之，與結友好，以洪爲東郡太守。時曹操圍張超于雍丘甚急，洪從袁紹請兵，將赴難，紹不與。洪請自率所領以行，亦不許。雍丘遂潰。洪由是怨紹，絶不與通。紹舉兵圍洪，歷年糧盡，城陷，生擒洪。紹謂曰：「今日服未？」洪據地瞑目，曰：「諸袁事漢，四世五公，可謂受恩。今王室衰弱，無扶翼之意，欲多殺忠良，以立奸威。惜洪力劣，不能爲天下報仇。何謂服乎？」紹殺之。

洪邑人陳容時在紹座，謂紹曰：「將軍舉天下大事，欲以天下除暴，而先誅忠義，豈合天意？」紹慚，使牽出。容顧曰：「仁義豈有常？蹈之則君子，背之則小人。今日寧與臧洪同日死，不與將軍同日而生也。」遂見殺。在座者無不嘆息，曰：「如何一日殺二烈士？」

《鐵崖樂府》曰：「一日殺二烈，青天雨飛雪。壯夫一解體，智士盡囊括。汝南使，圖伯業，不爲天子誅凶孽。一日殺二烈，成敗雌雄今已決。」

岱子曰：按紹圍洪，城中無食，洪呼吏士曰：「洪于大義，不得不死。諸君無事，空受此禍。」衆泣曰：「何忍捨明府也？」男女八千餘人相枕而死。東郡之士亦無愧田橫矣！

贊曰：袁本初，沭猴而冠不足數。田横八千死東郡，左儒二烈誅軍府。壯夫［弩］（怒）〔一〕目悉祖劉，義士椎胸盡歌楚。君不見，曹操尚不殺禰衡，隱忍借刀于黄祖。袁本初，今日得與臧洪同日生，今日實與將軍同日死。

龐娥親

酒泉烈女龐娥親者，龐子夏之妻，趙君安之女也。君安爲同縣李壽所殺，娥有男弟三人，皆欲報仇。會遭災疫，三人皆死。壽聞大喜，會宗族慶飲，娥親聞之，感激愈深，愴然隕涕曰：「李壽，汝莫喜也，終不活汝。」陰市名刀，挾長持短，晝夜哀酸，志在殺壽。壽爲人凶豪，聞娥親之言，乘馬帶刀，鄉人皆畏憚之。比鄰徐氏恐反見害，每爲諫阻，娥親曰：「父母之仇，不同天地、共日月者也！李壽不死，娥親視息世間，活復何求？今雖三弟蚤死，門户滅絶，而娥親猶

〔一〕「弩」，順治本作「怒」，據改。

在，豈可假手于人哉？若以卿心況我，則李壽不可得殺。論我之心，壽必爲我所殺，明矣！」夜數磨礪所持刀，訖，扼腕切齒，悲涕長嘆，家人、鄰里咸共笑之。娥親謂左右曰：「卿等笑我，直以我女弱，不能殺壽故也。要當以壽頸血污此刀刃，令汝輩見之！」遂棄家事，乘鹿車，伺壽至。

光和二年二月上旬，以白日清時于都亭之前與壽相遇，便下車扣壽馬，叱之。壽驚愕，回馬欲走。娥親奮刀斫之，并傷其馬。馬驚，壽擠道邊溝中。娥親尋復就地斫之，深中樹蘭，折所持刀，壽被創未死。娥親因取壽所佩刀殺壽，壽護刀瞋目大呼，跳梁而起。娥親乃挺身奮手，左抵其額，右摏其喉，反覆盤旋，應手而倒。遂拔其刀以截壽頭，持詣都亭，歸罪有司，徐步詣獄，辭顏不變。時禄福長漢陽尹嘉不忍論娥親，即解印綬去官，弛法縱之。娥親曰：「仇塞身死，妾之明分也；治獄制刑，君之常典也。何敢貪生，以枉官法？」鄉人聞之，傾城奔往，觀者如堵焉，莫不爲之悲喜、慷慨、嗟嘆也。

後酒泉太守劉班等共表上稱其烈義，刊石立碑，旌其閭云。

贊曰：夜月慘澹，夜風凜冽。磨石颼颼，佩刀幾折。磨此銛鋒，污壽頸血。呼叫都亭，馬驚賊蹶。反覆盤旋，挺身奮截。應手而倒，摏喉斷頰。截取仇頭，冤銷恨雪。厲鬼夜號，泣我尺鐵。

龐淯

龐淯，字子異。漢獻帝時，初以涼州從事守破羌長。會武威太守張猛反，殺刺史邯鄲商，猛令曰：「敢有臨商喪，死不赦！」淯聞之棄官，晝夜奔走，號哭喪所托，詣猛門，裹匕首，欲因見以殺猛。猛知其義士，敕遣不殺，由是以忠烈聞。太守徐揖請爲主簿。後郡人黄昂反，圍城。淯棄妻子，夜逾城出圍，告急于張掖、燉煌。二郡初疑，未肯發兵。淯欲伏劍，二郡感其義，遂爲興兵。軍未至而郡城已陷，揖死。淯乃收斂揖喪，送還本郡，行服三年乃還。曹操聞之，辟爲掾屬。

岱子曰：按，淯爲龐娥親子，鳳卵麟定，不變其種，天地勁植之氣，何鍾于其門獨厚哉？醴無源，芝無種，余于兹不信。

贊曰：母捋荼，子卒瘏，母入虎穴屠虎肚，子入虎穴撩虎鬚。履虎不咥虎伏鋤，赤手歸來唱鷓鴣。嗚呼！母將薺，子卒飴。

沮授

袁紹與魏太祖操于官渡戰，敗，紹與子譚單騎退渡河。沮授不及紹渡，爲人所執，詣太祖，授大呼曰：「授不降也！」爲軍所執。太祖與之有奮，逆謂授曰：「分野殊異，遂用圮絶，不圖今日乃相禽也。」授對曰：「冀州失策，以敗奔北。授智力俱困，宜其見禽耳。」太祖曰：「本初無謀，不用君計。今喪亂過紀，國家未定，當相與圖之。」授曰：「叔父母弟，懸命袁氏。若蒙公靈，速死爲福。」太祖嘆曰：「孤蚤相得，天下不足慮。」太祖厚待之。後謀還袁氏見殺。

贊曰：二龍失水，群蛇隨之。一蛇獨後，爲人螌尾。尾雖受羈，首獨向主。人深恨之，斷其首尾。首尾雖岐，一靈自去。

漢吉平〔一〕

漢醫士吉平，與董承謀刺曹操，嚙指爲誓。操知，詐頭風召平。平以毒進，操令平先嘗。平知事泄，縱步向前，捉操袂灌之，墮地，地墳。操縛平，詰問。平曰：「汝奸過王莽，虐浮董卓，天下人欲争啖汝肉，何止我？」問誰指使者，平曰：「天使。」操大怒，拷掠慘毒，體無完膚。問平曰：「汝指何缺？」曰：「嚼以爲誓，誓殺國賊耳！」操令獄卒盡剸其九，平曰：「尚有口可吞賊，有舌可罵賊！」操令割其舌。平呼曰：「臣不能爲國除此賊，天也！」遂自咋舌，噴血數口，觸械而死。

贊曰：去何速，琳之檄。來何促，平之毒。但聽罵曹瞞，頭風如梃擊。乃欲欺世人，謂此愈我疾。我所扼腕者，藥囊不及提，荆軻臂已失。有賊未能吞，烈士成血族。幸養司馬癰，三世受其毒。

〔一〕順治本此傳題名「吉平」。

闞靖

袁紹攻公孫瓚急，瓚欲突騎直出斷紹後，闞靖諫止。及瓚敗，靖嘆曰：「若不諫止，將軍未必無濟。吾聞君子陷人于危，必同其難，豈可獨生乎？」乃赴紹軍而死。

贊曰：不用吾言，未必死；不用吾言，未必不死。多此一言，中心如刺。速赴紹軍，與之同死。臧洪、陳容成三君子。

尾敦

公孫瓚誣劉虞與袁紹等謀稱尊號，斬虞及妻子于薊市，傳首京師。故吏尾敦于路〔一〕劫歸葬之。

〔一〕「故吏尾敦于路」，順治本作「糾衆俟于路」。

贊曰：主死不顧，是爲歐，不如爲劫；主死不葬，是爲驕，不如爲盜。不願生金城，但願死州牧。驚死傳首人，空函血簇簇。

韓珩

袁熙爲其將焦觸、張南所攻，與尚俱奔遼西烏桓。觸自號幽州刺史，驅率守令，背袁向曹，陳兵數萬，殺白馬而盟，令曰：「敢違者斬！」衆莫敢仰視，各以次歃血。別駕韓珩曰：「吾受袁公父子厚恩，今其破亡，智不能救，勇不能死，于義闕矣。乃若北面曹氏，所不能爲也。」一坐失色。觸曰：「夫舉大事者，當立大義。事之濟否，不待一人，可卒珩志，以厲事君。」乃捨之。

贊曰：背袁事焦是爲嫯，背袁事曹是爲梟。願借白馬盟，歃我口〔一〕中血，死不背袁公，令我大義闕。焦觸聞之耳根熱，捨此一人厲忠節，焦觸之斯亦豪傑。

〔一〕「口」，順治本作「心」。

孫瑾　張逸　張瓚

劉虞，獻帝時爲幽州牧，被公孫瓚所殺。故常山相孫瑾、掾張逸、張瓚等，忠義奮發，相與就虞，罵瓚極口，然後同死。

贊曰：常山相，常山舌；罵賊死，爲賊決；哭幽州，盡死節。公孫沐猴兒，一日殺三烈。

牽招

牽招字子經，安平觀津人也。年十餘歲，詣同縣樂隱受學。後隱爲車騎將軍何苗長史，招隨卒業。值京師亂，苗、隱見害，招俱與隱門生史路等，觸蹈鋒刃，共殯斂隱尸，送喪還歸。道遇寇鈔，路等皆悉散走。賊欲斫棺取釘，招垂泪請赦。賊義之，乃釋而去，由此顯名。袁紹辟爲督軍從事。

贊曰：門有客，貧即去。座有師，死即倍。云胡牽子經，冒刃收師蜕。狼虎在其前，護喪猶勿避。余觀古賢良，無不敦師義。當世求忠臣，孝子與義弟。

古今義烈傳卷四

(明)山陰張岱著

蜀漢

關羽

曹操壯關羽之爲人，而察其無留意，使張遼以其情問之，羽嘆曰：「吾極知曹公待我厚。然吾受劉將軍恩，誓以死報，不可背之。要當立效以報曹公乃去耳。」及殺顏良，操知其必去，重加賞賜。羽盡封其所賜，拜書告辭，而奔劉備于袁軍。

岱子曰：曹操猜忌，殺人如草菅，其于雲長獨義之，且加賞賜，送其西去。左右欲追之，操曰：「人爲其主耳。」余以是知操之雄霸中原，非袁本初輩比也。本初一日殺二烈，壯士爲之解體，豈英雄也哉？

《鐵崖樂府》曰：「義鶻子，軍中百萬刺顔良。感君德，爲君償。西風颯颯吹關梁，翻身背向西風翔。豈比架上鷹，飢則附人飽則颺。」

贊曰：玄德在袁軍，手中無尺鐵。壯繆一知之，千里任奔蹶。主在自應歸，何必争誇説。即如秉燭事，人人爲咋舌。譬如暗室中，可便恣情褻。常人豈能之，不必在英傑。公義薄雲天，千載猶火熱。與此奔劉事，皆是公小節。

嚴顔

蜀張飛破劉璋，生獲巴郡守嚴顔。飛呵曰：「大軍至，何敢拒戰不降！」顔答曰：「卿等無狀，侵奪我州，但有斷頭將軍，無降將軍也！」飛怒，令左右牽去斫頭，顔應曰：「斫頭便斫頭，何爲怒邪！」飛壯而釋之，引爲賓客。

贊曰：幸而勝，我殺汝；不幸而敗，汝殺我。今日自分斫頭來，何庸咄咄書怪事？死鼠既在猫口中，笑爾磨牙尚作怒。

北地王諶

鄧艾伐蜀，後主劉禪議降，禪子北地王諶怒曰：「若理窮力屈，禍敗必及，便當父子君臣背城一戰，同死社稷，以見先帝可也。」後主不納，遂送璽綬。是日，諶哭于昭烈之廟，先殺妻子，而後自殺。蜀人無不爲涕泣者。

岱子曰：余讀《蜀史》，見劉禪癡呆軟暗，不勝悶鯁。見北地王，差爲吐氣。蓋以昭烈爲父而有禪，以安樂爲父而有諶。醴泉芝草，信無根源，世乘果不可限哉！

贊曰：禍敗沓來，勢窮力屈。父子君臣，背城借一。有死無二，同殉社稷。真昭烈孫，真曹瞞敵。

李氏

李氏，守將馮邈妻。鄧艾以冬月入陰平，邈不爲備，乃歸私室，與妻擁爐。妻曰：「邊關告急，君豫然，何也？」邈曰：「主人聽信黄皓，溺于酒色，禍不遠矣。魏兵至，吾其降乎？」李唾面曰：「負國如此，吾何面目與君共立也？」已聞邈出降，李即自刎。

贊曰：士贊不再委，女身不再醮。耻作亂臣妻，飛篷遇炳燎〔一〕。唾面令自乾，雙鸞不共照。寧爲蜀國鬼，肯貽萬載笑？余爲定俎豆，請祀劉諶廟。

吴

吴範

吴範字文則，三國孫權時拜騎都尉，素與魏滕同邑相善。滕嘗有罪，孫權責怒甚嚴，令敢有諫者死。範謂滕曰：「與子偕死。」滕曰：「死而無益，何用死爲？」範曰：「安能坐觀汝耶？」乃髡頭自縛，詣門使鈴下以聞。鈴下曰：「死不敢白。」範曰：「汝有子耶？」曰：「有。」曰：「使爲吴範死，子以屬我。」鈴下乃排闥入，言未卒，權大怒，欲投以戟，逡巡走出。範因突入，叩頭流血，言與涕并。良久，權意乃釋，免滕。滕見範謝曰：「父母能生長我，不能免我于死。丈夫相知如汝足矣，何用多爲？」

〔一〕「耻作」二句，順治本作「敵來即議降，出言甚顛倒」。

贊曰：捋虎鬚，履虎尾，虎視眈眈方逐汝。友道君逆以死殉，叩頭流血折楚柱。鈐下夫，言未卒，投以戟，疾走出。髡頭自縛吴文則，排闥入，言與涕并口咯咯，虎怒良久方解釋。丈夫相知何用多？人若如君一夔足。

王延年

江都王延年，年十五，喪二親，奉叔父孝。聞子良孫及弟從子爲啖人賊所掠，延年追而請之，賊以良孫歸延年。延年拜請曰：「我以少孤，爲叔父所養。此叔父之孤孫也，願以子易之。」賊曰：「君義士也。」免之。

贊曰：朱粲啖醉人，如糟藏彘肉。義士肉何味？礪礪磨牙吻〔一〕。寧爲齊易牙，烹子啖公腹。叔父一孤孫，忍使烹鼎鑊？杯羹翁自分，覆醢父先哭。非學劉邦車上兒，驅驂而去棄如畜。

〔一〕「義士」二句，順治本作「吾子及叔孫，取以供鼎餗」。

徐氏〔一〕

孫翊爲丹陽守，嬀覽時爲都督督兵，戴員爲郡丞，與左右親近，邊洪等數患苦翊。會翊出送客，洪從後斫殺之，迸走入山。徐氏購募追捕，得洪殺之。覽遂入軍府，悉取翊嬪妾及左右侍御，欲復取徐。徐恐見害，乃紿之曰：「乞須晦日設祭，除服乃可。」覽聽之。徐潛使語翊舊將孫高、傅嬰等，高、嬰涕泣從命，共盟誓合謀。到晦日設祭，徐氏哭泣盡哀畢，乃除服，薰香沐浴，更于他室安施幃帳，言笑歡悦，示無戚容。大小悽愴，怪其如此。覽密覘視，無復疑意。徐先呼高、嬰與諸婢羅住户内，使人報覽，説已除凶即吉，惟府君敕命。覽盛意入，徐出户拜覽。適得一拜，徐便大呼：「二君可起！」高、嬰俱出，共得殺覽。餘人即就外殺員。夫人乃還縗經，奉覽、員首以祭翊墓。舉軍震駭，以爲神異。吴主續至，悉族誅覽、員餘黨。

贊曰：狼入室，豸藏壁，高、嬰壯士爲幕客。且將巾幗誘髯虵，漫設餵蒻阱犀革〔二〕。

〔一〕順治本題作「孫翊妻徐氏、孫高、傅嬰」。

〔二〕「且將」句，順治本作「且將裙褌誘淫猱，漫設香醪阱貐猰」。

血濺合巹，腦流薦席〔一〕，仇首雙函，喚醒窀穸。不周天崩，女媧煉石。

魏

郭憲

郭憲字幼簡，曹操時爲郡功曹，以仁篤爲一郡所歸。韓約失衆，從羌中還，依憲。衆人多欲取約以徼功，憲責怒之，言：「人窮歸我，云何欲危之？」遂擁護厚遇之。其後約病死，而田樂、陽逵等就斬約頭。當送之。逵等欲條疏憲名，憲不肯在名中，言：「我尚不肯生圖之，豈忍取死人以要功乎？」逵等乃止。時曹操方攻漢中，在武都，而逵等送約頭到。操宿聞憲名，及視條疏，怪不在中，以問逵等，逵具以情對。操嘆其志義，乃并表列，與逵等并賜爵關内侯，由是名震隴右。

贊曰：一狼奔，向我走。伏後槽，不敢吼。我不肯生圖，忍復取芻狗？截取死狼頭，

〔一〕「席」，順治本作「枕」。

欲獵關内侯。寧不叙吾名，吾名自不朽。

脂習

脂習字元升，京兆人。少與孔融善，每戒融剛直太過，必罹世患。魏武爲司空，威名日盛，而融以故舊，多簡傲，操殺之，莫敢收者。習往撫尸曰：「文舉捨我死，吾何用生？」爲操并收。習尋見原，習造謝，魏武呼曰：「元升，卿故慷慨。」賜穀百石，嘉其敦舊，有欒布之風。

贊曰：鳥破巢，無完卵。鳥磔尸，無革裹。有鳥來，築其墓。遇鷹鸇，罹其禍。幸遇曹瞞尚好名，賜穀百石嘉欒布。穀百石，不堪食，願爲文舉作贖鍰，赦取覆巢一卵石。

梁習　王思

梁習字子虞，與王思俱爲西曹令史。因直日白事，失曹操指。操大怒，教召主者，將加重辟。時思近出。習代往對，已被收執。思乃馳還，自陳己罪，罪應受死。操嘆習之不言，思之争死，曰：「何意吾軍中有二義士乎？」

贊曰：趙、禮讓肥，習、思争罪。虓虎掀髯，稱爲二義。芝草真不擇土而生也，醴泉亦不擇地而涯。

楊阜〔一〕

馬超率羌胡擊隴上諸郡，冀城刺史韋康力竭迎降。超入城，遂殺康等。參涼州軍事楊阜往見外兄姜叙及叙母，歔欷悲甚，叙曰：「何爲乃爾？」阜曰：「守城不能完，君亡不能死，亦何面目以視息于天下？」叙母慨然曰：「咄！伯奕，韋使君遇難，亦汝之負，豈獨義山哉！」叙乃與趙昂、尹奉合謀。時超已取昂子月爲質，昂謂妻異曰：「吾謀如是，當奈何？」異厲聲曰：「雪君父之大耻，喪元不足爲重，况一子哉！」九月，阜與叙、昂、奉討超。超出戰，梁寬、趙衢閉門，殺超妻子。超襲歷城，得叙母并趙月，皆殺之。與阜戰，敗奔漢中。

贊曰：姜叙問母，王陵事漢。趙昂謀妻，趙姊麵杖。婦人女子，有此伎倆。阜等丈夫，但知惆悵。巾幗見遺，提戈相向。

〔一〕順治本題作「楊阜、姜叙、趙昂、尹奉、姜母、趙昂妻、趙月」。

鮑出

鮑出字文才，京兆新豐人也。少游俠。興平中，三輔亂，出與老母、兄弟五人，家居本縣，以飢餓留其母守舍。相將行采蓬實，合得數升，使其二兄初、雅及其弟成持歸，爲母作食，獨與小弟在後采蓬。初等到家，而啖人賊數十人已略其母，以繩貫其手掌驅去。初等怖恐，不敢追逐。

須臾，出從後到，知母爲賊所略，欲追賊。兄弟皆云：「賊衆當何如？」出怒曰：「有母而使賊貫其手將去煮啖之，用活何爲？」乃攘臂結衽，獨追之。行數里，及賊。賊望見出，乃共布列待之。出到，回從一頭斫賊四五人。賊走，復合聚圍出，出跳越圍斫之，又殺十餘人。時賊分布，驅出母前去，賊連擊。賊不勝，乃走與前輩合。出復追擊之，還見其母與比舍嫗同貫相連，出遂復奮擊賊。賊問出曰：「卿欲何得？」出責數賊，指其母以示之，賊乃解還出母，比舍嫗獨不解，遥望出求哀。出復斫賊，賊謂出曰：「已還卿母，何爲不止？」出又指求哀嫗：「此我嫂也。」賊復解還之。出得母還，遂相扶侍客南陽。

建安五年，關中始開，出來北歸，而其母不能步行，兄弟欲共輿之。出以輿車歷山險危，不如負之安穩，乃以籠盛其母，獨自負之到鄉里。鄉里士大夫嘉其孝烈，欲薦州郡。郡辟召出，出曰：「田民不堪冠帶。」至青龍中，母年百餘歲，乃終。出時年七十餘，行喪如禮。于今年八九十，纔若五六十者。

贊曰：母枵腹，兒采薇。賊操刀，母作豬。啖人賊口辯甘肥，四子束手不敢追。母爲人啖活何爲？斫賊數四圍復圍。賊徒拱立送母歸，我母雖釋，鄰母尚羈。彼亦人母，忍烹戾㾐？扼虎奪肉，探驪取珠。腐儒之言，孝子不匱。

田疇

田疇字子春，好讀書、擊劍。董卓遷獻帝于長安，幽州牧劉虞嘆曰：「身備宗室遺老，不得自同于衆。今欲奉使展效臣節，安得不辱命之士乎？」衆議舉疇，時年二十二矣。虞署爲從事，疇乃歸，自選家客與年少之勇壯，募從者二十騎俱往，乃間行至長安致命。詔拜騎都尉，固辭不受。朝廷尚其義，三府并辟皆不就。得報馳還，未至，虞已爲公孫瓚所害。疇至，謁祭虞墓，陳發章表，哭泣而去。瓚聞之大怒，購求獲疇，謂曰：「汝何自哭劉虞墓，而不送章報我？」疇答曰：「漢室衰頽，人懷異心，唯劉公不失忠節。章報所言，于將軍未美，恐非所樂聞，故不進也。且將軍方舉大事以求所欲，既滅無罪之君，又仇守義之臣，誠行此事，則燕趙之士將皆蹈東海而死耳，豈忍有從將軍者乎？」瓚壯其對，釋不誅也。拘之軍下，禁其故人，莫得與通。或説瓚曰：「田疇義士，君弗能禮，而又囚之，恐失衆心。」瓚乃縱遣疇。

疇得北歸，率舉宗族他附從數百人，掃地而盟曰：「君仇不報，吾不可立于世。」遂入徐無山中。百姓歸之，至五千餘家。袁紹及子尚皆辟之，不就。曹操征烏丸，疇進計。討烏丸破，欲封疇，疇不受。遼東斬送袁尚首于操，操令敢哭者斬。疇往吊祭，操亦不問。

贊曰：徐無山，田橫島。五千家，願與老。范蠡僅可鑄越金，包胥不忍受楚縞。子房一擊報亡韓，欒布三章奏懸腦〔一〕。君仇未報目不含，山上盟壇日日掃。

李娥

宣城郡青陽縣有梅根冶孝女李娥。娥父吳人，文帝時爲鐵官，冶以鑄軍器。一夕煉金，竭爐而金不出。時吳方草創，法令至嚴，諸耗折官物十萬，即坐斬，仍又没入其家，而娥父所損折

〔一〕「范蠡」四句，順治本作「王氏有獵我不知，桃源避秦人不曉。臧洪數語折本初，欒布表章奏懸腦」。

數過千萬。娥年十五，痛傷之，因火烈，遂自投于爐中，赫然屬天。于是金液沸涌，溢于爐口，娥所躡二履浮出于爐，身則化矣。其金汁塞爐而下，遂成溝渠，泉注二十里，入于江水，其所收金丸億萬斤。溝渠中鐵至今仍存，故吴俗〔一〕每冶銅鐵，必先爲娥立祠，享而祈福。

贊曰：歐冶鑄劍，雪濤製箋。精英不化，光怪屬天。云何孝女，擲身爐煁。形銷骨爛，金涌如泉。溝渠百結，爲父照雪。女子有性，百煉不折。望夫化石，救父成鐵。持此寸銛，獍死梟滅。

晋

向雄

司馬昭既誅鍾會，會功曹向雄收葬會尸，昭召而責之曰：「往者王經之死，卿哭于東市，而我不問。今會爲叛逆，又輒收葬。若復相容，如王法何？」雄曰：「昔先王掩骼埋胔，仁流朽

〔一〕「吴俗」，順治本作「吴俗稱爲梅根冶」。

骨，當時豈卜其功罪而後收葬哉？今王誅既加，于法已備，雄感義收葬，教亦無闕。法立于上，教弘于下，以此訓物，不亦可乎？」昭悦而遣之。

贊曰：我自葬故人，君自誅叛逆。于法無相妨，于義無闕失。王者掩棄骸，不分功罪骼。況復鍾會功，昭昭在社稷。

緑珠

石崇有愛妾緑珠，趙王倫嬖人孫秀求之，不與，秀誣崇奉淮南王允爲亂，收殺之。秀陳兵金谷刼珠，圍其妝樓。珠聞崇死，自樓墜地，肢腦俱裂。

贊曰：金谷園中宴未徹，甲光一片樓前雪。神珠閃爍擲畫欄，化作流星光不滅。嗚呼！美人買得一片心，不買青眉與媚頰。

鄧攸

鄧攸字伯道，襄陵人。避石勒出奔，負己子及弟之子，度不能兩全，乃謂妻曰：「吾弟蚤亡，惟此一息，不可絶。應自棄吾兒耳。」妻泣而從之。其子朝棄而暮及，明日繫之樹而去。過江，納一妾，甚寵，訊其家屬，即攸甥也。攸感恨，不復蓄妾，卒以乏嗣。時人哀之曰：「天道無知，使伯道無兒。」

《鐵崖樂府》曰：「車軀軀，鄧家孥。長繩繫野樹，小兒泣呱呱。泣呱呱，父一顧，可奈何？兒在手，不可俱。父再顧，眼血枯，行人斷繩走匍匐。」

贊曰：王延年，鼎烹孤。鄧伯道，樹繫子。但念兄弟情，絶無父子理。若不無其兒，云胡章其美？誰謂天無知，天道政在斯。

胡奴

程遐言于石勒曰：「天下初定，當顯明順逆。今祖約猶存，臣竊惑之。」勒族誅之。初，祖逖有胡奴曰王安，甚愛之。在雍丘謂曰：「石勒是汝種類。」厚資遣之。安仕趙爲左衛將軍，及約誅，安嘆曰：「豈可使祖士雅無後乎？」乃往觀刑，竊取逖庶子道重匿之。及石氏亡，復歸江南。

贊曰：碧眼胡奴，昔曾事祖。忍使豫州，巢無完卵。遂入虎穴，乃得虎子。匿之深山，程嬰、趙武。豫州有知，聞鷄起舞。

孫拯

宦人孟玖譖陸機于成都王穎，曰：「機有二心于長沙。」穎大怒，使收機，并弟雲及司馬孫拯，殺機、雲，夷三族。獄吏掠拯數百，兩踝骨見，終言機冤。吏知拯義烈，謂曰：「二陸之枉，誰不知之？君何不愛身乎？」拯仰天嘆曰：「陸君兄弟，世之奇才。吾蒙知愛，今既不能救其死，忍復從而誣之乎？」玖等令獄吏詐爲拯辭，亦夷三族。拯門人費慈、宰意詣獄明拯冤，拯譬遣之曰：「吾義不負二陸，死自吾分，卿何爲爾耶？」曰：「君既不負二陸，僕又安可負君？」固言拯冤，玖又殺之。

贊曰：受三木苦，全二陸名〔一〕。踝骨雖見，胸膈未明。寧夷九族，勿變二心。前有戴就，後有孫拯。彼二人者〔二〕，爲拯門人。譚笑而來，與拯同瞑〔三〕。二人有言，君既不負二陸兮，僕又安可負君？

〔一〕「受木」句，順治本作「納交二陸，其利斷金」。
〔二〕「彼二人者」，順治本作「費慈宰意」。
〔三〕「瞑」，順治本作「刑」。

馬隆

馬隆字孝興，少而智勇，好立名節。武帝時，魏兗州刺史令狐愚坐事伏誅，舉州無敢收者。隆以武吏托稱愚客，以私財殯葬，服喪三年，列植松柏。一州以爲美談。

贊曰：豹皮不上蟻，松柏不棲蟬。凛然正氣在，不爲蒲柳殫。蟻死螞封垤，蠆亡蜂置棺。墓傍松柏幹，枝枝尚指南。

王彬

王彬字世儒，覽孫。少負氣節，累遷侍中。兄敦害周顗，彬往哭之慟。既造敦，敦怪其慘容，彬答曰：「向哭周伯仁。」敦曰：「伯仁自致刑戮耳。」彬因數敦曰：「抗旌犯上，殺害忠良。」音辭慷慨，與泪俱下。

贊曰：王敦來，周顗戮。王導笑，王彬哭。忠臣義士，何代無之？不意近出臣族。

俞縱

蘇峻犯闕，桓彝聞京師不守，進屯涇縣。裨惠勸彝與峻通使，以紓交至之禍。彝曰：「吾受國厚恩，義在致死，焉能忍恥與逆賊通問？如其不濟，此則命也。」彝遣將軍俞縱守蘭石，韓晃攻之，將敗，左右勸退軍。縱曰：「吾受桓侯恩厚，當以死報。吾之不可負桓侯，猶桓侯之不負國也。」遂力戰而死。

贊曰：桓侯報國，吾報桓侯。義在一死，夫復何籌？田横五百，大王小侯。一念不變，同歸首丘。天道報應，錙銖不苟。簾前滴水，點點穿溜。

吴郡卒

蘇峻亂，諸庾逃散。庾冰時爲吴郡，單身奔亡。民吏皆去，唯郡卒獨以小船載冰出錢唐口。蘧篨覆之。時峻賞募覓冰屬所在，搜檢甚急。卒捨船市渚，因飲酒醉還，舞棹向船曰：「何處覓庾吴郡？此中便是。」冰大惶怖，然不敢動。監司見船小裝狹，謂卒狂醉，都不復疑。自送過浙江，寄山陰魏家得免。庾欲報卒，問其名，不告。

贊曰：吴郡卒，獨拏小船出水谷，不願募賞賜千金，但把蘧篨覆州牧。狂歌醉飲不復疑，安然歸去如風速。庾冰倉皇問姓名，遥指一抹江濤緑。

羅企生

殷仲堪與桓玄戰，敗，亡奔鄷城。文武無從者，惟參軍羅企生從之。路經家門，其弟遵生曰：「作如此分離，何可不一執手？」企生旋馬授手，遵生牽下之，曰：「家有老母，去將何之？」企生揮涕曰：「今日之事，我必死之。汝等奉養，不失子道。一門之中，有忠與孝，亦復何恨？」遵生抱之愈急，遂不得去。

及玄至荆州，士人無不詣玄者，企生獨不往，而營理仲堪家事。玄遣人謂曰：「若謝我，當釋汝。」企生曰：「吾爲殷荆州吏。荆州敗，不能救，尚何謝爲？」玄乃收之。復問：「欲何言？」企生曰：「從公乞一弟，以養老母。」玄乃殺企生，而赦其弟。

贊曰：弟牽其兄似不忠，是則爲恭；子忘其母似太刻，是則爲節。一人不能兼，忠孝未嘗缺。從公乞一弟，粉蘁〔一〕復何説。

朱綽

初，袁真殺梁國内史朱憲，憲弟綽奔桓温。温克壽陽，綽發真棺戮其尸。温怒，將殺之。桓沖請而免之。綽事沖如父，沖薨，綽嘔血而卒。

及綽子齡石爲劉裕參軍，從至江東，將與桓玄戰，齡石請曰：「世受桓氏厚恩，不欲以兵刃相向。請在軍後。」裕義而許之。

贊曰：以直報怨也，鞭及其髏躅；以德報德也，不履其鋒鏃。知余爲死父，而實非余臨陣之怯也，是惟鮑叔。

何無忌

何無忌少有大志，忠亮任氣。會稽世子元顯子彦章封東海王，以無忌爲國中尉。及桓玄

〔一〕「粉蘁」，順治本作「恭惄」。

害彥章于市，無忌入市，慟哭而出。時人義焉。

贊曰：邕哭卓，稱其曠。雄哭莽，稱其背。忌哭章，稱其義。人生有泪莫濫施，祀妻一哭崩城隈，點點收作靈犀佩。

翟婢

會稽女翟素受聘，未及配適，遭賊，欲犯之，臨之以白刃。素曰：「我可得而殺，不可得而辱。」素婢青乞代素死。賊遂殺素，復欲犯青。青曰：「向欲代主者，恐被耻獲害耳。今素已死，我何生？爲願就刃。」賊復殺之。

贊曰：主憂臣辱，主辱臣死。妾身香似蘭，願爲翟氏催。妾身潔如玉，願爲翟氏折。女主既捐生，燈蛾願撲滅。焚我猛出薪，妾心如飲雪。

佛念兒〔一〕

秦王泓將出降，其子佛念兒年甫十一，言于泓曰：「晉人逞欲。雖降，必不免，不如引決。」泓撫然不應。佛念兒登宮墻，自投而死。泓至建康，斬于市。

《鐵崖樂府》曰：「十歲兒，童之奇，遭罹家難，投死若歸。十歲兒，能處死，銜璧走尸欲何爲？」

贊曰：覆巢之下一破卵耳。勢敗力屈，慷慨就死。推其氣也，可以吞晉人之虎兕〔二〕。嗟嗟！越王式怒蛙，用以激戰士。

〔一〕本篇原位于卷五唐《金溪女》篇後。佛念兒，後秦姚泓子。據卷首《古今義烈名籍》移此。

〔二〕「吞晉人之虎兕」，順治本作「挫晉人之咆哮」。

南北朝

張進之

張進之，宋武帝時家世富足，經荒年，散財救贍鄉里，遂以貧罄，全濟者甚多。太守王味之有罪，當見收，逃避進之家，供奉經時，盡其誠力。味之嘗避地，墮水沈没，進之投水捄，相與沈淪，久而得免。時劫掠充斥，每入村抄暴，至進之門，輒相約勒不得侵犯。其信義所感如此。宋文帝元嘉初，詔蠲其傜役。

贊曰：不惜凶年穀，人人皆鼓腹。復壁藏髡鉗，呵護如戚屬。振之起泥塗，拯之出水族。燕兵入晝里，不敢驚王蠋。

曇遷

釋曇遷與范蔚宗曄游款，後蔚宗被誅門，有十二喪，交知無敢近者。曇遷抽貨衣物，悉營送葬。宋孝武聞之而嘆賞，語徐爰曰：「卿著《宋書》，勿遺此士。」

贊曰：昔爲鮪，今爲鯨。昔爲鳩，今爲鷹。何物老禿，來收骨脛。布哭越，戳埋允。十二家，成墳塋。帝曰若著《宋書》，勿遺此士。或曰若著《禪乘》，勿遺此僧。

蔡興宗

蔡興宗少好學，以德業見稱。宋孝武踐祚，累遷尚書吏部侍郎。竟陵王誕據廣陵爲逆，事平，興宗慰勞。廣陵州别駕范義與興宗素善，在城同誅。興宗至，躬自收殯致喪，還豫章舊墓。上聞，謂曰：「卿何敢故爾觸綱？」興宗抗言答曰：「陛下自殺賊，臣自葬故人。既犯嚴制，政當甘于斧鉞耳。」帝有慚色。

贊曰：臣至廣陵，實見故人。席藁未葬，傍有蚋蠅。遂反虆梩，葬此道殣。忘其爲賊，曾罹重創。若論臣意，衹葬故人。

邊榮　程邕之

張敬兒襲破江陵，沈攸之軍潰，縊死。初，荆州參軍邊榮爲府録事所辱，攸之爲榮鞭殺録事。及敬兒將至，榮爲留府司馬，或説之降。榮曰：「受沈公厚恩如此，一朝緩急，便易本心，吾不能也。」城潰，軍士執以見張敬兒。敬兒曰：「邊公何不蚤來？」榮曰：「沈公見留守城，不忍委棄。本不祈生，何須見問？」敬兒曰：「死何難得？」命斬之。榮歡笑而去。榮客程邕之抱榮曰：「與邊公周游，不忍見其死，乞先見殺。」兵人以告，敬兒曰：「求死甚易，何爲不許？」乃先殺邕之而及榮，軍人莫不垂泣。

贊曰：一日殺二烈，軍人皆眦裂。不與蕭艾榮，願同蘭玉折。不忍見其死，乞公先見殺。莫學袁本初，沭猴圖伯業。

龔穎

龔穎，遂寧人也。少好學。益州刺史毛璩辟爲勸學從事。璩爲譙縱所殺，故佐吏并逃亡。穎號哭奔赴，殯送以禮。縱後設宴延穎，不獲。已而至，樂奏，穎流涕起，曰：「北面事人，亡不能死。何忍聞舉樂，蹈迹逆亂乎？」縱大將譙道福引出將斬之，道福母則穎姑，跣出救之，故得免。縱既僭號，備禮徵，又不至。乃收穎付獄，脅以兵刃，執志彌堅，終無回改，卒終于獄。元嘉二十四年刺史陸徵上表，曰：「若王蠋之抗辭燕軍，同周奇之肆詈楚主，方之于穎，蔑以加焉。誠當今之忠壯，振古之遺烈。」

贊曰：北面事人，亡不能死。忍聞鼓樂，涕泪交馳。傍有猛士，齧雲斷指。不顧湯鑊，不懼刀斧。王蠋抗燕，周奇罵楚。

高允

魏主使崔浩、高允共撰國記。著作令史閔湛、郗標性巧佞，勸浩刊所撰國史于石，以彰直筆。浩乃刊石，立于郊壇東方百步，所書魏之先世事皆詳實，列于衢路。北人無不忿恚，相與譖浩，以爲暴揭國惡。魏主大怒，使有司按浩罪狀。

魏主使高允授太子經。及崔浩被收，太子召允謂曰：「吾自導卿，至尊有問，但依吾語。」太子入言：「高允小心縝密，且制由崔浩，請赦其死。」魏主問曰：「國書皆浩所爲乎？」對曰：「太祖記，前著作郎鄧淵所爲，先帝記及今記，臣與浩共爲之。然浩所爲事，多總裁而已。至于著述，臣多于浩。」魏主怒曰：「允罪甚于浩，何以得生？」太子懼曰：「天威嚴重，允小臣，迷亂失次耳。臣鄉問，皆云浩所爲。」魏主問：「信如東宮所言乎？」對曰：「臣罪當族滅，不敢虛妄。殿下哀臣，欲丐其生耳。」魏主顧謂太子曰：「直哉！此人情所難，而允能爲之。臨死不易辭，信也。爲臣不欺君，貞也。宜特除其罪以旌之。」遂赦之。

他日太子讓允曰：「吾欲爲卿脱死，而卿終不從，激怒帝如此，每念之使人心悸。」允曰：「臣與浩實同其事，死生榮辱，義無獨殊。誠荷殿下再造之慈，違心苟免，非臣所願也。」太子動容稱嘆。

贊曰：族可滅，史不可缺。身可誅，心不可欺。欲丐臣獨生，可令浩獨死？鼎鑊在臣前，百折不改齒。臣非畏天威，迷亂失其次。臣實與浩同，不忍避刀斧。

鄭羆子

北魏盧世度，字子遷，以崔浩事逃在高陽鄭羆家。羆匿之，使者逮羆長子，羆誡之曰：「君子殺身以成仁，汝雖死，勿言。」其子奉命，大被拷掠，乃至火爇其體以死，卒無所言。

贊曰：有客有客，藏之復壁〔一〕。父令勿言，死而無悔〔二〕。火爇其膚〔三〕，焦肉墮

〔一〕「復壁」，順治本作「溷厠」。
〔二〕「悔」，順治本作「貳」。
〔三〕「膚」，順治本作「體」。

地〔一〕。忍証攘羊，以明父罪〔二〕。余隱其孝，人稱其義。

吴達之

吴達之，義興人。嫂亡無以葬，自賣爲十夫客，以營冢椁。從祖弟敬伯夫妻，荒年被略賣江北。達之有田十畝，貨以贖之，與同財共宅。郡命爲主簿，固以讓兄。又讓世舊田與族弟。弟亦不受，田遂閑廢。齊高帝建元三年，詔表門閭。

贊曰：四海之内，皆有兄弟。繄我達之，留心同氣。葬嫂鬻身，[膳](贖)〔三〕弟割地。云何不受，地遂閑廢。不樹紫荆，應樹棠棣。

朱瑒

梁王琳舉義，爲陳將吴明徹所殺，傳首建康，懸之于市。琳故吏朱瑒致書陳僕射徐陵求琳

〔一〕「墮地」，順治本作「殞墜」。
〔二〕「以明父罪」，順治本作「倉遑失次」。
〔三〕「膳」，順治本作「贖」，據改。

首，其略曰：「竊以典午將滅，徐廣爲晋家遺老；當塗已謝，馬孚稱魏室忠臣。梁故建寧公琳，輕躬徇主，以身許國，徒蘊包胥之念，終遘萇弘之青，至使身没九泉，頭行千里，身首異處，封樹靡卜。瑒早造末僚，預參下席，降薛君之吐握，荷魏公之知遇。是用沾巾雨袂，痛可識之顔；回腸疾首，切猶生之面。伏惟聖恩博厚，明詔爰發，赦王經之哭，許田横之葬。不使壽春城下，唯傳報葛之人；滄洲島上，獨有悲田之客。昧死陳祈，伏待刑憲。」陵嘉其志節，爲啓陳主，許之。

贊曰：凄凄尺幅，哭泣秦庭。建寧節概，顔面如生。卒使敵國，許葬田横。余反謂持斧鑕、蹈湯鑊者之輕舉躁動，而更不見其一往深情。

鍾離君

江南李氏時，有縣令鍾離君與鄰縣許令爲婚。女將出適，買一婢從嫁。一日，其婢執箕箒治地，熟視窳處，惻然泪下。鍾離君怪問之，婢泣曰：「幼時，我父于此穴地爲球窩，道我戲劇。歲久，而穴處未改。」鍾離君驚問其故，婢曰：「我父政前縣令，身死家破，我遂落民間，更賣爲婢。」鍾離君呼牙儈問之，復咨于老吏，具得其實。遽以書抵許氏，曰：「吾買得前令之女，義不可久辱，當輟奩篚，先求婿嫁之。更一年，别爲吾女營辦。」許答書曰：「蘧伯玉耻獨爲君子，君何自專仁義？願以前令之女配吾子。君女當别求良配。」于是前令之女遂歸許氏。

贊曰：後令買婢，前令鬻女。坳堂一瀜，泪墮如雨。義難久辱，當輟奩篚。爲擇快婿，别醮吾女。安得同心，完璧歸許。獨爲君子，伯玉所耻。

隋

王伽 李參等七十餘人

齊州行參軍王伽送流囚李參等七十餘人詣京師。行至[榮](滎)〔一〕陽，哀其辛苦，伽乃悉脱其枷鎖，與約曰：「某日當至京師，如至前却，吾當爲汝受死。」遂捨之而去。流人感悦，如期而至，一無離叛。上聞而驚異，于是悉召流人，携負妻子俱入，賜宴于殿庭而赦之。

贊曰：王參軍，解死囚，殷勤道路開枷鈕。更與相約至京師，囚犯紛紛望家走。棘門相待如約來，訂日醵金飲巵酒。天子嘉其無叛離，畫地爲牢古曾有。

〔一〕「榮」，當作「滎」，據《資治通鑑》《隋書》等改。

古今義烈傳卷五

（明）山陰張岱著

唐

李大亮

李大亮，京兆涇陽人。初時爲賊所獲，賊帥張弼見而釋之。及大亮貴，求弼，弼爲將作丞，匿不見，亮求之不能得。

一日識諸途，持弼泣，悉推家貲與之。弼拒不受，乃言于帝曰：「臣及事陛下，張弼力也。願悉臣官爵授之。」上爲擢弼中郎將。時人義之。

贊曰：弼不釋，亮不生。亮不遇，弼不貴。兩人報施，瑣如牙儈。所難能者，亮已大貴。昔爲賊擒，犯其所諱。張贍言之，絶無避畏。朝廷有知，擢爲廷尉。寧使戴淵投刀，肯使陸機去位。

李綱　李安仁

李綱字文紀，周齊王憲引爲參軍。宣帝將坐憲，召僚屬証成其罪，綱誓之以死，終無撓詞。及憲遇害，露車載尸而出，故吏皆散。惟綱撫棺痛哭，躬自埋瘞，哭拜而去。憲女孀居孑立，綱時時瞻恤之，終身不怠。

綱孫安仁，永徽中爲太子左庶子，屬太子被廢，歸于陳邸。宫寮皆逃散，無敢辭送者。安仁獨涕泣，拜辭而去。朝野義之。

贊曰：孫宫寮，祖齊幕。祖貫高，孫欒布。覆巢遺卵徒傷心，孀居寡女加呵護。故主骸骨誰敢收，延陵季子走荒墓。我欲擬君無世家，鳳趾麟定艱其步。李綱祖兮安仁孫，純仁子兮仲淹父。

王方翼

涼州刺史趙持滿，多力善射。其舅長孫銓，長孫無忌之族弟也。無忌誅，銓坐無忌流嶲州。敬宗恐持滿作難，誣以同反，召至下獄。訊掠備至，終無異辭，曰：「身可殺也，辭不可更。」吏乃代爲獄辭，結奏誅之，尸于城西。親戚莫敢視。友人王方翼收而葬之。上聞之，不罪也。

贊曰：涼州刺史多膂力，天子鉤距收黨藉。至死欲白長孫冤，願把尸骸蔭草液。城西暴露莫敢收，匍匐而來王方翼。黄壤同堆義士骸，學取萇弘地下碧。

狄仁傑

狄仁傑爲并州法曹。同僚鄭崇質當使絶域，崇質母老且病。仁傑曰：「彼母如此，豈可使之有萬里之憂？」詣長史藺仁基，請代行。仁基素與司馬李孝廉不協，因相謂曰：「吾輩豈可不自愧乎？」遂相與輯睦。

贊曰：曾聞梁公，辨人黨結。以頭觸柱，額皮盡裂。矢志勿移，中心如鐵。取日虞淵，補天陷缺。代使絶夷，此猶小節。

盧氏

狄仁傑之爲相也，有盧氏堂姨居于午橋南别墅。姨止有一子，而未嘗來都城親戚家。梁公每遇伏臘晦朔，脩禮甚謹。嘗經其廬，多休暇，因候盧姨安否。適見表弟挾弓矢、携雉兔來歸，膳味進于北堂，顧揖梁公，意甚輕簡。公因啓姨曰：「某今爲相，表弟有何樂從，願悉力以從其旨。」姨曰：「相自貴爾。有一子，不欲令其事女主。」公大慚而退。

贊曰：挾弓矢，携雉兔，帶月歸來掩柴户。吾家不令牝司晨，吾家不令窟營兔。聚麀老尼墟帝丘，雉裘博六戲宰輔。一子不欲事雌王，几上肉兮面上唾。

安金藏

安金藏，京兆長安人，在太常工籍。睿宗爲皇嗣，少府監裴匪躬等坐私謁皇嗣，皆誅死。自是公卿不復見，唯工優給使得進。俄有誣皇嗣異謀者，武后詔來俊臣問狀，左右畏慘楚，欲引服。金藏大呼曰：「公不信我言，請剖心以明皇嗣不反也。」引佩刀自刺㚓中，五藏并出，流血被地，眩而仆。后聞大驚，輿致禁中，命高醫却納五臟，以桑白皮爲綫縫合，傳之藥，閲夕而蘇。后臨視，嘆曰：「吾有子不能自明，不如爾之忠也。」即詔停獄。

贊曰：有剖腹者，安氏樂工。非避赤族，不爲青宫。事此牝賊，義憤填胸。引刀自剖，怒氣一空。高醫多事，創藥賜封。

吴保安

郭仲翔，宰相元振猶子也。從姚州都督李蒙討南蠻，戰敗没入蠻中。友人吴保安棄妻子，傾家貲，得絹二百匹，經營十年，積絹七百。妻子至行乞于路。義聲聞于姚州都督楊安居，又助之，往蠻中，竟贖仲翔而歸。

贊曰：郭仲翔，陷蠻貊，與汝非親復非戚。傾貲得絹二百匹，經營十年至七百。訪求蘇武寄雁帛，贖取蔡琰歸朔漠。妻子無依至行乞，道中相遇如不識，此心不轉同金石。

李撝

新興王晋，坐太平公主逆黨伏誅。僚吏皆奔散，惟司功李撝步從，不失在官之禮，乃哭其尸。姚元之曰：「欒布之儔也。」擢爲尚書。

贊曰：指賢爲佞，屈軼草枯。觸正爲邪，觟䚨角窳。志士填胸，義夫徒步。血化秋燐，骨爲碧墮。盡屬禮耳，不曉欒布。

張説

張易之、張昌宗譖魏元忠于太后，言「太后老矣，不若挾太子爲久長」。太后怒，下元忠獄。昌宗密引鳳閣舍人張説，賂以美官，使証元忠。説許之。太后召説入，宋璟謂曰：「名義至重，鬼神難欺，不可黨邪害正。若獲罪流竄，其榮多矣。若事有不測，璟當叩閣，力争與子同死。努力爲之，萬代瞻仰，在此舉也。」侍御史張廷珪曰：「朝聞道，夕死可矣。」左史劉知幾曰：「無汗青史，爲子孫累。」及入，太后問之，説未對。昌宗從旁迫趣説，使速言。説曰：「陛下視之，在陛下前猶迫臣如是，況在外乎？臣實不聞元忠有是言。」他日又引問，説對如前，竟貶元忠高安尉，流説領表。侍御史王晙復申理元忠，宋璟謂之曰：「魏公幸已獲全。今子復冒威怒，得無狼狽乎？」晙曰：「魏公以忠獲罪，晙爲義所激，顛沛無恨。」太子僕崔貞慎等八人，餞元忠于郊外。易之詐爲狀，稱貞慎等與元忠謀反。太后使監察御史馬懷素鞫之，懷素曰：「昔欒布奏事彭越頭下，漢祖不以爲罪。况元忠之刑未如彭越，而陛下欲誅其送者乎？」太后意解。

贊曰：脊鴒入宫，蓮花無色。摇動元勛，沙摶影擊。趙高指馬，卞和泣石。鵙變鶚言，牝鷄吭呃。履尾虎城，攖鱗驪窟。愬虎舒牙，鸚鵡折翮。武后夢鸚鵡折翼，而昌宗兄弟誅。

李敬業

武后遷廬陵王于房州，改元光宅，旗幟皆從金色，改國號爲周。于是諸武擅政，誅殺唐宗室子孫，天下憤怨。李勣孫敬業客楊州，起兵匡復唐室，傳檄州縣，其略曰：「僞臨朝武氏者，人非温順，地實寒微。昔充太宗下陳，嘗以更衣入侍。洎乎晚節，穢亂春宫。密隱先帝之私，陰圖後庭之嬖。踐元后于翬翟，陷吾君于聚麀。殺姊屠兄，弑君鴆母，人神之所同嫉，天地之所不容。包藏禍心，窺竊神器。君之愛子，幽之于别宫；賊之宗盟，委之以重任。一抔之土未乾，六尺之孤安在！試觀今日之域中，竟是誰家之天下！」〔一〕太后見檄而問，或對曰駱賓王。太后曰：「宰相之過也。有如此才，而使之流落不偶乎？」遣將軍李孝逸將兵三十萬，往擊破

〔一〕見駱賓王《爲徐敬業討武曌檄》。有删節。

之。斬敬業而夷其黨。

岱子曰：敬業舉義，魏思温勸其直趨河洛，以匡復爲事。此與尹德毅之説蕭詧、龍敏之獻策潞王從珂，皆奇謀也。諺云「敗棋有勝着」，惜乎當局者迷耳。

贊曰：紫幃妖牝肆蜂蠆，唐家子孫成膫脺。柳州司馬乘高呼，勝兵一聚如山屹。金華駱子罵聚麀，檄文一紙春秋筆。天授韜鈐奚不從，嘷嘷桀犬噬堯臘。

俊刺客

曹王子俊刺客見太子承乾刺客，相與論優劣。承乾刺客曰：「吾受太子旨，刺東宮詹事于志寧。吾見其寢苫塊中，潛身而還。寧違太子命，不忍殺孝子。殺孝子不祥，余豈軻、政之死倖倖者比哉？子能孰愈我？」俊刺客曰：「闇哉！子之術也。子知詹事賢，當辭于來往。既往矣，而見人苫塊以免，萬一遇諸苫塊之外，不殺賢詹事乎？吾主曹王明，賊后以爲太子黨，安置黔州。都督謝祐希后旨逼殺吾主。天下銜其冤。余入祐所，提其頭，付吾嗣君。俊漆之爲穢器，題曰『毋效讒臣謝祐』。天下之情快，嗣君之冤雪。方以子功，孰爲愈？」承乾曰：「吾不汝及矣。」俊刺客復出百金匕，示承乾曰：「吾視唐牝賊廢嗣君矣，立武七廟矣，大殺李氏族屬矣，革唐爲周矣。賢如斐炎、劉仁軌、魏元忠之徒，甘降心而北面。雖柳州司馬以匡復爲心，旬日聚勝兵十餘萬，而賊不能討。韓、霍、魯、越、江都、范陽、瑯琊諸王，亦各起義兵，而賊又不能討。余幸未死，誓以三寸鋒取是賊于紫宸黔幄中，獻馘于高宗、太宗之廟，吾豈得以翮、豹之儔書也？子能從我乎？」卜日行，是夕斃。忠憤君子，至今習其牘而扼腕云〔一〕。

贊曰：截仇首，熱血塗，刳半髗，作夜壺。厲鬼嘈嘈燈下呼，腥騷〔二〕熱溺澆顛顱。血書謝祐字糊糢，主仇不報非丈夫。尚思挾劍除妖狐，文皇殿上去獻俘，於乎文皇罪曰孤。

嚴武

嚴挺之薄妻，而愛其子武。武年八歲，詢其母曰：「大人常厚玄英，未嘗慰省，何至于斯？」母曰：「汝父嫌吾寢陋，枕席數宵即懷汝，自後相棄。」其母悽咽，武亦憤惋。候父出，玄英方睡，武持小鐵鎚擊碎其首。挺之歸，驚愕，視之已斃矣。左右言：「小郎君戲運鎚而致此。」挺之呼武曰：「汝何戲之甚？」武曰：「焉有大朝人士厚其侍妾，困辱兒之母乎？故須擊

〔一〕「忠憤」二句，順治本無。
〔二〕「騷」，順治本作「臊」。

殺，非戲也。」父曰：「真嚴挺之兒。」

贊曰：大朝人士，寵妾棄母。我母憤惋，哀言悽楚。母恨未伸，焉用人子。運張良椎，藏朱亥斧。兒非誤傷，直須擊死。父愛兒言，棄婢如土。父曰真挺之兒，余曰真嚴武父。

顔泉明

顔杲卿子泉明，爲史思明所虜，得歸，求其父尸于東京。得之，遂并袁履謙尸，棺斂以歸。遇父時將吏流落者，皆與之歸。凡五十餘家，均減資糧如親戚。袁履謙妻疑履謙衣衾儉薄，發棺視之，與杲卿無異，乃始慚服。

贊曰：不得父尸，生不如死，煢煢異鄉，是亦人子。五十餘家，均其資斧。長史履謙，同父歸泉。我即若子，襚斂一焉。發棺驗視，夷簡勿言。

南霽雲

安禄山攻睢陽，城中食盡，士千餘人皆痍傷氣乏。張巡使霽雲如臨淮告急，引精騎三十冒圍出城。賊將萬人遮之，霽雲左右射，皆披靡。既至臨淮，賀蘭進明愛霽雲之勇且壯，不聽其語，强留之，具食與樂，延霽雲坐。霽雲慷慨語曰：「雲來時，睢陽之人不食月餘日矣。雲雖欲獨食，義不忍。雖食且不下咽。」因拔所佩刀，斷一指，血淋灕以示賀蘭。一坐大驚，皆感激，爲雲泣下。雲知賀蘭終無爲雲出師意，即馳去。將出城，抽矢射佛寺浮圖，矢著其上磚半箭，曰：「吾歸破賊，必滅賀蘭。此矢所以志也。」復殺入圍。巡既受縛，賊又以刃脅降霽雲。雲未應。巡呼曰：「南八！男兒死爾，不可爲不義屈！」霽雲笑曰：「欲將以有爲也。公有言，雲敢不死？」即不屈。

岱子曰：霽雲起微賤，操舟人也。張中丞被圍，築臺募萬死一生者，數日無一人應。俄有喑嗚而來者，乃霽雲。其不畏死，性也。南八數言，中丞饒舌。

《鐵崖樂府》曰：「南八兒，嚙指示，千人呼，血誠豈滅申包胥？臨淮節度真狗奴，我歌無衣雙泪濡。嗚呼！我歌無衣雙泪濡。」

贊曰：司馬筆，寫鴻門。昌黎筆，寫霽雲，紙上生氣如烟雲。賀蘭雖見在，厭厭泉下人。睢陽鬼，南八兒，即令棄尸蔭蒿萊，狐狸貒貉啖不盡。

雷萬春

令狐潮益兵來圍睢陽，張巡使郎將雷萬春于城上與潮賊相聞。賊弩射之，面中六矢而不動。潮乃大驚，遥謂巡曰：「向見雷將軍，方知足下軍令矣。然其如天道何哉？」巡曰：「君未識人倫，焉知天道？」

贊曰：血淋灕，矢雕題。赤頰糢糊，紅眼噲嚽。僕姑刺骨敲玻瓈，猶然植立護垛雉。君不見，睢陽號令如山移，頭顱斫去尚執旗，六矢射肉如射泥。

李宜得

唐李宜得本賤人，當玄宗起義兵，與王毛仲立功，宜得官至武衛將軍。舊主遇諸塗，趨而避之，不敢仰視。宜得令左右掖之，主甚惶懼。至宅，請居上座，宜得自捧酒食。主流汗辭之。留連數日，遂奏云：「臣蒙國恩，榮禄過分。臣舊主卑瑣，曾無寸禄。臣請割半俸，解官以榮之。願陛下遂臣愚款。」上嘉其志，擢主爲郎將，復宜得秩，朝廷以此多之。

贊曰：世有鷄狗奴，養成其毛翮。倉卒見主來，張翼蔽其額。誰能駕高軒，尚思還主席。割俸以分榮，解官以加秩。歷數古來人，吾指不多屈。何李氏之多賢也？漢次孫，唐宜得。

雷海青

安禄山叛，玄宗奔蜀。禄山宴群臣于凝碧池，盛奏衆樂。梨園子弟往往欷歔泣下，賊皆露刃睨之。樂工雷海青不勝悲憤，擲樂器于地，西向慟哭。禄山怒，縛于試馬殿前支解之。

贊曰：雷海青者，梨園子弟。凝碧池頭，欷歔泣涕。賊皆露刃，脅之以勢。不勝悲憤，擲器于地。西向慟哭，頭與俱碎。肢解殿前，魂從馬嵬。嗟乎欷嘘！雷海青者，梨園子弟。

馮燕

馮燕，魏豪人。少以意氣任俠，爲蹴球鬥鷄戲。魏市有争財鬥者，燕聞之，往搏殺不平，遂沉匿田間。官捕急，遂亡滑，益與滑軍中少年鷄球相得。時相國賈耽在滑，能燕才，晋屬軍中。燕通滑將張嬰妻，嬰稍聞，累作怒毆，妻黨皆恨。會嬰從其類飲，燕伺間復卧嬰寢中，拒寢户。嬰還，妻開户納嬰，以裾蔽燕。燕卑脊步就蔽，轉匿寢榻後，而巾墮枕下。燕懼嬰見，嬰醉甚，俟嬰假寢，燕皇遽指枕下巾，令其妻取巾還燕。巾之傍適有佩刀露穎，妻徑取刀授燕，燕怒目熟視，斷其妻頸，遂持巾去。明旦嬰起，愕然驚悸。鄰人以爲嬰殺妻也，執嬰。復通其妻黨，强入嬰罪。獄成處決，縛嬰就市，觀者如堵墻。有一人排衆擲身而出，喊叫曰：「錯！錯！無令不辜死者！吾竊其妻，而又殺之，當繫我！」吏執喊叫人，乃燕也。司刑與俱見賈公，盡以狀對。賈公以狀聞，請歸其印，以贖燕死。上義之，下詔凡滑城罪死者皆免。

贊曰：鶉之奔，奪其壺。燕之翼，墮其翮。梟之殘，食其肝。鳩害雀，遭鷹攫。柳藏鸚，語方明。先鼠牙，後雀角。恥狗偷，竊狐白。

辛讜

龐勛爲亂，泗州刺史杜慆完守備以待賊。時敕使郭厚本將淮南兵救泗州。至洪澤，不敢進。有辛讜者，乘小舟潛渡淮，説厚本。厚本不聽。明日，賊攻城益急，讜復請往，慆曰：「前往徒返矣，今何往也？」讜曰：「此行得兵則反，不得則死之。」慆與之泣而別。讜復乘小舟，負矢突圍出。見厚本，爲陳利害。其都將袁公弁曰：「賊勢（如此，）〔一〕何暇救人？」讜拔劍瞋目謂公弁曰：「賊百道攻，城陷在旦夕。公授詔

〔一〕「如此」，據順治本補。

救援，而逗留不進，豈惟負國恩？若泗州不守，則淮南爲寇場矣。公詎獨能存邪？我當殺公而後死。」起欲擊之，厚本趨抱止之。讜回望泗州，慟哭終日，士卒皆爲之出涕。厚本因問諸將士，將士皆願請行。讜舉身自擲，叩首以謝將士，遂帥之抵淮南岸。望賊方攻城，有軍吏言曰：「賊勢似入城矣。」讜逐之，攬得其髻，舉劍欲擊，士卒共救之。讜曰：「臨陣妄言惑衆，必不可捨。」衆請不能得，共奪之。讜素多力，竟不能奪。讜曰：「將士登舟，我則捨。」衆競登舟，士卒有回顧者斫之。驅至淮北，勒兵擊賊。慆于城上布兵，與之相應。賊遂敗走。鼓噪逐之，至晡而還。久之，泗州援兵又絶，粮又盡，人食薄粥。辛讜言于杜慆，請出求救于淮、浙，乃夜帥敢死士十人，執長柯斧，小舟潛往，斫賊水寨而出。明旦，賊乃覺之，以五舟遮其前，以五千人夾岸追之。賊舟重行遲，讜舟輕行疾，力鬥三十餘里乃得免。至楊州見令狐綯，至潤州見杜審權。時泗州久無聲問，或傳已陷。讜至，審權乃遣押牙趙翼將甲士二千人，與淮南共輸米五千斛、鹽五百斛救泗州。賊水陸布兵，鎖斷淮流。浙西軍憚其强，不敢進。讜曰：「我請爲前鋒，勝則繼之，敗則汝走。」衆猶不可。讜乃募選軍中敢死士數十人，牒補職名，先以米舟三艘、鹽舟一艘乘風逆流，直進賊，夾攻之，矢著舟板如急雨。及鎖，讜帥衆死戰，斧斷其鎖，乃得過。城上人見讜，喧呼動地。讜復自州引驍勇四百人，迎糧于楊潤。賊夾岸攻之，轉戰百里乃得出。至廣陵，載鹽、米二萬石、錢萬三千緡，還至斗山，賊將萬餘拒之于盱眙，密布戰艦五十艘，以塞淮流，又縱船逆之。讜命以長叉托過，自卯戰及未，衆寡不敵，賊縛木于戰艦，旁出四五尺爲戰柵。讜命勇士乘小舟入其下，矢刃既不能及，乃以搶揭火牛焚之。戰艦既燃，賊皆潰走，官軍乃得過。會馬舉亦將精兵三萬救泗州，賊衆乃敗。泗州之圍始解。

泗州被圍凡七月，守城者不得寐，面目皆生瘡。及平，以讜爲亳州刺史。讜在泗州，犯圍出迎兵糧，往返凡十二。及除亳州，上表言：「臣之功，非杜慆不能成也。」其爲人如此。

贊曰：讀《張巡傳》，余所嘖嘖。爰有二人請師，截指爲南霽雲，面着六矢爲雷萬春。二人有志，恨不功成。嗟余辛讜，突圍破敵，如入無人。借師求援，夜哭秦廷。卒能破賊，而所全者三城。余實羨辛讜之克兼夫雲、春，而更妒杜慆之遇幸于張巡。

關盼盼

關盼盼，張建封侍姬，善歌舞，能詩。建封鎮徐州，歿，盼盼不再嫁，居燕子樓十餘年。一日，得白樂天和詩，讀之泣曰：「自我公薨，妾非不能死。恐百載後，以我公重色，有從死之妾，是玷我公也。」遂不食死。有詩云：「兒童不識衝天物，漫把青泥污雪毫。」

贊曰：緑珠樓墜，疾如急弦〔一〕；盼盼殉主，遠之十年。厝薪積火，遲遲始烟。鋼經百煉，火則彌堅。項藉、劉季，尚爲情牽。我公豪傑，以此玷焉。是真道學，豈復釵鈿？從容就義，一笑嫣然。

黄帛

唐有張員者，娶僰道黄氏，名帛。一日，員渡江舟覆，帛求夫尸不得，遂自沉。越十四日，帛乃抱夫尸出灘下，顔色如生。

贊曰：商羊作阨，鴟夷脱革。嫠婦夜號，潛蛟同泣。鰥鬼嗷嗷，衣萍帶棘。比翼而來，不分襞積。以水爲棺，死則同穸。

柳宗元

王叔文之黨，皆爲遠州刺史，柳宗元得柳州，劉禹錫得播州。宗元曰：「播州非人所居，而

〔一〕「疾如急弦」，順治本作「急如佩弦」。

夢得親在堂，萬無母子俱往理。」請于朝，欲以柳易播。禹錫得改連州。

贊曰：夷箐鬼方，蠻烟棘雨。子與母俱，萬無往理。臣願易播，臣即夜馳。臣無老親，臣力未疲。臣與禹錫，實無姻婭。

金溪女

唐敬宗時撫之金溪，有金銀場户葛祐者，輸銀不足。監官王慷榜祐垂死。二女投銀冶中，化銀二錠。事聞，遂罷銀場。金溪爲二女立廟，至今血食。

贊曰：爐無銀，父伶仃。女授冶，化白金。嗚呼！烈焰焚身，不焚二女心。入内藏，襲龍錦。願作萬壽巵，以奉天子飲。一飲銀鬼泣，再飲銀令寢。

曹文洽

薛盈珍欲奪姚南仲軍政，遣一小吏程務盈，乘驛誣奏南仲。曹文洽，南仲牙將也，亦上奏。晨夜兼行，追及務盈，同宿長樂驛中，夜殺務盈，沉盈珍表于厠中。自作表雪南仲冤，亦作狀自白南仲。遂自殺。

《鐵崖樂府》曰：「姚家有牙將，腰背雙青萍。追行長樂驛，夜殺程務盈。作表雪主罪，仗劍隨自刑。我歌古義烈，豈愧宮門剄！」

贊曰：姚家賢帥，恩施壁壘。何物幺魔，欲攘軍紀。袖中白簡，漫肆誣詆。嘍啃牙將，殲之驛底。糊塗奏表，棄如溷屎。作狀自白，宮門自胣。古之義士，報及睚眦。人亦有言，主辱臣死。

王義

王義，裴相度之隸人也。度爲御史中丞，武元衡遇害之日，度爲人所刺，傷項墜溝中，以氈帽厚得不死。傔人王義自後抱賊大呼，賊斷臂拍胸而去。度由是獲免，感其義，自爲文以祭，厚給其妻子。

岱子曰：武元衡入朝，靖安坊東門有賊自暗中突出射之，從者皆散走。賊抗元衡，馬行數十步殺之，取其首骨而去。又入通化坊，擊裴度，傷其首，墜溝中。度幸氈帽厚，得不死。蓋李師道所養山棚客也。

贊曰：博浪椎，傷虎顱。馬前騶，抱賊呼。拍胸而去肝腸屠。可憐元衡，刀下作艾。

嘏厲鬼嘮，嘈罵隸徒。

石孝忠

石孝忠，生長韓魏間，爲人猛悍多力，州里患之。後折節事李愬，爲前驅，信任與家人伍。元和中，天子用裴丞相討蔡，李愬、李光顔、烏重胤皆受節制。明年，蔡平，命吏部侍郎韓愈撰《平淮西碑》，碑中盡歸功丞相，而愬特與光顔、重胤等。孝忠熟視其文，大恚怒，因舒臂推倒其碑。吏不能止，乃執詣節度使，悉以聞。上甚訝之，命具獄，將盡于碑下。孝忠度必死，苟虚死，則無以明愬功，乃僞祇畏，若不勝按，伺吏隙，用枷尾拉一吏殺之。天子聞而震怒，俾送闕下，親訊之，曰：「汝推吾碑，殺吾吏，爲何？」孝忠頓首曰：「臣一死未足以塞責。但得面天顔，則赤族無恨矣。臣事李愬久，以賤故，給事無不聞見。平蔡之日，臣從在軍前，如吴秀琳，蔡之奸賊也，而愬降之；李祐，蔡之驍將也，而愬擒之。蔡之爪牙脱落于是矣。及元濟受縛，雖丞相與諸將軍不能先知也。蔡平，刻石記功，盡歸丞相，而愬名與光顔、重胤齒，愬固無所言矣。脱不幸更有一淮西，其將略如愬者，肯爲陛下用乎？臣所以推去碑者，不惟明愬之績，亦將爲陛下正賞罰之源。不推碑，無以爲吏擒；不殺吏，無以見陛下。臣言已矣，請就刑。」憲宗既得淮蔡本末，又多其義，遂赦之，因名曰「烈士」。後召翰林學士段文昌更撰《淮西碑》。

贊曰：雪夜斬關，生擒元濟。平蔡之功，首推李愬。是何人斯？專頌裴度。烈士見之，推碑怒詈。臣不碎碑，無繇殺吏；臣不殺吏，無繇見帝。慷慨數言，爲愬吐氣。天子曰：「俞是真忠義。」亟召史臣，更撰碑記。

饒娥

饒餓，饒人。世漁鄱水。娥爲室女，淵懿靖專，雖小家，未嘗出游，治絺葛，供女事循整，鄉閭敬式〔一〕。娥父醉漁，風卒起，不能舟，遂以溺死，求尸不得。娥聞父死，走哭水上，三日不食，耳鼻流血，氣盡伏死。明日尸出，黿魚鼉蛟浮死萬數，塞川下流。鄱旁下民悲感怨號，以爲神奇。縣人、鄉人會錢葬娥鄱水上。

贊曰：齊女色憂，傷槐罷誅。趙姬完父，鼓棹爰謳。肉刑不施，漢美淳于。烈烈孝娥，水死上虞。娥之至德，實與爲儔。耳鼻出血，鄱水赤流。蛟龍格鬥，鱗甲亂浮。塞川

〔一〕「供女」二句，順治本作「專供女事」。

溢岸，鬼哭神愁。生爲弱女，死則靈休。

許俊

唐昌黎韓翊得第從征，適盗覆京師，妾柳氏剪髮毁形，寄迹法靈寺。蕃將沙吒利知其嚴，劫之歸。後翊還，從輿幌中見之，大不勝情。會淄青諸將合樂酒樓，使人請翊。翊强應之，意色喪沮，音韻淒咽。有虞［侯］（候）許俊者，以材力自負，撫劍言曰：「必有故，願一效用。」翊告以實。俊曰：「請足下數字，當立致之。」乃衣縵胡，佩雙韃，從一騎，徑造蕃將［弟］（第），候其出獵，乃排扉突入，曰：「將軍中惡，使召夫人。」僕侍辟易，無敢仰視。遂升堂，出翊札示柳，挾之跨鞍，馬逸塵奔，倏忽乃至。四座訝之。柳氏與翊執手涕泣。是時，吒利［息］（恩）寵殊等，俊乃獻狀自劾。上大義之，詔賜柳歸韓，給許俊錢二百萬。

贊曰：衣縵胡，佩雙韃。從一騎，去如箭。章臺折柳去復還，探珠驪頸不敢噤。江州司馬濕青衫，筵上壯夫推酒案。

劉蕡　李郃

劉蕡字去華，平昌人。應賢良廷對，極言宦寺禍國。考官皆嘆服，而不敢收。李郃曰：「劉蕡下第，我輩登科，能無厚顔？」乃上疏，以爲蕡所對策，漢魏以來無與爲比，乞回臣所授，以旌蕡直，不報。

贊曰：《上林賦》，自薦表；《封禪書》，留遺稿。狗監暮，金馬曉。書生憤激敢直言，冬烘試官亂頭腦。當今顔厚能幾人？但言辣刷賤如草。

温庭皓

龐勛陷徐州，召温庭皓使草表求節鉞。庭皓請還家草之〔一〕，明日來曰：「昨日欲一見妻子耳，今謹來就死。」勛熟視，笑曰：「書生敢爾，不畏死邪？龐勛能取徐州，何患無人草表？」遂釋之。

〔一〕「請還家草之」，《資治通鑑・唐紀》載温庭皓曰：「此事甚大，非頃刻可成，請還家徐草之。」

《鐵崖樂府》曰：「温書生，筆如鋭兵，文如建瓴。天策將軍求節鉞，書生抱筆死，誓不草表生。揮戈曳戟犯闕庭，何物狗子干天刑。」

贊曰：傴僂一腐儒，草表不盈尺，乃敢以死争，揮戈眦不噏。勛既陷徐州，何患無彩筆。試呼草表人，草表如山積。

元紫芝

元德秀紫芝貧，時其兄蚤亡，有遺孤，期月其嫂又喪，無乳哺之。紫芝晝夜哀號，抱其子以己乳含之，涉旬[湩](湩)流，遂得長大。兄子能食，其乳方止。

贊曰：李善哺主，破巢完卵。紫芝哺侄，羝羊生乳。天道奇譎，以叔作妣。真孝義[湩](湩)，真道學髓。吾見今人，叔侄之義，棄如藁梩。令對紫芝，其顙有泚。

周迪妻

周迪，洪州商人，携妻之江都。唐末楊行密圍城，軍士乏食，市肆殺人賣肉。迪妻曰：「窮蹙如此，勢難兩全。君有老母，不可不歸養。請賣妾以備行資。」遂自詣屠肆，得金與迪。迪袖以行。不過數武，妻首已置案上矣〔一〕。

贊曰：君爲母往，妾爲夫屠。妾尚肥腯，賣作艾豭。行未數步，匵韞首顱。義婦之肉，甘若醍醐。親爲屠伯，忍哉丈夫。

魯氏

魯氏，清江人。唐末兵起，民皆奔竄。魯抱長子而反提其幼子，行不能前。寇怪問其故，曰：「幼子妾所生，長子乃前室所生。夫亡日，命妾善視之。」寇感動，稱爲義姑，厚遺而去。榜其地曰「風義里」。

贊曰：尹伯奇，蜂螫尾。晉驪姬，美墳地。鰥燕繼妻哺蒺藜，閔子牽車衣蘆絮。世間晚母毒似虺，安得視兒如同氣。前室既隕夫又亡，身在亂離兒又稚。余欲祠母風義里，祀母兩廡誰作配。

〔一〕「妻首」句，順治本作「屠賈截首，遂置案上」。

申漸高

後唐天成三年，徐知誥召弟知詢，以金鍾酒賜之，曰：「願弟壽千歲。」知詢疑有毒，引他器均之，跪獻知誥曰：「願與兄俱享五百歲。」知誥變色，顧左右，莫知所爲。伶人申漸高徑前，爲詼諧，掠二酒合飲之，懷金鐘趨出。知誥密遣人以良藥解之，已腦潰死矣。

贊曰：申優僮，眼氍毹，弟兄何故推酒觥。五百分壽相朦朧，兩觶不決我分飲。淋灕腦血傾金鐘，狎兒一死無足痛。但願塤篪歌肅雍〔一〕，君不見，唐樂工，以死白東宮，金刀剖出忠義胸。

二卒

五代萇從簡爲忠武節度使，聞許州富人有玉帶，欲之而不可得，遣二卒夜入其家，殺而取之。卒夜逾垣，隱木間，見其夫婦相待如賓。二卒嘆曰：「吾公欲其寶而害斯人，吾必不免。」

〔一〕「塤篪歌肅雍」，順治本作「兄弟還故對」。

因躍出而告之，使其速以帶獻，免禍。遂逾垣而去，不知其所之。

贊曰：余閱古人，有四刺客：趙盾觸槐，崔琦割席，張浚懸金，許州逾壁。氣吐蜺虹，心同鐵石。世事顛倒，反害忠直〔一〕。素手而歸，魚腸空襲。聶政、荆軻，皆非其匹。

李洪

汝南李洪，爲太尉掾。弟殺人當死，洪自刻詣閣，乞代弟命，便飲酖而死，弟用得全。

贊曰：兄爲手，弟爲足；手捋茶，足履棘。兄爲齒，弟爲唇；弟卒瘖，兄飲酖。此酒不似徐知誥，金鐘懷出潰伶人。

王凝妻

五代王凝者，青齊人。爲虢州司户參軍，卒于官，妻李氏負骸歸。過開封府，求宿旅舍，主人拒之。李顧天已暮，孤村無往。政沉吟間，主人牽其臂使出。李氏大慟曰：「我爲婦人，不能守

〔一〕「世事」二句，順治本作「一帶之微，肯傷順德」。

節，此手爲人所執邪，不可以一手并污吾身。」即引廊柱間斷猳斧，自截其手。主人急往奪之，而斧起錚然，手已落地。手自地跳蹴，高塗數尺餘，臂血淋灕，楹礎皆赤。李氏倒在地，頃而復蘇。鄉人罄里往觀，見者盡爲之涕泣，攘臂築其主人。開封尹白于朝，厚恤之，爲賜藥封瘡口。

贊曰：嗟余一手，爲人所執。譬若梓楠，朽此盈尺。利斧抉瑕，以護全璧。化作梟飛，子喬隻舄。恨若滄溟，精衛銜石〔一〕。

謝小娥

謝小娥，南昌人。嫁段居正。居正與小娥父作賈江湖，同爲盜所殺。小娥夢一神告曰：「殺汝父者申蘭，殺汝夫者申春也。」小娥[偏]（遍）訪，歲餘得之，乃詭服爲男子，托傭蘭家。一日，蘭與春皆醉，小娥斬蘭首，大呼捕盜，鄰人并擒春。小娥還豫章，遂不食死。

贊曰：嗟嗟小娥真丈夫，入虎穴，得虎子。佩刃冷秋霜，仇頭盛篋簏。薦我父與夫，厲鬼食糟豕。嗟嗟小娥真丈夫，男兒堂堂，掩面事仇，小娥視之，如妾婦女子。

〔一〕「化作」四句，順治本作「利斧抉瑕，以護全璧。入土三年，應化爲碧」。

陳業

陳業字文理，業兄渡海傾命，時暴尸者五六十人，骨肉消爛〔一〕而不可辨别。業仰皇天誓后土曰：「聞親戚者，必有異焉。」因割臂流血以灑骨上，應時歆血，餘皆流出〔二〕。

贊曰：砂上骨，白粼粼，肉薩蓬蒿血化燐。臂血灑灑認不真，流向兄骸如渴螾。世間手足持革兵，尚向平原賦脊鴒。

〔一〕「骨肉消爛」，順治本作「白骨遍野」。
〔二〕順治本末增二句，作「業裹兄骨歸，爲造墳葬之」。

古今義烈傳卷六

（明）山陰張岱著

宋

楚王元佐

楚王元佐，宋太宗長子。見德方、德昭自殺，廷美賜死，元佐力救，帝不聽。見廷美死，遂發狂疾，竟廢。

贊曰：趙家金縢册皇儲，龍行虎步狀日異。匿喪不發開寶嫠，德昭、德方吼冤魅。少年天子民喜豫，愀然自愁置何地？可恨尚方劍不利，先斬補牘老奸堯。十瓶海錯恣貪穢，一封媚牘藏金櫃。慎冒未解褋雙淮，東山破斧戮廷美。夜闌晃静燈模昧，柱斧戳地聲甚厲。安得董狐書宋記，弑君殘賊趙匡義。梟子脱殼望外飛，莫待老鴟來折翅。

彭任

彭任字有道，蜀人。從富彦國使虜還，得靈河縣主簿以死。石守道嘗稱之曰：「有道長七尺，而膽過其身。」一日坐酒肆，與其徒飲且酣，聞彦國當使不測之虜，憤憤推酒床，拳皮裂，遂自請行。蓋欲以死捍彦國者也。其爲人大略如此，然亦任俠好殺云。

贊曰：語嚄唶，氣填臆，拳皮裂盡如犀革，願使虜廷同富弼。死争獻納聲辟易，旁有壯夫爲羽翼。胸中磊塊不可澆，推倒酒床擲酒甓。

安民

宋蔡京執政，籍元祐及元符宰執司馬光等百二十人爲奸黨，請帝書之，刻石于端禮門。又刻石于州縣。有長安石工安民當鐫字，辭曰：「民愚人，固不知立碑之意。但如司馬相公者，海内稱其正直，今謂之奸邪，民不忍刻也。」府官怒，欲笞之。民泣曰：「被役不敢辭，乞免鐫『安民』二字于石末，恐得罪後世。」聞者愧之。

贊曰：提刀鐫黨碑，螭文作人語。元祐諸公卿，朝廷寄心膂。長城鎖北門，高廟奠鐘簴。含沙射鳳鸞，噴血媚蛇虺。蝌蚪溷星河，贔屭招鬼誹。恨無石孝忠，椎碑碎如黍。

趙廣

趙廣，合肥人。李伯時家小史。伯時作畫，每使侍左右。久之遂善畫，尤工作馬，幾能亂真。

建炎中陷賊，賊聞其善畫，使圖所擄婦人。廣毅然辭以實不能畫。脅以白刃，不從，遂斷其右手拇指，遣去。而廣平生實用左手。亂定，惟畫觀音大士而已。又數年，死。今士大夫所藏伯時觀音，多廣筆。

贊曰：筆墨之微，勿謂小節。身陷虜廷，不受强脅。寧斷拇指，淋灕手血。余評小史，實賢于君家之松雪。

巢谷

巢谷字元脩，眉山人。蘇子瞻兄弟謫嶺海，平生親舊無一相聞者。谷年已七十三，徒步造訪見子由，握手而泣。子由曰：「子非今世人也。」自循州復渡海候子瞻，卒于路。

贊曰：婆娑一老，不遠千里，徒步來訪，眉山兄弟。汝與眉山，有何戚義？及見子由，未通半贊，握手而泣，情同棠棣。復訪子瞻，津梁疲敝。子由有言：「子古人也，不意今世。」

收蘇文士人

宣和間，申禁東坡文字甚嚴。有士人竊携坡集出城，爲閽者所獲，執送有司。見集後有一詩云：「文星落處天地泣，此老已亡吾道窮。才力漫超生仲達，功名猶忌死姚崇。人間便覺無清氣，海内何曾識古風？平日萬篇誰愛惜，六丁收拾上瑶宫。」京尹義其人，陰縱之。

贊曰：汲冢書，火不熠。齊丘子，水不溺。溷厠不能投李賀，黨錮安能滅蘇軾？文人落筆風雨驚，奇才播棄天地泣。安得黄冠悟道君，元祐文章燦奎壁。

義娼

義娼，長沙人。善謳，最喜秦少游樂府，得一首輒手録口咏之不置。少游坐鈎黨南遷，道長沙，訪伎籍，遂往晤焉。坐語間見几上一編題《秦學士詞》。少游怪問，娼因具道平日愛慕之意。少游卒通姓名，娼大驚，反避去。款留少游數日，不復面，約以他日北歸，願待巾帚。少游許之。

一别數年，少游竟死于滕。娼一日晝寢，驚寤曰：「吾自别秦學士，未嘗入夢。今夢來别，非吉兆也。」亟遣僕伺之，秦果死矣。乃謂母曰：「吾以身許秦學士，不可以死故背之。」遂衰服以赴，行數百里，遇于旅館。臨其喪，拊棺繞之三匝，舉聲一慟而絶。

贊曰：余讀少游詞，字字盡嫵媚。所以動婦人，至死猶心醉。三匝繞棺傍，腸共珠璣碎。古今文字交，當以此爲最。况復無鬚眉，是女更是妓。

王回

鄒浩將論事，以告其友宗正寺簿王回。回曰：「事有大于此者乎？子雖有親，然移孝爲忠，亦太夫人素志也。」及浩南遷，人莫敢顧，回斂交游錢與浩治裝，往來經理，且慰安其母。邏者以聞，逮詣詔獄。衆爲之懼，回居之晏如。御史詰之，回曰：「實當預謀，不敢欺也。」獄上除名，臨發，回即徒步出都門。行數十里，其子追及，問以家事，不答。

贊曰：杜伯見誅〔一〕，左儒竭蹶〔二〕。鄒浩獲罪〔三〕，王回奮烈〔四〕。徒步出門，遂我襪褐〔五〕。臣實與謀，不問自説。臣故無家，問而不答。

陳敏

陳敏，字伯修，無錫人。知台州日，朝命立元祐黨碑。敏不肯，監司促之急。敏曰：「誣司馬公爲奸臣，是誣天也。」倅立之，敏碎其石。或咎敏，敏曰：「我死且不辭，何刼之畏？」遂挂冠以行。

贊曰：昔讀《宋史》，石工安民，黨碑之後，羞列其名。崇寧義士，僅見一人。今讀《台志》，復見陳敏。使無陳敏，其何以解嘲于一時之縉紳？

〔一〕「見誅」，順治本作「負辜」。
〔二〕「竭蹶」，順治本作「見殺」。
〔三〕「獲罪」，順治本作「南遷」。
〔四〕「奮烈」，順治本作「餞别」。
〔五〕「遂我襪褐」，順治本作「方成節烈」。

陳東

陳東，丹陽人。蚤有雋聲，俶儻負氣。蔡京、王黼方用事，人莫敢言。東獨不諱，所至宴集，坐客懼累，或稍稍引去。以貢入太學，率其徒伏闕上書，請誅蔡京、梁師成、李彥、朱勔、王黼、童貫六賊，以謝天下。書五上，不報。后因乞留李綱、劾黄潛善，潛善激怒高宗，令府尹孟庾召東議事，東請食而行。食已如厠，吏有難色。東笑曰：「我陳東也，畏死即不言。已言，肯逃死乎？」頃之，東具冠帶出，别同邸，赴决于市。四明李猷贖其尸，瘞之。東初未識綱，特以國故，至爲之死。識與不識，皆爲流涕。

贊曰：柱下史，立仗馬。豹直班，秋蟬啞。丹陽杞人憂宗社，信任六賊成解瓦。議留一綱支大厦，奏疏未上身先剮。一腔熱血雲陽灑，爾可緘口在草野。嗚呼！爾可緘口在草野！

王婉容

王婉容，宋宫人，隨徽、欽北去。粘罕見之，求爲子婦。婉容車中自裂其頸，絶亢而死。虜葬之道旁，稱爲烈婦人。

贊曰：天可汗，奉醐醍。韋閼氏，佩刀鐫。粘罕子婦勝青衣。車中自擲成粉齏，至死不作羯狗妻。行在見之汗浹蹊，離離青冢羞明妃。

張浚刺客

初，張浚次秀州，忽有客夜直至前，出一紙曰：「此苗傅、劉正彦募賊公賞格也。」浚問何欲，客曰：「僕河北人，粗讀書，知逆順，豈以身爲賊用？特見爲備不嚴，恐有後至者耳。」浚下執其手，問姓名，不告而去。浚翌日斬死囚，徇衆曰：「此苗、劉刺客也。」

贊曰：盾刺客，觸槐死。浚刺客，躡空去。欲不至子庭，爲子不設備。大索蔽祖龍，購尸逃俠累。不必問姓名，讀書河北地。翌日斬死囚，晏子刺門僧。

毛惜惜

毛惜惜，高郵妓。宋端平初，淮安榮全據城以叛，節度使遣人招之，不納。全與黨王安等置酒高會，惜惜供應，呼巡酒不起，全怒呵，惜惜曰：「惜惜降爲太尉役，以太尉爲朝廷命臣也。

今乃閉門不納使者，是叛逆爾。妾雖賤妓，不能事叛臣。」全怒殺之。

贊曰：藐爾帳前妓，逢人效笑顰。况爲節度使，又據淮安城。旌旗豎閃爍，戈刃列嶙峋。呼妓不肯起，弩嘴復張唇。妾身賤似草，妾心貞若珉。寧可伴乞丐，不能事叛臣。鄰家既有賊，養犬吠狺狺。

唐琦

唐琦，紹興衛士。建炎間，高宗航海過越，元將琶八追之，勢逼。琦袖石伏道旁，伺其騎過擊之不中，被執。琶八詰之，琦曰：「欲碎爾首，爲趙氏鬼耳。」琶八曰：「使人人如此，趙氏豈至是哉！」令擁出斫之。琦曰：「若止斫我，何足希罕！若能熬肉封脂，爲大燭燃我耶！」琶八依其言，用芻縛之，舉以烈火，自首熱至踵，俟其燒絶，爲時已多矣。高宗遂得脱。事聞，詔立廟，賜名旌忠。

《鐵崖樂府》曰：「荆軻匕，博浪椎，唐琦石，三壯兒。不了事，永爲人所嗤。我獨歌壯兒，義憤千古奇，成敗論人吾不知。琶八子，私殺之，豈如慶忌者，成名萬古于要離。」

贊曰：趙氏鬼，會搏人，至今擊石有火星。但願君王馬足如奔雲，可惜亙身爲積薪。

嗚呼！脂膏燒盡心不燼，嘮嘈厲鬼呼張巡！

哮張二

哮張二者，密州諸城人。遭亂南徙，以屠爲業。鄂州大吏丁某子怒其母私人朱［曰］（四）〔一〕，欲爲報復。凡至張屠家市肉沽酒，必倍酬其價。他日邀張飲，探其乏貲，又付與數百緡，深爲結納。張甚知感。一日，徐語之故，以歐朱爲請。張怫然曰：「訝！汝貸我錢，蓋欲陷我于爭鬥。」奮衣而起。自後相遇，邈然如不相識，迨于交絶。衆哂丁不知人，而下交非類，丁亦銜之。未幾，張拉朱同渡江，買猪于漢陽，爭舟，相歐擊。既歸，夜入朱室，殺朱與男女并三人。自縛告官，終不及丁一辭。時岳少保領大兵駐鄂，嘉其志義，移檄取隸軍中，不問其罪。後以功補官。

贊曰：朱亥椎，殺晋鄙，緘口不言釋無忌。入魏宮，盜白狐，傳鷄鳴，驚關吏。要離同

〔一〕「曰」，順治本作「四」，據改。

渡尚蹌蹌〔一〕，夷門設策猶矒矒〔二〕。彈鋏竟去勝馮驩，囊錐先露嗤毛遂。丁家一客傲田文，是不是哮張二？

蔡定

蔡定字元應，山陰人。父革坐法，定詣府請代，勿許。定知終不可贖，仰天呼曰：「父老而刑，定生何益？」遂赴水死。府帥聞而異之，立命出革。

贊曰：覆盆得照，惟家之造。覆盆勿照，願以溝渠爲冥帽。以吾父之遺體，忍見其膏液蔭蓬蒿也，而肝腦餵豕獠。覆吾宗，不足較；釋吾父，不及料。

隗順

秦檜殺岳飛于大理獄，獄卒隗順負其尸，逾城至北山〔三〕以葬。後朝廷購求葬處，隗之子

〔一〕「同渡尚蹌蹌」，順治本作「行刺尚魯莽」。

〔二〕「矒矒」，順治本作「留滯」。

〔三〕「至北山」，順治本作「至北山九曲叢祠」。

以告。及啓棺，如生，乃以禮服斂焉。隗順，史失載。

劉元升

武穆死，有劉元升者上疏鳴岳氏冤，且白檜所以死飛狀。天下義之。卒爲檜所戮。

贊曰：大理獄，天雨血；夕陽亭，鬼夜決[一]。負尸者，逾城嵲。問其人，司縲紲。鳴冤者，持[二]斧鑕。問其人，無瓜葛。氣薄雲，膽截鐵。無董狐，名尚缺。

孔璋

李邕爲陳州刺史，以直聲著。會仇人告邕贓貸，枉法下獄，旦夕當死。許昌男子孔璋與邕無半面交，上書願以六尺之軀膏鐵鉞，以代邕死。邕得減死，貶遵化尉。流璋嶺南。

贊曰：許昌男子，不愛六尺，與彼李邕，無半面識。近見交游，笑言啞啞，把臂盟心，轉眼下石。余有憤言，必得面不相識者，方可與共晨夕。繇後言之反謂孔璋容易也得。

〔一〕「鬼夜決」，順治本作「天柱折」。

〔二〕「持」，順治本作「伏」。

銀瓶女

岳鄂王被害，其女抱銀瓶墜井而死。時人憐之，爲造銀瓶女墓。《鐵崖樂府》曰：「岳家父，國之城。秦家奴，城之傾。皇天不靈，殺我父與兄。嗟我銀瓶，爲我父緹縈。生不贖父死，不如無生。千尺井，一尺瓶，瓶中之水精衛鳴。」

贊曰：少保既戮，壞宋長城。金瓶已缺，銀瓶亦傾。金甌之中，奸佞羶腥。銀瓶之中，忠孝芳名。改邑變社，厥井不崩。

施全

宋施全爲殿司小校，俟秦檜趨朝，全挾長刃遮秦檜肩輿，刺之透革，不中，逮送大理。檜親鞫之，問曰：「你莫心風否？」全對曰：「我不是心風。舉天下皆欲殺韃子，汝獨不肯殺韃子，我故欲殺汝也。」磔于市。自是檜出，每列軍伍以自衛。

贊曰：博浪一擊，誤中副車。施全一刺，僅透革輿。匪天之祐，恐污刀錐。彼蛇蜴耳，自死溝渠。勿謂空發，刀不決疽。荆匕雖折，冷若霜飛。離筑雖碎，疾若奔雷。

陳剛中

陳剛中字彥柔，侯官人。性慷慨，敢論事。胡銓以劾檜貶昭州，剛中啓曰：「知無不言，願借上方之劍，不遇故去，聊乘下澤之車。」檜怒，遂與張九成同謫。客死，貧不能葬。士論惜之。

贊曰：近見楊州牧，扇端一語遭赤族。眉山詩案貶黄州，猶是聖明置寬獄。可憐棘兩老昌黎，竟使大害囚蜀國。安得子厚易播州，余讀囚山泪如蔌。

鄭虎臣

賈似道既貶，安置循州。會稽尉鄭虎臣請爲監押。似道寓建寧之開元寺，［待］（侍）妾尚數十人。虎臣至，悉屏去，奪其寶玉，撤轎蓋，暴行秋日中。令舁轎夫唱杭州歌謔之，窘辱備至。至漳州木綿庵，虎臣諷令自殺。似道不從，虎臣曰：「吾爲天下殺巨奸，雖死何憾！」遂囚似道子于別室，即厠上拉似道胸殺之，殯于庵側。

岱子曰：曹操、秦檜皆得令終，千古遺恨。虎臣此舉，大快人心。且似道奥援近在宫壼修尺，一起似道于循州，正人無遺類矣。然則虎臣之功，不在郭汾陽下。

贊曰：以人視之檻中虎，以我視之厠中鼠。虎之傷人疾若風，鼠之傷人甘如飴。一嚙破襄陽，再嚙破蕪湖。嗟乎！宋室幾何土，猶自包藏此社鼠！

包明

包明者，不知其鄉里。少爲兵，事湯岐公。自樞密至左相，明常在府。紹興末，岐公以御史論罷，故例一府之人皆罷。遇拜執政，則往事焉。久之，御史中丞汪公澈拜參知政事，一府皆往。汪公蓋前日劾湯公者也，于是明獨不肯往，曰：「是常擊吾公者，持何面目事之？」雖妻子飢寒，不之顧。未幾以病死。

贊曰：達者聞言，疾風過耳。鄰犬吠主，終身不齒。妻子飢寒，恨其迂腐。對之何顔，如擣如劓。吁嗟！古人毋忘檻車，射鈎仲父。

張順

張順，民兵部將也。襄陽受圍五年，宋闖出重賞募死士，得三千。求將，得順與張貴，俗呼順曰「矮張」，貴曰「竹園張」，俱智勇，素爲諸將所服。俾爲都統，出令曰：「此行有死而已。汝輩或非本心，宜亟去，毋敗吾事。」人人感奮。漢水方生，發舟百艘，稍進團山。越二日，進高頭港口。結方陳，各船置火槍、火炮、熾炭、巨斧、勁弩。夜漏下三刻，起碇出江，以紅燈爲識。貴先登，順殿之，乘風浪徑犯重圍。至磨洪灘以上，北軍舟師布滿江面，無隙可入。衆乘鋭斷鐵絙攢棧數百，轉戰百二十里。黎明抵襄城下。城中久絶援，聞救至，踴躍，氣百倍。及收軍，獨失順。越數日，有浮尸遡流而上，被介冑，執弓矢，直抵浮梁。視之，順也，身中四槍六箭，怒氣勃勃如生。諸軍驚以爲神，結冢斂葬，立廟祀之。

贊曰：浮尸披甲手持戟，[弩]（怒）目銜濤氣勃勃。皇天意欲覆襄陽，平章山前風浪急。世傑舟覆宋社墟，黄袍小兒浮鴟革。安得錢鏐百石弓，伏矢射潮罵河伯。

張貴

張貴既抵襄，襄帥李文焕力留共守。貴恃其驍勇，欲還郢，乃募二士，能伏水中數日不食，使持蠟書赴郢求援。北兵增守益密，水路連鎖數十里，列撒星樁，雖魚蝦不得度。二人遇樁即鋸斷之，竟達郢，還報，許發兵五千，駐龍尾洲，以助夾擊。刻日既乃別文焕東下，點視所部軍。洎登舟，帳前一人亡去，乃有過被撻者。貴驚曰：「吾事泄矣！亟行，彼或未及知。」復不能銜枚隱迹，乃舉炮鼓噪發舟，乘夜順流斷絙，破圍冒進，衆皆辟易。既出險地，夜半天黑至小新城，大兵邀擊，以死拒戰。沿岸束火列炬，火光燭天如白晝。至勾林灘，漸近龍尾洲，遥望軍船，旗幟紛披。貴軍喜躍，舉流火示之。軍船見火即前迎，及勢近欲合，則來船皆北兵也。蓋郢兵前二日，以風水驚疑，退屯三十里，而大兵得逃卒之報，據龍尾洲以逸待勞。貴戰已困，出于不意，殺傷始盡，身被數十槍，力不支見執，卒不屈死之。乃命降卒四人舁尸至襄，令于城下曰：「識竹園張乎？此是也。」守障〔一〕者皆哭，城中喪氣。文焕斬四卒，以貴附葬順冢，立雙廟祀之。

贊曰：壯士[努]（怒）目上戰場，視彼羯狗皆蜣蜋。沛公帳下走無傷，李陵鏖戰空拳張。濡縷腥血染嵇裳，獨存寸舌繼睢陽。頭顱雖斷尸不僵，黄龍府邊燐光芒。

張千載

張千載，字毅甫，廬陵人，文山友也。文山貴顯，屢以官辟，皆不就。文山自廣還至吉州城下，千載來見，曰：「丞相赴京，某亦往。」遂寓于文山囚所側近，日以美食奉之。凡留燕三年，

〔一〕「障」，順治本作「陣」。

潛造一櫝。文山受刑後，即藏其首，仍尋訪文山妻歐陽夫人于俘虜中。俾出，火其尸，千載拾骨寘囊弁櫝南歸，付其家葬之。千載高誼，亦千載下所不多見也。

岱子曰：按，千載持櫝歸。次日，其子夢文山怒云：「繩鉅未斷！」其子心動，亟啓視之，果有繩束其髮。公之英爽，可畏如此〔一〕。

卓吾銘曰：「不食其祿，肯受其縛。一繩未斷，如錐刺腹。生當指冠，死亦[努]（怒）目。張氏何人？寘囊弁櫝。生死交情，千載一鶚。」

贊曰：文山在囚，義士寘櫝〔二〕。留燕三年，藏其髮齰〔三〕。厲鬼呼號〔四〕，以齒囓木。張目掀髯〔五〕，陰雨則哭〔六〕。吾所惜者，趙氏塊肉。吾葬家山，彼葬魚腹。

〔一〕「公之英爽，可畏如此」二句，順治本無。
〔二〕「寘櫝」，順治本作「忍辱」。
〔三〕「藏其髮齰」，順治本作「髮齒在櫝」。
〔四〕「呼號」，順治本作「猙獰」。
〔五〕「張目掀髯」，順治本作「髭戟口張」。
〔六〕「陰雨則哭」，順治本作「猶聞夜哭」。

王炎午

文丞相初起義兵勤王，太學生王炎午勸其盡散家産供給軍餉，以倡士民敢死之氣。及丞相被擒，會間脱去，又被擒。炎午恐其赴義未决，不忍一死，因設位其家，作《生祭文丞相文》，以速丞相之死。遂謄録數十本，自贛至洪。于驛途、水步、山墻、店壁貼之，冀丞相經從一見，决其就義。内有云：「鞠躬盡瘁，則諸葛矣。保捍閩廣，則田單即墨矣。倡義勇出，則顔平原、申包胥矣。雖舉事卒無所成，而大節亦無所愧，所欠一死耳。」又云：「伏橋于厠舍之後，投筑于矐目之餘，所以希再縱，求再生，則豫讓、漸離深爲不知。」後張千載自燕山持丞相髮與齒歸，炎午爲之被齊執杖，若喪考妣焉〔一〕。

文丞相自記曰：「予始至南安，軍糧即絶。爲告墓文，遣人馳歸，白之祖禰，瞑目長往，含笑入地矣。乃風盛水駛，五日過廬陵。又二日至豐城，知所遣人竟不得行。予至是不食垂八日，若無事然，私念死廬陵，不失爲首丘，令心事不達，委命荒江，誰知之者？盍

〔一〕「若喪考妣焉」，順治本作「仰天大哭，又作《望祭文丞相文》。二文傳世」。

少從容以就義乎？復飲食如初。因記《左傳》申包胥哭秦庭，七日夜勺飲不入口，不聞有他，乃知餓踣西山，非一朝夕之積也。予嘗服腦子二兩不死，絶食八日又不死，未知死何日、死何所。哀哉！」

《祖祭文丞相文》：

相國文公再被執時，予嘗爲文生祭之。已而吉水張千載自燕山持丞相髮與齒歸，丞相既得死矣，嗚呼痛哉！謹痛望奠，再致一言：嗚呼！持顛扶危，文山、諸葛，相國雖同，而公死節。倡義舉勇，文山、張巡。殺身不異，而公秉鈞。名相烈士，合爲一傳，三千年間，人不兩見。事繆自執，義當勇決。祭公速公，童子易簀。何如天意，佑忠憐才，留公一死，易水金臺。乘氣捐軀，壯士其或，久而不易，雪霜松柏，嗟哉文山！山高水深，難回者天，不負者心。常山之髮，侍中之血。日月韜光，山河改色。生爲名臣，死爲列星。不然勁氣，爲風爲霆。干相莫邪，或寄良治。出世則神，入土不化。今夕何夕，北斗轉斜，中有光芒，非公也耶？

贊曰：王炎午，真腐儒。文山一死豈躊躕？何俟老生揭通衢。欲斆姜維興蜀嵎，豈作李陵羈單于？齒與髮，尚未歸。老生日日椎胸糯〔一〕。王炎午，真腐儒。

趙時賞

李恒襲文天祥于興國縣。天祥出走京師，潰于空阬。趙時賞坐肩輿後，元人問爲誰，時賞曰：「我姓文。」衆以爲天祥，擒之。天祥由是得逸去。

劉子俊

張弘範襲執文天祥于五坡嶺。劉子俊自詭爲天祥，冀可免天祥。及執天祥至，各争真僞，元人遂烹子俊而執天祥。

贊曰：千載炎午，欲其速死。時賞、子俊，冀其緩死。速死須臾，完其素履。緩死須臾，少延宋祀。一緩一急，胸中磊塊。烹之無滓，燒之不燬。

〔一〕「椎胸糯」，順治本作「望燕畿」。

沈忠

元人剋潭州。知州李芾召帳下沈忠，遺之金曰：「吾力竭，分當死，吾家人不可辱于俘，汝盡殺之，而後殺我。」忠伏地叩頭，辭以不能。芾固命之。忠泣而諾，取酒飲，其家人盡醉，乃遍刃。芾亦引頸受刃。忠縱火焚其居，還家殺其妻子，復至火所，大慟，舉身投地，乃自刎。幕屬茶陵顔應焱、安仁陳億孫皆死。潭民聞之，多舉家自盡。城無虚井，縊林木者累累相比，皆李公之感云。

贊曰：沈劊子，持利刀，李家井珥及髧髦。令爾砍砟如蠐螬，血流糊模成鵜膏。咸陽舉火不可燒，有似從來尚方刀，不斬樓蘭斬荆高。

二樵者　嵇聳〔一〕

文天祥變姓名爲清江劉洙，東入海道，遇元兵，伏環堵中得免。飢甚，莫能起，從樵者乞得

〔一〕此傳當係于「文天祥客」條下。

餘糝羹。行入坂橋，元兵又至，衆伏叢篠中。兵入索之，執杜滸、金應以去。滸、應以懷金與卒得逸。二樵者以簣荷天祥至高郵嵇家莊，嵇聳迎天祥至家，遣子德潤衛送至泰州，遂由通州泛海，以求二王。

贊曰：餘糝羹，甘如飴。道中漿，食子胥。婆娑二老荷草欙，文山欲至高郵嵇，殷勤遣子護鴟夷。芒碭山中藏劉季，陟屺步步望雲氣。嗚呼！二樵者，彼山之阿可以嬉。

唐珏

唐珏，山陰人。歲戊寅，元將浮屠楊輦真珈發宋陵，攫寶玉。珏聞之，亟貨家資得百金，具酒，邀里中少年，具告以實。少年曰：「事露奈何？」珏曰：「要當易以他骨。」乃具木櫃絹囊，署其表曰某陵，分委散瘞蘭亭山中，樹冬青以識。越七日，珈聚陵骨，雜置牛馬格骸中，築塔壓之，名曰「鎮南」。未幾，楊髡被誅，稍稍傳播，珏義聲震吴越。

林景熙

林景曦名德陽，當楊總統發陵時，故爲杭丐者，背竹籮，手持竹夾投籮中，鑄銀作兩許小牌百十繫腰間，取賄番僧曰：「余不敢望收其骨，得高家、孝家足矣。」番僧左右之，果得高、孝兩朝骨。爲兩函貯之，歸葬東嘉。

岱子曰：珏與諸少年易陵骨，惟理宗頭大如斗，不敢他易。伽得之，漆作溺器。後我高帝得之沙漠中，復歸葬六陵。觀此，則珏之功豈渺小哉！

贊曰：老鵑夜啼，索我頭顱。陰風淅淅，冬青冢枯。蟻封膻溺，棄在浮圖。烈士睨之，夫顙有泚。灑向林間，六陵風雨。

僧真諦

僧真諦住德藏寺，性若駮戇，爲寺中樵汲惟謹。元國師楊輦真伽來寓寺中，聲言欲發天女等墓，然皆古冢，實無意開發，意以雲間陸左丞愛女及朱提舉夫人，皆以有色，夫聞用水銀含殮，欲發尸淫穢之耳。及楊下令，果及二冢。真諦聞之，怒形于色，衆僧懼禍，力制之。及真伽五鼓發衆出寺，真諦忽起，抽韋馱木杵奮擊。真伽命擒之。時衆雖數百，皆披靡不能拒，傷者凡百餘人，至有裂腦折臂者。人見真諦于衆中超躍，每逾尋丈，若隼擲虎騰，飛捷非人力可到。一時燈炬皆滅，钁鋤畚插皆爲段壞。真伽大懼，謂是韋馱顯聖，不敢往發，率衆遁去，亦不敢問此僧也。後二年，真諦行脚峨嵋，不知所往。

贊曰：煢煢化女，衰草孤塋。毗盧一怒，亦免其淫。若使真諦得在山陰，則六陵遺蜕亦何至雜牛馬之骼，而使理宗之顱髗也没入于羶腥？

喻南彊

喻南彊字伯彊，義烏人。少負奇氣。從陳亮游，時當路欲排善類，指陳亮爲根，煅煉刺骨。門人噤不敢出一語。南彊誚責同門謂：「陳先生無辜蒙罪，吾曹爲弟子，當怒髮衝冠。乃影響昧昧，是得爲人類乎？」亟走見葉適，適曰：「子真義士也。」即秉燭作數書，南彊持之去，伸訟諸公卿間，亮寃遂白。

贊曰：世界無知，擠排善類，謂陳先生無辜蒙罪，吾曹弟子影響昧昧，鬚眉巾幗，得爲人類？南彊怒罵，走見時貴，秉燭作書，寃囚吐氣。本屬無辜，陷之犴狴。連作數書，忽成脱距。嗟乎唏嘘！生死性命，玩同兒戲。

張鏜

張鏜，南軒之後。益王立，詔天下勤王。鏜起兵衡山，移檄安化、新化諸僚，得民兵數千。文天祥率兵出嶺，相與接應。既而兵敗被執，元參政崔斌欲降之，鏜罵曰：「今日降而死，何以見我祖魏公于地下？」斌命述起兵本末，鏜奮筆斥罵千百言。斌怒殺之。

贊曰：陳琳作檄，操顱若繫。駱丞作檄，曌膽若柝。張鏜作檄，斌口若塞。黃祖殺禰衡，鸚鵡方擲筆。欣然入九京，魏公開笑噱。

王烈[女]（婦）〔一〕

王烈[女]（婦），臨海人。德祐二年，元兵入浙，殺其舅姑與夫，而虜烈[女]（婦）。見其皙美，欲污之。烈[女]（婦）即欲自殺，爲俘囚婦人雜守，不得動，乃紿賊曰：「若欲妻我，須任我服衰數月，然後易吉。否則斷頭不移。」賊許之。及師行至嵊縣青楓嶺下，臨絶壑，守者少弛，

〔一〕「王烈女」，卷首《古今義烈名籍》作「青風烈女王烈婦」，順治本題作「王烈婦」，據改。

烈女嚙指出血，書詩石壁上，南望慟哭，擲身崖下亂石中，肉骨盡成血虀。後所題詩漬入石間爲紅痕，天陰雨，即墳起如鮮血。元至治間旌爲貞婦，立祠嶺上，易「青楓」爲「清風」。

贊曰：曾聞壯夫血化碧，又聞烈女形化石。如何嚙指寫血詩，千年壁上珊瑚赤。淒風苦雨過崖前，血漬淋灕若欲滴。斷崖亂石俠骨香，化作清風繞松柏。

趙淮妾

趙淮，長沙人。元將使淮招李廷芝，淮至城下，大呼曰：「廷芝，男子死耳，毋降也！」將怒殺之，虜其妾，强劫之。妾僞告將曰：「妾夙事趙運使，今死不葬，不忍忘情。願往埋之，即事公無憾。」乃輿至淮所，聚薪焚淮骨，置瓦缶中，自抱赴水死。

贊曰：屈平抱石，趙妾抱骨。以水爲天，所抱勿失。沙際潮頭，哀風觱栗。使君勿來，妾自運甓[一]。

[一] 順治本贊辭末續有「骨或化鳥，願爲比翼」二句。

謝緒

謝緒，會稽人。東山太傅裔，宋末隱苕溪，布衣慨然有澄清中原志。會天目山崩，謂里人曰：「天目，臨安主山。今土崩，宋不振矣。」遂不仕。及帝昺亡，誓衆曰：「吾生不能報宋矣，死若有知，必滅此逆虜。」中夜起，作詩曰：「立志平夷尚未酬，莫言心事付東流。淪胥天下誰能救？一死千年恨不休。湘水不沉忠義氣，淮淝自愧破秦謀。苕溪北去通胡塞，留此丹心滅虜酋。」赴苕溪死。苕溪水漲至二丈餘，若憑其怒氣者。土人祀之金龍山。至我明高皇帝與元將蠻子海牙鏖戰呂梁洪，虜乘上流，我師失利。風濤忽捲，黄河爲之北注。元兵敗績，軍中異之。

高皇帝夢有異兆，遂封爲黄河神。

贊曰：天目山崩，苕溪水漲。此水伊何，雷轟電亮。憤抱屈原，汨羅漭壯。怒挾子胥，錢唐風浪。倒注天潢，腥羶掃盪。殺賊張巡，厲鬼無誑。日月争光，千秋盼蠁。

金

郭婢

郭斌爲金將，金亡，斌出保金、蘭、定、會四州。元兵圍會州城，斌力戰。驅妻子聚一室，焚之，已而自投火中。有女奴自火中抱兒而出，泣授人曰：「將軍盡忠，忍使絶嗣？此其兒也，幸哀而收之。」言畢復赴火中死。元將聞之，惻然爲保其孤。

贊曰：郭家婢，女程嬰。火中出，火中入。豺性亦知乳虎兒，燈蛾嗜火如嗜蜜。肝腸入火應不灰，化作女媧五彩石。

古今義烈傳卷七

（明）山陰張岱著

皇明

雲奇

洪武十三年，丞相胡惟庸謀逆，誑言所居井涌醴泉，邀上往觀。將出西華門，守門内史雲奇知其謀，疾走衝蹕道，勒馬銜言狀，氣方勃，舌駃不能達意。上怒其不敬，左右撾捶亂下，垂斃。右臂將折，猶尚指賊臣第，弗爲痛縮。上方悟，登城眺察，見賊第内裹甲伏屏間數匝。上亟反，遣兵圍其第，賊皆就縛。上急召奇，奇死矣。深悼之，追封右少監，賜葬鐘山。

贊曰：鳳離嶧，鶻乘隙。鷙來翊，折其翮。氣已殈，猶擗翼。鳳方惕，出荆棘。思鷙勳，徒悲慼。掩其骼，議葬格。裹嵇裳，頂逄幘。枕屈石，袵蒉碧。

花雲侍兒孫氏

太祖首得太平，令樞密院判花雲守之。陳友諒攻城，城陷縛雲，雲罵曰：「賊奴縛吾，吾主必斫爾若膾也！」奮躍大呼，縛皆絶。賊置舟檣上，射殺之。妻郜氏以三歲兒付侍兒孫氏曰：「若善視此兒，吾赴水死矣。」孫氏尋主母葬之，抱兒走，陷賊中。比賊敗，脱走，墮水，緣浮木入蘆渚中，采蓮實啖兒，凡七日，得不死。有雷老者引達上所。上泣曰：「此將種也。」厚賚孫氏，命撫之。賜雷老衣鈔，遂失所在。

贊曰：周棄委野，群鳥披翼。雲子墮水，蓮苻作食。雷老何人，引之帝側。帝曰將種，父曾死節。朕未成王，鳳起藪澤。義士開天，有此奇迹。

練效忠

洪武間御史練則成，長洲人，劾大臣不法事，其人坐死。他日上冤其獄，因怒則成，同官忌者更構之，賜仰藥死。家屬被逮，長子擬斬。有義僕練效忠冒其主名，代赴市曹。以長爲次，免死戍邊。後赦歸，復立門户，生綱，又爲御史。

贊曰：帝戮藎臣，讒夫構釁。卵破巢空，灰燼誰振。家屬流離，尚無子胤。煢煢一門，皆爲道殣。幸解漢圍，榮陽紀信。

校尉

洪武中，京師有一校尉與鄰婦通。一晨，校瞰夫出，即入門登床。夫復歸，校伏床下。婦問夫曰：「何故復回？」夫曰：「見天寒，思汝熟寢，足露衾外，恐傷冷，來添被耳。」乃加覆而去。校忽念彼愛妻至此，乃忍負之，即取佩刀殺婦而去。有賣菜翁常供蔬婦家，至是入門，無人即出。鄰人執以聞，官司不能明，誣伏。獄成，將棄市。校出呼曰：「某人妻是我殺之，奈何要他人償命？」遂白監決者，欲面奏。監者引見，校奏曰：「此婦實與臣通。其日臣聞其夫語云云，因念此婦忍負其夫，臣在床下，一時義氣發作，就殺之。臣不敢欺，願賜臣死。」上嘆曰：「殺一不義，生一無辜，可赦也。」即釋之。

岱子曰：此事極類魏馮燕，似刻則而爲之者，校尉豈讀書史者乎？上下千年，若合符節，人不以代掩矣。

贊曰：借爾婁豬，定其艾豭。鳩化爲鷹，攫其首顱。指鹿爲馬，改魚爲魯〔一〕。明目張膽，焉肯〔二〕糢糊。殺人抵罪，視死如娱〔三〕。帝曰義士，赦其凶屠。殺一不義，生一無辜。

儲福

儲福，無錫人。建文末挈母、妻以逃。文皇即位，詔挨購戍卒入伍，至燕山，福在録中，乃調雲南曲靖衛。福仰天哭曰：「吾雖一介賤卒，義不爲叛逆之臣。」在舟中日夜泣不止，竟不食而死。

龔翊

龔翊者字大章，崑山人。年十八，爲門卒，守金川門。靖難兵由金川門入，翊大哭。宣德

〔一〕「改魚爲魯」，順治本作「以狐假虎」。
〔二〕「明目張膽焉肯」，順治本作「張膽明目不敢」。
〔三〕「殺人」二句，順治本作「若論抵命，殺人者吾」。

中，周巡撫兩薦爲崑山大倉學官，謝曰：「翊仕無害于義，恐負往日城門一慟耳。」竟隱終身。門人私謚爲安節先生。

岱子曰：靖難死節，如補鍋匠、河西傭、馮翁、東湖樵夫，不可勝記。意皆當時大臣匿迹其中，引義自裁，無足異耳。至如燕山、金川二卒，卒也，乃激烈如此，古今以來，不一二見也，當爲死節之冠。

贊曰：何來二卒，仰天大哭。爾哭伊何，爲王遜國。欲哭且休，行將赤族。寧赤吾族，我泪如菽。願作包胥，秦廷夜哭。

高賢寧

高賢寧，濟陽學生。建文中，貢入國學。靖難兵攻濟南不下，以箭射書城中，使亟降。賢寧時在城中，作《周公輔成王論》，射城外，請罷兵。後被執。文皇曰：「此作論秀才邪？秀才好人。」命官之，賢寧固辭。其友紀綱時爲錦衣，倖用事，勸寧。寧拒不聽曰：「君以軍旅發身。我本書生，食禄有年，于義不可。」綱言于上，得遣歸。

贊曰：青青子衿，貌甚迂腐。吮筆揮毫，射書招撫。書詞云何，東山破斧。弄爾毛錐，撩鬚戲虎。虎捨勿食，以爾酸子。

東湖樵夫

東湖樵夫者，家浙東臨海東湖。日負薪入市，口不二價。建文壬午秋，詔至臨海，湖上人相率走縣庭聽詔。或歸，語樵夫曰：「新皇帝登極。」樵夫愕然曰：「皇帝安在？」曰：「燒宫自殺。」樵夫大哭，遂投湖中死。

岱子曰：向見樵夫，不出名姓。意謂是親臣隱迹其中，不足深怪。今讀本傳，住臨海久，且日負薪入市，《建文實録》未聞有大臣見幾于數年之前者，若果隱迹，則負薪入市，是亦不可已乎？因補入傳，使後世知我明節義，方孤竹首陽有倍烈者。

贊曰：余見分蜂，哄然團聚。土人收之，或移其處。有後至者，紛紛墜地。東湖巢夫，或是此意。不然一死，出于何據？倘令夷齊僅爲首陽之樵夫也，未必有如此之節義。

侯來保

侯來保者，尚書陳迪家人也。迪靖難中抗節極刑，六子同日就死。時禁嚴，姻族四竄，莫敢旁睨。來保憤痛切至，潛拾其遺骨，還葬宣城計橋。人士多之，謂有唐、林二士風。

贊曰：余見時豪，屨積其閫。螻蟻擁腥，蒼蠅唼糞。一日勢衰，蠅飛蟻奔。來保何人？乃能守困。拾主遺骸，收之旅[襯](櫬)。自爲執紼，首丘故郡。靖難勛臣，聞之面愠。

劉政

劉政字仲理，長洲人。聰敏力學，治《春秋》。建文元年秋，方孝儒試畿輔士，命托孤寄命題，得政卷，曰：「此鳥中孤鳳，當虚左處子。」是科登賢書弟一。

四年，建文遜位，殺孝儒。政慟哭，不食死。

贊曰：鳥中孤鳳，覽輝山谷。下食醴泉，上食梧肉〔一〕。罹此鞠凶，鷹鸇肆戮。水鶩浮沉，群鷄咿喔。搗彼鳳巢，傷哉鸑鷟。翺翔首陽，不食周粟。

〔一〕「梧肉」，順治本作「竹實」。

魏澤

方孝孺被族，尚書魏澤時謫爲寧海典史。當捕方氏，悉力保獲周旋，以故方氏有遺育。謝文肅公詩所爲「孫枝（留）一葉」者，澤之力也。澤後過孝孺故居，爲詩悲悼，有云：「黄鳥向人空百轉，清猿墮泪衹三聲。」至今讀之，猶覺酸鼻。

贊曰：朝廷有濫刑，左儒不能争。下宫誅趙朔，趙武藏山巒。所案皆著舊，猶將十世宥。方孫僅一枝，覆巢拾敗嵤。伏闕問成王，哀猿泣楚江。自知門户絶，何意留遺孽。

方孝友

方孝友字希賢，正學先生季弟也。文廟召先生草詔，不屈，親屬皆面縛就戮。先生目之，不覺泪下。孝友乃吟一絶云：「阿兄何必泪潸潸，取義成仁在此間。華表柱頭千載後，旅魂依舊到家山。」士論壯之，爲不愧先生之弟云。

贊曰：華表柱頭丁令威，城郭依舊人民非。止有忠名争日月，靖難勛臣冷若灰。旅魂依依向前説，陰風肘處刀傷裂。須臾草詔亦尋常，肝膽枯來字字咽。

廖鏞

廖鏞，無爲州巢縣人。祖永忠，開國功，封德慶侯。父權嗣封，鏞以適子任散騎舍人，歷官至都督。建文中與議兵事，宿衛殿庭。靖難後，上以廖侯兩子鏞與銘嘗受學方孝儒，令召之來見。孝儒怒曰：「汝讀幾年書，還不識個是字？」兩子復命。上怒，令軍校收孝儒，已而刑之聚寶門外。凡七日，廖氏兩子拾遺骸，葬聚寶山上。甫畢，廖氏亦見收，兩子遂逃去。永樂元年四月，錦衣衛撫司奏獲鏞、銘，送刑部論死。

贊曰：君行制，臣行意。服齊衰，哭殿陛。師死忠，弟死義。走城隅，拾遺蜕。師徒相勸勉，中心自不貳。共讀幾年書，方識個是字。

王稌

王稌字叔豊，紳之子。績學能文，有大父褘風。受業方孝儒，孝儒甚器重之，許妻以女。孝儒罹難，稌周旋其間，又與鄭珣至聚寶門外求孝儒遺骸歸葬，不得，卒坐逮繫。文皇念其祖褘死國，特宥免。方欲向用，而稌以疾辭還金華，結屋讀書青岩之下，將終身焉。復購孝儒遺文，爲《侯城集》以傳，人咸義之。稌性至孝，初紳痛父歿，每食必斥兼味，稌一遵遺志。子孫相承，閱數十年不變。稔疏髯偉貌，出必儼然古冠服，人争睹之，曰：「此王先生也。」所著有《青岩稿》、《聖廟文纂》、《金華賢達傳》。卒年五十九。門人私謚曰孝莊先生。

贊曰：誰爲孝儒黨，衆人皆辟易。儼然王叔豐，匍匐尋遺骼。文皇不得臣，反復辭以疾。詩案謫眉山，文章禁蘇軾。匪得汲冢藏，安取《侯城集》？

吴亮

中官吴亮，舊事建文。正統間，有老僧自稱建文皇帝，欲歸骨故鄉。事聞，科道官請下獄。帝不忍，令亮往審問。老僧見亮即呼曰：「吴亮來。」亮答：「不是。」老僧曰：「我昔御便殿，食子鵝，棄塊肉在地，汝時手執壺，狗餂之。何謂不是？」亮伏地哭，不能仰視。復命畢，自經死。

贊曰：周公入輔畿，成王破壁圍。東山不破斧，王宫如宿籧。老僧歸故國，臣民半已非。婆娑一吴亮，伏地徒悲吁。反顔事仇者，狗不食其餘。

諸娥

諸娥，山陰諸士吉女。士吉兩子皆以無辜受罪，而父老病，娥方八歲，遂詣闕上書。國初制，訴冤者擊登聞鼓，必卧釘板。娥赤身往卧，釘入膚寸許。詔憐之，止戍一兄，赦一兄，送幼女還浙。娥體纖創重，尪羸數月而卒。

贊曰：緹縈贖父，身請爲孥。諸娥救父，釘錐刺膚。手足履縻，口舌卒瘏。袵釘如褥，飲血以酬。誰爲伴侶，光絡曹娥。

唐貴梅

烈婦姓唐名貴梅，池州貴池人。笄年適朱，夫貧且弱。有老姑者悍而淫，少與徽州富商有私。弘治中，富商至池，見婦悦之，密以金帛賂姑。姑利其有，誨婦淫者以百數，弗聽。迫之，亦弗聽。加以箠楚，又勿聽。斷以炮烙，體無完膚，終不聽。姑乃以婦不孝訟于官。通判慈谿毛玉受賂，倍加刑焉，婦幾死，然終不聽也。商猶慕其色，令姑保出之，親黨咸勸婦曰：「何不吐實？」婦曰：「若然，全吾名而污吾姑乎？」乃夕易袿襹，雉經于後園古梅樹下。姑不知也，乃旦手持桑杖，將入室挺之，且罵且行曰：「惡奴！蚤從我言，得金帛，享快樂。今定何如也？」入室無見，尋至樹下，乃知其死，因大慟哭。親黨咻曰：「生既以不孝訟，死乃稱嫗心，何以慟爲？」姑曰：「婦在，吾猶有望；婦死，商人必倒贓。吾是以哭，非哭惡奴也。」尸懸于樹三日，顔如生。樵夫牧兒見者咸墮泪。每歲梅月之下，隱隱見其形云。

楊升庵贊曰：「嗚呼！婦生不辰，遭此悍姑。生以梅爲名，死于梅之林。冰操霜清，梅乎何殊？既孝且烈，汗青宜書。有司失職，咄哉可吁！乃爲作傳，以附露筋碑之跗。」

贊曰：謂雀無角，何穿我屋？謂鼠無牙，何速我獄？鶉之奔奔，期我桑中。雖速我訟，亦不女從。予所捋荼，予所卒瘏。人之無良，我以爲姑。

邵金寶

義倡邵金寶者，□西俠戴綸所與游。綸爲京營參將，以善咸寧侯下獄，將坐重辟。念事非朝夕可竟，去家數千里，無可庇朝夕，罄囊金三千餘，屬邵曰：「余生死不可知，若其念我乎？持此贍余以待命。」邵含泣收之，爲畫策。日費以給權貴公子歡，而買少妓，博市井富兒金，展轉出綸。綸庭鞫赴市。邵歲罄資于權貴，因得周旋。榷楚冉避，十餘年所如一日，而需綸用不缺。綸卒藉其力以出，尋補建昌游擊。贏金尚四千有奇，悉付綸而從之任。綸妻自其家來省，請邵升高座，命侍女强持之，委身下拜，令勿答，報其救夫恩也。居旬而返，將行，語綸曰：「夫難，妾以疾不能爲力，而邵能代之，妾當愧死矣。無以謝邵氏，惟君念之。」垂涕泣而去。

李卓吾曰：「金寶出于娼，而能委曲以全大義，武𠇍朝臣所難者。其妻以不能救夫難，而能念爲救者，且以結髮嫡拜下風而避去，不亦晋趙氏夫人之遺風哉！」

贊曰：俠士戴綸，以奇出刑。若妻與妾，仿古多英。獻寶釋罪，羑里宜生。捐金行間，滎陽陳平。卧薪嘗膽，范蠡請成。藏踪秘迹，甯武解争。賢哉正室，瞻拜小星。虚席而去，擬趙夫人。

金鑄

金鑄者，遼陽健兒，事其主王世勛。世勛率衆禦虜，被圍，衆且盡。鑄獨破圍出，顧見世勛尚困圍中，奮死入重圍，與俱出。世勛馬爲虜所奪，即以己馬乘世勛，身獨步戰，援兵不至，竟死于陣。

贊曰：壯士突圍，叱吒喑啞。回顧垓心，主帥墮馬。翻身復入，路隨血灑。挾與俱出，勢如破瓦。主騎無疆，已足可踝。獨殿一軍，肝腦塗野。鬼猶不伐，曰非敢後也。

張褧

張褧，南海人。學書不得意，棄去爲掾，事陳選，以過黜。選忤常侍韋眷，有詔命刑部員外李行往勘，行與眷比誣逮選，道卒。褧入京上疏，訟選冤曰：「陳選素崇正學，夙抱孤忠。孑處群邪之間，獨立衆憯之地。臣本小吏，以詿誤觸法，爲選罷黜，實臣自取。眷乃妄意臣必憾選，厚賂啖臣。知臣不可以利誘，遂嗾李行逮臣于理，彌日拷掠，體無完膚，甘心籲天，終無異口。」疏入，選事得白，贈光禄卿，謚恭愍。

贊曰：臣本小吏，居心公直。舉不避仇，貶不避戚。選若私臣，臣嘗被黜。臣若阿選，選已道革。公道人心，至此難蠛。嗟嗟，没齒無怨，管仲駢伯。逐臣致傷，孔明廖立。

高三

京師娼女高三者，昌平侯楊俊與之狎。昌平去備邊數載，娼閉門謝客。天順中，昌平與范都督廣爲石亨所構陷，以大駕蒙塵謂昌平坐視不救，赴市。二人英氣不挫，楊尤挺勁，但云：

「陷駕者誰？今何在？吾提軍救駕，殺之固宜。」親戚故吏，無一往者。俄有一婦人縞衣而來，乃娼也。楊顧謂曰：「若來何爲？」娼曰：「來事公死。」因大呼曰：「天乎！忠良死矣！」觀者駭然。楊止之曰：「已矣。無益于我，更累若耳。」娼曰：「我已辦矣。公先往，妾隨至。」楊既喪元，娼慟哭，吮其頸血，以針綫紐接着于頸，顧楊家人曰：「去葬之。」即自取練，經于旁。

贊曰：天隕星，馬櫪驚。賜屬鏤，誅昌平。縞衣而來女田横，公自先往妾後行。駢指指天天欲崩，頸血無由濺殿廷。相與含笑入九京，顧見藝祖訴石亨。

龔遂榮

英廟自北還，廷議迎鑾之禮，未決。會有投匿名帖者，冢宰王直云，得之學士高穀家。胡濙欲以聞，不果。林聰上其事，詔按之。高云得之小隸，隸云得之道路。方逮繫問，有千户龔遂榮，遂自狀白之，曰：「迎上皇禮本當厚，遂榮投此帖，冀感動，無他腸，甘死無悔。」上感其言，即從之。當時迎鑾大禮，定于千夫長之片紙。若龔遂榮，亦奇矣。

贊曰：余見市儈，彼此相詐。不售其貨，故高其價。在昔徽、欽，奇貨諸夏。價不稱估，終無返駕。亦爲回鑾，攝居難卸。遂榮一言，宋高叱咤。既有南城，無勞驚訝。玉璞珠沉，塵泠市罷。

楊暄

天順間，指揮門達權頃中外，好陷害人。同時指揮袁彬隨英廟北狩，有護蹕功，達恐其逼己，乃捃摭彬私事以聞，欲致于死。上下達問，拷訊苦楚，莫能自白。時有倭漆匠楊暄者，爲彬訴不平，奏達違條二十餘事。奏入，上令達逮問。暄至，神色不變，佯若無所與者。達歷詢其事，皆曰：「不知。」且曰：「暄賤工未識書字，又與君侯無怨，何得有此？望君侯屏去左右，暄以實告。」因告曰：「此内閣李賢所作，教暄投進，暄實不知。」達聞甚喜，方飯至，即以酒肉賞之。蚤朝，達以其情奏，上命押諸大臣會問于午門前。方引暄至，達向賢言前事，賢驚訝，暄即大言曰：「此達以酒肉賜暄，使暄言如此。昨庭中有某某見指。」斥所奏達二十餘條，略無餘蘊。達無詞。押官與大臣録詞以進，上命法官正達罪，謫戍廣西。暄得脱。袁復寵任如故。

贊曰：雉藏頭，蜂螫尾。口吮飴，腹貯虺。先脱弧，後載鬼。金馬門前栽屈軼，觟觽角觸走野豨。殺人三至母投杼，謗書一篋皆焚燬。鉆箝不設能鈎距，發奸摘伏如神鬼。

垛耳

景皇帝不豫，石亨與曹吉祥等發南城錮，迎太上復辟，甫御殿而執于謙、王文等下廷尉，坐謀反律，上其獄辭，帝猶豫曰：「于謙實有功，若何？」徐有貞曰：「不戮于謙，此舉爲無名。」遂論謙棄市。藉其家，自上賜外無長物。謙死之日，陰霾翳天，行道嗟嘆。吉祥麾下有達官指揮垛耳者，以一觴酹其地而慟。吉祥恚，撲之至血。明日復酹酒，慟哭如故。或阻之，垛耳曰：「死即死耳。吾泪不可扠〔一〕也。」竟與都督陳逵收其尸瘞之。

贊曰：南城走兕，北門烹狗。中土隕星，山川夜吼。天應雨血，鸞巴噀酒。鬼欲晝號，垛耳擗手。公道人心，藉此小醜。嗟乎！諸夏之無也，不如夷狄之有。

王振老僕

薛文清爲中貴王振同鄉，振起用之，後以不肯附，振遂恨之。因他事，中以危法，當刑。門

〔一〕「扠」，順治本作「收」。

人皆奔走哭，文清神色自若。會振有老僕，是日大哭廚下，振問何哭，僕對曰：「聞今日薛夫子將刑，故也。」振聞而意解，得釋。

贊曰：主決波耶，爾當助沃。主出斧耶，爾當助斸。哭包胥耶，匪覆其國。哭欒布耶，匪係其屬。廚下號咷，蝎蛇斂毒之人耶？僕耶？

馬士權

徐武功有貞既降，廣東參政石亨輩猶慮其復起也，必欲殺之。令人僞作疏奏，毁謗朝廷，假養病給事中李秉彝名，以貌類者持上之。命逮秉彝拷訊，至死不承。緝捕匿名者甚急。亨等因譖有貞怨望，陷親馬士權而滅其迹。上信之，遂遣官校捕有貞于途，收士權等俱下錦衣衛獄。時掌衛都指揮門達陳諸惡刑于庭，拷掠瀕死者數四，士權終無所言。乃摘武功伯誥券「纘禹神功」之語，出有貞自撰，實謀作逆，故出語不臣。士權始大呼曰：「有貞，忠臣也！豈有自撰誥券露其逆謀之理也？」門達不能折。會承天門災，肆赦。刑部侍郎劉廣衡等猶劾奏有貞詐撰制文，竊弄國柄，自謂治水希縱神禹，敢以定策，貪冒天功，大不敬，無人臣禮，當斬。上以有貞犯在赦前，得釋，編發金齒爲民。後數年，曹、石敗，乃赦歸。

士權，秦州人。博極群書，善論，有氣節。寓京師教授，多與學士先生游，與有貞尤厚，故亨輩擠之。使士權稍怵威，則有貞不免矣。有貞出獄，感其義，以女許婚其子。既而有貞自金齒負盟，士權亦無言。

贊曰：武功臣仇寇，捃拾不可謬。武功臣婚媾，叛逆不可覆。復辟策元勛，可謂非有貞。臣故非私意，連姻切作顰。武功背息壤，臣心似醽醁。方知昔日言，無偏更無黨。

楊蘭

楊蘭，嘉祥人。古武城。任沛縣新興閘官。晋城多盗，蘭自薦當道，願兼攝之，盗遂平。正德乙亥，居邸，聞議松亭、右北、居庸三關斬伐材木，抗疏奏曰：「中國之患急在邊陲，而虜馬不得南馳，實賴榆棘。此木一伐，是自撤藩籬而引寇入腹也。」争不可。武宗奇其奏，罪創言者。

又丙子，東學使趙鶴性悍愎，巡視學校，濫黜者八九千人。蘭憤裂眦，入京伏闕叫冤。詔命按臣張羽及新學使江潮嚴加覆試，復黌者七千餘人。後以科甲起者歲比比，皆稱爲「楊公門下士」云。

贊曰：昔爾先達，澹臺滅明。《魯論》所載，迂腐可嗔。及余異時讀《山海經》〔一〕，魁梧雄黠，如出二人。渡河挾璧，怒蛟起争。子羽入水，斷蛟毁璘。今見楊子，佝僂水津。抱關擊［析］（柝）〔二〕，粥粥無能。一爲鎖鑰，道濟長城。一爲桃李，卞和泣廷。江濤雷炮，不平則鳴。有兩異士，皆在武城。失之子羽，以貌取人。

何兢

何兢，蕭山人。父舜賓爲御史，坐事謫戍慶遠，後以赦歸。會當塗鄒魯亦以御史謫蕭山，舜賓嘗有小忤，魯銜之，詭言赦歸無驗，械送戍所，屬解者侵辱，掩殺于昌國寺。又捕及兢，兢逃匿父友王參政鼎家，終夜不寢，嚙一指以誓復仇。久之，魯遷山西僉事，鼎乃教兢潛歸，募死士數十人，扮作獵户，嘯聚錢唐沙中。伺魯至，曳之出輿，窘辱萬狀，矐其目，幾死。置道旁，會仇民以糞灌其口，乃得活。兢挺身投憲司。憲司稍阿魯，兢嚙臂肉噴入公座。憲司憚之，累奏于朝，遣官即訊，遂坐魯死。以兢復仇，止擬徒，以唐梁悦例，編兢戍福寧。正德改元，赦還。

〔一〕「讀《山海經》」，順治本作「爰讀《水經》」。
〔二〕「析」，順治本作「柝」，據改。

贊曰：我户可絶，父仇不可結。我臂可嚙，公論不可滅。父兮百身莫贖，仇兮萬死猶缺。爾居錢唐之滸兮，當并楚國孤臣，怒捲千堆夜雪。

崔鑑

崔鑑者，燕人也。年十三，父佑性嗜酒，狎一娼，與居。母王嫌其非類，諫止之。佑不聽，娼遂百計構王。佑每被酒，箠楚交下。

一日佑出，王語侵娼，娼怒擊王，敗面。王含忍入室，撫床涕泣。忽鑑自學歸，王泣曰：「吾爲娼所構，被辱萬狀。今且引決，爾善自愛。」鑑聞之，且泣且怒曰：「母弟安志，勿他也。」即潛入學舍，挾刃以歸，躡娼所在。娼適埽于廳傍，口且詈王，鑑從旁挾刃刺其左脅，深入寸許，娼隨斃。鑑以刃匿牖下，亡走數里，忽自念曰：「吾殺娼，而吾父不知，必謂母矣。吾走，母無以自白，必被逮。吾殺人而令吾母抵罪，是猶殺母也。」馳歸。佑果置母于理矣。鑑至，呼曰：「殺人者我也，母何罪？」衆不信，欲捨之。鑑曰：「若不信，試視吾刃，取諸牖下。」果然，遂下鑑獄。維時司寇廷平，咸憐其幼能激義，請于朝。上可之，得減死。

贊曰：嚴武椎，崔鑑刃，報母仇，何凜凜。崔佑鷄狗奴，胡不效嚴挺。抱兒膝上坐，棄娣〔一〕如埊蟥。世間多許〔二〕暱後妻，前妻鵖鶡子玁狁。安得崔鑑分百身，縞衣綦履哭申生。嗚呼！余歌小弁雙泪傾〔三〕。

熊烈女

國朝烈女熊氏，小名僊大，麻城人。十歲許字邑人劉康。康病瘵幾危，女聞之驚泫，爲割左股片肉，欲遺康。幼弟誤棄之，復剜創處寸許，遺康食之，稍愈。延月餘，遂不起，訃聞。女伏地哭曰：「吾事定矣。」是日即不飲食，求死。母勸曰：「汝與劉子未姻，雖再字，不爲失節也。何自苦如是？」女曰：「我已割肉餉劉，股肉無幾，可復向他人餉乎？義不獨生。」母强其食再三，乃紿母曰：「弟伴我送劉殯，即無死。」母携之往，見其姑即大慟。至墓所，觸柩，仆灰壙中，呑灰塊，噦噎求盡。親黨力輿之至家，夜凡兩縊，守者解之。至曉，告姑曰：「欲我無死，

〔一〕「娣」，順治本作「妾」。
〔二〕「許」，順治本作「少」。
〔三〕「縞衣」三句，順治本作「剌殺妖狐污雪刃」。

須爲我立嗣。」姑喜許諾，請尊長立券付女。女佯笑，拜謝，徐謂姑曰：「吾困甚，求静卧暫息。」姑從之。女入閉門，遂撲撞大震，舉身擲地者再。急破門視之，見倚壁卓立如生，撫之則氣絶矣。死年甫十八。

贊曰：股肉無多，不堪再割。股肉無多，不堪再喋。豫讓吞炭，楚猿三咽。聶嫈呼天，子規叫血。伉儷情深，尚無瓜葛。僅一通名，願以死訣。

趙燧

嘉靖初，大盜趙燧亂河南。剽至鈞州，以馬端肅公文升家在，捨弗攻。攻破泌陽，前大學士焦芳已跳匿，燬其家，發芳篋，取其衣冠，縛藁若人者而屠裂之，曰：「恨不爲天下殺此賊！」惆悵而去。

贊曰：趙燧，爾盗也，復欲殺盗。爾暴也，復欲除暴。逆而施之，毋乃顛倒？雖然，吾以爾之欲殺盗也，而知爾非盗。吾以爾之欲除暴也，而知爾非暴。

林見素王陽明記[一]

見素林公，聞寧濠之變，即夜使人範錫爲佛郎機銃，并抄火藥方，手書勉予竭忠討賊。時六月毒暑，人多道暍死。公遣兩僕裹糧，從間道，冒暑晝夜行三千餘里以遺予，至則濠已就擒七日。予發書，爲之感激涕下。蓋濠之擒以七月二十六，距其始事六月十四，僅月有十九日耳。世之君子當其任，能不畏難巧避者鮮矣，况已致其事，而能急國患逾其家如公者乎？蓋公之忠誠根于天性，故老而彌篤，身退而憂愈深，節愈勵。嗚呼！是豈可以聲音笑貌爲哉！嘗欲列事于朝，顧非公之心也。爲作佛郎機私咏，君子之同聲者，將不能已于言耳矣。

佛郎機，誰所爲？截取比干腸，裹以鴟夷皮。萇弘之血釁不足，睢陽之怒恨有遺。老臣忠憤寄所泄，震驚百里賊膽披。徒請尚方劍，空聞魯陽揮。段公笏板不在兹，佛郎機，誰所爲？

贊曰：余見朝臣，狡若市獪，身擔寄闖，去之若浼。托言勤王，僅罔市利，金玉盈輦，

[一]明正德十五年，王守仁撰《書佛郎機遺事》，記林俊事迹。林俊字待用，號見素，又號雲莊，福建莆田人。成化十四年進士。謚貞素。《明史》有傳。

談笑歸去。怎如林公，方在休致，千里裹糧，先期攘臂。不欲題請，但存素志。郎機一聲，電轟雷厲。

冀元亨

陽明逆知濠變，使門人冀元亨因講學，説濠以君臣大義，或格其奸。濠不懌，已而滋怒，遣人陰構害之。冀辭陽明曰：「濠必反，先生宜蚤計。」遂遁歸。至是聞變，知陽明必起兵，即日潛行赴難，躬冒矢石。後坐濠黨逮繫，陽明爲出疏，糾正之。

贊曰：使隋何，説黥布，烹酈生，逃鼎鑊，赴趙軍，從無忌，救邯鄲，談笑去，戮黨錮，醢子路，出髡鉗，赦季布。

康海

康海字德涵，才名與李夢陽埒，頗不相能。以户部尚書韓文劾劉瑾疏出夢陽手，瑾下之獄，將殺之。夢陽婦弟左生云：「瑾之所不能致者，康君。康君可活子。」夢陽曰：「吾與康君不相能，今死而求救乎？」左生强之，乃書片紙云：「德涵救我。惟德涵爲能救我。」海見書，遂往見瑾。瑾大喜，留飲。海大言曰：「昔高力士爲李白脱靴，公能之否？」瑾笑曰：「請即爲先生脱之。」海曰：「今李夢陽才高于白，海何能爲役？」瑾曰：「夢陽罪應死。」海曰：「公能活之，吾留。不然，即去。」瑾諾。海遂解帶，留痛飲。明日，夢陽出獄，而海乃坐瑾黨，終身廢不用。

贊曰：爇而不燼，無害其薪。蔽而不瓶，無害其輪。從井救人，無害其仁。於維康海，乃受穢名。余讀長公《太白碑陰》〔一〕乃有曰，以太白之高風亮節，能使高力士脱靴殿上，曾權倖之肯附，而失節于永王璘？

林文貴

正德間，海寧所千户吕忠領兵討姚源賊。至開化，賊突至，部卒曰：「賊勢猖蹶，可避之。」忠拔刀砟其背曰：「朝廷養兵百餘年，一旦忍忘之耶？」直前搗賊，被創墜馬，衆潰亂，有騎兵林文貴大呼曰：「不可負吾主！」獨挺長鎗刺賊。賊擒之，脅使降，貴罵曰：「我朝廷命兵，豈

〔一〕宋蘇軾撰《李太白碑陰記》云：「太白之從永王璘，當由迫脅。」

從爾賊！」賊屠其腹死。

贊曰：朝廷命官，與賊爲歡。朝廷命兵，與賊抗衡。食人之食，盡己之職。空拳鏖戰，李陵報漢。南八男子，終不屈死。

阿寄

阿寄者，淳安徐氏僕也。徐氏昆弟別産而居，伯得一馬，仲得一牛，季寡婦得阿寄。寄年五十餘矣，寡婦泣曰：「馬則乘，牛則耕，踉蹌老僕，乃費我藜羹。」阿寄嘆曰：「噫！主謂我力不若牛馬邪？」乃畫策營生，示可用狀。寡婦悉簪珥之屬，得銀十二兩畀寄。寄則入山販漆，期年而三其息，謂寡婦曰：「主無憂，富可立致矣。」歷二十年，致産數萬金。爲寡婦嫁三女，婚兩郎，齎聘皆千金。又延師教兩郎，既輸粟爲太學生，而寡婦則阜然財雄一邑矣。頃之，阿寄病且死，謂寡婦曰：「老奴馬牛之報盡矣。」出枕中二楮，則家計鉅細悉均分之，曰：「以此遺兩郎，君可世守也。」言訖而終。徐氏諸孫或疑寄私蓄者，竊啓其篋，無寸絲、粒粟之儲焉。一嫗、一兒，僅敝緼掩體而已。

李卓吾曰：「父子，天性也。子而逆天，天性何在？夫兒尚不知有父母，尚不念昔者乳哺顧復之恩矣，而奴反能致孝，以事其主。然則其天定者，雖奴亦自可托，而况友朋？雖奴亦能致孝，而况父子？彼所謂天性者，不過測度之語。所謂讀書知孝悌者，不過一時無可奈何之辭耳。奴與主，何親也？奴與書，何嘗識一字也？是故吾獨于奴焉三嘆，是故不敢名之爲奴，而直曰我以上人。且不但我以上人也，彼其視我，正如奴矣。何也？彼之所爲，我實不能也。」

贊曰：踉蹌老僕，爲主匍匐。馬力牛筋，致錢滿屋。報之至死，孑然就木。啓其遺囊，儲無粒粟。敝緼掩體，一牝一犢。鞠躬盡瘁，武侯謀蜀。

任僕

任兵憲環初任蘇州府海防同知，倭暴至，中丞檄公以鄉兵五百徼截之。兵皆市人，不習戰，遇賊輒鳥獸散。公方獨身從親信抵射賊，賊中勇敢者奮持長刃，逾溝來擊公。公馬蹶，館人以己馬乘公，挾公上馬。時賊刃已着馬尾矣，館人乃反身搏賊，連被斫數十餘刀，不捨，竟死。公得以間逸去。

贊曰：纖纖鋮刃，已着馬尾。公方據鞍，馬足未起。反身截殺，石用卵抵。急欲馬馳，死猶擊箠。虀身脱主，宋之唐琦。

王忬

王司馬忬爲嚴黨所陷，下詔獄論死。山陰胡公朝臣亦在獄，意氣相得。一夕胡慨嘆，王偵之，胡曰：「山荆書來，爲兒子畢姻。家無擔石，增忉怛耳。」王問幾許可了，胡曰：「至儉得六十金。」王曰：「是不難，當爲兄辦之。」至黎明駕帖到，王公即時處斬。王公子世貞、世懋俱未至邸，家奴倉遑問家事，王弟曰：「我昨晚許山陰胡參政六十金了姻事，汝急往措辦，即日送去，勿忘吾言。」言畢赴市，餘都無説。

岱子曰：王司馬典刑，二子適以是日至，跪舐頸血，釁地成坳。後嵩敗，世蕃腰斬，弃州賂儈子千金，多截一肪，得肉二斤，薦司馬訖，二子生啖之，可謂憤而毒矣。然則蕃之殺忬，非自殺乎？一間耳。

贊曰：天威迅烈，灰飛烟滅。倉皇而來，奴與主訣。主茀怡然，安詳蹩躠。昨許斷金，吾信恐缺。若往餽之，更有何説？鐵嚮金鳴，清風明月。文山帶銘，猶然饒舌。

金祥

武昌大中丞熊公桴守太倉，禦倭亂，戰敗兵潰，獨門卒金祥不去。公曰：「我死國，分也。爾何爲乎？」祥曰：「公死國，小人死公，亦分也。」殿公後，過橋盡而寇已登橋，祥慮公必不免，奮死下橋，肩而摧之。橋壞，寇墮水死者十人。公得免。後以捷聞，晋公秩。

贊曰：君若爲弓，臣願爲蒲。君若爲斗，臣願爲杓。惟君所之，臣爲守獒。君固死節，臣亦死操。漢兵莫渡，當陽斷橋。

古今義烈傳卷八

（明）山陰張岱著

張樂軒僕

張山人樂軒携一子、一僕客江湖，遇暴客。暴客笞樂軒，子翼之。笞其子，僕翼之。暴客問：「翼老者爲誰？」樂軒答曰：「小兒德沛。」「翼而子者爲誰？」答曰：「小蒼頭。」暴客曰：「患難之際，父子兄弟相救者，百不一人。而僕從救護主人，世間罕有。」命取豚肩斗酒縑絹數匹勞之，樂軒逡巡不受。暴客曰：「幸無辭。湖海間相逢不偶。蓋觀先生蒼頭患難相援，如左右手，可以知所感矣。」叮嚀嘆賞而別。

贊曰：子翼其父，僕護其主。常山率然，擊首應尾。暴客見之，慨然嗟詡。患難相扶，格及豚豕。斗酒肩彘，玄黃厥篚。珍重義人，戴淵投杵。

陳忠

嘉靖丁巳，江東陳忠，人以「陳六」呼之，係府軍衛中軍所捕役，應新江口操。家極貧，目不識丁。有膽力，能于江面浮游數里不倦。值倭至牛王河，與倭大戰，勝敗在頃，忽倭奴奇兵襲于後，忠禀曰：「事急矣。」乃負開府李公渡河。公感之愛之，遂結忠爲義子，各畫一渡河圖，以紀其事。未幾，李公巡歷淮楊，宿廟灣場關王廟。忠宿于三里外。方就枕，忽夢襆頭牙笏一神將寫一「火」字，仍指點其去路。驚醒時，漏下二鼓，唤起衆兵，巡至關王廟，見倭奴廟前放火。兵少不能戰，乃于廟旁[拆]（圻）墻，救出李公。即傳四路兵，蜂擁而至，夜殺獲七十二級。李公大喜，累薦忠功，官至游擊參將。忠殁，子世文襲指揮僉事。

贊曰：牛王河口烽烟急，濡首負公罵河伯。拍天風浪不敢沉，中流浮出鴟夷革。爲公護蹕夢不寧，襆頭象簡聲辟易。田單火牛已破燕，樓煩彎弓遇項藉。穿天出月救李公，火不能燬水不溺。

順陽

莊君顯遇倭寇，父棺爲倭所掘，同其奴順陽往收之。有二賊伏穴傍，急起砍君顯。順陽即抱其主，伏于穴下，以身蔽刀。連砍數十餘刀，背裂不捨，遂至死。倭去，君顯得活。

贊曰：賊刃利如犀，肝腦成粉虀。但知蔽主背，砍肉如砍泥。刀鋒湊軱族，敲骨敲玻璨。嵇血不可浣，千年化赤圭。

歌婦

南中有大帥，恃勢恣横。有歌者婦張氏，善歌而姣。帥召之，每入，輒與其夫偕至，更唱迭和，曲有餘態。帥欲私之，婦拒而不從。帥密遣人害其夫，而置婦于别室，多其綺麗，以悦其意。逾年往詣之，婦欣然接待，情甚婉孌。及就榻，婦忽出白刃于袖中，拉帥刺之。帥絶袂而走，婦逐之。適有奴居前闔其扉，由是獲免。旋遣執之。婦已自斷其頸矣。

贊曰：猱以淫，縛以裙。狐以媚，擒以睡。蠅以糞，制以溷。猩罵醇，醇醉猩。笑藏刀，綿着針。開其户，走狡兔。王繞柱，軻斷臂。歌之荆，真女英。

朱裁

朱裁名良，杭州人。投夏桂洲爲裁縫，發與綾綺，藏金葉，蓋僚屬所進者。良悉還桂洲，毫不匿。夏公器重之，嘗言是可托妻寄子者，因呼朱裁而不名。及夏公遭刑，家屬流徙。夏公無嗣，妾蘇賽瓊懷娠五月，嚴嵩知使人陰害。朱裁夜奉賽瓊遁去。竊至杭州，妻孥虔事，至期得産遺腹，藏之十餘年。嚴黨敗，録夏公後。直諒元勛，賴以不斬血食者，裁之力也。

贊曰：煢煢厮養，朱裁不名。托妻寄子，夏公知人。始當暗室，揮金管寧。終當錯節保孤，程嬰之人也。吾謂其貧賤不能移，威武不能屈，富貴不能淫。

玉環

曾石塘銑以復河套被刑。其時有玉環者，滄州人，本回回種也，虬髯鐵面，負膂力，善騎射。石塘聞其勇，致之幕下，俾士從學射。石塘繫逮時，泣謂其下曰：「上怒甚，死是吾分。顧吾妻子，奈何流落邊鄙，爲溝中瘠乎？」環聞之，亦泣曰：「公無憂也。某力能致之歸耳。」乃以小車載君夫人與其二子，從間道去。環日則具湯粥，夜則露宿邸舍外，間關數千里不懈。卒歸，夫人與其二子于維陽，酬之金帛，不顧而去。

贊曰：天子壞長城，金牌召武穆。子胥盛鴟夷，伏波裹馬革。嗣主與夫人，忍作溝中瘠。余欲效藺卿，秦廷歸趙璧。魯連揮千金，五湖逃范伯。

陸姑

陸姑者，嚴分宜表妹，世蕃表姑也。孀居，依嚴氏。聞世蕃與妻密語曰：「江西易弘器爲我世仇，今科新中解元，倘顯要，必生仇隟。今日酣醉，鎖之別室，令彭孔先殺之，後殺侍女。

明蚤持告兵馬，誣以捉奸殺獲，不惟無罪，兼且有賞。」姑聞，即竊匙開後園，放走弘器。回園時，值彭孔尋至，進退不可，墜井而斃。弘器逃出。鄉人郭學士希顏爲之上疏，鳴殺易并致姑死義等冤，朝野傳播。

贊曰：蘭棘并生，而棘不亂馨；鹿獐同阱，而呦不亂鳴；姜葯同器，而味不變辛。宜陸姑之生于嚴氏也，而鶴立于鷄群。

張觀海

張觀海者，偃城訓導。與椒山不相識，至京謁椒山于獄，遂稱心知。椒山《送别序》有曰：「自予下獄，素相與者，或遠避以示其疏，詆排以忌其狂，間有下石肆毒，以取悦邀功于權奸之門者。觀海乃通問不絶，奔走不逮，主張于公議之間。雖時俗輩惕以重禍，不恤也。視素交者，爲何如哉！」

贊曰：曾聞范式交人礦隧，近見觀海交人犴狴。闗弓下石，多如毛蝟。奔走問携，主張公議。素交反訝，昔無此輩。

王遴

楊椒山臨刑，綁付西市。人叢中忽有比部王遴者，躑躅而來，以女許字椒山弟三子應箕，任以後事。嚴黨探知，蹴言官中，以他事謫戍。

贊曰：異哉王遴，爲女擇婿。不走東床，乃奔西市。爲父死忠，乃選其嗣。孔子曰：「公冶長雖在縲絏之中，而非其罪，故向則以其子妻。」今則以妻其子。

應生

楊椒山在獄，一吏應生頗爲周旋，奸黨威禁之，勿爲奪。又欲自具草中救。椒山嘗曰：「藏予血三年而碧者，即地下必有以報應生。」

贊曰：一氣而滅，誰藏爾血報者？（報者）〔一〕一吏，笑駡一世，余書其名，即報應生。

宋秀

宋司獄名秀，山東寧海州人。椒山見戮，遂挂冠而歸，終身不談朝事。

贊曰：宋司獄，來乞休。輕蒻芥，多蜉蝣。滄海大，溺鼠溲。余譬此，杞人憂。雖微羽，重山丘。一葉墮，皆知秋。

陸尚質

陸尚質，山陰丈午村人。其父一中以教塾渡海口，風濤急，舟下瀉，將入洋。質從岸上號慟，躍身濤中，擬拉其舟。觀者謂父子俱死矣。俄而，舟逆濤上，若有綍者，父一中得生，尚質

〔一〕「報者」，據順治本補。

竟死濤中。鄉人憐之，名其渡曰「陸郎渡」。

贊曰：安得錢鏐百石弓，曹娥赤手鬥蛟龍。父尸未得猶捨命，況我生父坐舟艘。偏舟逆濤迅若駛，兒在水底駕長虹。及今丈午皆安渡，瞿唐水減爲廋公。

保安賈

沈公煉上疏詈相嵩父子，請戮之以謝天下。詔以誣詆大臣，廷榜之數十，謫塞外。公詣保安，倉卒寄妻子廣柳車，未有舍，保安賈某者傍睨公，曰：「公非上書請誅嚴氏人耶？」揖之入，徙家而家沈公，公始有居。每酒酣，輒與公大詈嵩父子，爲偶人三，象唐相林甫、宋相檜及相嵩，爭用柳箭射之，抵掌稱快。

贊曰：保安賈，碧眼胡。沈錦衣，爲奇貨。孫嵩藏趙岐，朱家匿季布。灌夫罵田蚡，彌衡戲魏武。抽矢射偶人，偶人欲分訴。偶人曰首惡，則吾尚有輔。

沈束妾

沈給諫束以疏忤相嵩，繫詔獄。先是夫人張以公無子，置一妾姓潘，自會稽與北上。及至，則公已下獄三日矣。夫人語潘曰：「吾忍死以視夫朝夕，分也。若艾年，且未識夫面，寧能共守乎？不如擇善嫁汝。」潘涕泣：「誓以死待。」卒相與茹荼，苦拮據，女紅易升斗。公獄中櫜饘賴以繼，鎖禁中，十八年始釋公。公出遂病顛狂，潘始終一處子也，出汲入炊，浣衣滌穢，毫無難容。及公歿，未幾，潘哀毀，鷄骨支床，相繼而斃。山陰令徐貞明表其里，稱之以「一門風節」。

岱子曰：公在獄無事，游戲匠藝，偶得香楠數尺，椶竹數片，無斧鋸，以廢鉃日夕磨之，久而銛利，遂琢木成奩，編椶成篦，巧若天造，良工咋指。後公歿，先文恭誌公墓，夫人持二物爲贄，先文恭銘之曰：「十九年，中郎節。十八年，給諫匣。節邪匣邪同一轍。塞外氊，飢可餐；獄中篦，塵莫干。前蘇後沈名班班。」

贊曰：十八年前，妾不識主。十八年後，王不識妾。浣者嵇裳，櫛者箕髮。待主生還，送至死訣。拮據辛勤，茹荼飲血。剛識面耳，此生頓歇。願鬼有知，仍爲公妾。

司琴　輕雲

歙縣黄梁有小僮司琴、小婢輕雲。梁愛之，嘗語司琴曰：「俟年長，以輕雲配汝。」輕雲聞之益慎往來，不與面。

後司琴隨梁夜行，經木橋，梁墮水，遇浮木得活。司琴赴水救，死之。梁痛司琴甚。輕雲知，背地嗚咽。梁憶前語曰：「汝于司琴何親？前言戲耳。自爲汝覓佳配，何念司琴？」輕雲益感憤，泣曰：「妾聞主命，遂誓終身，不忍負此初志。願以死謝之。」梁奇之，再四勸慰。哀毁愈切，遂染沉疴。後司琴歲餘亦卒。司琴死時，輕雲年十四，及輕雲死，年僅十六。

贊曰：輕雲死時，年僅十六。一往深情，堅如鋼鏃。筦爾一言，牛刀殺鶩。僅爲初心，樂在山麓。若見司琴，翻作羞恧。

文順　文學

胡宥，新安人。以御史左遷貴州，蠻遠不携家，從兩蒼頭文順、文學。僉事以早暮撬行瘴霧中，感脾疾，久益羸削，且殆。文順憂之曰：「吾聞寢瘵非人肉不起。」乃齋沐，刲股肉血，雜粥藥進之。僉事病小損，居月餘，益篤。文學不忍見僉事死，曰：「死若可代，此六尺，鴻毛耳。今不獲代，而主君尋斃，孤魂在萬里外，誰與從者？有先死以俟而已。」遂自剄。胡公竟亦以是日逝。王弇州、楊復所爲作傳，諸名公各輓歌吊之。

贊曰：使疾勿劇，吾肉何擇？使疾勿革，吾命奚惜？乃卒不可代，而使吾主萬里孤魂傍皇于夜臺耶？吾寧蚤剄，而先俟之于窀穸。

吴三五

庖人吴三五者，婺浦陽人。以屠爲事，善治庖。韓叔陽爲浦陽令，喜賓客，召三五爲治具，當令意，三五時時給事縣中。二三、冬十二月，三五從令上計，至彭城，黄河冰，不得渡，度且失期，泗上亭長紿令曰：「旦日弟開冰。」令信之。旦甚寒，會泗水大至，舟半渡，上流堅冰如矢石下，擊破舟，徒屬争脱死。令棄舟走冰上。冰解，令出没水中者三四。舍人韓禄下索令，令執舍人手，俱不得濟。三五頓足曰：「公死矣，倍公不祥。」乃赴令，令呵止之，毋俱死，三五擲身入，又溺。遇一人臨泗上，垂綆下，三人引綆，賴不没。舍人呼曰：「我公貴人，活公酬百金！」于是船人崔桐刺船開冰，先出三五。三五謝曰：「臣死且不恨，亟活我公。我公長者也。」不肯起。崔桐乃出令，載樓船中，次出舍人，又次出三五。三五僵死矣。令哭曰：「三五從予千里游，以余故殺三五，痛哉！」乃傾囊中金治喪，葬彭城西。

贊曰：灎澒水災，楚濱舟壞。庖丁泪灑，滹沱冰解。救公出公，棄我賤宰。臣身雖僵，臣心已愷。願作精衛，填彼渤澥。

馮豆腐

嘉靖中，有馮老不知其籍貫，寄迹徽、歙間，挑賣豆腐，人即呼之爲「馮豆腐」。爲人任誕，日僅餬口，不畜餘錢。蚤擔擔出，日晡方歸。

一日，村塢競看劇戲，演曹操弒伏后，華歆勒兵入宫，后藏壁中，歆牽出之，漢獻哭仆在地。衆皆髮指。忽人叢中一人排衆直出，跳至臺上，揪住曹操，連斫數刀。衆亟抱止之，乃馮豆腐也。擁之至官，曰：「臣見曹操無狀，一時義憤，直欲斫殺，實忘其爲伶人也。臣死無恨。」官司引「狂易傷人」例，釋之。

贊曰：曹操善終，萬世懊惱。不意砍〔一〕之，乃是馮老。伏后哀呼，赦我胎裸。天子牽衣，願與同薨。義士忽來，塗其肝腦。何快如之？塊磊盡掃。此劇戲也，一笑潦倒。

七姬

七姬皆良家子，事江浙行省左丞潘元紹爲側室，事其主及夫人皆能以禮。潘在任，外寇抵城，潘臨戰。一日急歸，召七姬曰：「我受國重寄，義不顧家，脱有不諱，若等宜自引决，毋爲人

〔一〕「砍」，順治本作「斫」。

恥也。」一姬曰：「主君遇妾厚，妾終無二心。請及君時死以報，毋令君疑也。」遂趨入室，以其帨自經，死于户。六人者亦皆相繼經死。潘聞之，痛絶，乃斂其尸焚之，合爲一冢，勒石以誌其名焉。一程氏，蜀郡人，年三十。一翟氏，廣陵人，年二十三。一徐氏，黄岡人。一羅氏，濮州人。一卞氏、一彭氏俱海陵人，年二十。一段氏，大寧人，年十八，蓋先死者也。

贊曰：田横已死，黄蛇穿土。元紹未死，雉經在户。未雨先潦，何其太駛。及君先盡，令君勿疑。賊寇未來，妾等勿知。

乞丐〔一〕

越有富家，見乞丐非凡，留作炊爨，厚遇之。一日，值大盜入門，先執丐者索其主。丐者大喊：「盜入室矣！」主翁急走。盜怒，斷其臂。丐者罵聲不絶口，身被數刀而死。主人得脱，呼救，而家資亦幸無損。

〔一〕此傳，順治本無，另有《金陵乞丐》篇。此傳或于增訂謄抄時撤下。

贊曰：刺賊無匕，荆軻截臂。罵賊不絶，常山斷舌。呼主早竄，豫讓吞炭。賊問此誰子？孤窮常乞市。非不愛餘生，士爲知己死。

馮天禄

馮天禄爲馮炳養子。父病，天禄問人曰：「人言割股病愈，人肉能療死乎？」人曰：「不然，孝所感耳。」天禄即焚香割脅肉，骨盡出，飼之病愈。凡三年，炳遺屎溺床簣，天禄捧拾之，無難色。後遇道人授以醫方，持此可療惡瘡。天禄故不識字，爲人療疾輒愈，凡與藥不問貧富，嘗曰：「醫在方寸間。」

一日持藥囊蚤起入城，門未啓，枕囊寢。又一人來，亦枕囊而寢。門啓，其人誤持藥囊去。天禄啓所遺囊，則銀八十金，候之，不至。經數旬，至藩司前，聞人語曰：「公門何事不罔人？一人上官錢，失金，坐誣主家，抵服，妻孥賣盡矣。」天禄聞之，懼然曰：「得金者，我也。」即入見，囊金封識宛然。藩司義之，賞之以十金，不受。與一金，不受。與之五十文，則盡買楮錢，爲其主祈福。

贊曰：人割股，子割脅。肉無多，骨盡裂。人攫錢，子還金。救妻子，免伶仃〔一〕。然更不知其所療者爲螟蛉之父，而其所封識宛然者經數旬之金。

雷學憲妻

雷學憲爲廉吏子，家不聊生。妻家嫌其貧，更納某氏采。其女日夜泣阻之不得，乃告其父曰：「大人以雷貧負盟，兒亦惟命。但聞其姑日無炊，兒幼所貽玩，得金數鎰，請歸迎時迂道雷家，兒得親贈之，于願畢矣。」父不得已，從之。親迎之日，輿過秀才廬，使人呼秀才。秀才不肯出。使者覆命再三，新婦不答。及啓轎扉，新婦用釵股刺其喉，幾斷頸，血淋淋出乘輿矣。衆人驚散。秀才聞，亟出抱之，舁至中堂，以婦禮發喪，終身不娶，報其義焉。及登第後，凡行立坐卧，每奉一主以從。昏定晨省，必低聲呼夫人者再，儼如生者。

〔一〕「救妻子」二句，順治本作「携故物，入公庭」。

贊曰：婿家奠雁，貞女出幃。誰謂標有梅，吾自殷其雷。吾爲雷家婦，吾爲雷家鬼。怒氣清塵，血泪灑道。借彼作前旌，送我于歸妹。

王世名《王弇州集》作「世民」

王世名，武義人。年十七，父良爲族侄俊毆殺。世名恐殘父尸，不忍就理，乃佯聽其輸田議和，凡所入，輒封識。閲六年，生一子，曰：「吾今可以死矣。」乃襲俊，以所佩刀斫殺之，詣縣庭自首。因出所封識田税，具道所以積忍故。令義之，曰：「但驗若父尸有傷，汝可得末減。」世名曰：「吾忍痛六年，恐殘父尸故也。願以吾命抵之，勿言驗。」母妻希出世名，畀父柩來。世名聞之，大慟，遂以頭觸地，階石盡赤。自詣獄，絶食死。

贊曰：忍痛六年，恐殘父尸。驗父出子，戮及骼胔。寧以兩命，償其一死。六年之中，腐腸厲齒。臣今可死，臣今有嗣。

沈小霞妾

沈忠愍煉忤相嵩，論斬，杖殺公二子，復移檄逮公長子諸生襄，字小霞。掠治瀕死，會得旨減戍，械送衛所。止一妾同行，中道微聞，嚴氏將使人要而殺之。襄懼欲竄，而顧妾不能割，妾曰：「君一身，沈氏宗祧所係，弟去勿憂我。」襄遂紿押者：「城中有年家某負金，往索，可得。」押者恃妾在不疑，縱之去。久之不返，押者往某家訊之，云：「未曾至。」還復叩妾。妾犯其襟大慟曰：「吾夫婦患難相守，無頃刻離。今去而不返，必汝曹受嚴氏指，戕殺我夫矣。」觀者如市，不能判，聞于監司。監司亦疑嚴氏真有此事，不得已，權使妾寄食尼祠，而立限責押者迹襄。押者物色不得，屢受笞，乃哀懇于妾，言：「襄實自竄，毋枉我。」因以間亡命去。久之嵩敗，襄始出訟冤，監司復還其妾。

贊曰：嗟我錦衣，滅門絶户。煢煢一身，下宫趙武。君猶不行，餓狼逐殺。縱兔長林，亡羊建鼓。爵反羅鸇，蜎反食虎。吉網羅鉗，弄之掌股。

葛成

萬曆間，蘇郡行礦税，瑣及虀菜，委官鞭撲，震動街市。民不堪命，壯士葛成挺身糾衆，烏合千餘人，擒委官二人䟦剥，置大鍋中，當市煮爛，每人分啖一碗，以代束牲。復遍抄買税諸富家，不留片瓦。凡夥中私取富家一介者，即撲殺之，以示衆。郡人稱快。成卒被收，斃于極刑。礦税自此頓徹。

贊曰：呼我千餘人，共食鍋中肉。每人啖一碗，痛啖不留汁。開釜政啖人，人在釜中泣。殺人用儈子，儈子償斧鑕。

吴仕期

吴仕期，宣城人。江陵相公不奔喪，鉗制諫官。仕期擬爲上相國書，娓娓千餘言，内有「舉朝皆綿羊，皆啞子」之句。書未上，有傳之者，江陵黨操院胡檟囑太平同知龍宗武繫之，詰問，指使意在沈懋學也。仕期曰：「男子生負剛腸，有所觸而爲不平之鳴。此辱何假人筆舌？」爲榜掠，無完膚。聞于江陵，得回札，以囊沙掩其面，凡七日而氣絶。江陵敗，御史孫維城上疏，櫝與宗武皆遣戍。

贊曰：相公不奔喪，相公自有説。汝是何人斯？敢爾弄喉舌。爾若爲建言，吾黨遭誣蔑。斬草先抉芽，箠敲寸寸裂。不見陳丹陽，懸頭在北闕。

姚長子〔一〕

姚長子者，故山陰傭也，以賤失其名。嘉靖間，倭犯東南，繇諸暨掩至大滙，業窺郡城，獲長子，貫藤其肘，俾爲前導。長子故引之度柯山嶺，抵化人壇，蓋絶地也，四周皆水。長子顧謂鄉人：「若亟斷橋，吾以死謝鄉人。」倭不得去，怒臠長子，築土自衛。我兵穴舟窐衲以誘，倭夜筏鎗渡潛，竊舟爲走計。我兵掣所窐，四合蹙之，百三十人盡殲焉。事平，鄉人壯其義，肖像死所，春秋祀之。

〔一〕「姚長子」，順治本題作「姚長子墓銘」。

岱子曰：姚長子墓，近余别業，無主後者，縱爲牛羊踐踏之，墟鄰農日去一插，幾成耕壤。余爲立石清界，因作銘曰：

臨一人，臨百三十人，功不足以齒。臨一人，活幾什伯〔一〕人，功那得不思？倉卒之際，救死不暇，乃欲全桑梓之鄉；旌義之後，公道大著，乃不欲存盈尺之土。悲夫！

王朝佐

王朝佐，臨清人，爲負販。萬曆己亥，中官馬堂權臨清税，横甚。惡黨四出，種賦插税，居人稍豐者悉破家。朝佐不勝憤，凌晨杖馬箠撾中使門請見，州民隨以萬計。堂不敢出，令戟士乘墉發弩，傷數人。衆益沸，朝佐擁衆破壁入，縱火焚其署，斃其黨三十七人，騐臂，皆黥刺賊。御史張大謨隱其情，以格鬥聞，下朝佐獄，欲羅諸脅從者，佐曰：「死吾分耳。奈何株及平人？」獄具棄市，臨刑崛起，挺頸待刃。觀者數千人，無不感泣。

〔一〕「什伯」，順治本作「千萬」。

贊曰：天子命汝，公平權税。鈎連惡黨，毒如蜂蠆。馬箠叩門，頭與俱碎。咸陽舉火，燒其腥穢。明正典刑，臣心如醉。

姚氏

烈婦姚氏，會稽儒家女。年十六，適迎恩坊民朱縉。縉亦故家，因貧甚，鬻身爲奴，并鬻及其妻子。將携之侍顯者，至京，婦力阻，縉不聽，至撻辱，婦夜坐嘆曰：「妾以故家子婦，義不辱。」乃用針聯絡其衣褌，啓後扉，墜河而死。時政直指案越，尸浮至直指駐節處。鄰人爲上其事，直指旌表之。時嘉靖三十六年。

贊曰：余讀《宋書》，痛心切齒。青衣把盞，徽、欽不耻。偎嬴巷婦，恨爲婢子。鴟夷聯革，投之水沚。義不帝秦，蹈東海死。齊之魯連，復見于此。

高永　高厚

高永，山西襄陵人，事高邦佐。邦佐分巡遼海，當奴兵渡黄泥窪，爲頭子者七，兵不滿萬。中丞王化貞從廣寧奔，經略熊廷弼在閭陽，相距數百里，怖曰：「八九萬破西平矣。」亦奔。邦佐力阻之，弗得，髮竪眦裂，拍案曰：「主上畀我封疆，乃鼠竄耶？」廷弼恐佐異己，屢檄其進關不得，後發符盡[徹]（撤）其兵，兵皆奔散。邦佐流涕被面，衣冠西嚮，再拜曰：「吾羞見榆關一片石也。」遂自經。高永顧其儕高厚曰：「吾主爲主，吾寧不爲主，忍主地下而無從乎？吾急去矣，汝好收主骸。」亦自經。厚畀其棺，至山海，呼關。廷弼大恚叱去：「汝主生不願入關，死安得入？」令置關外空署中，夜縱火焚之，滅其迹。厚驚匿草間，俟火息，于瓦礫中覓得一二燬骨，奔歸，聞者切齒。

贊曰：扶主棺，度巉岩。馬革不容歸朔漠，雁帛祇應滯賀蘭。崑岡一火溷玉石，禍延林木走楚猿。粼粼白骨伴瓦礫，野草秋燐饒玉關。嗟乎！古人有言，死節易，立孤難。

陳國材

陳國材，南陵人，爲許以忠傭，以忠善遇之，數年能自食，命之歸。以忠讀書，不治產業，謁選之官。衆僕私曰：「是腐儒，要做好官，無以給衆饘粥。」不願往，獨國材從之。以忠病不起，國材問醫曰：「人肉能療危疾，有諸？」醫咈之。國材曰：「吾主嘗嚙臂活父，延壽至九旬。事固有驗也。」國材因潛籲天，刲股以進，遂愈。所用醫，其一冒爲己功，曰：「我活許光禄。」索謝，置酒高座，其一持杯囁嚅，含泪欲墮。坐客怪問之，嗟呀曰：「吾不忍吞此巵酒，掩僕人刲股之功也。」一座驚訝，呼國材驗之，刲痕血漬猶淋灕臂間。

贊曰：孝子嚙臂，義僕割股。天道報施，瑣若市估。醫士沉吟，不忍吞醹。急驗瘢痕，血流如縷。嚙臂何難，尚是父母。

郭金科

天啓辛酉，錢唐清河里有郭金科者，年十四。家不戒于火，科夢中驚起，烈焰蔽廬，尋路得出。于人叢中尋母不見，轉身從火焰中攛入救母，墻陷路迷，與母同斃。後尋其骸骴，烟煤燋爛中與母相抱，骨骼湊合，卒莫能開。縣長并葬之，旌曰「孝童墓」。

贊曰：譬如良冶，以金鑄佛。爲母若子，雖則異型。及至鎔化，依然一金。骨格湊合，劫火勿燼。自今世世，與母同煁。

胡纘

天啓間，蘭酋之變，永寧舉人胡纘數年前條其必反。至辛酉九月，探知事發，先托故走出納谿。十七日具揭，送馮知州。知州達之直指，具載逆謀甚悉，正重慶構變之日也。俄而被賊擒回，仍復逃出。仍被賊擒，加嚴刑，兩足脛幾夾斷，收在黑獄。弟胡緯罄產數千金，托奢富轉求安氏。安氏招保在外，又蕳守者，得逸出叙域，奄奄不能動履。鄉紳牟鳳匡助其質斧，覓醫治之，旋愈。即奮志擒酋，糾合義旅，大有斬獲。與劉養鯤等計議招出僞大將宋武并張令、秦國俸等，因而擒僞相何若海。部署堵截，自任大里村一路。正有頭緒，不意在茅舍中夜彈燭［謝］（花）〔一〕誤觸火藥，兄弟俱死焉。先是二逆恨其逃出，將祖墳發掘，盡揚爲灰。纘涕泣彌月，誓以死報。忽構此變，蜀人悼之。

贊曰：逆酋跳梁，尚遲斧鉞。義士勤王，遽遭覆滅。有爲解者，祖墳發掘。地脉何靈？天眼何瞎？跖壽顔夭，羿昌夏絶。搔首問天，天亦無説。

董盡倫

董盡倫，蜀合州人，以賢書仕郡丞。致政歸，會奢酋變，合叛吏持僞檄召降，一城驚惶。公詣問吏：「此誰爲者？」吏應曰：「酋主。」公叱之曰：「天威咫尺，若輒敢爾！」回顧從人，忽有揮椎擊吏腦者。公命取酒，手揕其雙睛，和酒生啖之，大聲曰：「吾長齋廿年，從此啖睛殺賊

〔一〕「謝」，《明熹宗哲皇帝實録》卷二十九作「花」，據改。

矣！」因見州牧，與商略守城事。登陴練卒，諸事畢舉，募鄉丁幾千人。公具白旄素衣冠，觴敢死士人一豆、酒三行，申以朝廷大義，撫道深仇，靡不裂眦扼腕，誓以死從。再越月，賊抵渝，公出死戰，没于陣。州人皆登陴泣之。

贊曰：揕賊睛，血噿囈，公命澆酒敲玻瓈〔一〕。汝眦勿翕，汝眶勿迷，令汝下視忠義腹。浩氣勃勃截牛犀，膋鬼嗷嗷犇蘭西。

滕縣魏門子〔二〕

天啓間，妖賊起山左，陷滕，令姬公持印付門子魏某，赴井死。門子奔歸，以印交其母，令持告府。倉皇而來，與公同斃于井。事平，爲造滕縣門子墓。

贊曰：策蹇過滕，道旁有墓。勒銜視之，爲魏門子。爲主赴難，與令同死。厥井何

〔一〕「公命澆酒敲玻瓈」，順治本作「公酹酒，澆賊顱」。
〔二〕「滕縣魏門子」，順治本作「魏顯照」。

榮，忠臣義士。青冢纍纍，傳之萬祀。

周順昌

嘉禾魏大中以忤璫被逮，傳郵至姑蘇驛，周蓼洲致酒往送，許爲經紀後事，復以幼女字其幼孫，執手唏泣而别。［禔］（緹）騎密報魏璫，遲數月，亦被逮，死于慘刑。

贊曰：魏給諫，曾在驛，官趨蹌，吏辟易。今在郵，甚蓬垢。人見之，如猛獸。怎有交情如蓼洲，置酒往送許婚媾。有鉅箭，足弗逗。有禍患，眉弗皺。

顔佩韋

天啓丙寅，魏忠賢擅權，挾仇鈎黨，一時［禔］（緹）騎四出，天下震恐。三月間，官校至金閶，銓部周順昌向有賢譽，至是被逮。顔佩韋等數十人邀鄉人各拈瓣香，送順昌至南察院開讀。且榜知鄉曲欲爲出疏申救。及開讀，官旗大肆需索，呵叱詬詈。顔佩韋儕中一呼，直出，從者數百人。奪鑾輿前儀從爪椎鉞斧亂劈官校，立斃數人，皆成虀，餘皆逾屋而遁，巡撫直指挺身救護，勢莫能止。後詔問渠魁，顔佩韋恬然就刑，辭色不變。同刑者四人，楊念如、沈陽、周文元、馬傑。

岱子曰：魏璫之横，自壬戌至丁卯，無一人敢折其鋒者。楊中丞等爲蹴睡虎，陸比部等爲射伏兕，當其毒焰政熾，以螳臂當車轍者，止佩韋一人。匹夫蛙怒，幾欲與天子争勝，其名震一時宜哉，四人附驥尾矣。

又曰：我朝大璫，至王振、劉瑾，横矣，亦未有流毒縉紳如今日之慘者。振始于辛酉，横于丙寅，己巳死于土木。瑾始于庚申，横于丙寅，庚午剮于燕市。忠賢始于辛酉，横于丙寅，丁卯戮尸于阜城。三璫之起、之横、之死，合若節符節。

魏學洢

魏忠賢屠戮縉紳之慘，百倍炮烙。魏廓園死日，肢體綑縛，頂一火盆，膠其手，用烈火煅煉，形骨漸委，尸成煤炭。其子學洢往收尸，卒然一見，大喊一聲，嘔血數升，立斃尸側。後忠賢伏誅，次子學濂跪伏金馬門，嚙指血上疏，明父冤，并陳兄死孝情狀。聖旨優恤之。

贊曰：道有棄尸，烟煤殘缺，模糊視之，吾父股胈䘏地，一呼肝腸屠裂，閉目摇頭，僅有嘔血，願死無知，一時殞滅。

陳堯典　林守卞

陳堯典，字虞甫，林守卞，字大璧，俱閩之福清人。虞甫習聞歐陽暉伯曦與大璧交，若有意乎其人者，伯曦未之聞也。

伯曦被逮入，竊謂從黄一鳳曰："萬里無親，相識遠避，吾其死矣。此去前門不遠，林大璧若在，尚可幾也。試往偵之。"大璧初不識一鳳，信至，泪下沾襟，即排闥以進，與伯曦相向哭失聲，遍向旗尉叩首，爲伯曦請命，辭甚悲壯。諸尉有爲泣下者，如是者再，人皆爲大璧危。大璧毅然不顧，解衣貿金，以濟其急。既得事始末，轉謀之虞甫。虞甫聞之，如己事，茫茫若有所失者數日，捐金相問。伯曦就訊司寇，適有招虞甫飲者，虞甫憮然曰："友人方罹于法，未知死所，吾其忍以杯酒腐腸耶？"座上爲之不歡。比出獄，虞甫始與伯曦相識，若不勝情。旋遣使辭曰："昨閲邸報，聖主多雨露之恩。讀爰書，知贖金一鍰有奇，竊計清白逐臣，安所措置？ 不肖雖逆旅貧儒，索橐中，猶可佐其半。 願輸之司寇之庭，爲公結此局。」伯曦叙其事，曰：「嗟乎！ 暉何以得此于虞甫哉？ 令暉于虞甫有夙昔交好意氣，猶恐患難生死易心，況乎臨不測之淵，處必陷之阱，以索未半面之交，鰓鰓然恤其乏而賑其窮。 若骨肉至親而必不可解者，此何人也耶？ 暉蒙難而德大璧，復因大璧而德虞甫。」語云：「不知其人，視其友矣。」

贊曰：勿謂無耦，友以及友。 勿謂羨金，貧以濟貧。 當其周急，情同至戚。 及其相見，未通半面。 影響金蘭，夢寐膠漆，患難死生，況臨不測之人也！ 其氣挾風霜、志凌金石也耶？

唐皋孫

魏璫黃山一案，差工部吕下問往歙佃賣。 胥役偵得富家，即坐價數萬，限日徵比。 徽人半逃散，委官至岩鎮一富家，妻妾獨處，坐以三萬價。 妻妾驚遑，輸賂求免，勒至數百金。 委官放恣，欲淫其妾。 鄰人唐狀元皋孫糾衆力禽數十人，聚薪于市，盡燒殺之。 揭竿而起，萬餘人直趨呂部，毀其衙署。下問逾垣而走，匍匐至京。朝廷以其生事擾民，追贓削籍。有司承旨，先斃唐皋孫于杖。

贊曰：黃山畫地如畫阱，官家賣山民賣命〔一〕。賤夫登隴罔市金，莊嶽往來走梟獍。揭竿一起集如蟻，咸陽舉火燒秦政。聖明熱鼎待弘羊，晁錯已誅七國定〔二〕。

動物

義馬

孫堅于西華失利，被鎗墜馬，衆散不知所在。堅所騎驄馬馳還營，踣地嘶嚙。將士隨驄去，得堅于草中。

符堅爲慕容冲所襲，馳馬墮澗，計無由出。馬踟蹰臨澗，垂鞚與堅。堅不能及，馬又蹲而授鞚。堅攀鞚得登岸，西走盧江。

〔一〕「官家賣山民賣命」，順治本作「官家佃山民佃命」。

〔二〕「聖明」二句，順治本作「唐皋死後寂無聞，不及其孫光史乘」。

明王禎以國子[監]除夔州府判。會石和尚流劫入夔，禎鏖戰，死陣中。馬奔歸府門，長嘶若告急狀。子廣奔得父尸，貧不能歸，售馬于同知王，王不償直。櫬行，夜方半，馬哀嘶特異。王起視櫪，馬驟前，齧其頸，復𨃚其胸。王遂斃。

義犬

李信純，襄陽紀南人。家養一犬，字曰「黑龍」，愛之甚，行坐相隨。忽一日城外飲酒，大醉卧草中。太守鄭瑕出獵，見田草深，遣人縱火焚之。信純卧處恰當順風，犬見火來，乃以口拽純衣，純不動。卧處有溪，相去三五十步。犬即奔往入水，走卧處周迴，以身濕之，至此火熄，信純獲免。犬疲斃純側。俄純醒，見犬死，遍身毛濕，甚訝其事。周迴睹火蹤迹，因爾慟哭。聞于太守，太守憫之，曰：「犬之報恩甚于人，葬以人禮。」即命具棺槨、衣衾如人數。今紀南有義犬塚。

萬歷間，蕭山有柳樹郎者，爲負販。一女贅婿某，婿畜一犬，同其飲食。一日，柳樹郎毆殺其婿，支解之，尸置數處。逾旬日，蕭山令林公諱有臺至西陵，犬欄轎咆嘷，令異之。逾傾，犬銜一人肘至，咆嘷如故。令愈異之，命一役隨犬去至荒野，犬舉足掏地。役掘至數尺，一人首血淋灕。役持獻令，令購問，乃柳樹郎婿也。即時拘樹郎，服辜成獄。

義虎

荆溪二人爲總角友，壯而一貧一富。貧子有妻，色麗。富子畜謀，賺貧子夫婦至某山趾，留貧婦守舟。二人先往入山，至僻静處，蹴之委地，出腰鉞斫之，隕絶，因作佯死。富子哭下山，謂其婦曰：「若夫爲虎所噬，可若何？」婦大哭。富子言：「哭無爲，吾試同若往迹之，得骨亦可歸葬。」婦從之上山，又引入險惡溪林中，擁而求淫。婦政窘，忽虎出叢柯間，咆哮奮前，嚙富子，躑躅而去。婦驚定，心念其夫果不免虎口矣，乃轉身歸。途次遇其夫負創至，婦疑爲鬼，相逼，果其夫也。相携大慟，各道故，始知宛轉爲富子所計賺也。祝京兆爲作《義虎傳》。

義猴

唐昭宗播遷，隨駕有弄猴，能隨班起居。昭宗賜以緋袍，號供奉。羅隱詩「何如學取孫供奉，一笑君王便着緋」是也。朱梁篡位，取猴令殿下起居。猴望見全忠，徑趨而前，跳躍奮擊。

義烏

顏烏，浙之金華人。父亡，負土築墓，有群烏銜土助之，其吻皆傷，因以名縣。

贊曰：螻蟻君臣，不離蟲垢。鴻雁夫妻，不離禽獸。人而無禮，父子聚麀。信純義犬，嵇紹血浣。孫堅義馬，尉遲圍解。昭宗義猴，假笏擊頭。顏烏義烏，范式負土。荆溪義虎，朱亥破斧。人之〔一〕

〔一〕「人之」以下，佚闕。

史闕

（明）張岱 著
石梅 點校

文賦

目録

序

《春秋》書「夏五」，闕文也，有所疑而闕之也。如疑，何不并「夏五」而闕之？闕矣而又書「夏五」者，何居？孔子曰：「其義則某竊取之矣。」書之，義也；不書，義也；不書而又書之，亦義也。故不書者，月之闕也；不書而書者，月之食也。月食而闕，其魄未始闕也，從魄而求之，則其全魄見矣。

由唐言之，六月四日，語多隱微，月食而不匿也。食而匿，則更之道不存；食而不匿，則更之道存。不匿，則人得而指之，指之則鼓，鼓則馳，馳則走。走者救也，救者更也。使太宗異日而悔焉，則更之道也；太宗不自悔，而使後人知鑒焉，亦更之道也。此史之所以重且要也。雖然，玄武門事，應匿者也。此而不匿，更無可匿者矣。

余讀唐野史，太宗好王右軍書，出奇吊詭如蕭翼賺《蘭亭》一事，史反不之載焉，豈以此事爲不佳，故爲尊者諱乎？抑聞見之不得其真乎？余于是恨史之不賅也，爲之上下今古搜集異書，每于正史世、紀之外，拾遺補闕。得一語焉，則全傳爲之生動；得一事焉，則全史爲之活現。蘇子瞻燈下自顧，見其頰影，使人就壁模之，不作眉目。見者皆失笑，知其爲東坡，蓋「傳神政在阿堵」耳。

余又常讀唐正史，太宗之敬禮魏徵，備極形至。使後世之拙筆爲之累千百言不能盡者，衹以「鷂死懷中」四字盡之，則是千百闕而四字不闕也。讀史者由此四字求之，則書隙中有全史在焉，奚闕哉？

古劍陶庵老人張岱撰。

史闕卷一

（明）古劍陶庵張岱紬
（清）吴興柳門鄭佶編

三皇五帝紀

伏羲氏

太昊伏羲氏之母，居于華胥之渚。履巨人迹，意動，青虹且繞之，有娠。歷十二年而生帝于成紀，以木德王，故風姓。有聖德，象日月之明，故曰太昊。都陳，在位一百十五年。

伏羲陵在河南陳州，陵上生蓍草，一本五十莖，適合大衍之數。其下有神龜守之，用以揲蓍，其應如響。

女媧氏

女媧氏以女主改國號，稱帝。《春秋世譜》云：「華胥生男子爲伏羲，女子爲女媧。」故世言女媧爲伏羲之妹。

宋政和中，祀歷代帝王，皆以功臣配享，而女媧氏獨無之，蓋傳紀闕也。予觀《緯書》云：女媧氏命娀陵氏製都良管，以一天下之音。命聖氏爲班管，以合日月星辰，名曰「充樂」。又令隨作笙簧。是三人皆女媧氏臣也，當時蔡京輩寡學鹵莽，大率類此。

炎帝神農氏

神農時，白民進藥獸。有人疾，則拊其獸，授之語。語畢，獸輒如野外銜一草歸，搗汁，服之即愈。帝命風后記其何草，起何疾。久之，如方悉驗。故虞卿曰：「神農師藥獸而知醫。」

炎帝女溺死渤海中，化爲精衛鳥，日銜西山木石以填渤海，至死不倦。

黄帝有熊氏

黄帝與蚩尤戰于涿鹿之野。蚩尤作大霧，彌三日，軍士皆惑。黄帝乃命風后法斗機作指南車，以别四方，遂擒蚩尤。

黄帝于東海流波山得奇獸，狀如牛，蒼身，無角，一足，能入水，吐水則生風雨。目光如日月，其聲如雷，名曰「夔」。帝令殺之，取其皮以鼗鼓，橛以雷獸之骨，聲聞五百里。

黄帝采銅鑄鼎。鼎成，有龍垂胡髯下迎，帝騎龍上天，群臣、後宫從者七十餘人。小臣不得上，悉持龍髯。髯拔，墮爲弓，抱其弓而號。後名其處曰鼎湖，名其弓曰烏號。

赤將子轝者，黄帝時人也。不食五穀，而啖百草花。至堯時，爲木工，能隨風雨上下。時于市門中賣繳，亦謂之繳父。

寧封子，亦黄帝時人，世傳爲黄帝陶正。有異人遇之，爲其掌火，能出五色烟。久則以教封子，封子積火自燒，而隨烟氣上下，視其灰燼，猶有其骨。時人共葬之寧北山中，故謂之寧封子。

俞跗，上古良醫也。療疾不以湯藥，乃割反解肌，湔腸胃，滌五臟。

黃帝作指南車，沈約《宋書》云周公作。又作華蓋。太公作曲蓋，殷高宗作雉尾扇，俱見崔豹《古今注》。記里鼓，沈約《宋書》不著作者。劉宋高祖平姚泓所得，每行一里，木人擊鼓一椎。秦文公作旄頭飾騎。見《列異傳》。《玄中記》云始皇作。黃帝作旗幟，見《列子》。又作几。見《李尤銘》。黃帝作旃，又作冕。魯昭公作弁。俱見《世本》。舜作五明扇。見《古今注》。興作甲。興，少康子，見《世本》。蚩尤作戈、戟、殳、矛，見《呂氏春秋》。又作劍鎧，見《管子》。作鑿齒，作楯。見《山海經》。揮作弓，夷牟作矢。俱黃帝臣也，見《世本》。《荀子》云：「倕作弓，浮游作矢。」《山海經》云：「少皞生般，是始弓矢。」黃帝作弩。見《古史考》。鯀作城郭，禹作宮室。俱見《世本》。神農作市。見《古文》。伶倫作權、度、量，胡曹作衣裳。俱見《呂氏春秋》。太公作九府錢。見《漢書》。神農作耒耜。見《古史》。《世本》云「倕作」。皇甫陰作樓及犁。見《魏略》。夙沙氏作鹽。見《世本》。儀狄作酒。見《呂氏春秋》。《戰國策》云：帝女儀狄造酒。鯀服牛，相士乘馬，臘作駕。三人皆堯臣，見《世本》。又宋衷云：韓哀侯作御。蒼頡沮誦造字。黃帝史也，見《世本》。舜造筆。見《博物志》。又云蒙恬造。蔡倫造紙。見《東觀漢記》。堯作圍棋，烏曹作博。見《世本》。齊武陵王曄作側楸棋局。見馮鑑《續事始》。老子入胡，作樗蒱。黃帝作蹴踘。見《博物志》。劉向作彈棋。見《西京雜記》。曹植作長行局，胡王作握槊。皆雙陸也，俱見後魏李邵序。漢武帝作藏鈎。見辛氏《三秦記》。晉摯衛尉作四維戲，紙局木棋。見李秀賦。周武帝作象戲。見《後周書》。紂作粉，見《博物志》。尹壽作鏡。見《玄中記》。帝俊八子作歌舞。見《山海經》。又孟頫《帝王統録》云「陰康氏作舞」，《吕氏春秋》云：「陶唐氏作（舞）〔一〕，岐伯作鼓吹鐃角、靈鞞神鉦。」見蔡邕《初志》。神農作琴。見《世本》。《禮記》云：「舜作五絃之琴。」《廣雅》云：「伏羲氏作（琴）〔二〕，庖羲作瑟。」見《世本》。《史記》云：帝使秦女作瑟。《山海經》云：帝俊子晏龍爲之。蒙恬作箏。見《風俗通》。按，禮樂書已有之，恐不始恬。武帝始用箜篌。見《史記》。又《續漢記》云「靈帝作」。按，《釋名》云：「師延作也。」帝嚳令抃卜作鼓鞞，見《吕氏春秋》。又云倕作鞞，又作鼓，炎帝（孫）〔三〕伯陵作鐘。見《山海經》。黄帝作青角。見《國儉賦》。女媧氏作簫。見《禮記》。《風俗通》云舜作（簫）〔四〕，女媧氏作笙簧，隨作竽。女媧臣也。商辛作塤，蘇成公作篪。周平王時諸侯。俱見《世本》。邱仲作笛。漢武時人。見《風俗通》。黄帝作釜甑。見《古史》。神農作釜。見《周書》。孟莊子作鋸鑿。見《古史》。夏少康作箕帚。見《古文》。伯

〔一〕「舞」，據《吕氏春秋》補。
〔二〕「琴」，據《廣雅》補。
〔三〕「孫」，據《山海經》補。
〔四〕「簫」，據《風俗通義》補。

益作井。見《博物志》。夏昆吾氏作瓦，烏曹氏作磚。俱見《古史》。公輸般作石磑，倕作銚。俱見《世本》。蚩尤作冶。見《尸子》。神農作陶。見《易經》。《尸子》云：昆吾作（陶）〔一〕。詹何作綸鈎及餌。見《劉子》。雍文作舂。黄帝臣也。見《世本》。《吕氏春秋》云：赤翼作杵。伏羲作網。見《古史》。《世本》云：「句芒作網及羅。」句芒，伏羲臣也。共鼓、化狐作舟楫，黄帝臣也。邑夷作車。俱見《古史》。夏禹作向鳳。即相竿也。見《古今注》。舜作瓦棺土堲。見《古文》。黄帝作斧鉞。見《輿服志》。黄帝作刀。見《洞冥記》。又見《二儀實録》。蚩尤作陌刀，舜作觸鹿、箭筒、輾輗。亦見《二儀實録》。

少昊金天氏

少昊適野，遇一獸，牛首而人身，驚覺。皇娥曰：「昔余聞之，帝子牛首人身，其名『師』。親見之者，百福胥臻。天將福汝，汝何妄驚乎？」帝乃釋然。

〔一〕「陶」，據《尸子》補。

顓頊高陽氏

高陽氏有畫景騰空劍。若四方有兵，此劍飛赴指其方，則剋。在匣中，常如龍虎吟。

帝堯陶唐氏

堯時厨中自生肉，其薄如箑，搖動則風生，食物寒而不臭，名曰「箑脯」。

堯山在廣固城西七里，堯巡狩登此，故名。山頂立祠。祠邊有柏，枯而復生，不知幾代樹也。

帝舜有虞氏

堯得舜于服澤之陽，問曰：「我欲致天下，爲之奈何？」對曰：「執一無失，行微無怠，忠信無倦，而天下自來。」曰：「奚事？」對曰：「事天。」曰：「奚任？」對曰：「任地。」曰：「奚務？」對曰：「務人。」曰：「人之情奈何？」對曰：「妻子具而孝衰于親，嗜欲得而信衰于友，人之情也。若夫從道則吉，反道則凶，猶如影響矣。」

許由字武仲，隱居潁水之陽，堯召爲九州長。由不欲聞，洗耳于潁水濱。時有巢父牽犢欲飲水，見由洗耳，問之。由語之故。父曰：「污吾犢口。」牽犢飲上流。由乃棄其瓢而去。

嚴僖與許由爲友，蜀之道士，隱雅州。見《蜀本記》。應曜隱于淮上，與四皓同徵而不出。見《海録碎事》。摯峻字伯陵，隱于汧山，司馬遷以書招之，不從。見《高士傳》。牛牢，魏郡人，立志不與光武交，其風節又峻于莊光矣，而世不知之也。事見《寰宇記》。侯馥，晋代瀘州人，不屈于李雄，史亦失記，而見于地志。

善卷，武陵人，居于枉渚。堯聞得道，乃北面事之。及堯壽終，舜事之如堯。欲以天下讓卷，不受，去入深山，莫知其處。今有單父城，即善卷也，其墓在辰州大酉山。宋政和間，賜號曰「遁世高蹈先生」。

《博物志》記：堯之二女、舜之二妃，曰湘夫人。舜崩，二妃啼泣，以泪灑竹，湘竹盡斑。

舜遷負夏，至鄧之墟，有秀士七人，曰雄陶、方回、續牙、伯陽、東不訾、秦不虚、靈甫，皆不辟而至，謂之「七友」。既受禪，七人逃之。

堯子朱封于丹淵，故曰「丹朱」。舜子義均封于商，故曰「商均」。非名丹朱、商均也。

舜臣五人，禹以身王，契爲殷祖，稷爲周祖，益爲秦祖，俱王其子孫，獨皋陶身與子孫俱不王。而史又有稱皋陶庭堅不祀者，議者以皋陶職在司理，遂以爲刑名之報。

舜作五絃之琴，以歌《南風》。周文王增一絃，曰「文絃」，武王增一絃，曰「武絃」，遂爲七絃，其音始備。其歌曰：「南風之時兮，可以阜吾民之財兮。」後多不解，及考舜所居之地産鹽，必南風大發，鹽地始白，故曰「阜財」。或以南風長養萬物，故能阜財者，非是。

烏程徐鴻本谷耘校字

史闕卷二

（明）古劍陶庵張岱紬
（清）吴興柳門鄭佶編

夏紀

大禹受舜命治水，登宛委山，發陽明洞，得赤珪如日，白珪如月。其中有金簡玉字之書，讀之以悟百川之理。見《九土文括》，又見《水經注》。

禹登衡山，有赤繡衣男子自稱「玄夷蒼水使者」，謂禹曰：「欲得我簡書，知[道]（導）水方，齋于皇帝之嶽。」禹乃齋，登石匱，果得其文。周行天下，使伯益記之爲《山海經》。見《吴越春秋》。

夏禹、伯益作《山海經》，有長沙、零陵、桂陽、諸暨郡縣。神農作《本草》，而有豫章、朱厓、趙國、常山、奉高、真定、臨淄、馮翊等郡縣。周公作《爾雅》，而云「張仲孝友」。孔子作《春秋》，而云「孔丘卒」。左丘明作《世本》，而有漢高。燕王喜《汲冢瑣語》，乃載秦望碑。李斯作《蒼頡篇》，而有漢兼天下，海内并廁，豨黥韓覆，畔討滅殘。司馬遷作《史記》，而有班固序贊。劉向作《列仙傳》，而贊云「七十四人出佛經」。又作《列女傳》，其子歆足成之，而有更始韓夫人、明德馬后、梁婦人嫕傳。顏氏以爲後人所羼，非本文也。然《山海經》《本草》《爾雅》恐亦非夏禹、神農、周公所作。

禹年三十未娶，行塗山，有白狐九尾造禹。塗山人歌曰：「綏綏白狐，九尾龐龐，成子家室，乃都攸昌。」禹遂娶之，謂之女嬌。

任昉《述異記》謂：堯殛鯀于羽山，化爲黄能，入于羽泉。能，三足鼈也，惟能爲入水。會稽祭禹廟不用熊白，蓋誤以「能」爲「熊」也。

鯀化爲黄能，禹化玄熊，女嬌死而化石，妾娶于天曰「聖姑」，大抵不經之語，獨禹爲多，故名「神禹」。

禹治水功成，登岣嶁山，立石記曰：「承帝曰嗟，翼輔佐卿，洲渚與登，鳥獸之門，參身洪流，而明發爾興。久旅忘家，宿嶽麓庭，知營形折，心罔弗辰。往求平定，華嶽泰衡，宗疏事裒，勞餘伸禋，鬱塞昏徙，南瀆衍亨，衣制食備，萬國其寧，竄舞永奔。」

禹碑在岣嶁峰，又傳在衡山縣雲密峰。宋嘉定中，蜀士因樵夫引至其所，摹刻「夔門觀」，又刻「嶽麓書院」。按，崔融云：「於鑠大禹，顯見文德，龍畫傍分，螺書匾刻。」韓愈詩云：「岣嶁山尖神禹碑，字青石赤形模奇。」碑凡七十二字。

禹治水，三至桐柏山，獲淮渦水神，名曰「支無祁」，形猶獮猴，力逾九象，人不可視，乃命庚辰制之。是時，木魅、水靈、山妖、海怪奔號叢繞，凡以千數。庚辰持戟逐去，遂鎖支無祁于龜山之足，淮水乃安。唐永泰初，楚州有漁人夜釣于龜山之下，其鈎爲物所掣，因沉水視之，見大鐵索繞山足，一獸形如青猿，兀若醉，涎沫腥穢，不可近。

大禹即位十年，東巡狩，崩于會稽，因而葬之。有鳥來爲之耘，春拔草根，秋啄蕪穢，謂之鳥社。縣官禁民不得妄害此鳥，犯則刑無赦。

大禹以天下傳之啓，爲「家天下」之始，而長子得以承統永祚，開國之主，惟夏禹一人。

自古創業之君，俱不利長子。高辛氏帝嚳，長子帝摯不善，崩，弟堯代之。陶唐氏帝堯，長子丹朱，不得立，立舜。有虞氏帝舜，長子商均，不得立，立禹。湯長子太丁，未立而卒。周太王長子泰伯、文王長子伯邑考，一肇王迹，一翦商者也，泰伯、伯邑考皆不得立。秦始皇長子扶蘇，不得立，立胡亥。漢高帝長子惠帝，立而絶，文帝繼統。光武長子東海王，不得立，立明帝。魏武帝長子曹昂，戰殁，立文帝。孫堅長子策，無後，立孫權。權長子不得立，立休。司馬懿長子師，無子，立司馬昭。宋武帝長子義符，廢，立文帝。劉淵長子和，廢，四子聰代。劉曜長子胤，前没虜。苻健長子，廢，立次子。石勒子[宏]（弘），爲虎廢。石虎長子邃、宣，俱戮。慕容儁前子死，次子暐立，垂長子令，被殺，次子寶立。齊蕭太祖長子武帝，立一世而絶，從子繼之。梁武帝長子昭明早逝，次子簡文代。陳武帝長子死于江，從子蒨立。北齊神武長子澄弑，次子洋立。周文長子安定公，立而廢，少子武帝立。隋高祖長子勇廢，次子煬帝立。唐高祖長子建成，戮，次子太宗立。朱梁太祖晃，長子友文墜馬死，少子友貞立。後唐太祖克用長子落落，陣亡，少子存勖立。明宗長子從榮，[僇]（戮），從厚立。吴王楊行密長子渥，廢，次子隆演立。南唐徐温長子知訓，以亂死，義子知誥立。蜀主王建長子元膺，戮，次子衍立。南漢劉隱、閩王潮子俱不立，立弟。後蜀孟知祥公主子在唐，不得立，立昶。宋太祖長子德昭自殺，太宗立。太宗亦自作創始，長子元佐不得立，立真宗。契丹阿保機子東丹王，不得立，立次子德光。金阿骨打子蒲盧虎，不得立，立弟吴乞買。元太祖長子先殁，立次子憲宗。世祖長子真金，與明太祖懿文太子，俱先殁。然則由古及今，創業之主，其爲嫡長子而得傳位及後人者，僅禹子啓也，亦異矣。

禹葬會稽，少康恐禹墓絶祀，乃封庶子無餘于越，以祀禹墓。

楊升庵辨禹穴在巴蜀，所據者謂掘土得古碑，有「禹穴」二字，乃李白筆也。李白之近夏，孰若少康？史言封無餘于越，以祀禹墓。又記「八歲癸未，王會諸侯，崩于會稽。」當時夏都平陽，乃萬里奔喪，捨平陽而遠至巴蜀，亦不勝其勞矣。今按，蜀之石紐鄉，禹所生地，有石穴杳深，人迹不到，謂之禹穴，遂有是稱。司馬子長上會稽，探禹穴，此是連屬語。升庵謬作割裂，以恣舌辯，其又何辭以滅此世史耶？

昔有莘氏女，采桑于伊川，得嬰兒于空桑中，言其母孕于伊水之濱。夢神告之曰：「臼水出而東走。毋顧。明日，視臼出水，即東走十里，顧其鄉皆爲水矣。」其母化爲空桑，子在其中。莘女取而獻之，命養于庖。長有賢德，殷以爲尹，曰「伊尹」。《水經注》。

龍逢諫桀之言，曰：「臣觀君冕非其冕也，而冕危石；君履非其履也，而履春冰。可稱奇絶。决非後人所能擬者，要見忠臣義士，未有不能文章。」

桀時泰山山走石泣。先儒説桀之將亡，泰山三日泣。今泰山石遠望若人泣者，是也。武王謂周公曰：「桀爲不道，走山泣石。」

桀居南巢三年死，其子淳維妻其衆妾，遁于北野，號獯鬻。逮周曰玁狁，漢謂之匈奴。太史公傳匈奴曰：「其先伯禹之苗裔。」

商紀

湯七年大旱。伊尹言于王，發莊山之金鑄幣，通有無于四方，以賑救之，民是以不困。

禹五年大水。以歷山之金鑄幣賑之。湯七年大旱，以莊山之金鑄幣賑之。從救荒之策，雖以神禹爲君，阿衡爲相，亦僅有賑濟一節，無他策也。後世之人有曰救荒無奇策者，謂救荒何策？亦止發粟、發幣已耳。非無奇策也，無庸奇策也。

《尚書》曰：「嗣王不惠于阿衡，伊尹作書訓之，王未剋變，伊尹曰：『茲乃不義，習與性成，予弗狎于弗順，營于桐宫，密邇先王其訓，無俾世迷。』王徂桐宫居憂，剋終允德。」

桐宫，湯葬地也。居憂，守制也。三年，服闋也。攝政，亮陰也。《尚書》從無「放」之一字。「放桐三年」，孟氏不知出于何書。孫季《昭示兒編》曰：「伊尹放桐，當作教之于桐三年，以其篆文相近，故僞爾。」其論甚核。《句曲外史》，張雨取其説書于伊尹古像之後。

商高宗爲太子時，其父小乙常使久居民間，與小民出入同事，以知其情。

彭咸，殷大夫也。諫其君不聽，自投水而死。故《離騷》云：「願依彭咸之遺則。」

季歷之妃太任，生文王昌，龍顏虎肩，身長十尺，胸有四乳。秋甲子，赤爵銜書及豐，置于昌户，昌拜受之。其文曰：「姬昌蒼，帝子亡。」又夢日月著其身。又鳳凰銜書，告周當代殷。

周文王被紂囚于羑里七年，其子伯［益］（邑）考往視父。紂呼與圍棋，不遜，紂殺而醢之。令人送文王食，命食畢而後告。文王號泣而吐之，盡變爲野兔而去之。今醉酒而吐謂之「打兔」，本此。

《淮南子》曰：「桀之力能伸鐵鈎，索其臣推移大［戲］（犧）〔一〕，水殺黿鼉，陸捕熊虎。」《帝王世紀》曰：「紂能倒曳九牛，撫梁易柱。」《墨子》曰：「紂生捕兕虎，指畫殺人。費仲、惡來，足走千里，手制兕虎。」紂爲長夜之飲而失日，問其左右，盡不知也。使人問箕子，箕子謂其徒

〔一〕「戲」，當作「犧」。《吕氏春秋》：「湯以良車七十乘，必死士六十人，戊子戰于郕，遂推擒移大犧。」大犧者，夏君桀也，喻其力大可推巨牛。據改。

曰：「爲天下主，而一國皆失日，天下其危矣。一國皆不知，而我獨知之，吾其危矣。」辭以醉而不知。

紂爲淫暴，作炮烙之刑。箕子諫不聽，乃解衣披髮，佯狂而去之。遂隱而鼓琴以自悲，乃作歌曰：「天乎天哉！欲負石，自投河。嗟復嗟，奈社稷何？」

微子去之，去紂都而遁于荒野。後武王釋箕子，封比干，而不及微子，以微子遁野，未之獲也。舊云「抱祭器歸周」，殊失之矣。

殷太師疵、少師强抱其祭器歸周。蓋主樂典祀之官原非微子，而史以爲微子抱祭器歸周。古者同姓之臣，雖危不去國，豈有微子入周之事？微子去之，不過去紂都耳。君子之去留，國之存亡係焉。故《夏書》終于汝鳩、汝方，《商書》終于微子。

周紀

太公初爲灌壇令，文王夢一女子向之而哭，問之，曰：「吾龍女出嫁，道經灌壇。灌壇令有聖德，吾不敢以疾風暴雨過之，故哭。」文王寤而召太公還，龍風遂過。

太公八十以前，年老困窮，無以資口食，居朝歌之市，操刀屠牛。又之孟津，天下之衝，行旅往來者多，身自執炊賣飯以給食。此市販者之所羞爲，而太公安之，不以介意，辱人賤行，若將終身。至八十二歲，得遇文王，載之後車，尊爲尚父。

鬻熊年九十，謁文王。王曰：「嘻，老矣！」答曰：「使臣捕獸逐麋，則臣已老；使臣坐策國事，則臣尚少也。」因立爲師。

王季歷葬于渦水之尾，欒水齧其墓，見棺之前和，文王曰：「嘻！先君必欲一見群臣、百姓也，故欒水見之。」于是出而爲之張朝。群臣、百姓皆見之，三日而後更葬。

武王伐紂，卜龜不吉，群公皆懼，惟太公强之。太公《六韜》云：「卜戰龜兆焦，筮又不吉。」太公曰：「枯骨朽蓍，不逾人矣。」至孟津，風雨大作，武王被髮杖劍而叱，曰：「吾爲天下除暴，不用命，誰敢逆吾意者！」風雷即霽。

武王伐紂，風霽而乘以大雨。散宜生諫曰：「此非妖與？」王曰：「非也。天洗兵也。」

武王伐紂，爲天下除暴也。紂已死矣，又斬以黄鉞而懸之白旗，何忍耶！賈子言紂死，棄玉門之外，觀者皆蹴之。武王使人帷而守之，猶不止也。此爲實事。太史公輕信《汲冢書》，故有此説。

武王既剋殷，乃命閎夭封比干之墓，作《銅盤銘》曰：「左林右泉，前岡後道，萬世之靈，于焉是保。」比干墓在衛輝府城北三十里，即武王所封者，有石題「殷太師比干之墓」。

比干墓前有大木，三圍而中空，根身止存其半，上則枝葉茂密。識者謂剖心之生氣猶存。

武王入殷，聞殷有長者，武王往見之，而問殷之所以亡。長者對曰：「王欲知之，則請以日中爲期。」及期弗至，武王怪之。周公曰：「吾已知之矣。此君子也，義不非其主。若夫期而不當，言而弗信，此殷之所以亡也。已以此告王矣。」

《拾遺記》：「周武王東伐紂，夜濟河，時雲明如晝，八百之族皆聚而歌。有大蜂狀如丹鳥，飛集王舟，因以蜂畫幡旗。翌日而梟紂。名其船曰蜂舟。」

老聃父名乾，字元杲，楚之苦縣人。胎則無耳，一目不明，孤單七十二，無妻，與鄰人益壽氏老女野合而生老子。商容，老子師。容有疾。老子曰：「先生無遺教以告弟子乎？」容曰：「將語子。過故鄉而下車，知之乎？」老子曰：「非謂不忘故耶？」容曰：「過喬木而趨，知之乎？」老子曰：「非謂其敬老耶？」容成子張口曰：「吾舌存乎？」曰：「存。」「吾齒存乎？」曰：「亡。」「知之乎？」老子曰：「非謂其剛亡而柔存乎？」容戉子曰：「嘻，天下事盡之矣。」

太公初娶馬氏，讀書不事産業。馬氏求去。太公封于齊，馬氏復求合。太公取水一盆傾于地，令婦收水，惟得其泥。太公曰：「若能離再合，覆水豈難收。」

《尚書中候》：「太公釣于磻溪，得玉璜，刻曰：『姬受命，吕佐之，報在齊。』」師尚父爲周司馬，將師伐紂，到孟津之上，杖鉞把旄，號其衆曰蒼兕。蒼兕者，水中之獸也，善覆人船。因神以化，令汝急渡。不急渡，蒼兕害汝。

箕子名胥餘，食采于箕，故曰箕子。周武王剋商，封于朝鮮。箕子施八條之約，邑無淫盜，門不夜扃，故東夷以柔謹爲風，異于三方。

箕子《麥秀歌》所謂狡童者，非指紂也。羑里之西伯，尚天王其獨夫。朝鮮之纍臣，忍狡童其故主乎？殆傷武庚不同心而陰有憾耳。紂稔惡則爲奴，周革命則不臣。箕子意中之緒隱矣。《洪範》書十三祀，箕子不忘商也。陶淵明于義熙後但書甲子，亦箕子之志也。陳咸用漢臘亦然。

周公城洛邑，因流水以泛酒，遂有流觴曲水。逸詩傳其事云：「羽觴隨波」。

夷逸，（夷）〔一〕詭諸之裔，隱居不仕。或勸之曰：「吾譬則牛也，寧服軛而耕于野，豈忍被繡入廟而爲犧？」

穆天子少好神仙，欲使車轍馬迹遍于天下，乃馭黄金碧玉之車，旁氣乘風，御八龍之駿，以匝天地之域。此東游于黄澤，使官樂謠云：「黄之池，其馬歕沙，［王］（皇）〔二〕人威儀；黄之澤，其馬歕玉，［王］（皇）人受穀。」周穆王三十七年，伐楚，大起九師，至于九江，叱黿鼉爲梁。

穆王大暑烈燔膏燭，覆以冰荷，不使光遠，荷出冰壑，火不能鎔。

《穆天子傳》曰：「天子射鳥獵獸于鄭圃，命虞人掠林，有虎在于葭中。天子將至，七萃之士高奔戎生擒虎而獻之天子，命之爲柙。畜之東虞，是曰虎牢矣。」然則虎牢之自此始也。秦以爲關，漢爲縣之。

穆王南征，一軍皆化，君子化爲猿鶴，小人化爲蟲沙。穆王作書三篇：《君牙》《冏命》《吕刑》。

周至穆王，降矣，然其去文、武、成、康無幾也。顧其《冏命》則曰：「非人其吉，惟貨其

〔一〕「夷」，《尸子》云：「夷逸者，夷詭諸之裔。」杜預《春秋世族譜》云：「夷，妘詭諸，妘姓。」夷以國爲氏也，據補。

〔二〕「王」，《穆天子傳》《古謠諺》《古詩紀》《太平御覽》俱作「皇」，據改。

吉，蓋時必有鬻爵賣官者，已爲鴻都之漸矣。」《吕刑》則曰：「非訖于威，惟訖于富，蓋時必有觚法鬻獄者，已有梗陽之漸矣。」

仲山甫封于樊，因氏國焉，爰自宅陽，徙居湖陽。能治田殖，至三百頃。起廬舍，高樓連閣，波陂灌注，竹木成林，六畜牧放。魚羸、梨果、檀棘、桑麻，閉門成市。兵弩、器械，貲至百萬。其興工造作，爲無窮之巧不可言。富擬封君。

周宣王有琴曰「嚮風」，背銘曰：「牆有耳，伏寇在。」是武王之遺器也。宣王每朝，姜后輒以此銘援琴奏之，宣王于是兢兢不忘。

《列子》記：周穆王時，巧人有偃師者，爲木人，能歌舞。王與盛姬觀之，舞既，木人瞬目，以手招王之侍妾。王怒，欲殺偃師。偃師懼，埋之。皆革木膠漆之所爲也。傀儡之戲始于此。

南榮趎，庚桑楚弟子。南見老子，擔糧七日七夜，至老子之所。既見，噩若慈父，雁行避景，夔方蛇進，而後敢問。見教一高言，瞿然自失，若飢十日而得太牢焉。

萇弘，資中人。周敬王時爲大夫，孔子常從之問樂焉。弘矢心王室，王不能用，且殺之以悦趙鞅。弘死，藏其血，三年乃化爲碧。蜀人祀之。

周赧王雖居天子之位，爲諸侯所侵，與家人無異。多負債于人，無以歸之，乃上臺逃避。

周人名其臺曰逃債臺。

武王滅殷百八十七年，厲王流彘，稱共和者十四年，國無主也。宣王至幽王五十六年，犬戎滅周，合前共二百五十年，周轍始東。

烏程徐鴻本谷耘校字

史闕卷三

（明）古劍陶庵張岱紬
（清）吴興柳門鄭佶編

春秋戰國平王以後爲春秋，威烈王以後爲戰國。

魯紀

魯伐越，筮之，得鼎折足。子貢占之以爲凶。何則？鼎而折足，行用足，故謂之凶。孔子占之以爲吉，曰：「越人水居，行用舟，不用足，故謂之吉。」魯伐越，果剋之。

魯陽公與韓構難，戰酣，日暮，援戈而麾之，日爲之返三舍。齊有一足鳥，飛集于公朝，舒翅而跳。景公怪之，使使聘魯，問孔子。孔子曰：「此鳥名商羊，水祥也。將有大水爲災。」

季孫桓子穿井，得土缶中若羊，問孔子，云得狗，孔子曰：「以丘所聞，羊也。丘聞之，木石之怪夔罔兩〔一〕，水之怪龍罔象，土之怪羵羊也。」

據夫子之對，以爲土無狗也。按，《尸子》曰：「地中有犬名地狼。」《夏鼎志》曰：「掘地得犬曰賈。」又晉泰［興］（始）〔二〕元年、四年及隆安初，皆于地中得犬。又云：「木石之怪曰夔罔兩，吴先主檸樹中斫之有物，面似人而狗身。」陸敬叔曰：「按，《（白）澤圖〔三〕》云，木之精曰彭侯，如黑狗，無尾，可烹食之。」與夫子之對，兩俱不合，何也？

吴伐越，隳會稽，得骨專車。吴使使問孔子，孔子曰：「禹致群神于會稽，防風氏後至，禹戮之，其骨節專車。」客曰：「誰爲神？」孔子曰：「山川之神，足以綱紀天下，其守爲神。」客曰：「防風何守？」孔子曰：「汪罔氏之君，守封禺之山。釐姓，虞、夏、商爲汪罔，于周爲長翟，今謂之大人。」客曰：「人長幾何？」孔子曰：「僬僥氏三尺，短之至也。長者不過十之，數之極

〔一〕「罔兩」，又作「魍魎」，下同。

〔二〕「泰興」，《昭明文選》《文心雕龍義證》俱作「泰始」，晉武帝司馬炎年號，據改。

〔三〕「《澤圖》」，即《白澤圖》，一名《白澤精怪圖》，已佚不傳，《搜神記》《法苑珠林》《太平御覽》諸書存其目，據補。明萬曆《三才圖會》録「白澤」云：「東望山有澤獸者，一名曰白澤，能言語。王者有德，明照幽遠則至。昔黃帝巡狩至東海，此獸有言，爲時除害。」

也。」客曰：「善哉聖人！」

吴王伐石治宫，合石之中得紫文金簡之書，不能讀，使問仲尼曰：「赤雀銜書以置殿前，不知其異，故遠諮呈。」仲尼曰：「此《靈寶經》也，蓋長年之術，禹所服也。禹得仙化，封之名山石函之中。今乃赤雀銜書，殆天授之也。」

孔子在陳，有隼集于陳庭而死，楛矢貫之，石砮長尺有咫。陳湣公使使問之，孔子曰：「隼來遠矣。此肅慎之矢也。」試求之故府，果得之。

按，周武王五十三年，肅慎氏貢楛矢，石砮長尺有咫。王欲昭令德之致遠，銘其括曰「肅慎氏之貢矢」，以示後世，使永藏焉。孔子之博物，皆有張本，并非臆談。

楚昭王渡江，有物大如斗，直觸王舟。王使人問孔子，孔子曰：「此名萍實，惟霸者能獲之。可剖而食，其甘如蜜。」王食之，大美。孔子歸，弟子請問，曰：「吾昔過陳，聞童謡曰：『楚王渡江得萍實，大如斗，赤如日，剖而食之甜如蜜。』此昭王之應也。吾是以知之。」

有鳥九尾，孔子與子夏渡江，見而異之。孔子曰：「鶬也。嘗聞河上之歌云：『鶬兮鶬兮，逆毛衰兮，一身九尾長兮。』」

孔子修《春秋》，制《孝經》，既成，齋戒，向北辰而拜，告備于天。乃白霧摩地，白虹自上而下，化爲黄玉，長三尺，上有刻文。孔子跪受而讀之，曰：「寶文出，劉季握，卯金刀，在軫北，字禾子，天下服。」

魯人燒積澤，天北風，火南倚，恐燒國。哀公自將衆趣救火者，左右無人，盡逐獸，而火不救。召問仲尼，仲尼對曰：「逐獸者樂而無罰，救火者苦而無賞。此火之所以無救也。」哀公曰：「善。」仲尼曰：「事急矣，不及以賞救火者，請徒行罰。」乃下令曰：「不救火者，比降北之罪。逐獸者，比入禁之罪。」令下未遍，而火已滅矣。

曾參耘瓜，誤斷其根，父點怒，援杖擊之，幾死。有頃而蘇，蹙然而起，進曰：「大人用力教參，得無疾乎？」退，鼓琴而歌，欲父聽其歌而知其平也。孔子聞之，告門人曰：「參來，弗内也。昔舜事瞽瞍，索而使之，未嘗不在側。索而殺之，未嘗可得。夫小杖則受，大杖則走。今參委身待暴怒，以陷父不義，安得爲孝乎？」曾子曰：「參罪大矣。」遂造孔子謝過焉。

曾子出妻，其子曾元請再娶。曾子曰：「高宗以後妻殺孝己，尹吉甫以後妻放伯奇。吾上不及高宗，中不及吉甫，庸能免于非乎？」遂終身不娶。

孔子東游，見二小兒辯鬥，問其故。一小兒曰：「我以日始出時去人近，而日中時遠也。」一小兒曰：「我以日始出時遠，而日中時近也。」孔子曰：「爾試言之。」一小兒曰：「日初出大如車輪，及日中時如盤盂，此不爲遠者小而近者大乎？」一小兒曰：「日初出滄滄涼涼，及日中而如探湯，此不爲近者熱而遠者涼乎？」孔子不能決，謂二小兒。曰：「孰謂予多智乎？」

宓子賤治單父，孔子使巫馬期觀政。入其境，見夜漁者，問曰：「子得魚輒放，何也？」曰：「小者，吾大夫欲長育之故也。」子聞之曰：「誠彼形此乎？子賤得之善矣。惜哉，不齊所治者小也。」

子貢過漢陰，一丈人方爲圃畦，鑿隧而入井，抱甕而出。子貢曰：「有機于此，日浸百畦。」圃者笑曰：「夫有機事者，必有機心。吾羞不爲也。」

子夏見讀史志者曰：「晉師伐秦，三豖渡河。」子夏曰：「非也，己亥耳。」問之晉史，果然，于是衛人以子夏爲聖。

澹臺子羽渡河，齎千金之璧，河伯欲之，陽侯波起，兩蛟夾舟。子羽曰：「吾可以義求，不可以威劫。」操劍斬蛟。蛟死，波息，乃投璧于河。三投而輒躍出，乃毁璧而去，示無吝意。

夫子云：「以貌取人，失之子羽。」意謂其貌寢也。及觀李龍眠所畫七十二子像，其猛毅比子路更甚，則所謂行不由徑，非公事不至偃室。及夫子所謂「失之子羽」，以其貌武而行儒耳。《水經注》記其斬蛟毁璧，勇毅如此，似得其概矣。

介子推亦周人，年十五而相荆。孔子聞之，使人往視之，還曰：「廊下有二十五俊士，堂上有二十五老人。」仲尼曰：「合二十五人之智，智于湯武；合二十五人之力，力于彭祖。以治天下，其過免矣。」

宰我爲臨淄大夫，與田常作亂，以夷其族。孔子耻之。

《史記》載：「宰我爲齊相，作亂，夷其宗。」陳眉公以《左傳》無「宰我與田常作亂」之文，作亂者乃闞止。止字子我，字與宰予相似，故誤以爲宰我。言非不辨，然按《韓非子·難言篇》，宰我不免于田常，則在其時已記之矣。《淮南子》齊簡公專任大臣宰相，故使田常、鴟夷子皮，得成其難，使吕氏絶祀，而陳氏有國。太史公：范蠡至齊，變姓名爲鴟夷子皮，齊人聞其賢，以爲相。范蠡謂：「久受尊名，不祥。」乃歸其相印，散千金而去之陶。然則范蠡至齊後，又爲田常謀事，成乃去耶？按，《説苑》云：「宰我夜伏卒，將以攻田成子。令于卒曰：『不見旌節無起。』鴟夷子皮聞之，告田成子。成子因而旌節以起宰我之卒，遂攻滅之也。」此説又非無據，故兩存之，以備參考。

譙周云：「孔子死後，魯人就冢次而居者百有餘家，署曰『孔里』。」《孔叢子》曰：「夫子墓塋方一里，在魯城北六里泗水上。諸孔氏封五十餘所，人名昭穆，不可復識，有銘碑三，獸碣俱在。」《皇覽》曰：「弟子各以四方奇木來植，故多異木。一里之中，未嘗産棘木刺草。」

孔廟有夫子手植檜，歷周、秦、漢、晋幾千年，至懷帝永嘉三年而枯，枯三百有九年，子孫守之不毁。至隋恭帝義寧元年復生，五十一年。至唐高宗乾封三年再枯，枯三百七十有四年。至宋仁宗康定元年再榮，至金宣宗貞祐三年，罹于兵火，枝葉俱焚，僅存其幹，高三丈有奇。後八十一年，元世祖三十一年再發，至大明洪武二十二年己巳，發數枝，極盛。摩其幹，滑澤堅潤，紋皆左紐，聲如金石。今枝葉又落，每視其榮枯，以占世運。

魯之喬木，孔子檜、子貢楷、大夫松與孟廟唐槐、嶧陽孤桐，俱僅存株朽。老而壽者，惟泰廟六柏，爲漢武手植，木可兩抱許，柏葉如虬，扶蘇樸茂，蒼翠欲滴。《水經》載：赤眉斫一樹，見血而止，今斧痕尚存，文紐斜縈，錚錚似鐵矣。

魯恭王壞孔子故宅，欲以爲宫，聞壁中琴瑟絲竹之聲，得《古文尚書》。武帝乃詔孔安國較定其書。

孔子殁，其弟子立有若爲師，事之如孔子。先時商瞿年長無子，其母爲娶室。孔子使之齊，瞿母請之，孔子曰：「無憂，瞿年四十後當有五丈夫子。」已而果然。于是諸弟子問有子，夫子何以知此？有若默無以應。弟子起曰：「有子避之，此非子之坐也。」

臧文仲爲魯使齊，其母送之曰：「魯不容子而使之齊，害子矣。魯之寵臣多怨汝，又皆通于齊，是必使齊圖國而拘汝也。」及至齊，果拘文仲，而欲興兵襲魯。文仲微使人遺公書，而謬其詞曰：「斂小器，投諸台，食獵犬，組羊裘，琴之合，甚思之。臧我羊，羊有母。食我以同魚。冠纓不足帶有餘。」公及大夫莫能解，召其母問焉。母曰：「吾子拘着木治矣。斂小器、投諸台者，言取郭外民内之城中也；食獵犬、組羊裘者，言享戰士、繕甲兵也；琴之合、甚思之者，言思妻也；臧我羊、羊有母者，告妻善養母也；食我以同魚同者，其文錯，錯者所以治鋸，鋸者所以治木也，是有木治繫于獄矣。冠纓不足帶有餘者，頭亂不得梳，飢不得食也。故知吾子拘而有木治。」于是以文仲母言軍于境上。齊師聞之，乃還文仲而不伐魯。

陽虎之敗，魯人閉門而捕之，圍之三匝。虎奔及門，門者曰：「天下探之不窮，我今出子。」虎因揚劍提戈而出，顧反取戈以傷門者。門者怨之曰：「我非故與子友也，爲子業被死罪，而反傷我？」既而魯君聞失虎，大怒，問所出之門，有司拘之。不傷者被罪，而傷者蒙厚賞。

齊紀

齊桓公見老人，命之衣，曰：「請遺天下衣。」命之食，曰：「請遺天下食。」公曰：「吾府庫有限，焉能盡給？」老人曰：「春不奪農時，即有食；夏不奪蠶工，即有衣。」

齊桓公二十年，征孤竹，至卑耳溪，見一人長尺許，具衣冠，右祛衣，走馬前導。問管仲，管仲曰：「臣聞登山之神名俞兒，長尺，人物具。霸王之君興，則登山之神見，走馬前導也。祛衣，示前有水也。右祛衣，示從右方涉也。」至卑耳之溪，有贊水者從左方涉，其深及冠；右方涉，其深至膝。已涉，桓公拜曰：「仲父之聖至此。」

此亦如子産辨實沈、臺駘之類，春秋時實有此種學問，不可以爲怪而疑之。

齊桓公朝，而與管仲謀伐衛。退朝而入，衛姬望見君，下堂再拜，請衛君之罪。公問故，對曰：「妾望君之入也，足高氣强，有伐國之志也。見妾而色動，伐衛也。」明日君朝，揖管仲而進之。管仲曰：「君捨衛乎？」公曰：「仲父安識之？」仲曰：「君之揖朝也恭，而言也徐，見臣而有慚色，臣是以知之。」

寧戚，衛人。家貧無資，爲人挽車。至齊國，于車下飯牛，扣牛角而歌曰：「南山矸，白石爛，中有鯉魚長尺半。生不逢堯與舜禪，短褐單衣纔至骭。從昏飯牛至夜半，長夜漫漫何時旦！」桓公聞而異之，命管仲迎之，拜爲上卿。後遷國相。

齊桓公舉寧戚，將任以政。群臣曰：「衛去齊不遠，可使人問之，果賢，用未晚也。」公曰：「問之，患其有小過。以小棄大，此世之所以失天下士也。」乃舉火而爵之，以爲上卿。

齊桓公伐山戎，道孤竹國。前阻水，淺深不可測。夜黑迷失道，管仲曰：「老馬善識道。」放老馬于前而隨之，遂得道。

桓公軍行山中，無水。隰朋曰：「蟻冬居山之陽，夏居山之陰，蟻壤一寸而仞有水。」乃掘地，果得水。

桓公好服紫，一國之人皆服紫。公患之，訪于管子。明日，公朝，謂衣紫者曰：「吾甚惡紫臭，子毋近寡人。」于是國無服紫者矣。

齊莊公出獵，有螳螂舉足，將搏其輪。問其御者曰：「此何蟲？」對曰：「此螳螂也。其爲蟲也，知進而不知退，不量力而輕就敵。」公曰：「此爲人必爲天下武勇。」回車而避之。武勇聞之，所以盡死矣。

齊景公游于牛山，北臨其國城而流涕曰：「若何滂滂去此而死乎？」艾孔、梁丘據皆從而泣，晏子獨笑。公刷涕，顧晏子曰：「寡人悲，子獨笑，何也？」晏子對曰：「使賢者常守之，則太公、桓公常守矣；使勇者常守之，則莊公、靈公常守矣。數君者常守之，則吾君安得此位而立焉？以其迭處之、迭去之至于君也，而獨爲之流涕，是不仁也。不仁之君見一，諂諛之臣見二，臣是以獨竊笑也。」

景公召群臣問曰：「天不雨久矣，民有飢色。吾卜祟在高山深澤，寡人欲祠靈山，可乎？」晏子曰：「夫靈山固以石爲身，以草木爲毛髮。天久不雨，髮將焦，身將熱，獨不欲雨乎？祠之何益？」

齊有得罪于景公者，公大怒，縛置殿下，召左右支解之，敢諫者死。晏子左手持頭，右手磨刀，仰而問曰：「古者明王聖主支解人，不知從何處起？」公離席曰：「縱之，罪在寡人。」

景公有馬，其圉人殺之。公怒，援戈將自擊之。晏子曰：「此不知其罪而死，臣請爲君數之。」公曰：「諾。」晏子舉戈臨之，曰：「汝爲我君養馬而殺之，罪當死；汝使吾君以馬之故殺圉人，罪又當死；汝使吾君以馬故殺圉人聞于四鄰諸侯，罪又當死。」公曰：「夫子釋之，弗傷吾仁。」

晏子將使荊，荊王與左右謀，欲以辱之。王與晏子立，有縛一人過王而行，王曰：「何爲者？」對曰：「齊人也。」王曰：「何坐？」對曰：「坐盜。」王曰：「齊人故盜乎？」晏子曰：「江南有橘，取而樹之江北，乃爲枳。所以然者，其地使然。今齊人居齊不盜，來之荊而盜，荊地故若是乎？」王曰：「聖人非所與戲也，祇取辱焉。」

晏子使吳，王謂行人曰：「吾聞嬰也辨于辭，嫻于禮，命儐者客見則稱天子。」明日，晏子有事，行人曰：「天子請見。」晏子慨然者三，曰：「臣受命敝邑之君，將使于吳王之所，不佞而迷惑入于天子之朝，敢問吳王烏乎存？」然後吳王曰：「夫差請見。」見以諸侯之禮。

晏子使楚。晏子短，楚人爲小門于大門之側，而延晏子。晏子不入，曰：「使狗國者從狗門入。臣使楚，不當從此門。」儐者更從大門入。見楚王，王曰：「齊無人耶？」晏子對曰：「齊之臨淄三百閭，張袂成帷，揮汗成雨，何爲無人？」王曰：「然則何爲使子？」晏子對曰：「齊命使各有所主，其賢者使賢主，不肖者使不肖主。嬰最不肖，故使楚耳。」

北郭搔家貧，無以養親。晏子知其貧，每分粟與之。後晏子爲齊君所逐，北郭搔遂自刎于齊廷，明晏子之無辜。齊君于是復進晏子爲齊相。

孟子所稱齊景公涕出而女于吳。按，所嫁乃闔閭長子，名終纍，俱早亡，葬常熟北二里海隅山東南嶺。葬畢，化爲白龍而逝。又齊女日夜思其家哭，因名其門曰齊門，今吴郡猶存。化龍事雖怪誕，第夫差不聞齊女爲夫人，則終纍爲得之，意是闔閭破楚後，景公畏而女其子也。

齊景公使人爲弓，三年乃成，射不穿三札。公怒，將殺工，其妻見公曰：「妾聞射之道，手若附支，掌若握卵，右手發之，左手不知。」公以其儀而射之，穿七札。

蘇秦在齊。齊大夫與秦争寵，使人刺秦，秦不殊死而走。齊王急求賊，不得。秦且死，謂齊王曰：「臣即死，幸車裂臣以殉于市。曰『蘇秦爲燕作亂于齊』，如此，則賊必得矣。」王如其言，而刺秦者果自出，遂誅之。燕聞之，曰：「甚矣，齊之爲秦報仇也。」

報仇者也。

楚悼王薨，貴戚大臣作亂，攻吴起。起走入宫，伏王尸後。擊起之徒因射刺起，并中王尸。既葬，肅王即位，使令尹盡誅爲亂者，坐起夷宗者七十家。若起與秦，皆身死而能

秦王使人獻玉連環于君王后，曰：「齊人多智，能解此環乎？」君王后取椎擊碎之，謝使者曰：「已解之矣。」

身丘縣東北有齊景公墓，有人開之，下入三丈，石函中得一鵝。鵝迴翔以撥石，復下一丈，便有青氣上騰，望之如陶烟，飛鳥過之，輒墮死。遂不敢入。

晉紀

晉靈公之弒，董狐直筆，洵哉其良史也！乃曰「亡不越境」，則凡弒君者逃于千里之外，皆曰：「吾義已絶，雖弒，無罪也。」可乎？當時董狐衹合舉某事某事以証其弒君，不當以此爲疑問。故孔子曰：「惜也，越境乃免。」惜者，惜董狐之言也，非惜宣子之不越境也。

靈公既弒，景公立屠岸賈爲司寇，欲討弒靈公之賊。而盾已死，乃殺其子朔及其弟同、括、嬰齊，滅其族。賈之爲人，不詳于史傳，然其戮趙氏以復君之仇，則安可謂非義哉！春秋之世，士皆徇私黨而蔑公義。賈之攻趙氏也，趙有嬰、杵，而孤兒不死。靈公之弒也，晉臣曾無討賊者，僅得一賈，而勢孤力弱，不足以勝。既十五年，復爲趙氏所害。晉兩失刑矣。李西涯《樂府》云：「趙家此客還此友，穿何故亡盾何走。誰言趙客非晉臣，當時嬰杵爲何人？」言客不負趙，趙乃負晉。趙有客，晉無臣，善嬰、杵以譏晉也。

趙宣子舉韓厥，其僕乘車干行，厥執而戮之。宣子謂諸大夫曰：「二三子賀我矣。我舉厥也忠如比，纔不愧舉主門生。」

晉平公與齊景公會，至于澮上，見乘白驂八駟以來，有犬貍身而狐尾，隨平公之車。公問，師曠對曰：「首陽之神，有犬貍身狐尾，其名曰者，飲酒得福則徼之。」

晉靈公造九層臺，三年不成，人力困敝。荀息曰：「臣能累二棋子，加九卵于其上。」公曰：「危哉。」息曰：「公造臺三年不成，男不耕，女不織，亦危矣。」公遂止。

文公之時，宰人上炙而髮繞之。文公召宰人譙之，曰：「炙那得有髮？」宰人頓首再拜曰：「臣有死罪三：援礪砥刀，利猶干將，切肉肉斷，而髮不斷，臣罪一；援木貫臠，而不見髮，臣罪二；熾炭于爐，火爐赤紅，炙熟而髮不燒，臣罪三。堂下得無有疾臣者乎？」公曰：「善。」則召其堂下而訊之，果然，乃誅之。

師涓從衛靈公，聞鼓琴聲于濮水之上，寫而習之。靈公之晉，見平公，公置酒于施惠之臺。酒酣，靈公曰：「今日來，聞新聲，請奏之。」公曰：「可。」即令師涓坐師曠旁，援琴鼓之。未終，師曠撫而止之，曰：「此亡國之聲也，不可聽。」公曰：「何道出？」師曠曰：「師延所作也，與紂爲靡靡之音。武王伐紂，師延東走，自投濮水。今聞此聲，必于濮水之上也。」靈公稱神。

晉平公夢見赤熊闚屏，惡之，而有病，使問子産。子産曰：「昔共工之卿曰浮游，既敗于顓頊，自没沉淮之淵，其色赤，其言善笑，其行善顧，其狀如熊，嘗爲天王祟。見之堂，用正天下者死，見堂下則邦人駭，見門則臣憂，見庭則無傷。窺君之屏，病而無傷，祭顓頊、共工則瘳。」公如其言，而疾間。

晋平公藏寶之臺燒，救火三日三夜，乃止之。公子宴賀曰：「臣聞諸侯藏于百姓，今百姓竭于外，而賦斂無已。昔桀紂殘賊，爲天下戮。今皇天降災于藏臺，是君之福也。」

中山之國，有仇繇者，智伯欲攻之而無道，爲鑄大鐘，方車二軌，以遺之。仇繇之君斬岸堙溪以迎鐘。隨而攻之，仇繇遂亡。

《史記》：豫讓漆身爲癩，吞炭爲啞，其妻不識，而其友識之者，不言友爲何人。《吕氏春秋》則云：趙襄子游于圃中，至于梁，馬却不肯進，青荓爲驂乘，襄子進，視梁下有人。青荓視梁下，豫讓却寢，佯爲死人，叱青荓曰：「去，長者，吾且有事。」青荓曰：「少而與子友，子且爲天下大事，而吾言之，是失相與之道。子將賊吾君，而我不言之，是失人臣之道。如我者惟死爲可。」乃退而自殺。豫讓又有友，不減鉏麑也。

平公命師曠鼓琴。一奏之，有玄鶴二八集于庭，延頸而鳴，舒翼而舞。平公起而爲曠壽，曰：「音無此最悲乎？」曠曰：「有。」再奏之，白雲從西北起，大風至而雨隨，廊瓦半飛，左右失色。

趙簡子南擊楚，渡漢津，吏醉卧，欲殺之。其女娟持楫走前曰：「妾父聞君渡不測之水，故禱江淮之神，不勝杯酌，沉醉至此。妾願以微軀易父之命。」簡子遂釋之，納其女爲夫人。趙簡子葬邯鄲縣，每年三月三日，空巷上簡子冢。冢形如硯，世號「硯子冢」。

宋紀

宋有田夫，嘗衣緼黂，曝日于野。美之，謂其妻曰：「負日之暄，人莫知之，以獻吾君，必受上賞。」

吴紀

吴季札游于齊，見遺金于路，呼牧者取之。牧者曰：「何子居之高，而視人下也？有君不臣，有友不友，當暑衣裘，吾豈取金者乎？」季子知其賢，請問姓名。牧者曰：「子皮相之士，何足語姓氏哉？」歌聲泠泠而去。

虎丘山先名海涌，闔閭葬此，發五都之士十萬人治冢。傾水銀爲池，池廣六十步，黄金、珠玉爲鳧雁，槃郢、魚腸二劍在焉。葬三日，金精上爲白虎，踞墳上，因名「虎丘」。

闔廬既寶莫邪，復令國中作金鈎，令曰：「能爲善鈎者，賞千金。」有人貪王之重賞也，殺其二子，以血釁金，遂成二鈎。獻之求賞，王曰：「何以異于衆？」曰：「臣之作鈎，貪賞而殺二子，釁成二鈎，是以與衆異。」其人向鈎而呼二子之名，曰：「吴鴻、扈稽，我在此。」聲未絶，而鈎俱飛着父之胸。吴王大驚，乃賞之。遂服而不離身。

要離，吴人。公子光殛殺王僚，憂其子慶忌在鄰國，問計于伍子胥。子胥進要離，離曰：「吾詐負罪出奔，殺吾妻子，且出怨言，慶忌必信。」光乃戮其妻子于市，且出怨言，聞于諸侯。遂如衛，見慶忌曰：「闔廬無道，戮吾妻子。願因王子之勇，以雪吾仇。」慶忌信其謀，簡練士卒，遂行渡江。要離坐上風，因風勢以矛鈎其冠，順風而刺慶忌。左右欲殺之，慶忌曰：「勿殺，此天下勇士。」令還吴，以旌其忠。于是慶忌死，要離渡至江陵，愍然不行。從者曰：「君何不行？」要離曰：「殺吾妻子以事其君，非仁也；爲新君而殺故君之子，非義也；吾今不死，是貪生棄行，非勇也。夫人有三惡，可立于世哉！」遂投身于江，未絶，從者出之。要離曰：「吾寧能不死乎？」從者曰：「君且勿死，以受爵禄。」要離乃自斷其手足，伏劍而死。

吴公子慶忌欲復王僚之仇，而爲要離所殺。夫差將亡，吴公子慶忌驟諫，欲殺不忠者，爲夫差所殺。一見《史記》，一見《左傳》。然則吴有兩公子慶忌耶？

春秋時，有傳吴太宰嚭死者，子貢以告孔子。孔子曰：「不死。」久之，有自吴來者，云太宰果不死。子貢曰：「夫子何以知嚭之不死也？」孔子曰：「天生伯嚭以亡吴國。吴今未亡，伯嚭不死。」

卑猶山爲伯嚭葬地。勾踐滅吴，以嚭不忠于所事，戮之。《史記》、《吴越春秋》皆同。然按《左傳》，哀公二十二年，越滅吴。二十四年，公如越，得太子適郢，將妻公而多與之地。季孫懼，使因太宰嚭而納賂焉，乃止。杜預注曰：「嚭故吴臣也。」豈越初感伯嚭内應之恩而用之，後始戮之耶？

吴公孫聖對吴王夫差，敗走，不得火食。後爲越兵敗走，入餘杭山，飢餒，拾生稻食之。王曰：「是公孫聖所言『不得火食』也。」

鶴市在蘇州閶門外。吴王有女自殺，王痛之，厚其葬，舞白鶴于市，萬人聚觀，遂使俱入墓，閉之。

吴王夫差移鼓于建業之宫南門，有雙鷺從鼓中飛出，上入雲中。或云鷺，鼓精也。

吴造建業宫，伐材至明塘谿口下，見長木，取之。還都，會梁已足，更别無用，其梅一夜飛還，土人異之，號曰「梅君」。今在湖中隨水浮沉。一云用爲會稽禹廟梁，即梅溪木也。

吴王既賜子胥死，乃取其尸，盛以鴟夷之革，浮之江中。子胥因流揚波，依潮來往，蕩激堤岸，勢不可禦。或有見其乘白馬、素車在潮頭者，因爲之立廟。每歲仲秋既望，潮水極大，杭人以旗鼓迎之。弄潮之戲，蓋始于此。

越紀

城山在蕭山。闔廬侵越，勾踐退保此山。山巔有大池數畝，産嘉魚。吴王意其乏水，饋以米鹽。勾踐取雙鯉，以藴藻一車報之。吴兵夜遁。今名其池曰藴藻池。

越王勾踐慮伐吴，欲人之輕死也，出見怒䵷，乃爲之式。御者曰：「王何爲式？」王曰：「䵷有氣如此，可無式乎？」士人聞之曰：「䵷有氣，王猶式，况士人之勇者乎？」是歲，人有自刭其頭以獻者。

越王將歸，有丹烏夾王而飛，故得入國，因起望烏臺。既增封，乃使大夫種齎葛布十萬、甘蜜九攩、文笥七枚、狐皮五雙，報增封之禮。

勾踐歸國，築城始成。而瑯琊，東武海中一山，一夕自來，故名「怪山」。范蠡以爲應天也。將獻吴材，則天生神木；將習兵戰，則猿公教術。越之滅吴，故知天數，非人力也。今怪山上之有應天塔者，本此。

越王欲謀復吴，范蠡進善射者陳音。音，楚人也。越王詣音而問曰：「孤聞子善射，道何所生？」音曰：「臣聞弩生于弓，弓生于彈。彈起于古之孝子，不忍見父母爲禽獸所食，故作彈以守之。歌云：斷竹續竹，飛土逐宍。古『肉』字。」

勾踐行師日，有獻壺漿者，跪受而覆水上流，士卒乘流而飲。人百其勇，一戰遂有吴國。因名其河曰「壺觴村」。

楊用修曰：「自杜牧有『西子下姑蘇，一舫逐鴟夷』之句，世皆傳范蠡載西施以逃。及觀《修文御覽》引《吴越春秋·逸編》云：『吴亡後，浮西施于江，令隨鴟夷以終浮沉也。』子胥之譖死，西施有力焉。子胥死，盛以鴟夷，浮之江。今沉西施于江，所以謝子胥也。范蠡去越，亦號鴟夷子皮。杜牧遂誤以胥爲蠡耳。」《墨子》曰：「吴越之裂，其功也；西施之沉，其美也。」《墨子》去吴越之世不遠，此是實録。

楊用修証西施之沉江，與陳晦伯之証西施隨范蠡以去，俱各有出，難以臆斷。第陳引《吴地記》，勾踐令范蠡取西施以獻夫差，西施于路與范蠡潛通，三年始達于吴，遂生一子。至此亭，其子一歲，能言，因名「語兒亭」。此大可笑。按記，亭在嘉興縣南一百里，爲吴地。范蠡爲越成大事，豈肯作此事？亦未有奉使進女，三年于數百里間，而越不怒蠡、吴不怒越者。齊東野人之語，何足據也？考《越絶書》曰，語兒鄉故越界，名曰「就李」。吴疆越地，以爲戰場。至于柴辟亭、女陽亭者，勾踐入官于吴，夫人從，道産女此亭，養于李鄉。勾踐勝吴，更名女陽，又更就李爲女兒鄉，今稱女兒亭，蓋誤合爲一也。晦伯之駁用修，殆夢中説夢矣。

陶朱公中男殺人，因于楚。公遣少子往視之，乃裝黄金千鎰以往。長男固請欲行，公不許。長男欲自殺，不得已而遣之。乃爲書遺所善莊生，因語之曰：「至則進千金于莊生，聽其所爲，慎無與争事。」長男行，如父言，莊生曰：「疾去，毋留。」長男佯去。莊生見楚王，言某星變，不利楚。楚王曰：「奈何？」莊生曰：「惟修德可除之。」楚王曰：「吾當赦諸囚者。」長男聞王且赦，入見莊生，莊生驚曰：「若不去耶？」長男曰：「固也。弟今自赦，故辭去。」莊生還其金，復見楚王曰：「王欲修德以禳星變，乃道路喧傳陶之富人朱公子殺人，囚楚。其家多持金錢，賂王左右。故王赦，非恤楚國，乃爲朱公子也。」王怒，即日殺朱公子。明日下赦令，長男竟持其弟喪歸。朱公曰：「吾固知必殺其弟也。是兒少見吾苦，爲生難，故重棄財。少子生而見吾富，乘堅策肥。豈知財所從來哉？吾遣少子，特爲其能輕棄財也。而長兒不能，卒以殺其弟，理固然也。無足怪者。」

衛紀

南文子，衛大夫。智伯欲伐衛，乃遺以野馬四、白璧一。衛君悅，群臣皆賀，獨文子有憂色。衛君曰：「舉國歡，而子有憂色，何也？」文子曰：「無功之賞、無力之禮，不可不察也。」衛君以其言告邊境。智伯果起兵襲衛，至境而反，曰：「衛有賢人，先知吾謀也。」

弘演，衛懿公臣也。奉命遠使，未還。狄人攻衛，追懿公于滎澤，殺之。盡食其肉，獨捨其肝。弘演歸，報使于肝畢，呼天而號，盡哀而止，曰：「臣請爲襮。」因自剖其腹，納懿公之肝而死。

衛有胥靡，亡之魏。嗣君以五千金贖之，不得，乃以左氏地名易之。左右曰：「以一都易一胥靡，是亦不可已乎？」嗣君曰：「治無小，亂無大。法不立，誅不必，雖有十左氏，無益也；法立誅必，雖失十左氏，無害也。」

鄭紀

鄭子産晨出，過東匠之閭，聞婦人之哭也。撫其御之手而聽之，有間。遣吏執而問焉，則手絞其夫者也。異日，其御問曰：「夫子何以知之？」子産曰：「其聲懼。凡人于其親愛也，始病而憂，臨死而懼，已死而哀。今哭已死，不哀而懼，是以知其有奸也。」

列禦寇，鄭人。莊子重其爲人，多稱道之。自云居鄭國四十年，人無識者。其學本于黄帝、老子，著《列子》一書，多寓言，與《莊子》相類，隱居不仕。鄭穆公時，子陽爲相，或告之曰：「列禦寇，有道之士也。居君之國而窮，君毋乃爲不好士乎？」子陽乃饋粟數十乘，禦寇辭不受。其妻曰：「妾聞有道之士，妻子皆得佚樂。今有飢色，人饋之粟而又不受，奈何？」禦寇笑曰：「子陽非自知我也，以人言而遺我粟，亦將以人言而罪我也。吾所以不受也。」居一年，鄭人殺子陽，其黨皆死，而禦寇獨全。

魏紀

晉太康二年，汲縣人盜發魏襄王墓，得竹書數十車，皆簡編，蝌蚪文字，雜寫經史。時束皙爲著作，隨宜分析，皆有考證，是曰《汲冢書》。

春秋、戰國，殉葬之風大行，至始皇穿冢驪山，珠璣、寶玉，窮極人代。唐太宗獨以《蘭亭》，高出千古矣，然孰與魏襄王之竹簡也？襄王即孟子所謂不似人君者，而其好尚獨竹簡數十車，即世傳三書無論，如《大易繫辭》，或燼于秦火，而出于冢中，則襄王竹簡，豈不與孔壁同功哉！當戰國紛爭，雅尚有如若人，誠未易者，乃世率置之弗道，惜哉！

魏公子無忌，方與客飲，有鸇擊鳩，鳩走，巡于公子案下，鸇追擊殺于公子之前。公子耻之，即使人多設罻羅，得鸇數十頭，責讓以殺鳩之罪，曰：「殺鳩者死。」一鸇低頭，不敢仰視，餘皆鼓翅自鳴。公子遂殺低頭者，餘盡釋之。

秦昭王會魏王，魏王不行，使朱亥齎白璧一雙奉昭王。昭王大怒，置朱亥于虎圈中。亥瞋目視虎，眦裂出血濺虎，虎不敢動。

魏文侯時，西門豹爲鄴令，聞民間爲河伯娶婦。豹令屆期告知：「吾欲送女」，皆曰：「諾。」至時，三老、廷掾賦斂百姓，取錢百萬。巫覡行里中，有好女者，咒當爲河伯婦。以錢三萬聘女，沐浴脂粉，如嫁狀。豹往會之，三老、巫、掾與民咸集赴觀。巫嫗年七十，從一女弟子。豹呼婦視之，以爲非妙，令巫嫗入報河伯，乃投巫于河。有頃，曰：「何久也？」又令女弟子及三老入河趣之，并投于河。豹磬折曰：「往告者俱不來，奈何？」復欲使廷掾、豪長入河，皆叩頭流血，乞不爲河伯娶婦。淫祠遂絶。

李悝爲魏文侯土地之守，而欲人之善射也，乃下令曰：「人有狐疑之訟者，令之射中的者勝，不中者負。」令下而人皆習射，及與秦人戰，大敗之。

楚紀

熊渠子，楚人。夜行見臥石，以爲虎，射之，没鏃，視之，石也。復射，矢躍開。

養由基，楚大夫。善射，去柳葉百步，射之，百發百中。晋楚戰于鄢陵，基射之，洞七札焉。再發，盡殪晋師。楚有猿，王命射之，始調弓，猿擁木而號。

伍子胥與太子建子勝俱奔吴，夜行晝伏，出至昭關。關吏欲執之，胥詐曰：「上之所以索我者，以我有美珠也。今我已亡之矣，我將告子吞之矣。」關吏因捨之。

楚昭王出奔而亡其履，使人求之以百金，曰：「吾不忘其相從于患難之中也。」故論功而未及者皆不怨。

吴郡太守之堂，即春申君之子假君之殿也。數火，因塗以雌黄，故名「黄堂」。今郡治皆名黄堂。

楚會諸侯，魯趙皆獻酒于楚王。主酒吏求酒于趙，趙不與，吏怒，乃以趙厚酒易魯薄酒，奏之。楚王以趙酒薄，遂圍邯鄲，故曰「魯酒薄而邯鄲圍」。

荆有佽飛者，得寶劍于干遂。還涉江，至于中流陽侯之波，兩蛟夾繞其舟。佽飛勃然曰：「此江中之腐肉朽骨，余何愛焉？」拔劍赴江，刺蛟殺之。荆王聞之，仕以執珪。

昭奚恤，周人，爲楚將。昭王問江乙曰：「北方之人畏昭奚恤，何也？」對曰：「虎得狐，欲啖之，狐曰：『無啖我。天帝命我長百獸。若不信，隨我後以觀。』百獸見虎皆走，虎不知畏己，以爲畏狐也。北方非畏奚恤，畏王之甲兵也。」

楚昭夫人，齊女也。昭王出游，留夫人于漸臺。江水大至，遣使迎夫人而忘持符。夫人曰：「王與約，召必以符。今使者不持符，不敢行。」使者還，取符。臺崩，夫人溺死。

狐丘丈人謂孫叔敖曰：「三利必有三患，子知之乎？爵高者人妒，官大者主忌，禄厚者怨歸。」叔敖曰：「不然。吾爵高，志益下；官大，必益小；禄厚，施益博。可以無恙。」丈人曰：「善。」

龔舍仕楚，見飛蟲觸蜘蛛網而死，嘆曰：「仕宦亦人之網羅也。」遂挂冠而退，時號爲「蜘蛛隱」。

蘇秦之楚，三月乃得見王。辭行，王曰：「盍少留之？」對曰：「楚國之粟貴于玉，薪貴于桂，謁者難見如鬼，王難見如帝。今令臣食玉炊桂，因鬼見帝。」楚王曰：「聞命矣。」

老萊子，楚人，耕于蒙山之下。楚王欲舉爲相，駕至其門，其妻負畚而來，曰：「何車迹之衆也？」老萊具言之。妻曰：「妾聞可啖以酒肉者，可隨以鞭撲；可餌以官禄者，可繼以斧鉞。妾不能爲人所制。」投其畚而去。老萊子隨其妻，至于江南而止，曰：「鳥獸之皮，可織而衣，遺粒可拾而食也。」仲尼聞其語，而蹙然改容。

荀况即荀卿，趙人。仕楚，爲蘭陵令，著書曰《荀子》。趙王嘗問兵法于况，對曰：「要在附民。上下一心，若子弟之衛父兄，手足之捍頭目。」在齊，三爲祭酒。

燕紀

燕有寒谷，黍稷不生，鄒衍吹律而暖氣生。適趙，平原君側行撤席。適梁，梁王郊迎。適燕，昭王擁篲先驅。其見禮于諸侯如此。

鄒衍入燕，昭王築碣石宫師事之。昭王薨，盡忠惠王。王信讒，繫衍于獄。衍不能白己之冤，仰天大哭。六月，天爲之降霜。

韓紀

荀子曰：「韓之張去疾、趙之奉陽、齊之孟嘗，可謂篡臣也已。」註：去疾，張良之祖。然則去疾亂韓，而良能爲韓報仇，剋蓋前人之愆者也。

張良從老人于圯上，老人曰：「孺子來，爲長者納履。」良曰：「諾。」如是者再，老人曰：「孺子可教。」良曰：「願聞也。」老人曰：「兩眉致其美于人，而人卒不以眉爲功，眉無事也。孺子居功，其以眉乎？ 兩手貢其傷于人，而人卒不以手爲怨，手無心也。 孺子處怨，其以手乎？」張良曰：「敬受教。」

陳紀

陳惠公大城圉，起凌陽之臺，未終而坐法死者數十人，又執三監吏。 孔子適陳，聞之。 見陳侯，與俱登臺而觀焉。 孔子曰：「美哉臺也！ 賢哉王也！ 自古聖王之爲城臺也，未有不殺一人而能致功若此者。」陳侯陰使人赦所拘囚有罪者。

趙紀

趙襄子伐狄，勝之，而有憂色，曰：「江河之大也，不過三日，飄風暴雨不終朝，日中不須臾。 趙氏德無所積，一朝而兩城下，亡其及我哉。」君子曰：「趙氏其昌乎！ 憂者所以爲君也，善者所以爲亡也。 勝非難，持之者難爾。」

秦紀

秦文公伐雍，南山梓樹化爲牛，以騎擊之，不勝。或墜地，解髻披髮，牛畏之，入水。秦因置髦頭騎，行兵時使之先驅。

文公二十年，法初有三族之刑。其後武公二十年卒，葬雍之平陽。初以人從死，從死者六十六人。已繆公卒，從死者遂至百七十七人。秦之良臣子輿氏三人奄息、仲行、鍼虎皆從死。秦人哀三人，爲之歌《黄鳥》之詩。惠文君十四年，更爲元年，蓋夷族殉葬改元，皆秦制也。

穆公，秦之賢君也！三良殉而《黄鳥》興哀。識者以爲公之遺命，非也。穆公不忍殺敗軍之三大夫，豈以無罪之三良而命之從死哉？按，魏人哀三良詩云：「功名不可爲，忠義我所安。秦穆先下世，三良皆自殘。生時等榮樂，既没同憂患。誰言捐軀易，殺身誠獨難。」味詩人之言，則知三良下從穆公，實出其感恩殉主之誼，初非有强之者。然後知東坡之論，所謂三良之殉君，亦猶齊二客之從田横，其説固有所本也。

秦穆公出狩，至于咸陽，天震大雷，有火化爲白雀，銜金籙、丹書集于公車，文曰「秦伯霸」。

禽息薦百里奚，穆公不用。公出，息以頭擊車，破腦，曰：「臣生無補于國，不如死也。」

繆公一日亡善馬，岐下野人得而食之者三百餘人。吏逐得，欲法之。公曰：「君子不以畜產害人，吾聞食善馬肉不飲酒傷人。」乃皆賜酒而赦之。未幾，晉兵攻秦，接戰，繆公敗。其盜馬三百人，先皆求從，見公窘，摧鋒争死，馳冒晉軍。晉軍圍解，公得脱，反獲晉君。

秦始皇虎口日角，火目隆鼻，鷙鳥膺豺聲，長八尺六寸，大七圍，手握兵執矢，名祖龍。侯生數其淫暴，謂「萬萬均朱，千千桀紂」。

始皇東游，術者云：「五百年後，江東有天子氣。」始皇命囚十萬餘人，掘污其地，表以惡名曰由拳。又有望氣者云：「金陵有天子氣。」于是始皇于方山掘流，西入江，亦曰淮。今在潤州江寧縣，土俗號秦淮河。

阮翁仲，安南人。身長一丈三尺，氣質端勇，異于常人。少爲縣吏，爲督郵所笞。嘆曰：「人當如是耶？」遂入學，究書史。秦始皇并天下，使翁仲將兵守臨洮，聲振匈奴，秦以爲瑞。翁仲死，遂鑄銅爲其像，置咸陽宫司馬門外。匈奴至，見之者猶以爲生。

始皇作石橋，欲渡海看日出處。時有神人能驅石下海，石去不速，神輒鞭之，皆流血，至今悉赤。陽城山石盡起立，嶷嶷東傾，如相隨行狀。

始皇二十八年，東行郡縣，上泰山陽，至巔，立石頌德。風雨暴至，休大松下，因封其松爲「五大夫」。後人咏松云：「半倚岩岫半雲端，獨上亭亭耐歲寒。一事頗爲清節累，秦時曾作大夫官。」

今人稱泰山五大夫松，俱云「五松樹」，至不得其數以爲疑。獨黄美引《史記》載，秦始皇上泰山，立石封祠祀下，風雨暴至，休于樹下，遂封其樹爲「五大夫」。蓋五大夫，秦之官名，第九爵也，此可證千古之誤。

秦始皇南游浮江，至湘山祠，逢大風，幾不得渡。問博士：「湘君何神？」對曰：「堯女舜妻。」始皇怒，使刑徒三千人伐湘山樹，赭其山。

秦始皇以東南有王氣，自江而南，凡山形秀拔者皆鑿之。至是得蘆根，長數丈，朝劚暮合，終不殊，役者苦之。夜夢有人告曰：「鍬鍤至夕勿收。」乃如其言，血流而絶。後因名之曰「荻蘆山」。

始皇于海中作石橋，海神爲之竪柱。始皇求與相見，神云：「我形醜。莫圖我形，當與帝相見。」乃入海四十里，見海神。左右莫動手，工人潛以脚畫其狀。神怒曰：「帝負約，速去。」始皇轉馬還，前脚猶立，後脚隨崩，僅得登岸。畫工溺死于海，衆山之石皆傾注，今猶岌岌東趣，疑即是也。

是年作阿房宫，以磁石爲門，懷刃者輒止之。又起雲明臺，子時興工，午時已畢，又名「子午臺」。

秦既焚書，諸儒多謗怨。召諸生，至者皆拜爲郎，凡七百人。乃密令冬月種瓜于鉶谷中，温處瓜有實。詔下博士、諸生説之，人人各異，乃命就視之。先爲伏機，諸生各相難，不能決，因發機，填之以土。

昔人云：「坑法不傳。」蓋咸陽、伊洛間多山谷，一入數十里，皆峭壁懸崖，陡絶不能上。以丸泥塞谷口，則數萬之生靈俱束手就斃矣。今視秦政之坑儒，乃知白起、項羽之坑降卒，多至四十萬者，其坑法的的如此。

秦築長城，起臨洮至遼東，延袤萬餘里，死者相屬。民歌云：「生男慎勿舉，生女哺同脯。不見長城下，尸骸相支拄！」

始皇滅六國，寫（放）其宫室[一]，作之咸陽北阪上，自雍門以東，以涇渭交處，殿屋復道周

[一]「寫其宫室」，《史記·秦始皇本紀》：「秦每破諸侯，寫放其宫室，作之咸陽北坂上。」放，仿也。據補。

閣相屬。然各自爲區，雖一瓦一甕之造，亦如其式，各書國號，不相雷同，皆布其所得諸侯美人居之，如在其國。鐘鼓帷帳，不移而具。至于出狩，豐貂東至，貒豸南來。又有玄旗皁旒之制，罕車之飾，寫九王之廷于咸陽北阪。車輿之彩，各樹其文，所謂秦人大備而陳戰國之後車者也。見《秦史》、《晋志》爲詳。

始皇遣徐福發童男女數千人入海求神仙。徐福多載珍寶、圖史，至海島，得平原大澤，立爲城郭、宫室，以五千童男女爲之伉儷。數十年之間，生育繁衍，成都成邑，止王不歸。今倭夷是其遺種。

孔子删《書》，斷自唐虞，迄周《典謨》、《訓誥》、《誓命》之文，凡百篇。秦火後，行于世者，五十八篇耳。按，徐福入海，爲始皇二十六年，焚書坑儒爲始皇三十四年，故司馬温公《倭刀歌》曰：「徐福行時書未焚，遺書百篇今尚存。」乞乘小西飛封款之便，檄至彼國，搜尋三代以上古本書。萬歷甲午，葉比部曾有是疏，實非迂闊。《丹鉛録》、《雙槐歲抄》皆言及之。

秦將蒙恬，威震匈奴。始皇遣恬率兵三十萬，北築長城。始皇崩沙丘，趙高、胡亥矯詔殺太子扶蘇。恬吞藥自殺。恬始作筆，以柘木爲管，鹿毛爲柱，羊毛爲被，非兔毫竹管也。

正先，秦人也。時趙高用事，先憤憤不平。一日，挾短兵刺高不中，縛而殺之。自是，高威行秦廷，群臣無敢仰視。秦亂遂成。

秦滅六國而自王，秦乃爲吕。六國未滅，嬴秦先亡矣。司馬氏篡魏而自王，馬乃爲牛，江左而後，司馬遂不祀矣。唐太宗殲建成、元吉，乃天生武氏，誅太宗子孫略盡。梁武帝滅東昏和帝，天遂生侯景，殺武帝子孫略盡。宋太宗斬太祖之後，理宗而下，還歸太祖。太祖欺柴氏孤寡，而子孫亦致孤寡，委命于元人。天數之默定，乃人之業。報取之數，雖定于天，招之實自人也。

西楚紀

烏程徐鴻本谷耘校字

虞美人自刎，葬于雅州名山縣。冢中生草，狀如鷄冠花，葉葉相對。唱《虞美人》曲，則應拍而舞。俗稱虞美人草。

史闕卷四

（明）古劍陶庵張岱紬
（清）吴興柳門鄭佶編

西漢記

高帝

太上皇徙長安，居深宫，悽愴不樂。高祖竊因左右問其故，以平生所好，皆販徒少年，沽酒、賣餅、鬥鷄、蹴踘，以此爲歡。今皆無之，故不樂。高祖乃作新豐，移諸故人實之，太上皇乃悦，故新豐多無賴子弟。高祖少時，常祭枌榆之社，及移新豐，亦還立焉。高祖既作新豐，并移舊社，衢巷棟宇，物色惟舊。士女老幼，相攜路首，各知其室。放牛羊鷄犬于通途，亦競識其家。匠人胡寬所營也，移者皆悦其似而德之，故競加賞贈，月餘，致累百金。

高祖作新豐以居太上皇，可謂養志之孝，是漢興第一美事矣。然《水經注》：「漢中洋川，戚夫人所生處也。夫人思慕東鄉，追求洋川。帝爲驛致長安。」然則高祖亦慣作此伎倆，不止新豐也。

高祖初入咸陽宫，周行府庫，見有琴長六尺，按十三絃、二十六徽，用七寶飾之，銘曰「渥璵之樂」。

高祖與項羽戰，敗遁叢薄中。羽追求之，避入眢井，有雙鳩集井上，追者不疑，得脱。及即位，異此鳥，故作鳩杖以賜老人。

高祖不封紀信，爲漢薄德，然所遺不止一信也。漢王以紀信誑楚，遁去。轅生説漢王曰：「願王出武關，羽必南走。王深壁勿戰，令滎陽、成皋間且得休息。而韓信等亦得安輯趙地，連燕齊，王乃復還滎陽，則楚備多而力分，復與之戰，破之必矣。」王從之。羽果南，王不與戰。彭越爲漢游兵擊楚，羽還擊之，王復軍成皋。其後封功臣，不及轅生。

陸機《漢高祖功臣頌》曰：「轅生秀朗，沉心善照。漢旆南振，楚威自撓。大略淵回，元功響效。曒哉斯人，何識之妙！」陸士衡乃獨儕之三十一人之數，可謂發潛闡幽矣。

定州城東三十里，有固城。父老相傳，云是漢高祖築，以封紀信後者。史不載紀信所封，因謂漢祖薄于報信。果爾，則爲史氏之誤。

按《史記》，信之子通，尚襄平主，封列侯。後與太尉勃入北軍，與典客揭清宮，爲文帝佐命，漢未嘗不報信也。

戚夫人善鼓瑟擊筑，帝擁夫人倚瑟而絃歌，畢，每泣下流連。夫人善爲翹袖折腰之舞，歌《出塞》《入塞》《望歸》之曲，侍婢數百皆習，齊首高唱，聲入雲霄。

許負善望氣。至魏，謂魏王豹曰：「貴在後宫。」乃出其妻薄氏，令負相之，曰：「此天子妻也。」豹因遂反，韓信擊之。擒豹，以薄氏獻高祖，後生文帝。

張良因天駟房星之神曰王良，故字子房。堯時有五星自天而霣，一是土之精，墜穀城山下，化爲圯上老人，以兵書授子房，佐漢成功。求于穀城山下，得黄石焉。子房形解于世，其家葬其衣冠與黄石。占者常見墓上黄氣高數十丈。赤眉之亂，人發其冢，但見黄石枕化而飛去。

應曜隱于淮南山中，高帝時與四皓俱被徵命，曜獨不至。時人語曰：「南山四皓，不如淮陽一老。」

魏勃欲見曹參，家貧無以自通，乃常獨早夜掃齊相舍人門。舍人怪而問之，勃曰：「願見相君無因，故爲子掃，欲以求見耳。」于是舍人見勃于參。

韓信入未央宫，爲吕后所殺。其下生赤草，高數尺，色如硃砂，今未央宫址常有之。

廣南有韋土官者，自云淮陰侯之後，當鐘室難作，淮陰家有客，匿其三歲小兒。知蕭相國素與侯善，不得已，爲后所劫耳。私往見之，微示侯無嗣意。相國仰天嘆曰：「冤哉！」泪淫淫下。客見其誠，以情告。相國驚曰：「若能匿淮陰侯兒乎？中國不可居矣，急逃南粤，見趙佗，必能保此兒。」遂作書，遣客匿兒于佗，曰：「此淮陰侯兒，公善視之。」佗養以爲子，而封之海濱，改姓韋，用「韓」之半也。今其族世豪于海壖間，有鄺侯所遺之書、趙佗所賜之詔，勒之鼎銘。

此説出張玄羽《支離漫語》。淮陰侯至今有後，此亦奇聞。惜其客姓名不傳，史亦不載也。

惠帝

四皓有羽翼太子功，其殁也，惠帝爲之製文立碑，此乃上世人主賜葬人臣恤典之始。《通鑑》《文獻通考》皆不載，而《四皓碑》目，《集古録》《金石録》、鄭樵《金石略》皆遺之，獨見于《文章緣起》。

漢史失其姓名，如魯兩生、斷養卒，深爲可惜。今記其可考者，如四皓東園公姓[轅](園)〔一〕，名秉，字宣明。夏黄公姓崔，名廓，字少通〔二〕。綺里季姓朱，名暉，字文季。甪里先生姓周，名[述](術)〔三〕，字元道。見《高士傳》。漢高祖父太公名[耑](端)〔四〕，見《後漢書》注。又名[煴](煓)〔五〕，字執嘉。見《帝王世紀》。高祖兄仲，名喜。昭靈后名含。曹參字敬伯。申公名培。見《史記》注。項伯名纏，字伯。見《漢書》注。叔孫通名何。見《楚漢春秋》。壺關三老茂姓令狐。見荀悦《漢紀》。楊王孫名貴。見《西京雜記》。佽飛亦名荆軻。見《博物志》。伏生名勝，字子賤。見《西漢碑》。文翁名黨，字仲翁。見張崇文《歷代小誌》。張宗字諸君。杜茂字諸公。見《陳忠傳》註。揚子雲所稱李士元者，名弘。見《蜀秦宓傳》。鄭子真名樸。嚴君

〔一〕「轅」，當作「園」，東園公本姓。《史記·留侯世家》未載公名，司馬貞索引作「庚」。《陳留志》作「唐」，明郎英《七修類稿·辯證五·四皓考》引之。待考。

〔二〕夏黄公姓名字號，皇甫謐《高士傳》云：「廓與廣同，姓黄，非崔，文義順也。」

〔三〕「述」，皇甫謐《高士傳》作「術」，據改。

〔四〕「耑」，張岱《夜航船》卷四《考古部》作「端」，據改。

〔五〕「煴」，張岱《夜航船》卷四《考古部》作「煓」，據改。

平名遵。見《王貢兩龔傳》注。施延字君子。見《後漢書》注。田生字子春。見《楚漢春秋》。侯芭字鋪子。見《論衡》。丁公名固。見《楚漢春秋》。

惠帝與趙王同寢處，呂后欲殺之，未得。後帝早獵，王不能夙興，呂后命力士于被中縊死之。呂后不信，以被盛之，載小軿車入見，乃厚賜。力士是東門外官奴，帝後腰斬之，呂后不知也。

文帝

文帝嘗夢欲升天不得，有黄頭郎從後推之，乃得升。後見鄧通，絶類夢中所見，遂愛幸之。或相通法應餓死，帝曰：「能富通者，我也。」于是許通自鑄錢，遍天下。至景帝時被收，卒餓而死。

王生者，善釋老，隱居不仕。張釋之與之善。一日，王生立庭中，襪解，顧謂釋之曰：「爲我結襪。」釋之跪而結之。既退，或曰：「奈何庭辱張廷尉？」王生曰：「吾老且賤，自度無益于廷尉，聊辱結襪，欲以重之爾。」諸公聞之，皆賢王生而重釋之。

孝女至娥，吴人。父漢文帝時爲鐵冶官，以鑄軍器。一夕煉金，竭爐而金不出。時吴方草創，法令至嚴，諸耗折官物十萬，罪至死。娥年十五，痛傷之，因火烈，遂自投于爐中，赫然燭天，于是金液沸涌，溢于爐口。娥所躡二履浮出于爐，身則化矣，其金汁塞爐而下，遂成溝渠，泉注二十里，入于江水。其所收金億萬。溝渠中鐵至今尚存，吳俗稱梅根冶。郡人每冶銅鐵，必先祀娥。

文帝造温室，以椒塗壁，被之文繡，香桂爲柱，設火齊屏風鴻羽帳，規地以罽賓氍毹，冬月居之以禦寒。

景帝

景帝坐崇芳閣，上有丹霞起，赤龍盤棟間。使王夫人居之，改崇芳閣爲綺蘭殿。得幸有娠，夢日入懷。景帝亦夢高祖謂己曰：「王美人得子，可名爲彘。」及生，因名焉。是爲武帝。

孝景三年，七國反，吴使者至淮南。淮南王欲發兵應之，其相曰：「王必欲應吴，臣請爲將。」王乃屬之。相已將兵，因城守不聽王，而漢淮南王以故得免。

景帝時，防年繼母陳氏殺其父。年因殺陳。廷尉以大逆讞，帝未决。武帝年十二，曰：「繼母緣父之故，待以母。今繼母殺父，下手之時，母道絶矣，是父仇也，不宜以大逆論。」帝從之。

梁孝王，竇太后愛子，景帝同母弟也。孝王有囿名兔苑。孝王卒，太后哀慕之。帝以其苑令民耕種，置官守，籍其租税，以供祭祀。其簿籍皆俚語，故鄉俗所誦之書名《兔園册》。

武帝

武帝登泰山，探策即祚之年，得十八，因倒讀之爲八十。後壽至八十，非也，帝壽止七十耳。考帝以元封元年封泰山，五年增封，以至後元二年，恰十八年，神蓋默喻之矣。

元狩三年，減隴西北地上郡戍卒之半，發謫使穿昆明池。時以越巂昆明國有滇池，方三百里，漢使求身毒國，爲昆明所閉。帝欲伐之，故作昆明池，以習水戰。周四十里，凡三百二十頃。昆明池有二石人，如牽牛、織女，有戈船、樓船各數百艘。樓船上建樓櫓，戈船上建戈矛，四角悉垂幡旄，旌葆麾蓋，照燭涯涘。

漢武鑿昆明池，極深，悉是灰墨，無復土，以問東方朔。朔曰：「臣愚，不足以知之，可試問西域胡人。」後漢明帝時，有西域胡人來洛陽，有憶朔言，問之。胡人曰：「天地大劫將盡則劫燒，此劫燒之餘灰也。」池中有豫章臺，刻玉石爲魚，每至雷雨，魚常鳴吼，鬐尾皆動。歲旱，祭以祈雨，往往有驗。

武帝時，外域獻獨足鶴，人皆不識，以爲怪。東方朔曰：「此《山海經》所謂畢方鳥也。」驗之果然。

董仲舒以治《春秋》爲博士，下帷講誦，人莫得見其面。蓋三年不窺舍園，其精專如此。嘗推《春秋》災異之變，爲著《災異記》。主父偃疾之，會高廟災，奏其書。帝召示諸生。仲舒有弟子呂步舒者，不知爲師書也，詆之爲下愚，于是下仲舒獄，尋釋之。

武帝時，月支國獻一獸，形如五六十日犬子，大似狸而色黄。帝小之，使臣曰：「獸不在大小。」乃指獸，命叫一聲。抵脣良久，忽吼如大霹靂，兩目如礮磹之交光。帝登時顛蹶，掩耳震慄，不能自止。虎賁武士皆失色伏地，百獸驚絶，虎亦屈服如死狀。

建章宫重櫟中有物出焉，其狀似麋。帝以問群臣通經術者，莫能知。詔朔視之，朔曰：「臣知之。願賜美酒、粱飯大餐臣，臣乃言。」詔可。朔已餐，又曰：「某所有公田魚池蒲葦數頃，陛下以賜臣，臣乃言。」詔復可。于是朔乃言曰：「所謂騶牙者也。遠方歸義，騶牙先見。其齒前後若一，齊等無牙，故名騶牙。」後一歲，匈奴混邪王果將十萬衆來降。

武帝幸甘泉坂，馳道有蟲蟠而覆地，赤如生肝，頭目口鼻耳齒盡具。先驅旄頭馳還，以上聞，東方朔在屬車，帝令往視之。還對曰：「此蟲名怪哉。」帝曰：「何謂？」朔曰：「秦始拘繫無辜，幽殺無罪，衆庶愁怨，咸仰首嘆曰：『怪哉！怪哉！』憤氣之所化也。此必秦故獄處。」丞相公孫弘按地圖，果秦獄也。帝曰：「何以去之？」朔曰：「凡積憂者，得酒而解。以酒灌之，當消。」于是取酒澆之，須臾蟲皆糜爛。帝笑曰：「東方生，真先生。」

武帝與群臣宴未央，忽聞語云：「老臣尋覓不見。」梁上有一公，長九寸，拄杖僂步。帝問之，公下稽首，不言，仰視屋，俯指帝足，忽不見。東方朔曰：「是名爲藻，兼水木之精，以陛下好興宫室，願足于此也。」帝爲暫止。後幸河渚，聞水底絃歌之聲，前梁上公及年少數人絳衣素冠，皆長八九寸，挾樂器淩波而出，向帝前稱謝。

武帝時，東都獻五寸短人，能行案上。東方朔問之，曰：「阿母健否？」蓋王母使者巨靈也。

古人以博物名者，師曠識駁、識諫珂、狐首鳥鬲。識首陽之神。狸身狐尾。東方朔識怪哉。又識騶牙、識巫雀、識藻、兼識畢方。張寬識女人星。女子乳長七尺。劉向識貳負。上郡山中械一足尸。賈逵識鸑鷟。胡綜識秦始皇厭王氣物。諸葛恪識傒囊。山精如小兒。陸敬叔識彭猴。狀如黑犬，無尾。竇收識鼮鼠。張華知龍鮓、以苦酒沃之起五色。識海鳧毛、識干將、識臨平石鼓、以蜀桐材刻魚形，叩之鳴。識銅澡盆、晨夕鳴，與洛宫鐘相應。識九龍館洞、識然石、以水灌之便熱。識玉漿龍穴石髓。束皙識顯節陵、蝌蚪策。賈淵識苟晞兒冢。王粲識服礬人家。裴子野識白題國。何承天識亡新威斗。陸杳識紫荷橐、識千里酒、識古犧尊。許敬宗識帝丘。李珽識内黃。傅弘業識蜼。形如豕，仰鼻，長尾有歧。蘇綽識西漢故倉地。杜鎬識秦哀公墓。李章武識鐵斧爲禁物。沈約識東夷罽蓋。瓦具，高九尺，鋭下平蓋，中有劍一，蓋葬器也。陸澄識服匿。單于賜蘇武酒器也。傅奕識金剛石。孟銑識藥金。段成式識報時鐵。董養識周會狄地。下有蒼白鵝飛去。盧若虛識鼫鼠。狗首虎臆，大如拳。杜鎬識雀餳。僧贊寧識畫牛隱見。南海蚌，泪着色，晝隱夜見。沃山石研碎着色，晝見夜隱。劉敞識龍雀刀，赫連勃勃鑄。識周惡夫印爲周亞夫印。劉蜕識古銅盎非齊桓公物。斛斯徵識錞于。以芒筒捋之清響。祖瑩識于闐國王故玉印。徐鉉識海馬骨。高裕識陵鯉。古人博物，實有此一種學問，余謂秦火之後，無論其書不傳，即有傳者，如周公《爾雅》、伯益《山海經》，有能多識其鳥獸草木之名者，誰耶？

東方朔既待詔金馬門，得親近，上常使射覆。一日，置守宮于盂下，射者皆不能中。朔自請射，列蓍布卦而對曰：「以爲龍，又無角；以爲蛇，又有足。跂跂脉脉善緣壁，是非守宮即蜥蜴。」上善之，賜帛十四。

上林獻棗，帝以杖連擊未央前殿檻，再叱而呼，曰：「朔來，朔來，先生知此筐中何物？」朔曰：「上林獻棗四十九枚。」帝曰：「何以知之？」朔曰：「呼臣者，上也。以杖擊檻兩下者，兩木林也。來來者，棗也。叱叱者，四十九也。」帝大笑，稱善。

東方朔豪縱不羈，嘗醉入殿，至小遺殿上。又以所賜錢帛娶少婦于長安中，歲一易焉，人皆笑之。朔曰：「如朔所謂陸沉于俗，避世于朝廷間者也。古之人乃避世深山。」

東方朔未死時，謂同舍郎曰：「天下人無有知朔。知朔者，陸太伍公耳。」亡後，武帝得此語，召太伍公問之，答以不知。帝曰：「汝何所能？」曰：「頗善星曆。」帝問：「常星皆在否？」曰：「諸星皆在，獨不見歲星十八年，今復見矣。」帝仰天嘆曰：「東方朔在朕旁十八年，而不知是歲星。」爲之慘然不樂。

東海孝婦周青被誣，太守枉殺之，將死，以十丈竹竿懸五幡，立誓于衆，曰：「青若有罪，血當順下。若枉死，血當逆上。」既行刑，其血青黃，緣幡竿直上其標。觀者駭悼。

蜀郡張寬，武帝時爲侍中，從祀甘泉，至渭橋，有女子浴于渭水，乳長七尺。帝怪其異，遣問之。女曰：「帝後車第七乘者，知我所來。」時寬在第七車，召問，對曰：「女人星也。主祭祀者齊戒不潔，則女人星見。」

蘇武年老，子前坐事死，上憐之，問左右：「武在匈奴久，豈有子乎？」武因后父平恩侯自白：「前發匈奴時，胡婦適産一子通國，願因使者致金帛贖之。」上許焉。後通國隨使者至，上以爲郎。

武帝時，尹夫人與邢夫人并幸，有詔不得相見。尹夫人請願望見邢夫人。帝許之。故令他人盛飾，侍御數十人，爲邢夫人來前。尹夫人見之，曰：「此非邢夫人也。」帝曰：「何故？」對曰：「其身貌、形狀不足當人主。」帝乃詔邢夫人衣故衣，獨身來前。尹夫人望見之，曰：「此真是矣。」爲低頭泣下，自痛其不如也。

武帝時，有竹王興于豚水，有女子浣于水濱，有三節大竹流入女子足間，推之不去。聞内有聲，持歸破之，得一男兒，遂雄夷濮氏，竹爲姓，所損破竹于野成林，王祠竹林是也。王嘗從人止大石上，命作羹，從者白無水。王以劍擊石，出水。今竹王水是也。

鄭季，平陽人。爲吏，給事平陽侯家，與婢妾衛媪通，而生子青。霍仲孺，亦平陽人，以縣吏給事平陽侯，與侍婢衛少兒通，而生子去病。季有嫡妻，史失其姓。仲孺吏畢歸娶，而生子光。後去病既貴，知爲仲孺之子，而父仲孺焉。衛青則終不父鄭季。少兒爲青之姊，則去病乃青之甥也。平陽侯曹壽尚公主而封侯，公主爲漢武之妹。

衛媪既云平陽侯之婢妾，與鄭季通而生青，既不從鄭姓，又不從曹姓，而顧從其母姓，豈生時媪歸其家，而青遂留長其家耶？ 如此，則知之者衆矣，安得不終聞于壽耶？ 且其長子、長君與長女衛孺，以及次女子夫、季子步、廣，俱不從曹姓，而從衛姓，又何耶？

衛青爲侯家人，少時歸。 其父使牧羊。 先母之子皆奴畜之，不以爲兄弟。 青常至甘泉宫，有鉗徒相之，曰：「貴人也，官至封侯。」青嘆曰：「爲人奴虜，得免笞罵足矣，安望封侯？」

平陽公主寡居，當用列侯尚主。 主與左右議長安中列侯可爲夫者，皆言大將軍可。 主笑曰：「此出吾家，常令騎從我出入，奈何夫我？」左右曰：「大將軍姊爲皇后，子爲列侯，聲勢無兩，主何易之？」于是主乃許，言之皇后。 后白帝，遂詔衛將軍尚平陽主。

武帝建柏梁臺，高五十丈，以銅柱置仙人掌，擎玉盤以承雲表之露，和玉屑服之，以求仙也。

柏梁臺，漢武帝元鼎二年所建。 臺在長安中，以香柏爲梁。 帝嘗置酒其上，詔群臣和詩，能七言詩者乃得上。

何比干，汝陰人。 官廷尉。 張湯以嚴，比干以寬，所濟活者以千計。 一日，有老嫗出袖中策九十九枚，曰：「汝子孫佩印者如此算。」

何廷尉以寬恤獄，應受福報。 而張湯子安世至吉，凡八世皆貴盛，使班固不敢入《酷吏傳》，則又何説耶？

王翁孺，漢武帝朝爲繡衣御史。嘆曰：「吾聞活千人者必有封，吾所活者萬餘人，後世其興乎？」子禁，孫八人，封譚平阿侯、商成都侯、立紅陽侯、根曲陽侯、逢時高平侯、崇安成侯、曼關内侯，鳳爲大將軍，總朝政，録尚書事。

安昌侯張禹爲相，家富饒，知音律，習淫奢。身居大廈，後堂時理絲竹，教女樂。其所成就弟子尤著者彭宣、戴崇。宣官大司空，崇官至九卿。禹心愛崇而陽敬宣，崇每候禹于後堂，置酒設樂，侑酒極歡乃罷。而宣之來候也，禹則見之便坐，爲講論經義。日宴賜食不過一肉，巵酒相對而已。人以此分彭、戴之優劣。

武帝臨祭橋山，曰：「吾聞黄帝不死，有冢何也？」或對曰：「帝乘龍上天，群臣葬其衣冠于此。」

武帝時，交趾有橘長官一人，秩二百石，主歲貢御橘，直至長安。

武帝時，未立東宫，殿前鐘無故自鳴三日三夜。詔問東方朔，朔曰：「臣聞銅者，山之子。山者，銅之母。以陰陽氣類言之，子母相感，山恐有崩弛者，故鐘先鳴耳。」居三日，南郡太守上言，山崩二十餘丈。

武帝祀甘畤，有神雀下，群臣皆上壽，方朔獨不賀，曰：「此爲巫雀，非神雀也。或有巫者爲國作害。」其後果有巫蠱之事。

陸賈使南越，南越王尉佗與之泛舟。至德慶，賈默禱曰：「若説佗稱臣，當以錦裹石爲山靈報。」及使還，乃募人植花卉代錦，因名「錦石山」。

韓嫣爲膠東王相，好彈，常以金爲丸，一日所失至千餘。長安語曰：「苦饑寒，逐彈丸。」京師兒童每聞嫣出彈，輒隨之，望丸所落，競逐取焉。

江都王建淫虐，種種多不法。宫人有過，輒令裸之擊鼓。或置樹上，久者至二三十日，乃與衣。或縱狼齧殺之，以爲笑樂。又喜觀人與禽獸交，常强令宫人裸而四據，與羝羊及狗交，諸殺人無算。後以謀反自殺。

高粱山有漢武帝廟，至今祭者，往往有一二百蝴蝶降祠所，享其食，近之不驚，徹饌然後群去。時謂武帝侍從。人有捉之者，必致病。

膠西相董仲舒墳在長安，人爲致敬，過者必下馬，因名下馬陵，後人訛爲「蝦蟆陵」。

昭帝

昭帝時，燕王國中有黄鼠，銜其尾，舞于王宫端門中。王使吏以酒脯飼之，鼠舞不休，凡一日一夜。時燕王旦謀反，將敗之象，京房曰：「誅不原情。」

元鳳三年，泰山之南汹汹有數千人聲。往視之，有大石自立，高丈五尺，大四十八圍，入地深八尺，三石爲足。石立處有白烏數千集其傍。時眭孟以爲石陰類，下民象也。泰山岱宗之嶽，王者易姓告代之處，當有庶人爲天子者。語聞，眭孟以妖言伏誅。未幾而宣帝立自民間。

漢宣帝未立之時，泰山石自立，蟲食葉成文，曰：「公孫病已立。」病已乃宣帝小字也。後王莽將窺漢室，欲懾服人心，亦竊效之，使人以蜜書葉曰「王莽作天子」。令蟲蟻嚙食其筆畫，良可笑也。

宣帝

宣帝甘露元年，于華山仙掌鑄一鼎，高五尺，受四斗。擬承甘露，刻其文曰：「萬國伏，貽長久。鑄神鼎，承天酒。」三足，小篆書。

宣帝神爵初，頗修武帝故事。聞益州有金馬碧鷄之神，可醮祭而致之，于是遣王褒使持節求之。褒祭文曰：「漢持節使王褒謹拜南厓：敬移金精神馬、縹碧〔一〕之鷄，處南之荒。深溪〔曰〕(迴)〔二〕谷，非士之鄉。歸來歸來，漢德無疆。〔廉乍〕(兼乎)〔三〕唐、虞，澤配三皇。」

《漢書音義》：「金形似馬，碧形似鷄。碧鷄山在滇池西，金馬山在滇池東。」

宣帝使人上郡發磐石，石室中得一人，跣裸，被髮，反縛，械一足。以問群臣，莫能知。劉向曰：「此是黄帝時窫窳國貳負之臣，犯罪大逆，黄帝不忍誅，流之疏屬山。若有明君，當時出外。」帝不信，謂其妖言，收向繫獄。其子歆自出應募以救其父曰：「須七歲女子乳之，即復爲人。」帝令女子乳，果復爲人，便能言語，應答如劉向之言。帝大悦，拜向中大夫，歆爲宗正卿。對曰：「何以知之？」歆曰：「出《山海經》。」

元帝

元后繡衣御史王賀孫女家居時，有白鷺銜白石大如指，墜績麻筐中。后取之，石自剖爲二，中

〔一〕「縹碧」，見《後漢書》王褒撰《碧鷄頌》。《水經注》作「縹縹」。

〔二〕「曰」，《後漢書》作「回」，通「迴」，據改。

〔三〕「廉乍」，鄭樵《通志》作「兼乎」，據改。又《滇考》作「廣立」，意稍近。

有文曰：「母天下。」后乃合之，遂復還合。蓋寶籙也。後爲皇后，常并置璽笥中，謂之天璽。

永光中，有獻雄鷄生角者，《五行志》以爲王氏之應。京房《易傳》曰：「賢者居明夷之世，知時而傷，或象在位，厥妖鷄生角。」

焦延壽從孟喜學《易》，授之京房，以六十四卦分更直日用事，以風雨寒暑爲候。京房尤精其術。延壽嘆曰：「得我道以亡身者，必京生也。」後京房果罹于禍。

吴郡周𢈔，師事京房。房爲石顯所譖繫獄，謂𢈔曰：「吾死後四十日，客星必入市，即吾無辜之驗也。」果如其言。

昭君者，齊國王穰女也。年十七，儀容絶麗，以節聞。國中長者求之者，皆不許，乃獻之元帝。帝造次不能别房帷，昭君恚怒之。會單于遣使至，帝令宫人裝出。使者請一女，帝乃謂宫中曰：「欲至單于者起。」昭君喟然越席而起。帝視之，大驚悔。是時使臣并見，不得止，乃賜單于。

成帝

成帝當秋日，擕趙飛燕游建章宫，以沙棠木爲舟，以紫桂爲柂，以雲母飾鷁首。每輕風至，飛燕欲隨風入水，帝以翠縷結飛燕之裾，故太液池有避風臺，即結裾處也。

成帝永始元年，河南街郵樗樹生枝如人頭，耳目鬚眉皆具，但無髮耳。京房《易傳》曰：「王德衰，下人將起，則木有生如人狀。」

平帝

平帝時，海上漁人得一鐘如鐸狀，舉之，聲如霹靂，山川皆動。漁人亦沉于海。識者曰：「此秦始皇驅山鐸也。」

王莽居攝，巴郡任文公善占，知大亂將作，乃課家人負物百斤，環舍疾走，日數十回。人莫知其故。後四方兵起，逃亡鮮脱者，惟文公大小負糧捷步，悉得免。

王莽侈口蹷頤，露眼赤睛，大聲而嘶。長七尺五寸，好厚履高冠，以氂裝衣，反膺高視，瞰臨左右。時有用方術待詔黄門者，或問莽相。待詔曰：「莽所謂鴟目虎吻豺狼之聲，能食人，亦當爲人所食。」聞者告之，莽誅待詔，而封告者。自後常翳雲母屏面，非親信之人不得進見。

王莽篡漢之二年，興神仙事，以方士蘇樂言，起八風臺于宮中，順風作液湯。又種五粱米于殿中，先鬵鶴髊、毒瑁、犀玉二十餘物，漬種計粟，斛成一金，言此黄帝穀仙之術也。莽自是遂崇淫祀，自天地六宗以下，諸小鬼神凡千七百，所用三牲、鳥、獸三千餘種。後不能備，以鷄當鶩、雁犬當麋鹿云。

王莽令中國諸臣民不得二名，因遣使風單于，宜上書慕化爲一名。單于從之，上言：「臣備藩臣，竊樂太平聖制，臣故名囊知牙斯，今謹更名知。」莽大悦，白太后，厚賜之。

王莽時有巨無霸，身長一丈二尺，腰大十四圍。卧則枕鼓，食以鐵箸，軺車不能載，四馬不能勝。命以出戰，能驅虎豹犀象以助威。莽字巨君，心惡其名，乃留霸新豐，更其姓曰巨母氏，謂因文母得致霸王也。

王莽博募奇技可以攻匈奴者，將待以不次之位，言便宜者以萬數。或言能渡水不用舟楫，連馬接騎，濟百萬師。或言不持斗糧，服藥物，三軍不飢。或言能飛，一日千里，可窺視匈奴。莽試之，取大鳥翮爲兩翼，頭與身皆着毛，通引環紐，飛數步而墮。莽猶欲獲其名，皆拜理軍。

王莽篡漢十八年，忽于南陽市中生一肉塊，刀斫不入。令載至殿前，召荆房息問之，對曰：「臣不識。有費長道者，通人也。能識之。」莽即遣召費。使發數日，房息曰：「長道至，必言不識。陛下但言卿既不識，何故東門外下馬，仰天而嘆也？」須臾長道至，莽問何物，對曰：「荆房息尚言不識，臣何知之？」莽曰：「卿既不識，何故東門外下馬仰天而嘆？」長道曰：「臣嘆荆將軍推死于臣耳。此物一名肅，二名伏，中有鐵券，長三尺六寸。道王家衰，劉氏再興。」莽曰：「如何得見？」長道曰：「須七歲女子溺之可開也。」莽從之，果如其言。

漢兵入武關，莽憂懼不知所出。崔發言：「《周禮》及《春秋》，國有大災，則哭以厭之，故《易》稱先號咷而後笑，宜哭天求救。」莽乃率群臣至南郊，陳其符命本末，仰天曰：「皇天既授命臣莽，何不殄滅群盜！」因大哭，氣盡，伏而叩頭。又作《告天策》數千言。諸生小民，令旦夕號泣，爲設餐粥。凡能誦策文者除以爲郎，至五千餘人。

揚雄著《太玄經》，劉歆語之曰：「空自苦。今人尚不能明《易》，又如玄何？吾恐後人用覆醬瓿也。」雄笑而不言。雄著經時，夢口吐白鳳，集雄之頂上而滅。

揚子雲著《太玄經》，其幼子童烏，五歲能解玄理，常與辨難，子雲自謂不如。奇穎絶倫，九歲而夭。子雲痛惜之，嘗曰：「童烏五歲，能解吾玄。」

烏程徐鴻本谷耘校字

史闕卷五

（明）古劍陶庵張岱紬
（清）吴興柳門鄭佶編

東漢紀

光武

漢光武夜至趙州南，迷路，聞人語，問之而勿應。見二人立其旁，怒拔劍斬之，其一人急走去，熟視之，乃石也。舊有光武廟基，即斬石人處，又謂之石人指路。

郭况，郭后弟也。世祖數幸其第，常賜金帛，豐盛莫比。郭况累金數億萬，錯珍寶以飾臺榭，懸明珠于四垂，晝視之如星，夜望之如日。里諺曰：「洛陽多錢郭氏室，夜日晝星富無匹。」

京師號「郭家金穴」。

光烈陰后，名麗華。初光武適新野，聞后美，心悦之。後至長安，見執金吾車騎甚盛，因嘆曰：「爲官當作執金吾，娶妻當得陰麗華。」更始初，遂納后于宛當里。

光武微時，過江陽縣，生一子。望氣者言江陽有貴兒，縣人因王莽亂，求而殺之。後光武即帝位，怒甚，爲子立祠，不許江陽人冠帶。

馬援好騎馬，善別，名于交趾。得駱越銅鼓，乃鑄爲馬式，表曰：「臣常師事子阿，受相馬骨法。孝武皇帝時，善相馬者東門京，鑄作銅馬法獻之。有詔立馬于魯班門外，更名魯班門曰『金馬門』。」

分茅嶺下，安南人過此，每以石培之，遂成丘阜。馬援誓云：「銅柱折，交趾滅。」培之懼其折也。

欽州，馬援征交趾，立銅柱其下，以表漢界。嶺産茅草，南北異向，至今猶然。

馬援爲武陵太守，郡連有蝗，援乃賑貧羸，薄税賦。蝗盡飛入海，化爲魚蝦。

馬援擊尋陽山賊，上書曰：「欲滅山賊，當除其竹木，譬如嬰兒頭多蟣蝨，而剃之蕩然，蟣蝨無所復附矣。」書奏，帝大悦，因出小黄門，頭有蝨者皆剃之。

光武中元元年，帝幸長安，祠長陵，還洛陽宮。是時醴泉出于京師，郡國飲醴泉者痼疾皆愈，獨眇蹇者不瘥。

建武六年，山陽有小蟲，皆類人形，甚衆。明日皆懸于樹枝而死。

祭遵字弟孫，潁陽人。從光武北征河北，賞賜盡與士卒。家無私財，韋袴布被，所在吏人不知有兵。范升奏曰：「遵爲將軍，取士皆用儒術。」對酒設樂，雅歌投壺，雖在軍旅，不忘俎豆。及卒，帝每嘆曰：「安得憂國奉公之臣如祭征虜者乎？」封潁陽侯，圖形雲臺。

郅都爲雁門守，匈奴畏之，不敢近雁門。嘗爲偶人似都，令騎卒射之，亦莫能中。

鄧禹有子十三人，各使守一藝。長子震、次襲、次珍皆封侯。自後累世貴寵，爲公侯者三十一人，大將軍以下及州牧郡守九十八人，其餘侍中等官，不可勝數。雲臺二十八將，鄧禹居首。震子乾、襲子漢、珍子周，尤有操行。

郅惲，西平人。舉孝廉，爲上東門候。光武嘗出獵，夜還，惲拒關不納，乃回，從東中門入。明日，惲上書諫，奏入，賜布百匹，貶東中門候爲尉。

郅惲慷慨嗜義，有友董子張，其父先爲鄉人所殺，會子張病且革，惲往候之。子張目惲，欷歔而不能言，惲曰：「吾知子不悲天命，而痛仇不復耳。」子張但目擊，惲即起，往遮仇人，取其頭以示子張。子張見而氣絶。惲即詣縣自首，縣令應之遲。惲曰：「爲友報仇，吏之私也。奉法不阿，君之義也。虧君以生，非臣節。」因疾趨就獄。縣令跣追不及，遂至獄，拔刀自向以要惲曰：「子不從我出，請自刺以明心。」惲乃出。

嚴子陵本姓莊，因漢明帝諱莊，故改姓嚴。三國時便應改正，訛傳至今，當時足加帝腹，何曾有姓嚴之人哉？

光武，中興令主也，而廢郭后及太子彊，頗爲後世口實。國朝方正學《題嚴陵圖》有云：「糟糠之妻尚如此，貧賤之交可知矣。羊裘老子蚤見幾，故向桐江釣秋水。」宛轉二十八字，可謂發千古之隱矣。

桑悦《客星亭記》云：「客星有曰周伯、曰孝子、曰王蓬絮、曰國王、曰温星，凡有所犯，無不災凶。」《後漢·天文志》：「客星居周野，明帝崩應之。」于此不書，似因子陵而諱占也。且犯帝座，劉聰遂亡，光武無應者，豈目前下賢一事，亦可彌災患與？此論奇特，民懌非徒狂者。

王君公，平原高士也。儈牛自隱，不交當世。時人語曰：「避世牆東王君公。」

明帝

明帝東巡泰山，到滎陽，有烏飛鳴乘輿上，虎賁郎王吉射中之，作祝辭曰：「烏烏啞啞，引弓射，洞左腋。陛下壽萬年，臣爲二千石！」帝大悦，賜錢百萬，令亭壁悉畫烏。

明帝采《周官》《禮記》以定冕制，廣七寸，長一尺二寸，係白珠于其端，曰旒。天子十二旒，三公及諸侯九旒，卿七旒，大夫五旒。

明帝楊后，花面美色，而病顛狂，發則殺人。惟内「傳」（傅）〔一〕孟召爲文，后每讀之，顛狂輒醒。

明帝嘗夢見一金人，身長大，項有日月光。以問群臣，或曰：「西方有神，其名曰佛。陛下所夢，得非是乎？」蓋世傳佛長丈六尺，黄金色，項中佩日月光云。于是上遣使天竺，問道術，而圖其形像。佛教遂入中國。

佛典世謂漢明帝時始通中國，不知明帝之前已有之。劉向《列仙傳》曰：「歷觀百家

〔一〕「傳」，當作「傅」，形誤。内傅，職官名。

之中，以招檢驗得仙者四十六人，其五十四人已在佛經。」《霍去病傳》曰：「收休屠祭天金人。」顏師古注曰：「金人，佛像也。」《漢武故事》曰：「昆邪殺休屠王，以其衆來降，得其金身之神，置之甘泉宮。金人皆長丈餘，其祭不用牛羊，惟燒香禮拜。上使依其國俗祀之。」魚豢《魏略·西戎傳》曰：「哀帝元壽元年，博士弟子景盧，受大月[氏]（氏）〔一〕王使伊存口傳《浮屠經》。」此皆明帝以前事也。使明帝前未有佛典，傅毅對明帝之言，何從而得之？但未盛行如今日耳。

章帝

梁鴻與妻子同入霸陵山中，以耕織爲業，咏詩書，彈琴自娱。慕前世高士，爲四皓以來二十四人作頌。因東出關，過京師，作《五噫歌》。帝聞而悲之，求鴻不得。

梁伯鸞至吴，依大家皋伯通，居廡下。臨死，告主人曰：「昔延陵季子葬子于嬴博之間，不歸鄉里。慎勿令我子持喪歸去。」及卒，伯通爲求葬地于要離冢傍，咸曰：「要離烈

〔一〕「氏」，當作「氏」，形誤。大月氏，西域國名。

士，而伯鸞清高，可令相近。」

敦煌索勱有才略，刺史毛奕表行貳師將軍，將酒泉敦煌兵千人，至樓蘭屯田。起白屋，召鄯善、焉耆、龜兹三國兵各千，横斷注濱河。河斷之日，水奮勢激，波淩冒堤。勱厲聲曰：「王遵建節，河堤不溢；王霸精誠，滹沱不流。水德神明，古今一也。」勱躬禱祀，水猶不減，乃列陣被仗，鼓噪歡叫，且刺且射，大戰三日，水乃迴減，灌浸沃衍。胡人稱神。

和帝

班固，字孟堅，和帝時，以竇憲賓客收捕，死獄中。所著《漢書》未就，詔固女弟昭續成之。昭適曹壽，帝數召入宫，令皇后、諸貴人師事焉，號曰「大家」。

蔡倫，和帝時爲中常侍。自古書契多編以竹簡，其用縑帛者謂之爲紙。縑貴而簡重，并不便于人。倫典作上方，乃造意用樹膚、麻頭及敝布、魚網，搗以爲紙。奏上之，帝善其製，頒行天下，咸稱「蔡侯紙」。

楊震以清正最不得于權戚，至飲酖死。順帝時門人追訟其冤，詔改葬。先葬十餘日，有大鳥高丈餘，集震喪前，俯仰悲鳴，泪下沾地。葬畢飛去。門人爲立石鳥像于墓前。

陳禪拜諫議大夫。安帝時，西南夷獻樂及幻人，能吐火，自支解，易牛馬頭。帝與群臣觀之，大奇。禪獨離席，舉手諫曰：「昔齊魯夾谷之會，齊作侏儒之樂，仲尼誅之。帝王之庭，不宜設夷狄之技。」尚書陳忠劾奏禪廷訕朝廷，有詔弗收。

縣尹趙社，遣吏光尼和，以永建元年十一月詣巴郡，没死成濡灘，子賢求尸不得。女絡，年二十五歲，一子五歲，日夜悲泣。至二年二月十五日，尚不得尸。絡乃乘小船至父没處，哀哭自沉。見夢告賢曰：「至二十一日，與父俱出。」至日，父女果浮出江上。郡縣上言，爲之立碑，以旌孝烈。

馬臻，永初五年爲會稽太守，創築鏡湖，畜水溉田。湖高于田丈餘，田高于海一丈餘。旱則泄湖灌田，潦則閉湖，泄田中水以入海。是以雖遇旱潦，無凶年。其陂之塘，周迴三百十里，溉日九千餘頃。然是時漢政日衰，宦豎專權，豪右惡臻，乃使人飛章告臻創湖淹没人之冢宅，徵臻下廷尉。及使人按覆，詭稱不見人籍，聞是先死亡者所下狀。臻竟被誣而死。後越民承湖之利，歷數千年，并無旱澇患，故立祠湖上以祀之。

張衡造候風地動儀，以精銅鑄成圓圖，徑八尺，盒蓋隆起，形似酒樽，飾以篆文、山龜、鳥獸之形，中有都柱，旁行八道，施關發機。外有八龍，首銜銅丸。下有蟾蜍，張口承之。其牙機巧製，皆隱在樽中，覆蓋周密無際。如有地動，樽則震龍發機吐丸，而蟾蜍承之。振聲激揚，因此覺知。雖一龍發機，而匕首不動，尋其方位，乃知震之所在。驗之以事，合契若神，自書契以來，未曾有也。嘗一龍發機，而地不覺動，咸怪其無徵。數日後，驛使至，果地動隴西。人皆服其神。

桓帝

桓帝元嘉中，京師婦女作愁眉、啼妝、墮馬髻、折腰步、齲齒笑。愁眉者，細而曲折；啼妝，薄拭目下若啼痕；墮馬髻，作一邊；折腰步，足不在體下；齲齒笑，狀若齒痛，笑不至矧。始自大將軍梁冀家，京都四方翕然皆效。此近服妖，延熹二年，冀遂族滅。

張陵，桓帝時爲尚書。元嘉正月朔，群臣朝賀，大將軍梁冀帶劍入省，陵叱出，敕羽林虎賁奪劍。冀跪謝，陵不應，即劾奏冀詣廷尉論罪。有詔以一歲俸贖罪，百僚肅然。

延熹中，李膺爲司隸校尉，獨持風裁，不避權貴。時張讓弟朔爲野王令，貪殘至殺孕婦。膺欲按之。朔逃京師，匿兄讓舍合柱中。膺知其狀，率吏卒直入，破柱取朔，付洛陽獄。受詞畢，即殺之。讓訴冤于帝。帝詰其太速，膺對曰：「昔仲尼爲魯司寇，七日而誅少正卯。今臣到官已積一旬，私懼稽留，不意反爲速也。」帝無言。自此諸常侍屏氣，至不敢出休沐。帝怪問其故，并叩頭泣曰：「畏李校尉。」

靈帝

光和四年，帝作列肆于後宫。使諸采女販賣，更相盜竊爭鬥。帝自着商賈服，飲宴爲樂。又于西園弄狗，狗着進賢冠，帶綬，又駕四驢，躬自操轡，驅馳周旋。京師轉相效焉。

靈帝時，有黑氣墮温德殿廷中，大如車蓋，隆起奮迅，五色有頭，體長十餘丈，形貌如龍。上問蔡邕，對曰：「所謂天投蜺也，不見足尾，不得稱龍。占曰：天子内惑女色，外無忠臣，兵革將起。」

靈帝起裸游館，千門渠，水繞砌，蓮大如蓋，長一丈，夜舒晝卷，名夜舒蓮。宫人年二七以上，三六以下，皆靚妝而解上衣，或共裸浴。西域貢茵墀香，煮湯，宫人以之沐浴。浴畢，餘汁入渠，號「流香渠」。帝乘船游泛，選玉色宫人執篙楫，奏招商之曲以來凉風。

竇武，其母産武時，并産一蛇，送之林中。後母卒，及葬，未窆，有大蛇自榛莽中出，徑至喪所，以頭擊柩，涕血交流，俯仰結屈，作哀泣狀，久之乃去。識者知爲竇氏之祥。

酈炎字文勝。范陽人。酈食其之後也。幼有文才，解音律，言論捷給，多服其能。靈帝時，州郡辟命皆不就。後風病慌惚，性至孝，遭母憂病發。值妻始産而驚死，妻家訟之，收繫獄，炎病不能理對。熹平六年，死獄中，年二十八。尚書盧植爲誄讚，以昭其懿德。

董卓，少時耕野得一刀，四面隱起山龍文，斫玉如木，截鐵如泥。後示蔡邕曰：「此項羽刀也。」

獻帝

蔡邕，字伯喈，陳留人。六世祖勛。嘗避聘，携家逃入深山，世著清白，性篤孝，母有滯病，邕侍左右，不解襟帶三年，不寢寐者十旬。母卒，廬墓側，至野兔馴擾其旁，又木生連理，遠近奇之。熹平中，邕爲中郎，校書東觀。時《六經》多訛謬，邕奉詔刊正，仍自書之碑，命工鎸刻，立之太學門外。碑始立，觀視及摹搨者，車日千餘兩，填塞街陌。

越騎校尉汝南伍孚，忿董卓凶毒，欲手刃之，乃朝服懷佩刀以見卓。孚語畢辭去，卓起送至閤，以手撫其背，孚因出刀刺之，不中。卓自奮得免，急呼左右，執殺孚，詬曰：「虜欲反耶？」孚大言曰：「恨不得磔裂奸賊于都市，以謝天下！」言未畢而斃。

李膺《蜀記》云：「張陵避瘧于丘社中，得咒鬼術書，爲是遂解使鬼法。入鵠鳴山，自稱天師。漢熹平末，爲蟒蛇所噏，子衡奔走尋尸無所（得）〔一〕，乃假設權方，以表靈化。生縻鶴迹，置石崖頂。到光和二年，遣信告曰：『正月七日，天師升玄都，衡爲係師，衡子魯爲嗣師，以法惑亂天下。』然則今之所傳張道陵者，乃蟒腹之遺餐耳。」李膺非元禮也，蓋漢有兩張衡、兩李膺。

今所稱正一嗣教大真人張氏，其始祖天師張道陵，即張陵也。同時張角行天師道，持九節杖爲符咒，教病人叩頭思過，因以符水飲之。陵法略與角同，加思過静室。服罪之人，一上之天，著山上，一埋之地，一沉之水，謂之三官。病者家出米五斗，故號曰「五斗米

〔一〕「得」，據《熊批史闕》補。

師」。角在中國事露，至反，族滅。漢亦旋亡。而陵在蜀漢，因僻故幸不敗。傳至子衡孫魯，遂據巴、漢，垂三十年，曹操破之，始請降，封萬户侯。五子皆侯，傳國累葉。至唐宋間，復世掌道教，繡玉繻傳，遂與宣聖之裔相終始，而寵幸時過之，良可笑也。

曹操于孔融既積嫌忌，郗慮復構成其罪，遂令軍謀祭酒路粹枉狀奏融，謂融常禿巾微行，唐突宮掖。又嘗與禰衡跌蕩放言，云：「父之于子，當有何親？推原本意，當由情欲。子之于母，亦復奚爲？譬猶寄物瓶中，出則離矣。」已復與衡更相贊揚，衡謂融曰：「仲尼不死。」融答曰：「顔回復生。」諸語奏上，詔棄市。

禰衡客黄祖，時祖長子射尤善衡。嘗與衡俱游，共讀蔡邕所作碑文，射愛其詞，還寫，恨不得。衡曰：「吾猶能識之，惟中石缺二字不明耳。」爲書出，射馳使校碑，絶無訛謬，莫不嘆服。射嘗大會賓客，客有獻鸚鵡者，射舉卮請賦之。衡即席攬筆，文無加點，而詞采絢麗，一座盡傾。其後竟以忤祖見殺，射徒跣救之不及。

阮籍有濟世志。魏晋之間，天下多故，名士少有全者。籍由是不與世事，以酣飲爲常。司馬昭欲爲炎求婚于籍，籍醉六十日，不得言而止。鍾會數訪以時事，欲因其可否致之罪，皆以酣醉不答，獲免。

田疇，字子春，年二十二，幽州牧劉虞備禮詣見，遂與同事。虞爲公孫瓚所害，疇祭虞墓，哭泣而去。瓚聞大怒，獲疇，拘之。或曰：「疇義士，君囚，失衆心。」乃縱遣疇。歸徐無山中，躬耕養親，百姓歸之，數年間，至五千餘家。疇爲約束，制婚姻喪葬之禮，興學校講受之業，衆皆便之。袁紹屢辟不就。後曹操令疇將衆出盧龍，論功行封，不受，復歸徐無。

阮咸字仲容，與叔籍爲竹林之游。咸妙解音律，善彈琵琶，以意製爲樂器，形似琵琶而短，規圓滿懷，即名曰「阮」。後人謂之撥阮。

焦先字孝然，河東人。漢末隱居京口，結草爲廬，號「蝸牛廬」，呻吟其中。後野火燒之，乃露寢，雪中袒卧，百餘歲卒。皇甫謐稱其棄榮味，釋衣裳，擴然以天地爲棟宇。羲皇以來，一人而已。今鎮江焦山，因先隱此，遂以名焉。

鮑靚，陳留人，爲南海太守。嘗遇陰長生授秘訣。一日，行部入海，遇風飢甚，取白石煮食之。又與葛洪善，以女妻洪。靚還丹陽，卒葬石子岡。蘇峻之亂，盗發其棺，無尸，惟大刀一柄。欲取之，聞左右兵馬之聲，刀亦有聲如雷，盗驚懼而止。

譙人華陀，精方術，年百歲而有壯容。其處劑不過數種，針灸不過數處。若疾結于内，針藥不能及，令以酒服麻沸散，既醉無所覺，因剖腹破背，抽割聚積。若在腸胃，則斷絶湔洗，除去穢惡，已而縫合。傅以神膏，四五日創愈。經一月，平復如恒。其治療多奇中，難以枚舉。時曹操積苦頭風眩，聞陀名，召之。爲下針，隨手輒愈。後爲操所殺。

左慈字元放，廬江人。明《五經》，通星炁。于天柱山得《九丹金液經》，曹操聞而召之。閉一室，斷穀食，日與水二升，期年出之，顏色如故。操欲學之，慈曰：「學道當清静無爲。」欲殺之，爲設酒。慈以簪畫杯，酒中斷，飲其半，以半與操，又以杯擲屋棟，似鳥飛之狀。一座屬目，失慈所在。後操經陽城山，見慈采藥，令人逐之，走入羊群。操使人告之曰：「不復相害，試君術耳。」一老羝立而言曰：「詎如許。」即競往赴之，而群羊悉變爲羝，并人立云：「詎如許。」

先是操會客，慈亦預宴，珍羞具備，所少松江鱸。慈以銅盆貯水，釣之得魚。操煮魚，又恨無蜀中薑。慈曰：「易致耳。」操疑其近取，囑曰：「吾有使在蜀市錦。命其增市二端。」少頃，薑與蜀使報命即至。及操使反問，到蜀之信，都在取薑之一刻。神異若此。

史闕卷六

(明)古劍陶庵張岱紬
(清)吴興柳門鄭佶編

三國紀

蜀漢

昭烈生于樓桑村，門前一大桑樹，垂如羽葆。帝幼常嬉戲其下，心殊自負，謂群兒曰：「俟吾爲帝王，以此爲寶蓋。」父兄掩其口曰：「勿妄言，滅吾門矣。」

帝所乘馬，名的盧，嘗敗走檀溪，追騎且逼，帝曰：「的盧何不囫力？」溪水深廣，一躍而過。

昭烈之繼漢，非特名義而已，實炎祚之正統也。按《異苑》：「蜀臨卭縣有火井，漢室之盛則赫熾。桓、靈之際，火勢漸微。孔明一窺而更盛。至景曜元年，人以燭投之而滅。其年并于魏。」此亦一徵也。

先主一見馬超，以爲平西將軍，封都亭侯。超見先主待之厚，與先主言，常呼先主字。關羽怒，請殺之。先主曰：「人窮來歸我，卿等以呼我字而殺之，何以示天下？」張飛曰：「如是，當示之以禮。」明日，大會諸將，請超入，羽、飛并仗刀立直，超顧坐席，不見羽、飛。及見其立直，乃大驚，遂不復敢呼先主字。嘆曰：「我今乃知所以敗。爲呼人主字，幾爲關、張所殺。」

關公嘗爲流矢貫左臂，後創雖愈，每陰雨即痛。醫者華陀曰：「矢鏃之毒入骨，當破臂，刮骨去毒，此患乃除。」公伸臂，令鑿之，臂血淋灕，刮骨有聲，一座驚愕。公飲食自若。

漢壽，地名，在四川保寧府廣元縣。封關羽爲漢壽亭侯者，此地是也。亭侯，漢官名，後人稱爲壽亭侯者，誤。

宋紹興中，洞庭漁人獲壽亭侯金印。報官，納長沙庫中，時有光焰。吏不敢留，移文公安，送還玉泉寺關侯廟。印徑二寸，其制甚古。印紐有連環，四面兩相貫，上有一大環總之，所以佩也。淳熙四年，寺僧元庵摹畫印狀，具本末，將獻于東宮。是夕，印留方丈內，有光發函中，煇燭楹廡，遂不敢獻。據此，則亭侯之說，恐亦有誤。

黃彥承，沔南名士也。謂諸葛孔明曰：「聞君擇婦，身有醜女，黃頭黑面，才堪相配。」孔明許之，即載送焉。鄉里爲之諺曰：「莫作孔明擇婦，止得彥承醜女。」

武侯南征孟獲，瀘水汹涌不得渡。有云須殺人以代犧牲，于是用麵爲皮，內裹以猪羊肉，象人頭而祭之。後世之有饅頭始此。

諸葛武侯「八陣圖」，在蜀者二，一在夔州之永安宮，一在新都之彌牟鎮。王武子曾爲夔州之西市，俯臨江岸沙石下，看諸葛亮八陣圖，箕張翼舒，鵝形鶴勢，聚石分布，宛然尚存。峽水大時，三蜀雪消之際，灝滂滉瀁，大樹十圍，枯楂百丈，破礶巨石，隨波塞川而下，水與岸齊，雷奔山裂，聚石爲堆者，斷可知也。及乎水已平，萬物皆失故態，惟陣圖小石之堆，標聚行列依然如是者，垂六七百年間，淘灑推激，迄今不動。在新都者，其地象城門四起，中列土壘，約高三丈，耕者或剗平之，經旬餘復突出。此乃其精誠之貫、天之所支而不可壞者，蓋非獨人愛惜之而已。

唐時有發先主墓，盜數人齊入，見兩人張燈對奕，侍衛十餘。盜驚懼拜。後一人顧曰：「爾能飲乎？」各飲以一杯，又與玉腰帶數條，令速出。盜至外，甫言畢，口已漆矣。

玉帶乃巨蛇也。視其穴，已封固如舊。云是諸葛武侯所造。

蒲元性于斜谷口，爲孔明鑄刀三千口。刀成，言漢水鈍弱，不堪淬。蜀江爽烈，是大金之元精，命于成都取水淬刀。及水到，蒲言雜以涪水，不可用。取水者捍言不雜。蒲以刀畫水，言雜八升。取水者叩頭云：「于涪津覆水，遂以涪水八升益之。」尋以竹筒納鐵珠滿中，舉刀斷之，應手虛落，名曰神刀。

魏志

曹操本姓夏侯，父嵩爲中常侍曹騰養子。嘗意其富貴之極，何不復姓？後見一書云，當時有以讖緯進者云：「古者名官職，未嘗言曹。自合縱以來，始名官以曹。至吏亦言屬曹，卒亦言侍曹，以爲天意蓋屬曹也。」故曹之不復姓，其意本此。

操少時嘗與袁紹觀人新婚，潛入主人園中，夜叫云：「有偷兒匿青廬中。」人皆出觀，操乃入，抽刀劫新婦，與紹還。出，失道，墮枳棘中。紹不能動，操復大叫：「偷兒在此！」紹遑迫自擲出，遂以俱免。

操故多方技。嘗于南皮射雉，一日獲六十三頭；能用手巾角彈碁，旋舞不歇。與人宴，謔談諧戲，無所不劇；興到時，至以頭投杯，巾幘盡污，于餚膳不顧也。

漢太尉橋玄墓冢東有廟，即曹孟德親酬處。操本微，素嘗候于玄。玄曰：「天下將亂，能安之者，其在君乎？」操感知己，後經玄墓，爲文祭之。内言橋公約誓：「徂役之後，路有經由，不以斗酒隻鷄，過相沃酬，車過三步，腹痛勿怨。」後以祭詞勒碑冢上。

曹操嘗言：「我眠中不可妄近。近便斫人，亦不自覺，左右宜深慎。」一日陽眠，所幸一人，竊以被覆之，因便斫殺，復卧。既覺，問：「誰殺我侍者？」自是，每眠人不敢近。

曹操言人欲危己，己輒心動。因語所親小人曰：「汝懷刃密來我側，我必説心動。執汝，使行刑。汝但勿言，保無他故，當厚相報。」執者信焉，不以爲懼，遂斬之。此人至死不知也。左右以爲實，逆謀者挫氣矣。

操嘗行軍，廩穀不足，私召主者問：「如何？」主者曰：「可以小斛足之。」操曰：「善。」後軍中言曹公欺衆，操謂主者曰：「借汝一物，以厭衆心。」乃斬之，取首題徇曰：「行小斛，盗官穀。」軍心遂定。

曹操赤壁之敗，船艦爲備所燒，引軍從華容道步歸。遇泥濘，道不通，天又大風，悉使羸兵負草塡之，騎乃得過。羸兵爲人馬所踏籍，陷泥中死者甚衆。軍既得出，操大笑，諸將問之，操曰：「劉備用兵，吾儔也。但得計少晚，向使此地放火，吾徒無噍類矣。」備尋放火，操去遠，不能及。

曹操過吕伯奢，伯奢出行，五子皆備賓主禮。操自以背董卓，疑其圖己，夜殺八人而去。操在逆旅，聞其食器聲，以爲圖己，遂殺之。既而悽愴曰：「寧我負人，無人負我。」遂行。

袁紹曾遣人夜以劍擲曹操，少下不中。操揆之，後必高，因帖卧床上，劍至果高。

操伐冒頓。經白狼山，逢獅子，使人格之，殺傷甚衆。忽見一物從林中出，如狸，上操車軛。獅子至，便跳上其頭，獅子伏不敢起。遂得獅子。還洛陽，三十里鷄犬不敢鳴吠。

操行失道，三軍皆渴，乃令曰：「前有大梅林，饒子甘酸，可解渴。」士卒聞之，口皆出水，乘此得及泉源。

操嘗出軍，行經麥中，令軍士毋犯麥，犯者死。騎士皆下馬扶麥以過。忽操馬騰入麥，敕主簿議罪。主簿對以春秋之義，罰不加尊。操曰：「制法而身犯之，何以率下？」請自刑，因拔劍割髮，置地而去。

操既平漢中，欲討劉備而不得進，欲守又難爲功。護軍不知進止，操出教令曰：「鷄肋。」外曹莫能曉。楊修曰：「鷄肋，食之無所得，棄之殊可惜。公計決矣。」私語營中戒裝。俄，操果班師。

銅雀臺，操所築。上有樓，鑄大銅雀，高一丈五尺，置之樓顛。臨終遺令：「施繐帳于上，使宫人歌吹帳中，望吾西陵。」西陵，操葬處也。後土人掘地，得瓦作硯，貯水不滲，謂之「銅雀硯」。

操嘗爲尚書右丞司馬建公所舉。及操爲王，召建公到鄴，與歡飲。謂建公曰：「孤今日可復作尉否？」建公曰：「昔舉大王時，適可作尉耳。」

丕曰：「建安十年，始定冀州。濊貊貢良弓，燕代獻名馬。時歲之暮春，勾芒司節，和風扇物，弓燥手柔，草淺獸肥。與族兄子丹獵于鄴西，終日，手獲麞鹿九、雉兔三十。」

氏池縣大柳谷口，夜激波涌溢，其聲如雷。曉而有蒼石立水中，長一丈六尺，高八尺，白石畫之，爲十三馬、一牛、一鳥，八卦玉玦之象，皆隆起，其文曰：「大討曹，適水中，甲寅。」操惡其「討」也，使鑿去爲「計」，以蒼石窒之，宿昔而白石滿焉。至晋初，其文愈明，馬、象皆焕徹如玉〔馬〕（焉）〔一〕。

〔一〕「馬」，《搜神記》作「焉」，據改。

曹冲字蒼舒，自幼聰慧。孫權嘗致巨象于操，操欲知其斤重，以訪群下，莫能得策。冲曰：「置象大船之上，而刻其水痕所至。稱物以載之，一較可知矣。」冲時五歲，操大奇之。操有馬鞍在庫，爲鼠所嚙。庫吏懼罪，自縛請死。冲謂曰：「待三日中自歸。」冲乃以刀穿其單衣，如鼠嚙者，人見，謬爲失意狀，有愁色。操問之，冲曰：「世俗謂鼠齧衣不吉，今兒衣見嚙，是以憂。」操曰：「是妄言耳，無所苦。」俄而庫吏以齧鞍白，操笑曰：「兒衣在側且齧，況鞍懸柱乎？」竟置不問。

邴原有女，早亡。操子蒼舒亦殁，操求合葬。原辭曰：「非禮也。明公所以待原，以其能守訓典爾。若聽明公，是妄庸也。」操乃取甄氏女合葬焉。

張遼字文遠，時荊州未定，操遣遼屯長社。臨發，軍中有謀反者，夜驚亂，火起，一軍惶擾。遼謂左右曰：「勿動。是不合營盡反，必有造變者，欲以動亂人耳。」乃令軍中不反者安坐，遼乃將親兵數十人，中陣獨立。有頃，亂定，即得首謀者，殺之。

潼關之役，曹操與韓遂單馬會語，獨許褚從操。時馬超欲突擒操，素聞褚勇，疑從騎是褚，乃問曰：「公有虎痴將軍者，安在？」操顧褚，褚瞋目視之，超不敢動。

魏明帝以其母甄氏廢，未立爲嗣。文帝與俱獵，見子母鹿，帝射其母，應弦而倒。令明帝射其子，明帝置弓泣曰：「陛下已殺其母，臣何忍復殺其子？」帝悟，遂立爲嗣。

《晉漢春秋》曰：「初，甄后之誅，由郭氏之寵也。及殯，令披髮覆面，以［糖］（糠）〔一〕塞口。遂立郭氏爲后，使養明帝。明帝知之，心懷憤恨，數泣問甄后死狀。郭曰：『先帝自殺，何以責問于我？且汝爲人子，可追仇死父，爲前后枉殺後母耶？』明帝怒，遂逼殺之。敕殯者一如甄后故事。」

典韋飲食兼人，每賜食于前，大飲長歠，左右相屬，益供具。操壯之。每戰，好持雙戟，軍中爲之語曰：「帳下壯士有典君，手提雙戟八十斤。」

鍾繇初求蔡邕筆法于韋誕，誕不與，繇即搥胸嘔血。曹操以五靈丹救之，得活。及誕死，繇發其冢，遂得邕筆法。于是學書，窮晝夜無間輟。卧則以手畫被，被爲之穿。如厠，至于忘歸。世傳繇有書癖。

陳壽嘗爲諸葛武侯書佐，受撻百下，其父亦爲武侯所髡，故《蜀志》多誣罔。又丁廙、丁儀有盛名于魏，壽謂其子曰：「若覓千斛米見借，當爲尊公作一佳傳。」丁不與，遂不爲之立傳。

〔一〕「糖」，當作「糠」，形誤。《三國志·魏書·后妃傳》：「初，甄后之誅，由郭后之寵。及殯，令被髮覆面，以糠塞口。」據改。

時論以此鄙之。

《靈異志》：嵇中散嘗游洛西，去洛數十里，有亭名華亭，暮投宿，一更中操琴，聞空中稱善。中散呼與相見，乃出，見形，以手持其頭，共論音律。因授以《廣陵散》。

馬均字德衡，扶風茂陵人。魏明帝時，造指南車。又作木人，能緣牆跳梁，令木人舞，開門户，舂米磨麥，與人無異。

吴志

孫堅母夫人懷堅時，夢腸出繞閶門，乃極貴之兆。而堅妻吴夫人幼有才貌，堅欲娶之，吴氏諸戚以堅輕狡欲不與。堅頗懷忿。夫人曰：「奈何愛一女而取禍乎？」遂歸堅。初，夢月入懷而生策，又夢日入懷而生權。

孫堅母夢一童女負之，繞閶門三匝，天授以芳茅一莖。童女語云：「今賜母此茅土，王于翼軫之地，鼎足于天下。」卜人曰：「童女，太白之精也。」

孫鍾，富春人，性至孝，以種瓜爲業。一日，有三人來，鍾設瓜及飲，三人云：「示子葬地，下[地](山)[一]百步，勿反顧。」鍾不六十步回看，三白鶴飛去。遂葬其母。鍾後生堅，堅生策、權。權後建國爲吴，稱帝，傳亮、休、皓，凡四世。

孫堅，年十七，與父共載至錢唐，會海賊胡玉掠取賈人財物，正于岸上分贓，行旅皆住船不敢進。堅謂父曰：「此賊可擊。」父曰：「非爾所圖也。」堅直操刀上岸，故以手東西指麾，作分部人徒遮賊狀。賊望見，以爲官兵，即委財物而走。堅躡其後，斬賊數級。父大驚異。

孫堅嘗參張温軍事。温以詔書召董卓，卓良久乃至，詞對頗傲。堅前耳語温曰：「卓負大罪而敢鴟張大語，宜以召不時至，按軍法斬之。」温不能從，卓後果横不可制。

孫堅擊劉表，乘勝入于西華。失利，堅被創墮馬，卧草中。軍分散，不知堅所在。堅所騎驄馬馳還營，掊地嘶鳴，將士隨馬于草中得堅。堅還營十數日，創愈，復出戰。

孫權之妹適先主。合巹之夕，先主入内寢，夫人端坐胡床，侍女皆佩刀林立。先主肅然震恐，竟夕不安。後薨逝，立廟無爲州，號𧊵姬祠，靈應異常。時太祖與陳友諒彭蠡大戰，神出助陣，太祖封爲夫人，有蟒袍玉帶供其祠内。

[一]「地」，《夜航船》《幽明録》俱作「山」，據改。

步夫人，孫權妻也，以美麗寵冠後宮。生二女，長曰魯班，字大虎，前配周瑜，後配全琮；少曰魯育，字小虎，前配朱據，後配劉纂。

周瑜字公瑾，從孫策攻皖，得喬公二女，皆有國色。策自納大喬，瑜納小喬。策謂瑜曰：「喬公二女雖流離，得吾二人爲婿，亦足爲歡。」

孫權與曹操相拒濡須者月餘，權嘗乘大船來觀，操軍弓弩亂發，箭着船傍。船偏重，權乃令回船，更一面以受箭。箭均，船平，乃還。權命卒呼操軍曰：「敬謝箭！」

孫權赤烏八年，遣校尉陳勛漕句容，中道鑿破，掘得一黑物，無首尾，形如數百斛船，長數百丈，蠢蠢而動。有頃，忽融液成汁。時人莫能識。得此之後，遂獲泉源。或謂是水脉，每至大旱，餘瀆皆竭，惟此巨流焉。

太史慈善射，箭不虛發。嘗從孫策討麻保賊，一賊手援樓柱而口罵慈。慈拈弓射之，矢貫其手于柱。萬衆咸驚，莫不稱異。

諸葛恪爲丹陽守，出獵兩山之間，有物如小兒，伸手欲引人。恪令伸之，引去故地即死。參佐問其故，恪曰：「《白澤圖》曰：『兩山之間，精如小兒，則伸手引人，其名曰傒。引去故地則死。』余見此圖説，何足爲奇？」

直瀆，幕府山東北，孫皓鑿，長十四里。初開時，晝穿夜復塞，經數月不就。有役夫卧其側，夜見鬼物來填，因嘆曰：「何不以布囊盛土，棄之江中，使吾輩免勞于此？」役夫曉白有司，如其言，乃成瀆。《北征記》：吴將軍甘寧墓在此。俗云有王氣，故孫皓惡而鑿之。

曹丕師出廣陵，吴人大駭，乃臨江爲疑城，自石頭至江，一夕而成。丕望江嘆曰：「彼有人焉，未可圖也。」乃引師還。

步隲表請預備北兵，謂北降人云：「北人將多作布囊，盛沙以塞大江。」後吴範、諸葛恪每讀隲表，輒撫掌大笑曰：「此江與開闢俱來，寧可以囊沙塞也？」

《吴録》曰：「桓奉觴曰：『臣當遠去，願一捋陛下鬚，無所復恨。』權憑几前席，桓進前捋鬚，曰：『臣今日可謂捋虎鬚也。』權大笑。」

南京鍾山有漢秣陵尉蔣侯子文廟，蓋因子文逐盗死此，孫權爲之立廟，封蔣侯。權避祖諱鍾，改名蔣山。後助楊大眼走魏軍，大雨凱旋，廟中泥兵泥馬皆渾身沾濕。南唐追封壯武帝。宋元祐中，賜額「惠烈廟」。

史闕卷七

（明）古劍陶庵張岱紬
（清）吴興柳門鄭佶編

晋紀

宣帝

司馬懿有狼顧相，曹操欲驗之，召使前，令反顧，面正向後而身不動。操又嘗夢三馬同食一槽，心惡之，因謂子丕曰：「司馬懿非人臣也，必預汝家事。」時丕與懿甚善，操稍安之。及平公孫，誅曹爽，遂大殺戮。已，竟遷魏鼎。明帝時，嘗問王導前世所以得天下者，導爲歷陳懿創業之始，及丕高貴鄉公事。明帝亟以面覆床曰：「若如公言，晋祚安得長久哉！」

司馬懿妻張氏，有智略。懿初辭操命，托病風痺不起。一日曬書，忽暴雨至，懿不覺自起收之。家惟一婢見，恐事泄致禍，張氏即手殺婢以滅口。而親自執爨，懿以是重之。其後柏夫人有寵，張氏罕得進見。懿嘗卧疾，張氏往省，懿曰：「老物可憎，何煩出也？」張氏慚恚不食，將自殺。諸子亦不食，懿不得已，入謝，張氏乃解。懿退，謂人曰：「老物不足惜，慮困吾佳兒耳。」

景帝

司馬師，懿之長子。性沉毅，多大略。懿將誅爽，深謀秘策，獨與師畫之，昭勿知也。將發之夕，懿微使人覘師，師寢如常，而昭不能安席。晨，會兵司馬門，鎮靜暇整，斬然無譁。懿喜曰：「是兒竟可。」師初陰養死士三千，散在民間，至是一朝集，竟莫知所自來。

武帝

晉武始登阼，探策以卜世數多少，而得一策，帝不懌，群臣失色。侍中裴楷進曰：「臣聞天得一以清，地得一以寧，帝王得一以爲天下貞。」帝大悦，群臣嘆服。

王弇州曰：「諂臣媚子，取捷供奉，然語不妨雅致。若桓玄篡位，初登御床而陷，殷仲文曰：『將由聖德深厚，地不能載耳。』梁武宮門災，謂群臣曰：『我意方欲更新。』何敬容曰：『此所謂先天而天弗違。』又武帝即位，有猛虎入建康郭，象入江陵。上意不悦，以問群臣，無敢對者。王瑩曰：『昔擊石拊石，百獸率舞。陛下膺籙御圖，虎象來格。』縱極贍辭，不能不令人嘔穢。」

武帝嘗以吸花絲錦賜麗娟，命作舞衣，春暮宴于花下，舞時故以袖拂落花，滿身都着，舞態愈媚，謂之「百花舞」。一日，帝與麗娟看花，時薔薇始開，帝曰：「此花絶勝，佳人笑也。」娟曰：「笑可買乎？」奉黄金百斤爲買笑錢。

武帝問髦頭之義，彭權對曰：「《秦記》云，國有奇怪，觸山截水，無不崩潰，惟畏髦頭，故使虎士服之，衛至尊也。」張華曰：「有是言，事不經。臣以爲壯士怒髮衝冠，義取于此也。」

吕虔有佩刀，工相之，謂必登三公，可服此刀。虔乃以屬王祥曰：「苟非其人，刀或爲害。卿真公輔器，故以相與。」祥辭勿獲，乃受之。及卒，以刀授覽，曰：「汝後必興，足稱此刀。」覽六子俱顯，其後多賢，著姓江左，導即其孫也。

何曾侍武帝宴，退語諸子曰：「主上創業垂統，而吾每宴見，未聞經國遠圖，惟説平生常事。及身而已，後嗣其殆乎？」指諸子曰：「汝等獲免。」指諸孫曰：「此輩必及于亂。」後東海王越入京師，綏被誅。嵩哭之曰：「吾祖真聖人也。」嵩、綏皆劭之子、曾之孫也。

邵陵公曹芳廢遷金墉，太宰郎范粲素服拜送，哀動左右。遂佯狂不言，寢所乘車，足不履地，凡三十六年。壽八十四，終于所寢之車。

許遜，南昌人。少從吴猛得神方秘法，以修煉爲事。晋太康初，爲旌陽令，大施濟利。尋棄官歸，遇諶母，傳以道術，遂斬蛇誅蛟，悉除毒害。以豫章爲游川，蛟螭所穴，乃于牙城南井鑄鐵爲柱，下施八索，鎮鎖地脉。自是水妖屏迹，城邑無虞。

又周行江湖諸郡，殄滅毒害。乃歸舊隱精修，至寧康二年，壽一百三十歲，舉家同時升天，鷄、犬亦隨之飛去。宋封「神功妙濟真君」。

石崇以生于青州，小名青奴。其父苞臨終分財與諸子，獨不及崇。母爲請。苞曰：「此兒後自能得。」仕荆州刺史，時劫遠使商客，致富不貲，有别館在河陽之金谷，一名「梓澤」。後房數百，俱極佳麗之選。一妓名緑珠，姿尤艷，善吹笛。孫秀使人求之，崇盡出婢妾數十人，曰：「惟君所擇，緑珠不可得也。」使者三返，竟不許。秀怒，勸趙王倫誅崇。介士到門，崇謂緑珠曰：「我今爲爾受罪。」緑珠泣曰：「當效死于前。」因自投樓下死。

《金谷園叙》曰：「余以元康六年，從太僕卿出爲使持節、監青徐諸軍事、征虜將軍，有別廬在河南縣界金谷澗中，或高或下，清泉茂林，竹柏藥草之屬，莫不畢備。又有水碓魚池土窟，其爲娱目歡心之物備矣。時征西大將軍祭酒王詡當還長安，余與衆賢共送往澗中，晝夜游宴，屢遷其坐。或登高臨下，或列坐水濱，時琴瑟笙筑，合載車中，道路并作，令與鼓吹遞奏，遂各賦詩，以叙中懷。或不能者，罰酒三斗。感性命之不永，懼凋落之無期，故具列時人官號、姓名、年紀，又寫詩著後。後之好事者其覽之哉。凡三十人，蘇紹最勝。紹乃崇之姊夫。」

王戎幼而清秀。魏明帝于宣武場上爲欄苑虎阱，使力士袒裼，迭與之搏，縱百姓觀之。戎年七歲，亦往觀。虎承門薄欄而吼，其聲震地，觀者無不辟易顛僕，戎亭然不動。帝于門上見之，使問姓名，嘆異之。

惠帝衷

永興初，成都王潁之亂，帝頰中三矢，亡六璽。潁劫帝自鄴至洛陽，上下倉卒無齎糧。侍中黄門于被中齎私錢三千，詔貸之，用買飯。駐止帷客舍，宫人有持升餘秔米飯及燥蒜、鹽豉以進帝者，帝啖而甘之。夜宿，御中黄門布被。次獲嘉，市粗米飯，盛以瓦盆，帝啖兩盂。及至温，帝謁陵失履，納從者履，下拜流涕。

惠帝時，有人于嵩高山下得竹簡一，有蝌蚪書兩行。傳以相示，莫有識者。司空張華以問束皙，皙曰：「此漢文帝顯節陵中策文也。」檢驗，果然。

太康二年，汲郡人不準盜發魏襄王冢，得竹書數十車。其《紀年》十三篇，記夏以來至周幽王爲犬戎所滅諸事。傳之後世，謂之《汲冢周書》。

張華博覽圖籍，四海之内若指諸掌。武帝嘗問漢宫室制度，及建章宫千門萬户，華應對如流，聽者忘倦。畫地成圖，左右屬目。時人比之子産。

惠帝時，殿前大鐘不叩自鳴。人皆異之，以問張華。華曰：「此蜀銅山崩，故鐘鳴應之耳。」尋蜀都上其事，如茂先言。時有得鳥毛長三丈，以示華。華視之，慘然曰：「此海鳧毛也。出則天下亂矣。」陸機嘗餉張華魚鲊，時賓客滿座，華發器便曰：「此龍肉也。」衆不之信，華曰：「試以苦酒濯之，必有異。」濯之，果有五色光起。機還問鲊主，乃云：「園中茅積下得一白魚，質狀殊常，以作鲊甚美，故以相獻耳。」

《神異苑》：中朝有人畜銅澡盆，朝夕恒如人叩。乃問張華，華曰：「此盆與洛鐘宫商相應，朝夕撞鐘，故聲相應耳。可錯令輕，其聲自止。」如其言，不復聞聲。

吳郡臨平岸崩，出一石鼓，叩之無聲，問張華。華曰：「用蜀中桐材，刻作魚形，叩之則鳴矣。」如其言，聲聞數十里。

嵩高山北有大穴，晉時有人誤墮穴中，見二人圍棋，下有一杯白水，與墮者飲之，氣力十倍。棋者曰：「汝欲停此否？」墮者曰：「不願停。」棋者曰：「從此西行，有天井，其中多蛟龍。但投入井，自當出。若飢，取井中物食之。」墮者如其言，可半年，乃出蜀中。因至洛下問張華，華曰：「此名仙館。所飲者玉漿，所食者龍穴石髓。」

張茂先爲建安從事，游于洞宫山，遇一人于途，問曰：「君讀書幾何？」對曰：「華之未讀者，則二十年內書。若二十年外，則華已盡讀之矣。」其人微哂之，因拉與同至一處，大石壁下忽然有門，引華入，數步則別是天地。宫室嵯峨，引入一室中，陳書滿架。其人曰：「此歷代史也。」又至一室，曰：「此萬國志也。」每室各有奇書，惟一室屋宇頗高，封識甚密，有二犬守之。華問故，答曰：「此皆玉京、紫微、金真、七瑛、丹書、紫字諸秘籍。」指二犬曰：「此癡龍也。」華歷觀諸書，皆秦漢以前事，多所未聞者，如《三墳》《九丘》《梼杌》《春秋》，亦皆在焉。華心樂之，欲僦居數十日，以觀其書。其人曰：「君癡矣。此豈可僦居地耶？」即命小童送出。華問地名，曰：「此嫏嬛福地也。」華甫出門，石壁忽然自閉。華回視之，但見雜草、藤蘿繞石而生，石上苔蘚亦合，初無縫隙。華爽然自失，徘徊久之，望石再拜而去。華後著《博物志》，多嫏嬛中所得，帝使削去，可惜也。

洛下有田穴，婦欲殺其夫，推而下之，久乃至底。得穴，行數十里，見人長三丈，披羽衣，如此九處，最後行至告飢。長人指中亭柏樹下有一羊，令跪，捋羊鬚，三捋得三珠，令食後所得珠，遂不飢。復尋穴行，出交州，還洛。問茂先，云：「九處地仙，名九館大夫。羊爲癡龍，初一珠吞之，天地等壽；次者延年；又次者療飢而已。」

張華《博物志》成，晋武帝賜于闐青鐵硯、遼西麟角筆、南越側理紙。一名水苔紙，以海苔爲紙，其理縱横斜側，故以爲名。

皇甫謐字士安，年二十不學，或以爲癡。其叔母任氏，涕泣道之，謐感激，遂博綜群籍，研精撰著。自號玄宴先生。前後徵辟十數，皆不就。每上表謝，自稱草莽臣。身極羸瘦，而披覽不倦。嘗就帝借書，帝送之一車。

陸機罵盧志爲鬼子，禍已胎矣。自遜、抗至機三世爲將，已犯道家所忌。及出軍，而旌旗鼓角連六十餘里，自漢魏以來，出師未有如此之盛，寧不召禍乎？將被收之日，夢黑幰繞車，撥之不開，豈非數哉！陸抗之誅步闡，百口無少長俱盡，則機之禍，陰報之不爽也。

愍帝業

愍帝二年正月辛未辰時，日隕地。又有三日相承，出于西方而東行。元帝大興初，日夜出，高三丈。按，天文之變不勝書，特書其尤異者。

祖逖過江，時公私儉薄，無好服玩。王庾諸公共就祖寓，忽見裘袍重疊，珍飾盈列，諸公怪問之。逖曰：「昨夜復南塘一出。」逖于時恒使健兒鼓行抄劫，在事之人知而不問。

元帝睿

初，玄石圖有牛繼馬後之讖，故司馬懿深忌牛氏。會有將牛金者，懿心疑之。遂爲二榼，分貯酒而共一口，召牛侍飲。自飲佳者，而以酖酒飲牛金，金死。後恭王妃夏侯氏，私通小吏牛氏而生子，是爲元帝。先是秦始皇時望氣者言，五百年後金陵有天子氣，故始皇東游以厭之，改其地曰秣陵，又塹北山以絶其勢。而元帝起，適應其期。前此孫權稱號，猶四百三十年也。

王衍既降石勒，自解無罪，且勸勒稱尊號，冀以自免。其女惠風爲愍懷太子妃，劉曜陷洛陽，以惠風賜其將喬屬。將娶之夕，惠風仗劍大罵而死。乃知夷甫之死，非獨慚見晉之公卿，亦當羞見其女也。

晉王將即阼，郭璞占國家徵，得豫之睽，案卦，會稽郡當出應鐘，在人家井中得之。後會稽剡縣人陳清在井中得一鐘，形製尤精。

劉琨在晉陽，虜圍之數重，城中窘迫無計，琨乃乘月登樓清嘯。賊聞之，皆淒然長嗟。中夜爲奏胡笳，賊流涕歔欷，不覺懷土之切。向曉復吹，賊遂棄圍走。

明帝紹

王敦將舉兵内向，帝密知之，乃乘駿馬微行至湖陰。察敦營壘而出。時敦方晝寢，夢日繞其城，驚起曰：「此必黄鬚鮮卑奴來也。」遂遣五騎物色追帝。帝馳去。馬遺糞，輒以水灌之。見逆旅賣食嫗，以七寶鞭與之，曰：「後有騎來，可出此示。」俄追者至，問嫗。嫗曰：「去遠矣。」因示以鞭，五騎傳玩，稽留遂久。又見馬糞冷，以爲信遠。遂止。

石崇以豪奢矜物，厠上常列十餘婢，皆美容色。置甲煎粉、沉香汁，客如厠者，皆令易新衣出。客多羞脱衣，而敦獨脱故著新，意色恬然。群婢相謂曰：「此客必能作賊。」

宋禕乃緑珠弟子，有國色，善吹笛。後在晋明帝宫中，帝有疾，群臣進諫，請出宋禕。帝曰：「卿諸人誰欲得者？」阮遥集時爲吏部侍郎，對曰：「願以賜臣。」即遣出與之。

郭璞受業于河東郭公，公以《青囊中書》九卷與之，遂洞五行、天文、卜筮之術，禳災轉福，通致無方。雖京房、管輅，不能過也。後爲門人趙載所竊，未及開讀，爲火所災。

惠懷之際，河東先擾。璞筮之，投策而嘆曰：「嗟乎！黔黎將淹于異類，桑梓其剪爲龍荒乎？」于是避地東南，抵將軍趙固。會固所乘馬死，固惜之。璞至，門吏不爲通。璞曰：「我能活馬。」吏驚，入白固，固接入，璞曰：「得健夫三十人，持長竿東行三十里，有丘林廟社，便以竿打拍，當得一物，宜急持歸，得此馬活矣。」如其言，果得一物似猴。此物見馬，即噓吸其鼻，少頃馬起，奮迅嘶鳴，食水草如常，不復見向物矣。

璞行至廬江，時江淮清宴，太守胡孟康安之，無心南渡。璞爲占之，當敗。康不信。璞促裝而去，而愛主人之婢，乃取小豆三斗，繞散主人宅。主人晨見赤衣人數千圍其家，就視則滅，請璞爲卦。璞曰：「君家不宜畜此婢，可于東南二十里許賣之。慎勿争價。則此妖可除。」主人從之。璞因使人賤買此婢，復爲符投井中，數千赤衣人皆反縛自投于井。主人大悦，璞携婢去。後數旬，廬江果陷。

郭璞素與桓彝友善。彝每造，或值璞在内寢，彝輒入。璞曰：「卿他處可徑行，但不可至厠上。」彝後因醉詣璞，正逢在厠，彝徑入。見璞裸身披髮，銜刀設醊。璞見彝，大驚曰：「吾每囑卿勿來，非但禍吾，卿亦不免。數實爲之，奈何？」後璞終攖王敦禍，而彝亦死。

王導令璞作一卦，卦成，意色甚惡，云：「公有震厄。」導問有可消伏理否，璞曰：「命駕西出數十里，得一柏木，截斷如公長，置床上常履處，災可消矣。」導從其語，數日中，風雷震柏粉碎。

謝鯤嘗行經空亭中投宿，此亭舊常殺人。鯤宿至將曉，有黄衣人呼鯤字令開户。鯤澹然無懼，便于窗中度手牽之，膞斷。視之，鹿也。尋血迹獲焉。亭中自是無怪。

成帝衍

成帝杜后，杜預之曾孫女也，少有姿容，長猶無齒，以故求婚者屢中格。自帝納采，一夜齒盡生。正位七年，崩。先是三吴女子，忽相與簪白花，望之如素柰。傳言天公織女死，爲着服，未幾后應之。

蘇峻之亂，卞壺以力戰死。其後盜發壺墓，尸僵，鬢髮蒼白，面如生，兩手悉拳，爪甲穿透手背。

陶侃左手有文，直達中指上横節便止。有相者師圭謂侃曰：「君左手中指有竪理，若徹于上，位無極。」侃以針挑令徹，血流彈壁，乃作「公」字。以紙裛手，其「公」字愈明。侃居家，媵妾數十，家僮千餘，奇珍寶玩，等于天府。母死居憂，有二客來吊，不哭而退，化雙鶴升天而去。

陶侃少時漁于雷澤，得一織梭，以挂于壁。有頃，雷雨交作，梭化爲龍，破壁飛去。又夢生八翼，飛而上天，見天門九重，已登其八，唯一門不得入。閽者以杖投之，折其左一翼，因墜地。及寤，左腋猶痛。又嘗如厠，見一人朱衣介幘，歛板曰：「君後當爲三公，位至八州。以君長者，故來相報。」侃子十七人，知名者九人。

温嶠破蘇峻，將還武昌，至牛渚磯，水不可測。相傳其下多怪物，嶠乃燃犀角照之。須臾見水族覆火，奇形怪狀，有乘車馬著赤衣者。是夜，嶠夢一人謂曰：「與君幽明道隔，何事相窘？」嶠覺而惡之。未幾，以齒疾拔齒，中風。至鎮，未旬而卒。

康帝岳

庾翼幼時嘗令郭璞筮公家及身命，卦成，曰：「建元之末，丘山崩；長順之初，子凋零。」及康帝即位，改元建元。或謂庾冰曰：「子忘郭公言耶？丘山上名，何用此號？」冰憮然嘆恨。及帝崩，何充改元永和。庾翼嘆曰：「天道精微乃如是。永和者，長順也。吾殆不免矣。」是年翼果卒。

穆帝聃

桓温字元子，生未期。太原温嶠見之，曰：「此兒有奇骨，可試使啼。」及啼，曰：「真英物也。」其父彝以嶠稱賞，遂名之曰温。温嶠笑曰：「果然，後將易吾姓。」年十五，父爲江播所害。温枕戈泣血，志在復仇。至年十八，則播已死，子彪兄弟三人居喪，置刃杖中，以爲温備。温乃詭稱吊客，入。刃彪于廬中，并殺其二弟。與劉惔友善，惔嘗稱之，曰：「温眼如紫石稜，鬚作蝟毛磔，孫仲謀、晋宣王之流亞也。」選尚南康公主。

王坦之公忠慷慨。簡文帝將崩，詔桓温依周公居攝故事。坦之直持詔到帝前，毁之。帝曰：「天下儻來之運，卿何以嫌？」坦之曰：「天下宣元之天下，非陛下所得專也。」遂爲改詔。

温既以雄武專朝，窺覬非望。一日，行經王敦墓，望之曰：「可人，可人。」時一比丘尼有道術，一日浴于别室，温竊窺之，見尼裸身，先以刀自破其腹，次斷兩足，浴竟而出。温問之，尼答云：「公若作天子，亦復爾爾。」

桓彝孫石虔，小字鎮惡，趫捷絶倫。少時嘗于獵圍中見一猛獸，被數箭而伏。諸督將欲試其勇，戲令拔箭。虔輒往，拔得一箭，獸跳，虔亦跳，高于獸。獸伏，復拔一箭。後從温入關，桓冲被苻健圍困，垂没，虔躍馬赴之，拔冲于數萬衆中，敵莫敢抗。是時人有患瘧疾者，呼桓鎮惡之名以怖之，病多愈。後累功至豫州刺史。

桓温病篤，諷朝廷加以九錫。謝安使袁宏具草，安見之，輒使改易，歷旬不就。温薨，錫命遂寢。

殷浩北伐，以江逌爲長史，取鷄百餘，連長繩，繫火于足，驅放過塹，飛集羌營，壁壘皆燃。由是大破羌人，斬殺甚衆。

兖州刺史蔡裔，有勇氣，聲若雷震。嘗有二偷兒入室，裔拊床一呼，二盗俱隕。殷浩委以軍鋒，遠近咸震懾之。

涼州張重華，遣謝艾伐麻秋，引師出振武。夜有二梟鳴于牙中，艾曰：「梟者，邀也。六博得梟者勝。今梟鳴牙中，剋敵之兆也。」果大破之。

王右軍在山陰縣寫《黄庭經》，完，其筆騰空飛去。今有筆飛樓，在采蕺山下。

王右軍蘭亭修［禊］（禊）〔一〕，群賢咸集，計四十二人。而詩不成者一十六人，各罰酒三觥。是之謂「金谷酒數」。

簡文帝昱

帝留心典籍，意度閑雅。一日，與桓温及武陵王晞同載，游版橋。温遽令鳴鼓角，車馳卒驟，意欲觀其神撿。晞大恐，求下車，而帝安然，了無怖色。温以此憚之。

簡文初無子，令善相者遍閲宫人。時李太后執役宫中，相者指后當生貴子，而有虎厄。帝幸之，生武帝。既爲太后，服相者之驗，而怪虎厄無謂，且生未識虎，乃命工圖形，戲擊之，患手腫而崩。

〔一〕「禊」，當作「禊」，形誤。王羲之《三月三日蘭亭詩序》：「暮春之初，會于會稽山陰之蘭亭，修禊事也。」據改。

習鑿齒以温覬非望，爲著《漢晋春秋》。起光武，終晋愍。三國以蜀爲正統，魏氏雖受漢禪，亦爲篡逆。至文帝平蜀，乃爲漢亡，而晋始興焉。凡五十四卷。冀裁温之逆萌。後竟以脚疾廢。苻堅陷襄陽，聞釋道安與齒名，爲輿而致之。與語大悦，曰：「晋氏平吴，利獲二陸。今破漢南，得士才一人有半。」以習病足故云。

干寶博學多才，嘗爲著作郎。先是寶父有所寵婢，寶母甚妒之。父亡，母生納之墓中。寶時年小不知。後十餘年，母喪，開墓，而婢伏棺上如生。載歸，經日，因言其父常與飲食，家中吉凶事輒與語，亦殊不覺地中惡也。寶後嫁之，復生子。

謝玄少時，好佩紫香囊，叔太傅惡之，而不欲傷其意，姑戲賭，取焚之。玄悟，遂不復佩。及長，有經世略，苻堅入寇，朝廷求文武兼才。安以玄薦，時人疑之。郄超曰：「吾嘗與玄共在桓公府，見其任使，雖履屐間亦各當其用。以是知之。」

孝武帝曜

簡文崩時，帝年十歲，至晡不臨。左右諫帝，謂曰：「哀至則哭，何常之有？」謝安奇之，以爲精理不減先帝。

桓玄，温之孽子也。母馬氏，嘗與同輩夜坐于月下，見流星墜銅盆水中，忽如二寸珠，烱然明浄。競以瓢接取，馬氏得而吞之，遂有娠。及玄生，有光照室。占者奇之，故小名「靈寶」。乳媪每抱詣温，輒易人而至，云其重兼常兒。温甚愛之，臨終，命以爲嗣。

桓玄欲以謝東山故宅爲營，其孫謝混謂玄曰：「召伯之仁，庇及甘棠。文靖之德，乃不能保五畝宅耶？」玄慚而止。

安帝德

淵明詩，晋時所作者皆題年號，入宋所作，但題甲子。意者耻事二姓，故以異之耶。

陶元亮日用銅鉢煮粥爲食，遇發火，則再拜曰：「非有是火，何以充腹？」

栗里有五柳館，淵明先生故宅在焉。先是淵明居玉京山，後居柴桑里。戊午六月火，始遷于栗里。當澗有醉石，淵明每醉，輒坐卧其上。

恭帝德文

始元帝以丁丑歲稱晋王，置宗廟，使郭璞筮之，云：「享祚二百。」自丁丑至禪宋之年，歲在庚申，爲百有四歲。然丁丑尚係西晋，庚申已入宋年，所餘惟一百有二歲耳。璞蓋以百二期促，諱之而倒爲二百也。

載記

漢

漢高祖以公主妻冒頓，故其子孫遂冒姓劉。魏晋間，呼延氏祈子于龍門，有一白魚，頂有一角，至祭所，久之乃去。其夜夢所見魚變爲人，把一物大如鷄子，授之曰：「此是日精，服之當生貴子。」自是十五月生淵，建國號曰漢。至曜改稱趙。

咸和二年，劉曜夜夢三人，金面丹脣，東向逡巡，不言而退。曜拜而履其迹，旦召公卿議之。太史令任義曰：「三者歷運，統之極也。東爲震位，王者之始，次也。金爲兑位，物衰落也。丹脣不言，事之畢也。逡巡揖讓，退舍之道也。爲之拜者屈服于人也。履迹而行，慎不出疆也。東井，秦分也。五車，趙分也。秦兵必暴起，亡主喪師失地，遠至三年，近則七百日，其應不遠。願陛下思而防之。」後果敗于石勒。

劉聰游獵無度，晨出暮歸，觀魚于汾，以燭繼晝。其弟及子粲諫之，聰怒曰：「吾豈桀、紂、幽、厲乎？而若等生來哭人也。」是時平陽地震，聰所居崇明觀陷爲池，水赤如血。又有流星落平陽北八十里，視之，肉也，長二十丈，廣二十七步，臭達平陽。肉旁常有哭聲，晝夜不止。時聰后劉産一蛇、一虎，各害人而走。忽不見，覓之不得。頃之，乃見隕肉之旁又有豕，着進賢冠，有犬冠武弁帶綬，并升聰坐，宿衛人莫見其入。未幾聰死。

後趙

石勒字季龍，一名匐。年十四，隨邑人行販洛陽，倚嘯上東門。王衍見而異之，謂左右曰：「向者胡雛，吾觀其聲視有奇，恐將爲天下患。」遂收之，則勒已去矣。

勒所居北原山，其草木皆有鐵騎象，家園生人参，花葉特茂異，悉成人形。嘗傭于武安，爲游軍所囚。會群鹿傍過，軍人競逐之，獲脱。俄一老父來，謂勒曰：「向之群鹿即我也。以君應爲中州主，故相救耳。」勒拜受命。

石勒微時耕田，耳中常聞絲竹之聲，以告其母。母曰：「汝作勞，故耳鳴也。」蓋奸雄巨盜，得志一時，南面稱孤，故亦非偶。

汲梁，清河貝丘人。力能扛鼎。晋大安中，并州荒亂，刺史東瀛公執諸胡賣充軍實，石勒亦在賣中。既賣與茌平人爲奴。奴家鄰馬牧，而汲桑時爲牧率。勒以能相馬自托于桑，遂招集桃豹、逯明等爲群盗。

汲桑殘忍少恩。六月盛暑，常重裘累裀，使十餘人扇之，恚不清凉，便斬扇者。

佛圖澄，天竺人。永嘉四年來至鄴，自云百有餘歲。常服氣自養，能積日不食，又能役使鬼神。腹旁有一孔，以絮塞之，每夜讀書則拔絮，孔中出光，照于一室。每平旦，輒至流水側，從孔中引出五臟六腑洗之。洗訖，還納腹中。

石季龍造太武殿，既成，圖畫自古聖賢、忠臣、孝子、烈士、貞女于壁。忽一日皆變爲胡狀。旬餘，頭盡縮入肩中，惟冠髣髴微露。季龍秘不泄，佛圖澄每對之流涕，遂造塋墓于鄴西紫陌。還寺獨語曰：「得三年乎？」自答曰：「不得。」曰：「得二年乎？一年乎？百日？一月乎？」皆自答不得。遂無言。謂其弟子法祚曰：「戊寅歲，禍亂萌。己酉歲，石氏滅。吾當先化矣。」尋卒。後有沙門從雍州來，言見澄西入關。季龍掘冢視之，惟見一石而無尸。季龍曰：「石者，我也。葬我而去，我將死矣。」明年，季龍死。

佛圖澄知石勒當略有區夏，己應爲師臣。又聞寺鈴鳴，知明旦食時，擒鮮卑賊段波。又聽相輪鈴音，知石勒必擒劉曜，又知石葱叛。又聽鈴聲，知國有大喪。七月，石勒死。又知太子兒小阿彌病必死。後遇麻襦，常與論數百年事。麻襦嘗謂石虎曰：「陛下當終于一柱殿後。」石虎嘗晝卧，夢群羊負魚從東北而來。既寤，訪澄，澄曰：「不祥也。鮮卑其有中原乎？」後慕容氏果都之。石虎爲冉閔所害，投尸于漳河。尸倚橋之一柱不移，襦所謂「終于一柱殿」也。

按，慕容儁夢石虎齧其臂，一作醫。寤而惡之。購其尸，莫有知者。後宫嬖妾言虎葬東明觀下，于是掘焉。下度三泉，得其棺，剖棺出尸，尸僵不腐。儁駡曰：「死胡安敢夢生天子也！」使御史中尉楊約數其罪而鞭之。此事見之史册，可據而。又言冉閔棄虎尸于漳河。二説必有一誤。

石季龍造戲馬觀，觀上安置詔書，用五色紙銜于木鳳口而頒行之。轆轤回轉，形若飛翔。鳳以五色漆畫，咮脚皆用金。

石虎爲勒之從子，性嗜殺，自幼好以彈彈人。勒白其母曰：「兒無賴，使人殺之，名可惜，宜自除也。」母曰：「快牛爲犢子時，多能破車。盍小忍乎？」至年十八，攻城陷壘，殺人尠遺類，勒更信仗之。勒死，乃殺太子大雅而自立。將稱帝，以鏡照之，無頭，大恐怖。不果，乃改稱大趙天王，而不敢稱帝。

前燕

慕容皝，龍驤將軍廆之子也。其先曰東胡，爲匈奴所敗，分保鮮卑山。曾祖莫護跋，魏初，率其諸部入居遼西，時燕代多冠步摇冠，莫護跋見而好之，乃斂髪襲冠，諸部落因呼爲步摇。其後音訛，遂爲慕容焉。

初，慕容廆有駿馬名「赭白」，相甚奇，饒逸力。石季龍伐棘，皝欲乘之避難，馬悲鳴踶齧，人莫能近。皝曰：「此馬見異于先君，孤常仗之濟難。今不欲出，殆先君意乎？」乃止。季龍尋退，皝益奇之。及至儁世，馬已四十九歲矣，而駿逸不減。儁比之鮑氏驄，命鑄銅寫其像，仍親爲贊銘，命勒像旁，置之薊城東掖門。像成而馬死。

前秦

蒲洪字廣世，其先有扈氏苗裔，世爲氏酋。其家池中生蒲，長五丈，五節如竹形。時咸異之，謂之蒲家，因以爲氏。又隴右大雨，謡曰「雨若不止，洪水必起」，因名洪。後以讖文有「草付應王」，又以其孫堅背有「草付」字，遂改姓苻氏。

苻健時，新平有長人見，語地民張靖曰：「苻氏受命，今當太平。」問姓名，不答。俄失所在。新平令以聞，健以爲妖，下靖獄。會大雨，河渭溢，時蒲津監寇登得一屐于河，長七尺三寸，人迹稱之，指長尺餘，文深一寸。健嘆曰：「覆載之大，何所不有？張靖所見當不虚。」乃釋靖。

苻生嗣位，沉湎無復晝夜。臨朝輒怒，惟事殺戮。左右有言刑濫者，曰：「汝謗我。殺之。」有稱頌者，曰：「汝媚我。殺之。」所幸妻妾稍忤意即殺。燕群臣，後至即殺。又遣宫人與男子裸交于殿前，不從即殺。又常出行，見兄妹同行者，亦逼令交，而引群臣共觀之，不從亦殺。蓋前後所殺親戚忠良、截頸刳胎、拉脅鋸脛者，無慮數千餘人。

苻生夢大魚食蒲。又長安謡曰：「東海大魚化爲龍，問在何所洛城東。」蓋蒲者，苻氏故姓也。東海，堅所封地也。堅時爲龍驤將軍，其第在洛陽之東，此堅王秦之兆也。苻生乃殺侍中魚遵。

苻堅母苟氏嘗游漳水，祈子于西門豹祠。其夜夢與神交，因而有孕，十二月而生堅，有神光自天燭其庭。堅背有赤文，隱隱成字，曰「草付臣土王咸陽」，故其祖改姓苻氏，名之曰堅。

苻堅滅燕，時慕容冲姊、僞清河公主年十四，有殊色。堅納之，寵冠後庭。冲年十二，亦有龍陽之姿，堅又幸之。姊弟專寵，宫人莫進。長安歌之曰：「一雌復一雄，雙飛入紫宫。」又有謡曰：「鳳凰鳳凰，止阿房。」堅以鳳凰非梧桐不栖，非竹實不食，乃植桐數十萬株于阿房城，以需鳳凰之至。未幾，冲起兵河東，進攻蒲坂，果入止阿房城。鳳凰，冲小字也。

苻堅敗淝水，爲流矢所中，單騎遁淮北，飢甚，人有進壺飧豚髀者，堅食之，大悦曰：「昔公孫豆粥何以加此？」命賜帛十匹、緜十斤，其人辭曰：「臣聞白龍厭天池之樂，而見困豫且，陛下之謂也。蒙塵之厄，豈自天乎？且妄施不爲惠，妄受不爲忠。陛下，臣之父母也，安有子奉父母而求報乎？」竟弗顧而去。

苻堅爲慕容冲所襲，堅墮馬落澗，追兵幾及，無計得出。其所乘之馬踟躕臨澗，垂控與堅，堅不能及。馬又跪而授之，堅乃援之，得登岸而去。

後秦

姚萇，羌人。父弋仲，有子四十二人，萇乃第二十四子也。初事苻堅。堅伐晋，以萇爲龍驤將軍，謂曰：「朕本以龍驤建業。龍驤之號，初未假人，今特相授。」時左將軍竇衝以此語爲不祥，堅默然。及慕容泓兵起，萇遂乘堅敗，僭稱秦王。及堅奔五將山，萇縊之于新平佛寺。未幾萇病，夢堅將鬼兵數百突入營中。萇懼走後宫，宫人迎萇刺鬼，誤中萇之陰。鬼相謂曰：

臣兄襄也，非臣也。」尋死。

凉

苻堅時，太史奏曰：「有星見外國分野，當有大德智人入輔中國。」堅聞鳩摩羅什在龜茲國，遂遣將呂光伐之，以取羅什。羅什至，會堅已爲姚萇所害，光遂竊位號于關外。光卒，子紹襲位。光之庶子纂殺紹自立。纂與什博戲，曰：「斮胡奴頭。」什曰：「不能斮胡奴頭，胡奴將斮人頭。」纂不悟。光弟保，有子名超，小字胡奴，後果殺纂斬首，方驗什之言。

羅什嘗爲姚興講經于草堂寺，忽下高座謂興曰：「有二小兒登吾肩，慾障須婦人。」興乃召宮女進之，一交而生二子焉。後不住僧坊，別立廨舍。諸僧多效之。什乃聚針盈鉢，引諸僧謂曰：「若能見效，食此者乃可畜室耳。」因舉匕進針，與常食不別，諸僧愧服，乃止。

後燕

慕容冲見殺，慕容盛年十二，謂叔父柔曰：「吾輩崎嶇鋒刃間，危甚巢幕，當如鴻鵠高飛，一舉萬里，無坐待網罟也。」遂間出東歸慕容垂。嘗遇盜于陜中，盛謂曰：「爾欲當我鋒乎？試豎爾手中箭于百步之外，我若中之，宜慎爾命；不中，當束手授爾。」盜豎箭，盛一發中之。盜驚謝曰：「郎貴人，姑相試耳。」更資而遣之，遂歸垂。

慕容垂，小字阿六敦，長七尺七寸，手垂過膝。父皝嘗曰：「此兒好奇，能破家亦能成家。」故名霸。因墮馬傷前二齒，改名䍧，尋以讖文去「夬」爲「垂」。

慕容熙，垂之少子也。寵嬖妃苻氏，爲鑿曲光海、清涼池。又爲起承華殿，基高數仞，令役徒負土于北門，至土與穀同價。苻氏于季夏思凍魚膾，仲冬須生地黄，皆下有司切責，不得則殺之。苻氏死，熙悲號躃踴，若喪考妣，擁其尸而撫之，曰：「體已就冰，命遂斷矣。」遂僵僕氣絶，久而乃甦。大殮訖，復啓棺，與之交接。服斬衰，食粥，制百寮哭臨。令有司檢案哭者，有泪以爲忠孝，無泪則罪之。群臣震懼，皆含辛以爲泪。

史闕卷八

（明）古劍陶庵張岱紬
（清）吴興柳門鄭佶編

南北朝

南史宋齊梁陳，北史魏北齊周

宋史

武帝裕

劉裕入酒家飲，醉卧地。司徒王謐與門生同行，亦至酒家。門生入取酒，見五采如蛟龍狀，驚而以白謐。謐戒勿言，而陰厚結帝。裕又嘗游京口竹林寺，獨卧講堂前，上有五色龍章，寺僧悉見。

裕初位望微薄，輕狡無行，盛流皆不與相知。惟王謐厚相結納，嘗曰：「卿當爲一代英雄。」裕嘗與刁逵樗蒲，不時輸直，逵縛之馬柳，謐爲代償。裕甚德之。後謐佐桓玄，手解安帝璽綬授玄。及玄敗，收謐。裕曲赦之，仍復其位。

武帝女壽陽公主，人日卧于含章殿檐下，值梅花落額上，拂之不去。後人遂學爲「梅花妝」。今安豐軍有花靨鎮，即此地也。

文帝義隆

帝自江陵入承大統，時有黑龍負上所乘舟，舟人惶怖，上獨恬然，謂王曇首曰：「此乃夏禹所以受天命，我何德以堪之？」享祚三十年。

虎丘生公，于千人石上講經。宋文帝大會僧衆施食，人謂僧律，日過中即不食。帝曰：「始可中耳。」生公曰：「白日麗天，天言中，何得非中？」即舉箸而食。時服其機辨。

竺道生，鉅鹿人，年十五爲僧，即登講座。嘗游東吴虎丘山，竪石爲弟子，講《涅槃經》，石皆點頭。

文帝元嘉中，以嘉禾上獻者，前後三十二見，皆一莖七穗、九穗，惟二十二年，生華林園者，一本百六十穗，二十五年生華林園者，十株七百穗。園丞梅道念以聞，時江夏王義恭、吉陽侯沈演，俱上《嘉禾頌》。

殷淑儀，麗色巧笑，寵冠後宮，而早夭。孝武帝痛念不已，爲作通替棺，欲見輒引替，積日而形容不改。上悲不自勝。有巫者言能攝魂，見帝試之，果于帷中見，形如平生。帝與言，默不對。將執手，奄然而滅。帝尤哽恨，于是擬《李夫人賦》，以寄意焉。

前廢帝子業

子業性淫悖，以少時不爲孝武所愛。即位後，議掘景寧陵，太史言于帝不利，乃止。因縱糞穢于陵。嘗使婦人裸形相逐，有一女子不從命，斬之。其夜，夢一女子罵曰：「汝悖逆，明年不及熟矣。」及旦，乃于宮中求得似所夢者一人，殺之。其夜復夢如前。未幾，爲阮佃夫、壽寂之所弑。

子業既襲位，以群臣謀立義恭，遂殺義恭，挑其眼睛投蜜中，謂之鬼目粽。又恨父駿素不己愛，一日入廟，指駿像曰：「此渠大好色，不擇尊卑。」顧謂左右曰：「渠大齇鼻，如何不齇之？」即令畫工䯄駿像鼻。

明帝或

明帝晚年昏暴尤甚，刳𣂪斷斬無虛日，禁中懍懍若踐刀劍焉。時軍旅頻興，内帑殫竭，而陰令小黄門埋錢殿内，以爲私藏。嗜䱇鮧腊肉，以蜜漬䱇鮧，一食數升。啖腊肉每至三百臠。有所造作，必爲正御三十、副御及次御各三十。于是民不堪命，天下騷然。

明帝好忌諱，文書上有凶敗喪亡等字悉避之，改騧字爲馬邊瓜，以騧字似禍字故也。移床修壁，使文士撰祝，設太牢，祭土神。江謐言及白門，上變色曰：「白你家門。」

江夏[玉]（王）義恭

江夏王義恭，性愛古物，常遍就朝士求之。何勖已有所饋，而徵索不已。勖于道中見狗枷及犢鼻褌，命左右取之，還，以箱擎送之，箋曰：「承命取古物，今奉李斯狗枷、相如犢鼻褌。」

臨川王義慶

臨川王義慶，宋宗室，潛居研志，耽情墳籍。所愛佳事清言，采而書之，日久成帙，名曰《世說新語》，盛行于世。

始安王休仁

廢帝狂悖無道，忌諸父，并囚之殿内，淩曳無復人理。時休仁、休祐及明帝形體俱肥，帝乃以竹籠盛而稱之。明帝尤肥，則號爲猪王，仁爲殺王，祐爲賊王。東海王禕最凡劣，號爲驢王。又以木槽盛飯，納諸雜食，攪令和勻，掘地爲坑，實以泥水，裸明帝納坑中，令以口就槽中食，用爲歡笑。

宋臣

劉穆之初夢與宋高祖泛海，忽值大風，驚懼。俯視船下，見二白龍夾舫。既而至一山，峰崿竦秀，意甚悦之。後竟爲裕佐命元勛。

劉翱，京兆人。官建州，因家焉。居官廉明，爲政慈惠，或收寇，或决獄，或恤貧，或拯難。翱所至，人則曰「活公劉公至也」。其後孫領收峒寇有功，謚忠簡。孫純收郡寇，賜廟，封忠烈。從孫韐死節，謚忠顯。韐子子羽，謚忠定。子羽子珙，謚忠肅。世號「五忠劉氏」。

蕭思話，十歲時猶未知書，好騎屋棟，打細腰鼓，後乃折節，工隸書，善彈琴、騎射，遂有令譽。文帝命爲平西長史，賜弓琴，手敕曰：「前得此琴，言是舊物，今以相借，并往桑弓一張，理材乃快。良材良器，宜在盡用之地，丈人真無所與讓也。」嘗從帝登鍾山北嶺，道有磐石清泉，上命于石上彈琴，因手銀鍾賜之酒，謂曰：「相賞松石間意。」

謝靈運尋山陟嶺，必造幽峻，岩障千重，莫不備盡。登躡常著木屐，上山去前齒，下山去後齒，自始寧南山伐木開徑，直至臨海，從者數百人。臨海太守王琇驚駭，謂是山賊，及知靈運，乃安。

謝康樂癖于山水，搜奇剔隱，靡所不至。樂清雁宕，反于鞋靸下失之。豈勝地顯晦，亦自有時耶？

謝康樂美鬚髯，臨刑，施于南海祇恒寺，爲維摩詰像鬚。寺人寶惜，初不虧損。唐中宗朝，安樂公主五日鬥百草，欲廣其物色，令馳驛取之，更恐爲他人所得，因剪棄其餘。

張永開玄武湖，過古冢上，得一銅斗，有柄。文帝以訪之朝臣，何承天曰：「此亡新威斗。王莽時，三公亡皆賜之，一在冢内，一在冢外。此必甄邯之墓。」果然。

江湛爲吏部尚書，絶餉饋，甚貧窶。一日上召之，值湛澣衣，乃稱疾竟日，衣乾始得赴召。一日牛餓，馭人求芻，湛沉思良久，曰：「可與飲。」

齊史

東昏侯寶卷

寶卷立芳樂苑于臺城，日與潘妃游幸，大設酒肆，使宫人與閹豎市販，而以妃爲市令事。有鬥者，就妃罰之。帝有小失，亦就妃受杖。又自坐店屠肉，妃當鑪。百姓歌曰：「閲武堂，種楊柳。至尊割肉，潘妃沽酒。」

寶卷在東宫時，常夜捕鼠達旦以爲樂。明帝崩，每當哭，輒云喉痛。太中大夫羊闡入臨，因無髮，號慟俯仰，幘墮地。卷輒大笑，顧宦侍曰：「此謂禿鶖啼來乎？」

梁史

武帝衍

武帝生而有異光，日角龍顔，舌文八字，項有浮光，身映日無影。小時能蹈空而行，有文在右手，曰「武帝」。經牛渚，有一老人謂帝曰：「君龍行虎步，貴不可言。天下方亂，安之者亦在君乎？」問其姓氏，忽然不見。北使至，名李楷。武帝與之游。至放生處，帝問曰：「彼國亦放生否？」楷對曰：「不取亦不放。」帝默然。臺城陷，武帝語人曰：「侯景必爲帝，但不久耳。破侯景字，乃成『小人百日天子』。」景篡位，果百日而亡。

郄皇后

后善隸書，好讀史傳，然性極妒，没後化爲蟒蛇入宫。常通夢于帝，或見形，光彩昭灼。帝體不安，蛇輒激水騰涌。帝嘗于露井上爲殿，委積衣服，置銀轆轤金瓶，灌百味以祝之，故帝終身不復置后。

丁貴嬪

貴嬪，昭明太子之母也，生時有神光，故名令光。少與鄰女紡績月下，諸女并苦蚊蚋，而貴嬪絶不覺。武帝鎮樊城，登樓遠眺，見漢濱五采如龍，下有女子擘絖，則貴嬪也。因贈金環納之。帝弘佛教，貴嬪爲受戒。戒日，甘露降于殿前。

徐妃

元帝徐妃，故無寵，妃亦不喜視帝。帝眇一目，妃知帝至，必爲半面妝以俟之。帝見，即大怒而出。

簡文帝，武帝第三子也。讀書十行俱下，六歲便能屬文。武帝驚其早就，不信，及于御前面試，嘆曰：「此吾家東阿也。」初生時，誌公謂帝：「此子與冤家同年生。」其年侯景生于雁門，後亂梁室，誅蕭氏子孫殆盡。

臨汝侯猷

猷性倜儻。嘗守吴興，與楚王廟神交，飲恒至一斛。每酬祀，必盡歡極醉，神影亦有酒色。有禱必驗。後守益州，齊苟兒反，率衆十萬攻州城。猷乃遥禱請救。是日，田老逢一騎，浴鐵從東來，問去城幾里，曰：「百四十。」日已晡，騎舉矟曰：「後來人可令疾馳，欲及日破賊。」俄有數百騎過，疾如風雨。田老問爲誰，曰：「吴興楚王，來救臨汝侯。」當是時，廟中請祈無驗者十許日，侍衛土偶皆濕如汗云。

宜豐侯修

修爲秦、梁二州刺史，人號「慈父」。長史范洪胄有田一頃，將秋遇蝗，修躬至田所，深自咎責。有勸捕之者，修曰：「此由刺史無德所致，捕之何補？」言卒，忽見飛鳥千群蔽空而至，頃刻間食蝗殆盡，莫知其爲何鳥。上聞，降璽書勞之。

昭明有一琉璃碗、紫玉杯，皆武帝所賜。既薨，詔置梓宫。後更葬開墳，爲閹人携入大航，有燕雀數萬擊之，因爲有司所縛，乃獲二寶。帝聞而異之，詔以賜太孫。封墳之際，復有燕雀數萬，銜土以增其上。墳側有湖，後人因名燕雀湖。

梁天監中，宗室競爲豪奢，高陽王元雍，富貴冠一國，僮僕六千，妓女五百，一食直數萬錢。時李崇爲尚書令，富埒于雍而儉嗇，嘗曰：「高陽一食，敵我千日。」

邵陵王綸，嘗爲南徐州，輕躁酷虐，民不能堪。一日出行，道逢喪車，奪孝子服着之，匍匐號叫，以爲笑樂。帝聞而嚴責之。綸頑慢逾甚，乃取一老公短瘦類帝者，加以衮冕，置之高座，朝以爲君，自陳無罪。因使就座褫剥，捶之于廷。事聞，賜死。昭明泣救，得免。

武陵王紀，僭號于蜀，改元天正。永豐侯撝嘆曰：「王不免矣。昔桓玄建號大亨，識者謂之『二月了』，而玄敗正值仲春。今曰天正，在文爲『一止』，其能久乎？」未幾敗。先是，王將僭號，内寢殿柏柱繞節生花四十六莖，霍靡可愛，狀似荷花，識者比之王敦杖花，非佳事也。

梁臣

曹景宗善騎射，亦涉文史，而不甚深，常破魏楊大眼。振旅凱旋，帝大宴賦詩，命沈約分韻。景宗不得韻，意色不平。帝曰：「卿技甚多，亦何須此？」景宗固求，帝詔約，約曰：「韻已盡，惟餘『競』、『病』二字。」景宗時醉矣，操筆立成，詩曰：「去時兒女悲，歸來笳鼓競。借問行路人，何如霍去病？」帝驚嘆不已，朝賢驚服。

景宗既貴，輿行必褰帷幔。左右諫之，景宗曰：「我昔在鄉里，騎快馬如龍，與少年數十輩，拓弓弦作劈歷聲，箭如餓鴟叫。平澤中逐麞，數肋射之，渴飲其血，飢食其肉，甜如甘露。覺耳後風生，鼻頭火出，此樂使人忘死。今來揚州作貴人，動轉不得。路行開車幔，小人輒言不可。閉置車中，如三日新婦。念此邑邑，使人氣盡。」武帝數宴群臣，道故舊。景宗醉，或稱下官，帝亦縱之。

沈約字休文。羸劣多病，日食數合米，而食羹不過一箸。六月綿帽溫爐，食椒薑，不爾則委頓。家藏書十二萬卷。然人僻，聞人一善，如萬箭攢心，累日不懌。

約常侍武帝宴，有妓師是齊文惠宮人，帝問識坐中客否，曰：「但識沈家令。」約伏坐流涕。帝亦悲感，爲之罷酒。

約左目重瞳子，腰有紫痣，聰明過人。好墳典，聚書至十二萬卷。所著《晉書》一百卷，《宋書》《齊紀》若干卷，又撰《四聲韻譜》。自謂在昔時人累千載未及作，而獨得其妙，若將入神。帝問曰：「何謂四聲？」約答曰：「天子聖哲。」

梁武帝廢齊和帝爲巴陵王，沈約與謀，以毒酒酖殺之。後約夢和帝以劍斷其舌。召巫祝之，言如夢。約乃呼道士奏赤章于天，稱禪代之事全不由己，故武帝謚之曰隱。

王神念少善騎射，老而不衰。嘗于武帝前手執二刀楯，左右交度，馭馬往來，冠絶群伍。時復有楊華者，能作驚軍騎，亦一時妙絶。華本名白花，魏名將楊大眼之子，姿貌瓌瑋，胡太后逼幸之，華懼禍奔梁。胡后追思不已，爲作《楊白花歌》。使宫人連臂蹋蹄，晝夜歌之，聲甚悽惋。

羊侃負膂力，用弓至二十石，馬上用六石弓。嘗于兗州堯廟蹋壁直上五尋，横行七迹。泗橋有數石人，長八尺，大十圍，侃執以相擊，能碎之。常從幸樂游苑，適少府新造兩刀稍成，長二丈四尺，圍一尺三寸，帝因賜以河南國紫騮，令試之。侃執稍上馬擊刺，特盡其妙，觀者盡登樹。帝曰：「此樹必爲侍中折矣。」因號「折樹稍」。

羊侃善音，自造《采蓮棹歌》，甚有新致。妓妾列侍，俱極名品：有彈箏人陸大喜，爪長七寸；舞人張净琬，腰圍一尺六寸，能掌上舞；又有孫荆玉，能反腰貼地，銜席上玉簪；歌人王娥兒、屈偶之，并妙盡奇曲。嘗赴衡州，于兩舟中起通梁水齋三間，飾以金玉錦繡，設屏帷，列女樂，乘潮解纜，臨波置酒，緣塘傍水，觀者填咽。大同中，有詔宴北使陽斐，賓客三百人，食器皆金玉雜寶。至夕，侍婢百餘俱執金花燭。其奢侈如此。

羊侃少時仕魏，以力聞。魏帝嘗謂曰：「郎官謂卿虎，豈羊質虎皮乎？試作虎狀。」侃因伏地，以手抉殿檻，没指。

羊侃不飲酒，而好賓客，終日酬獻，同其醉醒。性寬厚，常南遷至漣口，置酒。有客張孺才醉于舟中，失火，延燒七十餘艘，所燔金帛不可勝數。侃聞之，酒不輟。孺才慚懼，自逃。侃追還，慰喻之加厚。

羊侃第三子鵾，臺城陷，景以鵾妹爲小妻，因遇鵾厚，而鵾密圖之，隨景東走。景松江戰敗，浮三舸下海，欲向蒙山。會景晝寢，鵾語舟師曰：「蒙山知在何處？汝但且直趨京口。」既至胡豆州，景覺，大驚，猶欲向廣陵依郭元建。鵾拔刀挾王元禮、謝葳蕤，謂景曰：「王百戰百勝，自謂無敵。今至此，豈非天乎？願就王乞頭，以取富貴。」景將投水，鵾抽刀斫之，傳首都市。

劉孝綽子諒，嗜學有文，悉晋代故事，人號「皮裏晋書」。與湘東王善。王嘗游江濱，嘆秋望之美。諒對曰：「今日之游，可謂帝子降于北渚。」王有目疾，以諒爲刺己，應曰：「卿言目眇眇兮愁予耶？」自是嫌之。

何敬容爲吏部尚書，性好潔，衣冠必鮮麗。梁武帝朝嘗有侍臣袍服卷褶，帝怒曰：「卿衣帶如繩，欲何所縛？」敬容希旨，每以膠清刷鬢，衣裳不整，伏床熨之，暑月背爲之焦。尤辯捷。大同中，朱雀門災，帝謂左右曰：「此門制狹，我意欲改構，遂遭天火。」敬容進曰：「此所謂先天而天不違也。」帝悦。

到溉居近淮水，齋前有奇石，長一丈六尺。武帝對弈，戲與賭之，并《禮記》一部。溉并輸焉，詔即移之華林園殿前。輦石之日，都下縱觀，所謂「到公石」也。

梁散騎侍郎周興嗣，字思慕，聰明多才思。武帝命教諸王書。一日令殷鐵石撮一千字，裂紙書之，雜碎無叙，召興嗣曰：「卿有才思，爲我韻之。」興嗣一夕編次進上，鬚髪皆白，大被賞遇。歸而兩目喪明，未幾而死，心如一掬燥泥。

張僧繇畫天皇寺壁，傍作仲尼十哲像。梁武怪之，僧繇曰：「後須賴此。」迨宇文周滅佛，此寺以孔像獨存。

陶弘景朗目疏眉，細形長耳，讀書萬卷，兼工弈棋，精草隸。初仕不遂，隱居句曲山，辟穀四十年，年至八十而有壯容。仙書云：「眼方者，壽千歲。」弘景末年，一眼時方，逆知梁數將盡，嘗製詩云：「夷甫任散誕，平叔坐論空。豈悟昭陽殿，遂作單于宫。」大同末，人士競談玄理，不習武事。俄而侯景篡位，果在昭陽殿。

侯景既幽簡文帝，乃矯詔進己爲宇宙大將軍、都督六合諸軍事。簡文見詔，驚曰：「將軍乃有宇宙之號乎？」及受禪，有司請立七廟，景曰：「何謂七廟？」對曰：「天子祭七世祖考。」并請七世之諱，景曰：「前世吾不復憶，惟阿爺名標。」衆爲之失笑。景篡後猶着白紗帽青袍，或以牙梳插髻。床上常設胡床及筌蹄，着靴垂脚坐。或匹馬游戲宫内，及華林園彈鳥。其謀臣諫勿輕出。于是鬱怏，更成失志。

侯景所乘馬，每戰將勝，輒躑躅嘶鳴，意氣駿逸。但奔北，必低頭不前。及石頭之役，精神沮喪，卧不肯動。景令左右拜請，更加箠策，終不肯進。人謂：「馬能知亡，猶勝于景也。」

景時有僧通道人者，意性若狂，飲酒啖肉，游行世間，已數十載。人莫知其姓氏鄉里，并呼爲闍黎。景甚敬信之。景嘗于後堂宴射，通在坐，奪景弓射景陽山，大呼云：「得奴矣。」景後又召集，通取肉搵鹽以進，問景曰：「肉好否？」景曰：「恨太鹹。」通曰：「不鹹則爛。」及景死，僧辨截其二手，送齊文宣，而傳首江陵，果以鹽五斗實腹中，送建康，暴之市。

王偉同侯景反，被執繫獄，以詩贈元帝嬖人云：「趙壹能爲賦，鄒陽解上書。何惜西江水，不救轍中魚。」又上五十韻詩，以希不死。帝惜其詞翰，赦之。左右有曰：「前偉所作檄文甚佳。」帝求覽之，有云：「項羽重瞳，尚有烏江之敗；湘東獨目，寧爲赤縣所歸！」帝大怒，遂以釘釘其舌，以刀屠其腸，于殿前尸解之。

陳霸先既受梁禪，王琳以梁室舊臣，起義勤王，擒侯安都，敗吴明徹。而大勢已去，卒見殺，傳首建康。琳最得人心，卒之日哭聲如雷。有一叟以酒脯來奠，號酬盡哀，爲收其血懷之而去。時琳故吏朱瑒致書僕射徐陵，求琳首歸葬。陵嘉其志節，爲啓陳主，歸其首。

陳史

武帝霸先

梁時吴興童謡云：「王氣出三餘。」吴興有餘干山、餘罌溪、餘漁浦，生陳武帝霸先。武帝受禪之日，有直閤吏史溥夢朱衣執玉簡自天而降，簡上金字書曰：「陳氏五主，三十四年。」自武帝至廢帝五主，共三十四年而亡。

帝自少俶儻，長于謀略，不事生産，常游義興，館于許氏。夢天開數丈，有朱衣四人出，捧日至，納之帝口。帝吞之，覺而腹内猶熱也。簡文既廢，帝率諸軍討侯景。景登石頭城望之，佯曰：「一把子人，何足可打？」已，密謂左右：「此軍上有紫氣，未易當。」未幾破景，進陳王，尋受禪。

文帝蒨

文帝在梁太清初，嘗夢兩日鬥，一大一小，大者如斗，色正黄，墜地。帝三分取一而懷之。其踐祚也，勵精勤政，一夜内刺閨取外事分判，至前後相續。每鷄人伺漏傳更籤于殿中，敕必投籤階石之上，令鏘然有聲，云：「吾雖眠，亦令驚覺也。」

宣帝頊

宣帝先爲中書侍郎，夜嘗被酒張燈寐，時馬軍主李總自外入，惟見床上卧一大龍，總駭走避。及踐祚，雅意節約。豫州監陳桃根得青牛于所部，獻之，詔遣還民。又獻織成羅文錦被裘各二，詔焚之雲龍門外。

後主叔寶

叔寶既入隋，附監者奏言，願得一官號。文帝曰：「叔寶全無心肝。」因問監者：「叔寶何嗜？」對曰：「嗜驢肉。」「飲酒幾何？」對曰：「日飲一石。」帝大驚。先是賀若弼度京口，守將有密啓告急者，叔寶縱飲，置不省。及高熲至，猶見此啓在床下，未開緘也。然頗能詩文，帝東巡，登芒山，叔寶賦詩云：「日月光天德，山河壯帝居。太平無以報，願上萬言書。」文帝爲優詔謙謝。

武帝章后

后名要兒，母蘇。嘗遇道士，以小龜遺之，光彩五色，曰：「三年有徵。」及期生后，紫光照室，隨失龜所在。后少聰慧，手爪長五寸許，色紅白，每有期功之服，則一爪先折。善書記，能誦《詩》及《楚辭》。

後主沈后

后性端静，有識量，工書翰。後主遇后甚薄，獨寵張貴妃。后處之澹然，身無綺繡之飾，惟尋閲圖史及釋典。嘗遇歲旱，自暴庭中，口誦佛經，而時雨立應。後主荒淫，后嘗上書切諫，幾被廢。及隋兵入，後主倉皇投井，而后與太子深端坐不動焉。

陳臣

孫瑒性豪奢，所居庭苑必極林泉之致。出鎮郢州，合十餘船爲一大舫，中立亭池，植荷芰〔一〕。每值良辰，則泛舟長江，賓僚宴集，爲一時勝賞。及卒，江總爲誌銘，後主又題四十字，敕鐫于銘後，詞曰：「秋風動竹，烟水驚波。幾人樵徑，何處山阿？今時日月，宿昔綺羅。天長路遠，地廣雲多。功成未勒，此意如何？」時以爲榮。

〔一〕「芰」，《熊批史闕》作「菱」。

徐陵字孝穆，其母夢五色雲化爲鳳，集左肩而誕陵。年數歲，家人携謁寶誌上人。誌手摩其頂，曰：「此天上石麒麟也。」陵目有青睛，弱齡學尚文，擅詞宗，國家有大手筆，皆陵具草。每一文出，好事者輒傳寫成誦，遂被華夷。後遭亂散帙，存止三十卷。

蕭摩訶當侯景之亂，年甫十三，從武帝赴援，每戰單騎獨出，鋒莫敢當。已歸侯安都，安都方拒齊軍于龍尾，謂摩訶曰：「卿驍勇有名，千聞不如一見。」摩訶曰：「今日令公見之。」及戰，安都墜馬，摩訶大呼，直衝齊陣，萬衆披靡。安都乃得免。摩訶又從吴明徹攻秦郡，齊大將尉破胡歸卒十萬衆來援。其前隊有西域胡，妙弓矢，弦無虚發，先聲頗震。明徹謂：「摩訶必先殪此胡，令彼軍氣奪，餘可迎刃解也。」摩訶請識其形，乃召降人熟胡者語狀。將戰，摩訶見胡在陣，馳馬直出，相去十步許，胡方彀弓，摩訶遥擲銑鋧，正中其額，應手倒，乘勢殺奔，齊軍遂大潰。是役也，人以比關羽之刺顔良。

雷文玉，陳時州民。陳氏獲一卵，圍及尺餘，携歸。忽一日雷震而開，生子，有文在手曰「雷州」。及長，名文玉。後拜本州刺史，多善政。没而神靈，立廟以祀，每歲鄉人造雷鼓、雷車送入廟中，夜輒收去。

何佟之少好《三禮》，長用儒術顯，性好潔。一日中浣濯每至十數遍，猶恨不足，時人稱爲水淫。又有劉澄者，好潔彌甚，常爲遂安令，他無所事，惟日拂掃街逵，至路無横草，水剪蟲穢。百姓不堪，坐免官。

[桓](祖)[一]沖之妙有機思，姚興指南車有外形而無機杼，每行，使人于内轉之。沖之爲改造銅機，圓轉不窮，而司方如一人，謂馬均以來，所未有也。晋時杜預常造欹器，三改不成。沖之造欹器，獻竟陵王子良，與周廟不異。又以諸葛亮有木牛流馬，乃造一器，不因風水，不勞人力，而施機自運。又造千里船于新亭江，試之，窮日之力，能行百里。

賈希鏡家傳譜學，能博古。宋孝武時，青州人發古冢，得銘云：「青州世子，東海女郎。」帝問諸學士鮑照等，并不能悉，希鏡對曰：「此司馬越女，嫁苟稀[二]兒。」檢証果然。先是希鏡祖弼之，廣集百氏譜記，撰定繕寫，藏之秘閣，至希鏡已三世，名《十八州士族譜》，合百帙，七百餘卷，核究精悉，有如貫珠，當時莫比。

[一]「桓」，當作「祖」，形誤。祖沖之字文遠，長于機制、天文、曆算。

[二]「稀」，《南齊書・賈淵傳》作「晞」。苟晞，西晋名將。據改。

魏史

聖武帝詰汾

帝以神獸導引，徙都匈奴故地。嘗畋于山澤，欻見輜軿自天而下，中一美人，侍衛甚盛。帝異而問之，對曰：「我天女也，受命相偶。」遂同寢宿，且請還，曰：「明年此日仍會此處。」言訖別去。及期，帝至畋所，天女果復來，抱一子授帝，曰：「此君之子也，善視之。子孫相承，當世爲帝王。」子即力微帝也。時諺云：「詰汾皇帝無婦家，力微皇帝無舅家。」

魏太祖妙老子之言，誦咏不倦。天興中，儀朝郎董謐因獻《服食仙經》數十篇，于是置仙人博士，立仙方，煮煉百藥，封西山以供其薪蒸。藥成，令死囚試服之，多死，不驗。

帝有太子名沙漠[汗](汙)〔一〕，性雄異，諸部大人多忌之，譖于帝。帝頗惑焉。適太子自使晉歸，帝令諸部迎于陰館。酒酣，太子仰視飛鳥，飛丸落之。時國俗無彈，衆大驚，并先馳告

〔一〕「汙」，當作「汗」，形誤，據《北史·魏本紀》改。《熊批史闕》誤作「囚」。

帝曰：「太子引空弓而落飛鳥，似得晋人異法，不可不亟除之。」自是遂遇害。

昭成帝翼什犍

帝生而奇偉，立髮委地，臥則垂乳至席。有大席，國少繒帛，代人許謙盜絹二匹，守者以告帝。帝令匿之，曰：「卿勿泄，吾不忍視謙面。使謙或慚而自殺，是以財辱士也。」又嘗擊賊，流矢中其目。賊破，得射者。左右各持刀錐，欲屠刺之，帝曰：「彼各爲其主，何罪？」竟釋之。

道武帝珪

珪暴虐好殺，民不堪命。先是有神巫誡珪，當有暴禍，唯誅清河萬人，乃可免。珪乃滅清河一郡，常手自殺人，欲令其數滿萬。珪寢處人莫得知，惟愛妾名萬人知之。妾與珪子清河王私通，王因弑珪，令萬人爲内應。珪臨死曰：「清河萬人，乃應在汝輩。」

孝文帝宏

孝文帝名子恂、愉、悦、懌，侍中崔光名子劭、勖、勉，帝謂光曰：「我兒名傍皆心，卿兒名傍皆有力。」光答曰：「所謂君子勞心，小人勞力。」帝大嗟悦。

獻文帝弘

帝即位之二年，詔祭孔廟，止用酒脯，不聽婦女合雜，以徼非望之福。其公家有事，自如常儀。蓋先是祭孔子無限制，至有禳禱以徼福祚者，女巫妖覡，倡優鼓舞，媟狎特甚。及是始肅然，犯者以違制論。

宣武帝恪

帝嗜經史，尤長釋義。每請晰奥旨，至徹夜忘疲。而臨朝淵默，端凝若神，有人君之度。嘗于閲武時親射，遠及一里五十步，實計三百五十步。群臣勒銘射所。

河間王琛

王有婢，名朝雲，善吹篪，能爲《團扇歌》《隴上聲》。琛爲秦州刺史，諸羌屢叛，討之不降，乃令朝雲假爲貧嫗吹篪。諸羌聞之，悉皆流涕，迭相謂曰：「何爲棄墳井，在山谷爲寇也？」相率歸降。秦民語曰：「快馬健兒，不如老嫗吹箎。」

任城王[澄](章)〔一〕

任城王章，善左右射，好擊劍，百步中于懸絲。時樂聞國獻虎彪，文如斑錦，以鐵爲檻。章曳虎尾以繞臂，虎弭無聲。南越獻白象，章在帝前，手頓其鼻，象伏不動。

魏臣

崔浩，明元時，太史奏熒惑一夜忽亡，不知所在。帝詔諸碩儒、史官，求其所詣。浩曰：「按日辰推之，庚午之夕，辛未之朝，天有陰雲，熒惑之亡，當在此二日内。庚與午皆主秦，辛爲西夷，今姚興據咸陽，是熒惑入秦矣。」諸人皆作色，曰：「天上失星，人安測其所詣？而妄爲渺論。」浩笑不答。後八十餘日，熒惑果出東井，留守盤旋。秦中大旱赤地，昆明池水竭，童謡

〔一〕「澄」，《熊批史闕》作「章」，據改。

競起。明年姚興死，國滅。于是諸人乃服。

浩晚成，不曜華采。時人未有知者，惟太原郭逸妻王氏特奇之，妻以女。女亡，復繼以少女。浩非毁佛法，而其妻敬奉獨至，時時捧誦。浩怒，取焚之，捐其灰于厠中。及浩幽執，檻内送城南，使衛士數十人溺其上，呼聲嗷嗷于行路。自來宰執被戮辱，未有如浩者。時人以爲冥報。

毛修之善和飲食，手自煎調，得太武意，被知遇，位次亞于崔浩。浩以修之中國舊門，涉書傳，每推重之。嘗與論及陳壽《三國志》，浩稱其有良史之才。修之曰：「昔在蜀，聞壽曾爲諸葛門下書佐，被撻百下，故其論武侯云『應變將略，非其所長』，蓋挾憤之言也。」浩不以爲然。

王肅爲光禄勛，時有一魚長尺，集武庫之屋，有司以爲吉祥。肅辨言之曰：「魚生于水而見于屋，鱗介之物失其所也，邊將其殆有棄甲之變乎？」後果有東關之敗。

崔鴻，弱冠便有志著述，見晋魏前史皆成一家，無所措意，惟劉淵、石勒、慕容儁、苻健、慕容垂、姚萇、慕容德、赫連屈乙、張軌、李雄、吕光、乞伏國仁、秃髮烏孤、李暠、沮渠蒙遜、馮跋等，并因世故，跨僭一方，各有圖書，未能統一，乃撰爲《十六國春秋》，勒成百卷。因其舊記，時有褒貶損益焉。書成未奏，鴻卒，其子子元奏之。

古弼，代人。少忠謹，善騎射。仕魏，賜爵靈壽侯。歷位吏部尚書，以頭尖，魏太武呼之曰

「筆頭」，時人稱爲「筆公」。數進直諫，一日，入奏減苑囿，太武方與劉樹棋，弼侍坐良久，不獲申，乃起，于帝前捽樹掣下床，以手搏之，曰：「朝廷不理政事，實爾之罪。」帝愕然，放棋曰：「不聽奏事，朕之過也。樹何罪？」弼具狀以聞，帝奇而可其奏。

傅永爲中山王英統軍，英將張懷與梁將馬仙琕戰敗，永即單騎揮戈突陣横過。賊射永，洞其左股。永拔箭殺入，大破之，斬仙琕子，賊遂燒營遁。時英于陣謂永曰：「公傷矣，且還營。」永曰：「昔漢祖捫足，不令人知。永雖微，國家帥也，奈何使虜有傷帥名？」遂與諸軍力追，極夜而返。時年七十有三。

衛濟川有六鶴，日以粥飯啖之，三年識字。濟川檢書，祇令鶴銜取，一一無差。

北學邢邵，字子才，藏書極富，而不甚校讎。每見人校書，笑曰：「何愚之甚？天下書至死讀不可遍，焉能校此？惟日思誤書，更是一適耳。」或曰：「誤書何由能得？」邵曰：「若不得誤處，更何勞讀書？」性脱略，坐卧一小齋。有果餌則懸之梁上，賓至則取其啖之。或時對客解衣覓虱，風味瀟瀟如也。與婦甚疏，未嘗内宿。常自云：「一日晝入内閣，爲狗所吠。」言畢，輒撫掌大笑。

李諧丰采嶷峻，趙郡李搔嘗于元乂所見之，歸謂父元忠曰：「領軍門下見一神人。」元忠曰：「必李諧也。」問之，果然。嘗奉使至梁，詞頰翩翩。及出，梁武目送之，謂左右曰：「朕今日遇勍敵。卿輩常言北間無人，此等從何處來？」諧短小，常因癭而舉頤，因跛而緩步，因謇而徐言。世言諧善用「三短」。有文集十餘卷行世。

楊大眼裝束雄偉，擐甲折旋，竦動觀望，衝堅突陣，無所不摧。先爲荆州刺史，嘗縛藁爲人，衣以青衣而射之，召諸蠻渠指示曰：「卿等若作賊，吾政如此殺。」又北淯郡有虎患，大眼搏而獲之，斬其頭懸穰市。自是荆蠻相謂曰：「虎尚不免，何況吾儕？」寇盗遂息。

京兆王叉，小字夜叉，靈太后妹婿也。驕愎恣横，每直宿禁中，必卧婦人于食輿，以帊覆之，輿入禁，出亦如之，無敢言者。鄴王元樹嘗遺書公卿曰：「叉本名夜叉，其弟羅實名羅刹。夜叉、羅刹，此鬼食人，非遇黑風，事同飄墮。嗚呼！魏境罹此二災！」尋被殺。

齊史

文宣帝洋

帝神武第二子，少時嘗與諸子同在神武側。神武欲試諸子意識，各使治亂絲，洋獨抽刀斬之，曰：「亂者須斬。」神武奇之。後從兄澄過遼陽山，獨見天門開，餘人無有見者。帝以征伐四剋，威振戎夏，遂沉湎酣飲，通宵達旦，至袒露形體，塗傅粉墨，散髮胡服，游行市里。或酷暑隆寒，去衣馳騁，暴身日中。或徵集淫媪，分付從官，朝夕臨視，以爲笑樂。嘗馬射城東，敕京師婦女不赴觀者罪以軍法。凡七日止。又詔發山東寡婦二千六百人，以配軍士。有夫而濫奪者，凡五居一焉。未幾暴崩。

孝昭帝演

孝昭踐祚，楊愔爲常山、長廣二王所厄，眇其一目，尋殺之。太皇太后哭之哀，曰：「楊郎忠而獲罪。」乃出御金爲一眼，親納之以致意。時同愔殺者爲燕子獻、宋欽道、鄭顧三人，皆非端品。邢子才哭愔曰：「楊令君死忠無憾，恨不得一佳伴。」

後主緯

齊主于華林園立貧兒村，自衣襤褸之服，行乞其間以爲樂。至于狗、馬及鷹，皆有食禄，有「儀同」、「郡君」之號，所謂「赤彪儀同」、「逍遥郡君」、「淩霄郡君」是也。犬則于馬上設褥抱之。

鬥鷄亦號「開府」。

齊後主寵馮淑妃。周師之攻青州也，羽書告急，帝方獵，欲還。妃請更殺一圍，從城遂没。帝至，作地道攻之，城陷十餘步，將士乘勢欲入，帝敕且止，召妃共觀之。妃妝點不獲時至，因令以木拒塞城，遂不下。

後主穆后

后小字黄花，武成嘗爲胡后造真珠裙袴，費無算，遇火焚。及穆后立，復營之，遣商人齎錦彩三萬，市珠于周。先是童謡曰：「黄花勢欲落，清觴滿杯酌。」自后入宫，後主酣宴無度，不久國亡。花落，其兆也。后母名輕霄，本穆子倫婢也。

安永王浚

浚神武第三子，早慧被寵。八歲時嘗問博士盧景裕曰：「祭神如神在，爲有神耶？無神耶？」對曰：「有。」浚曰：「有神當直云祭神，神在，何煩如字？」景裕不能答。文宣幼時性雌懦，每參文襄，有時涕出。浚責其左右，何因不爲二兄拭鼻，文宣以是銜之。後直諫被殺。

南陽王綽

綽武成長子，方十歲，愛波斯狗。有婦人抱兒，奪其兒飼狗。婦人號哭，以兒血塗婦人，縱狗使食之。長封南陽，見帝行在，帝問在州何事最樂，對曰：「多聚蝎于器，置狙其中，觀之極樂。」帝即命夜索蝎一斗，比曉，置諸浴斛，使人裸卧斛中，號叫宛轉。帝與綽臨觀喜噱，謂綽曰：「如此樂事，何不蚤馳驛奏聞？」由是有寵，拜大將軍。

蘭陵王長恭

長恭面類婦人，常着假面以對敵。與周師戰，勇冠三軍。齊人壯之，乃爲舞，以效其推摩擊刺之容。今紙作鬼臉，是其遺制。

齊臣

尉景爲冀州刺史，大納賄庫。狄干嘗與景同在神武坐，干請爲御史中尉，神武曰：「何乃下求卑官乎？」干曰：「欲捉尉景。」神武大笑，因令優者戲之。優進剥景衣曰：「公剥百姓，吾剥公。」神武誡景曰：「可無貪也。」景曰：「吾止剥百姓，爾乃剥天子。與爾較，生活孰多？」神武笑而不答。

斛律光，字明月，工騎射。嘗從文襄校獵，射雲表一大鳥，中其頸，形如車輪，旋轉而下，乃鵰也。遂稱落鵰都督。自結髮從戎，百戰百捷，嘗謂周人曰：「歸我七年人，不然，取爾十倍。」周即歸之，拓地五百里。

薛孤延驍果特著，嘗從神武戰蒲津，一日斫折刀十五口。神武嘗閱馬于北牧，道逢暴雨，大雷震地。前有一浮圖，神武令延視之。延馳馬直前，未至三十步，雷火正值其面。延繞浮圖喝殺，走火遂滅。延還，鬚眉及馬騌尾俱焦。神武嘆曰：「薛孤延乃能與霹靂鬥。」

彭樂驍勇絶世，每戰必陷陣。神武西征，與宇文泰對壘，樂乘醉深入，被剌腸出，内之不盡，爲截去，復戰。尋敗西師于芒山，追泰甚窘。泰還謂曰：「癡男子，今日無我，明日豈有汝？何不亟趣前營收金寶？」樂從之，獲金帶一束以歸。

陳元康性機敏，能暗中書，常從神武行間，馬上號令凡九十餘條。元康屈指數之，并能記憶。神武伐劉蠡升，天寒雪深，使人舉氊。元康于氊下作軍書，颯颯運筆，筆不及凍，俄頃數紙。神武目之曰：「此人世間稀有，何如孔子？」時稱「三崔、二張，不如一康」。

杜弼受知神武，嘗謂神武宜先除内賊，却討外寇，蓋指諸勛貴掠奪民財者。神武不答，第令軍人皆張弓挾矢，舉刀按矟，夾道而立，使弼出其間，曰：「必無傷也。」弼出還入，戰慄流汗。神武謂曰：「箭雖注不射，刀雖舉不擊，矟雖按不刺，爾猶頓喪魄膽。諸勛人觸冒鋒刃，百死一生，縱令貪鄙，所取處大，奈何便欲一切繩之？」弼頓首謝。

元韶妻高氏，先爲魏武帝后，故魏室奇寶多入韶家。有二玉鉢相承，可轉而不可出。瑪瑙榼容三升，玉縫之，皆西域鬼工也。文宣嘗問韶曰：「光武何以中興？」韶曰：「爲誅劉不盡。」于是大誅元氏，前後死者七百二十一人，悉投尸漳水。剖魚多得爪甲，都下爲之久不食魚。時元世哲弟黄頭，與諸囚自金鳳臺各乘紙鴟以飛。黄頭獨飛至紫陌乃墜，仍付御史獄，餓殺之。韶亦被幽，絶食啖衣袖而死。

張遠游在文宣時，與諸術士合九轉金丹。丹成，以獻文宣，置之玉匣，謂云：「我貪世間樂，未能即飛上天。待臨死時取服。」

裴謁之少負志節。文宣末年昏縱，朝臣罕有言者。謁之上書諫，言極切直。文宣將殺之，白刃臨頸，謁之詞色愈厲。帝曰：「癡漢何敢如此？」楊愔曰：「彼正欲取後世名耳。」帝投刀笑曰：「小子望我殺爾以取名，我偏不成爾名。」遣人送出。

孝恭故有識量，奉帝命討輔公祏。將發，大饗士，杯水忽變爲血，坐皆失色。孝恭怡然，徐曰：「諸君勿憂。吾仗威靈問罪，杯中血安知非賊人授首象乎？」立取飲盡，卒擒公祏。

魏收昔在京洛，故有浮薄名，人號云魏收「驚蛺蝶」。文襄宴集東山，謂曰：「魏收恃才，須出其短。」時坐客往復數番，收忽唱曰：「楊遵彦已屈。」愔從容曰：「我綽有餘閑。山立不動，若遇當塗，翩翩遂逝。」當塗者，魏；翩翩者，蝶也。文襄喜，稱善。

收作《魏書》，得楊休之助，因謝休之曰：「無以稱德，當爲卿作佳傳。」休之父固以貪虐獲罪，而書云：「固在北平多惠政，坐公事免官。」爾朱榮于魏爲賊，而論云：「若修德義之風，韓彭伊霍亦何足數？」書成，投牒者百數，共詆爲穢史。收無子。齊亡後，冢被發，暴骨野外。

法和將終，書其壁而塗之。及剥落，見所書文曰：「十年天子爲尚可，百日天子急如火，周年天子遞侍坐。」又曰：「一母生三天，兩天共五年。」是時婁太后所生爲天子者三人，自孝昭即位，至武成傳位後主，共五年。

文宣在位六七年，後狂惑無度。一日手持矛槊，游行市廛，見一婦人，問曰：「天子何如？」答曰：「顛顛痴痴，何成天子？」遂殺之。時三臺構木，高二十七丈，兩棟相距二百餘尺。

工匠危怯，皆繫繩自防。帝獨登脊疾走，略無怖色。復于其上雅舞旋折，見者靡不膽寒。又召死囚，以席爲翅，從臺飛下，免其罪戮。

文宣所幸薛嬪，甚寵愛。忽意其與高岳通，無故斬首，納之懷中。旋赴東山宴，勸酬甫合，忽探頭投于柈上，復取弄其髀爲琵琶。一坐驚怖喪膽。良久，復收之，對之流涕云：「佳人難再得，殊可惜也。」因命載尸出，披髮徒步，哭而送之。

周史

文帝宇文泰

帝之先起自朔野，其俗謂天曰「宇」，謂君曰「文」，因號「宇文氏」。高歡既除爾朱氏，專朝政。帝時方從賀拔岳軍中，請往觀之。至并州，歡一見，謂非常人，曰：「此小兒眼甚異，將留之。」帝詭陳忠款，具托左右，苦求復命，遂倍道行。行一日而歡悔，發驛追之，已無及矣。

帝自爲太子，已多失德，畏武帝，不敢肆。及即位，遂極意逞志。始幸洛陽，親御驛馬，日行三四百里，仍令四后方駕齊驅，不得稍先後。時人馬顛僕者相屬。尋幸同州，前驅戒道，爲三百六十里。自應門至赤岸十里間，幡旗相蔽，詔侍衛之官皆著五色及紅紫緑衣，以雜色爲緣，名曰「品色衣」。復詔内外命婦皆執笏。

周臣

宇文忻有智略，善左右馳射，捷疾如飛。自十八從戎，每戰必剋。尉遲迥作亂，忻以五百騎襲迥精甲三千，斬獲略盡，直趨鄴下。迥背城結陣大戰，官軍不利，時鄴城士庶觀戰者數萬人。忻謂左右曰：「事急矣，當以權道破之。」乃徑射觀戰者。觀戰者卒驚，數萬人轉相騰籍，聲若雷震。忻遂傳呼曰：「賊敗矣！」乘勢殺入，迥軍大敗。

賀拔勝精騎射，嘗走馬射飛鳥，十中其五。從文帝宴昆明池，有雙鳧游池上。帝授之弓矢曰：「不見卿射久矣，請以爲歡。」勝一發兩中之，帝大悦。

達奚武有膽略，高歡自弘農趣沙苑，文帝遣武躡之，且伺其動静。武止從三騎，盡令衣敵人衣以行。日暮，去敵營百步許，爲下馬潛聽，得其軍號。即上馬，歷其營，若爲警夜者。有不如法，輒鞭之。具得歡軍虚實以告，帝大悦，尋破歡。

楊忠狀貌瓌偉，有將略。嘗從文帝狩龍門，獨當一猛獸，左挾其腰，右拔其舌。帝壯之，號爲「揜于」，蓋北以猛獸爲揜于也。

李遠幼有志略，嘗與群兒戲，指麾部分，便有軍陣之法。郡守見而奇之，召使更戲。群兒俱皆散走，遠持杖叱之，輒復爲聚，意氣雄壯，殆甚于前。郡守曰：「此兒非常人，故將才也。」後都督義州，嘗出獵莎栅，于叢薄中見石，以爲伏兔也。射之，鏃入寸許。迫視之，乃石。文帝聞之，賜書曰：「昔李將軍射石没羽，公今復爾，可謂世繼其烈。」

長孫儉爲荆州刺史，所部鄭縣令泉璨爲民所訟，按治獲實，乃大集僚屬，謂之曰：「此由刺史教誨不明，是我之愆，非璨罪也。」遂于廳事前肉袒，自杖三十，捨璨不問。自是屬吏肅然。文帝爲言于上，下璽書勞之。儉嘗詣闕上書，值大雪，立雪中待報，自旦達暮，了無怠惰之色。

長孫紹遠博聞强記，年十三，父管記王碩欲驗之，令讀《月令》數紙，纔一遍，背誦若流。碩乃服。後爲太常，創樂器，土木絲竹，各得其宜，惟黄鍾不調，每以爲念。一日，經韓使君佛寺前，浮圖三層之上，有鳴鐸焉。忽聞其音，雅合宫調，取以配奏，八音克諧。

斛斯徵幼穎悟，五歲便能博涉群書。魏自孝武西遷，音樂廢闕。徵博采遺逸，稽諸典故，樂斯備。樂有錞于者，近代絶無此器，或自蜀得之，皆莫之識。徵一見即曰：「此錞于也。」衆弗信，徵遂依干寶《周禮注》，以芒筒捋之，其聲極振。衆乃嘆服。

田弘少慷慨，勇略善戰。文帝嘗以所著鐵甲授弘曰：「俟天下已定，還將此甲示孤也。」弘每臨陣，摧鋒直前，身被一百餘箭，破骨者九，馬被十矟。其討吐谷渾、宕昌羌，獲二十五王，破七十二栅。帝嘗言：「人人如弘盡心，天下豈不早定？」

李穆從文帝河橋之戰。帝馬中流矢，驚逸，因墜地。敵兵追及之，時左右皆散，獨穆策扶帝，且陽駡曰：「爾曹主何在？爾獨住此！」敵遂不疑爲貴人，捨之去，帝以是得脱。自是寵遇特隆，常言：「人所貴，惟身命。李穆遂能輕身命濟孤于難，雖復加之爵位，賞之玉帛，未足報也。」爲特賜鐵券，恕其十死。

熊安生通《五經》，尤精《三禮》。周武帝入鄴，親幸其第，詔不拜，執手與同坐，謂曰：「朕未能去兵，以此爲愧。」對曰：「黄帝尚有阪泉之戰。」帝曰：「齊所積府庫及三臺雜物，朕欲散之百姓，何如？」對曰：「武王剋商，財散鹿臺，粟發鉅橋，此詔異代同美。」帝曰：「朕何如武王？」對曰：「武王伐紂，太白懸頭；陛下平齊，兵不血刃。」帝大悦，賜九環金帶。

長孫晟善射，一箭落雙鵰，突厥畏之。聞其弓聲，謂爲霹靂；見其走馬，謂爲閃電。仕周爲將軍，女爲唐太宗后，著《女則》十篇。子無忌，博涉群書，嘗撰《隋志》，佐太宗定天下，功第一，擢比部郎中，封齊國公，累遷太子太師，後與褚遂良同受顧命。高宗初，以諫立武昭儀削爵，流黔州。

史闕卷九

（明）古劍陶庵張岱紬
（清）吴興柳門鄭佶編

隋紀

文帝堅

隋文帝生而頭有二角，一日三見鱗甲，母畏而棄之。有老尼來，哺育甚勤。尼偶外出，屬其母視兒。母見鱗角稜稜，燁然有光，大懼，置諸地。尼疾走抱起，曰：「驚我兒，令我兒晚得天下。」後帝果六十而得天下。

文帝未貴時，嘗夜泊江中，夢無左手，覺而惡之。及登岸，詣一草庵，中有一老僧，道極高，具以夢告之。僧起賀曰："無左手者，獨拳也。當爲天子。"後帝興，建此庵爲吉祥寺。

開皇中，毛爽、蔡子元奉詔取律管，隨十二辰位置案上，實葭莩之灰而覆其口，以輕緹素埋之地中候氣。然氣應有早晚，灰飛有多少，或初入月，其氣即應；或中下旬間氣始應；或灰飛出三五夜而盡；或終一月纔飛少許。文帝異之，以問牛弘。弘對曰："灰飛半出爲和氣，全出爲猛氣，吹灰不能出爲衰氣。和氣應者其政平，猛氣應者其臣縱，衰氣應者其君暴。"帝聽之默然。

煬帝廣

煬帝生時，有紅光燭天，里中牛、馬皆鳴。先是獨孤后夢龍出身中，飛高十餘里，龍墮地，飛輒斷。生三歲，戲文帝前，曰："是兒極貴，恐破我家。"

楊玄感反，戰敗。煬帝曰："玄感一呼，而從者十萬，益知人不欲多，多即相聚爲盜耳。不盡加誅，無以警後。"于是又殺三萬餘人。百姓凡受玄感賑發，皆坑之。玄感所善文士俱坐徙邊捕誅。後至東都，顧盼街衢，謂侍臣曰："猶大有人在。"

大業元年，發河南諸郡男女百餘萬，開通濟渠。自西苑引穀、洛水達于河，自板渚引河達于淮。二年，盛修儀仗，詔課州縣送羽毛。于是網羅水陸禽獸，有堪氅旄之用者，采捕殆盡。十二年，上于景華宮徵求螢火，得數斛，夜出游山放之，光遍岩谷。十三年冬，有石自江浮入于揚子，日光四散如流血。上惡之，未幾被弑。

大業初，突厥染干來朝，煬帝欲誇之，乃徵百戲，大集東都，于芳華苑積翠池帷宮女聚觀。有捨利先來，須臾跳躍，激水滿衢，黿、鼉、龜、鼈遍覆于地。尋有大鯨魚，噴霧翳日，倏忽化成黄龍，長七八丈，聳踴而出，名曰「黄龍變」。又以繩繫兩柱，相去十丈，許二倡女對舞繩上，相逢切肩而過，歌舞不輟。其他千變萬化，染干見之大駭。自是命太常教習，每歲于端門外列戲場，連亘八里，令百官縱觀。伎人皆衣錦繡，爲婦人服，兩京繒錦爲之一空。

大業四年，太原厩馬死者過半。帝怒，詔問主者，云：「每夜厩中馬無故自驚，因而致死。」帝令巫視之，巫知帝將有事東征，因希旨曰：「先帝令楊素、史萬歲取之，將鬼兵以伐遼東也。」帝大悦，因釋主者。

煬帝開河成，取吴越民間女年十五六者五百人，謂之殿脚女，龍舟彩纜一條，女十人牽之，間以羊十口。時盛暑，翰林學士虞世基獻計，請用垂柳，栽于汴梁兩堤上，一則樹根縈繫，鞠護河堤；二則牽舟女子獲其陰樾；三則牽舟之羊食其枝業。上大喜。詔民間有柳一株，賞一縑，百姓競獻之。帝自種一株，群臣次第種，方及百姓。民謡曰：「天子先栽百姓栽。」栽畢，帝御筆賜垂柳姓楊，遂名楊柳。

煬帝幸廣陵，既開渠，而舟至寧陵界，每阻水淺，以問虞世基。答曰：「請爲鐵脚木鵝，長一丈二尺，上流放下。如木鵝住，即是淺處。」帝依其言。

煬帝時，洛陽進合蒂花，得之嵩山塢中，人不知名，采者異之。會帝駕適至，因名迎輦花。濃艷芬馥，或惹襟袖，移時不散，嗅之令人不睡。命御車女袁寶兒持之，號「司花女」。

煬帝妃吴絳仙善畫長蛾眉，帝甚憐之，由是嬪御皆仿此。官吏日供螺子黛五斛，名眉緑。絳仙畫眉，帝每倚簾顧之，移時不去，乃云：「古言美色若可餐，如絳仙者，可以樂飢矣。」遂賜以合歡水果，立爲貴妃。

大業間，越溪進耀光綾，綾文突起有光彩。越人乘樵風舟泛于石帆山下，收野繭繅絲，夜夢人告云：「禹穴三千年一開，汝所得繭，即《江淹文集》中蠹魚所化也，絲織爲裳，必有奇文織成。」果符所夢，獨賜袁寶兒，吴絳仙、蕭妃恚妒不懌。

煬帝無日不治宫室，浙人項陞進新宫圖，大悦，即日召有司庀材鳩工，經歲而就，帑藏爲之一洗。帝幸之，大喜，曰：「使真仙游其中，亦當自迷也。」因名之曰「迷樓」。

煬帝淫侈，每除夜，殿前諸院設火山數十座，盡沉香木根，每一山焚沉香數車。火光暗，則以甲煎沃之，焰起數丈，香聞數十里。常一夜用沉香二百餘車，甲煎二百餘擔。

煬帝自達廣陵，沉湎失度，每睡須搖頓四體，或歌吹齊鼓，方就一夢。侍兒韓俊娥尤得帝意，每寢必召，令振聳支節，然後成寢，賜名「來夢兒」。

帝將征高麗，宮女半不隨駕，泣留帝，言：「遼東小國，不足以煩大駕，願擇將征之。」帝意不回，因飛白二十字，賜守宮女云：「我夢江東好，征遼亦偶然。但留顏色在，離别祇今年。」

煬帝嘉則殿分書三品，有紅琉璃、紺琉璃、漆軸之異。殿垂錦幔，繞刻飛仙。帝幸書室，踐暗機，則飛仙收幔而上，厨扉自啓。帝出，閉如初。隋之藏書計三十七萬卷。

煬帝恍惚遇陳後主，責其淫放，復爲詩，譏其開河爲後人之利。帝怒叱之。後主曰：「且去，且去！後一年，吴公臺下相見。」又妃麟兒夢帝游第十院，殿上火發，帝坐烈焰中，驚呼人救。後被弑，正居第十院，死火中。又一夕，起觀玄象，召問太史令袁充，曰：「星文大惡！賊星逼帝座甚急。」

玉鈎斜，在吴公臺下，煬帝葬宮人處。唐竇鞏《玉鈎斜》詩：「離宮路遠北原斜，生死恩深不到家。雲雨今歸何處去？黄鸝飛上野棠花。」

查《揚州郡志》，吴公臺下乃煬帝葬宫人處，名曰「玉鈎斜」，考之不得其取義。及再查《郡志》，則云：「蕃釐觀後有玉鈎井，相傳一黄冠持畫軸見帥守，畫中字皆雲章鳥篆，不可識。」及去，忽入井中，因縋獄囚下視之，見一洞，署「玉鈎洞天」，復使人，則水漫不可尋矣。唐竇鞏《咏宫人斜》詩則有「離宫路遠北原斜」之句，意與玉鈎井相望，故云「玉鈎斜」耶？張士行《玉鈎斜》詩：「宫中佳麗三千人，半作玉鈎斜上土。」亦不言其地在何處。

煬帝時，望氣者云：「龍門有天子氣，連太原甚盛。」煬帝數游汾陽以厭之。後唐高祖起兵汾陽，遂有天下。及煬帝時，有謡云：「楊花落地歸何處，李花結果自然成。」楊氏滅，李氏興，蓋天數，非人力也。

隋文帝夢洪水没都，意惡之，故遷都大興。會有方士言李氏當爲天子，勸帝盡誅海内姓李者。李渾從子將作監敏，小名洪兒。帝疑其名應讖，嘗面告之，冀其引決。裴仁基告渾反，帝收渾及敏并宗人二十二人，殺之。不知洪水乃唐高祖，諱淵也。

煬帝既弑，蕭后與宫人撤床簀爲棺，葬于西苑。後右衛將軍陳稜守江都，求得帝柩，略備儀衛，改葬吴公臺下。時唐武德元年也。高祖平河南之後，復移葬雷塘。貞觀二十二年，蕭后卒。太宗復其位號，使衛喪至江都，與煬帝合葬。

文獻獨孤后

獨孤氏，文帝后也。突厥入市，有明珠一篋，價值八百萬，或白后市之。后曰：「當今戎狄屢寇，將士罷勞，未若以八百萬分賞有功者。」百僚聞之畢賀。然性極妒，諸王及朝士有妾孕者，必勸帝黜之。太子妃元氏暴薨，意妾雲氏故，竟讒廢太子。

隋臣

李德林爲内史令，與楊素共執隋政。素功臣豪侈，後房姬妾千人。德林之子百藥，夜入其室，則其寵妾所召也。素俱執于庭，將殺之。百藥年未二十，儀神儁秀，素意惜之，曰：「聞汝善爲文，可作詩自叙，稱吾意，當免汝死。」解縛，授以筆札，詩立就。素覽之，欣然以妾與之，并資送數萬緡。

麥鐵杖走及奔馬，能日行五百里，以事没入配，執御傘。每罷朝，夜行百餘里，至南徐州。逾城入，明火行劫，旦還，及時仍執傘。如是者十餘度。州人識之，以狀聞。朝士見鐵杖每旦在，不信也。尚書蔡徵計于仗下時，購送詔往南徐州者，期以旦報命。獨鐵杖應募，旦還奏，不失期。帝曰：「此其爲盜信矣。」惜其勇捷，不罪，後以功累官光禄大夫。鐵杖于陳亡後委質楊素，素將平江南諸郡，使鐵杖夜泅水，過揚子江，爲巡邏者所捕，差人防守，送于姑蘇。遇夜，伺守者熟寐，竊其佩刀，盡殺守者，走回。乃口銜二首級，携劍復渡大江。楊素駭異，尋命爲本郡太守。今海南多麥姓，皆其苗裔。

遼東之役，鐵杖請爲前鋒，顧謂醫人吴景賢曰：「大丈夫性命自有所在，豈能艾炷灸額，瓜蒂歕鼻，治黄不差，而死兒女子手中耶？」將渡遼，謂二子曰：「阿奴須備淺色黄衫，吾荷國恩，今日必死。」及濟橋未成，去岸數丈，輒跳岸戰死。杖有口辯，考功郎竇威嘗戲之曰：「麥是何姓？」鐵杖答曰：「麥豆不殊，那忽相怪。」威無以難之。

沈光，字總持，負絶力，爲惡少年所朋附。初建禪定寺，竪旛竿，高十許丈，適繩絶，非人所及。諸僧難之，光謂曰：「可持繩來。」僧皆驚喜。光乃口銜繩，拍竿而上，直至龍頭。繫畢輒放手，透空直下，以掌拒地，倒行數步。觀者駭異，號爲「肉飛仙」。時又有權武者，勇絶世，常倒投于井，未及泉，復躍而出。二人皆以功得顯官。

大業中，朝廷有事高麗。光以驍果應募，時用衝梯擊城，竿長十五丈，光升其端，臨城與賊戰，短兵接，殺敵十數人。賊競擊之，墜未及地，適遇竿有垂絙，光手掣之，復上。望見者俱爲神悚。帝馳召，即日拜朝散大夫，賜寶劍、良馬。

楊玄感，素之子，體貌雄偉，美鬚髯。少時人多謂之癡，其父母獨曰：「此兒不癡也。」及長，好讀書，善騎射，性雖驕倨，而愛重文學，四方知名士多趨其門。見朝綱漸紊，帝多猜忌，輒有異志。帝時好征伐，玄感欲立威名，陰求將領，謂兵部尚書段文振曰：「世荷國恩，庶幾執鞭行陣，可圖報塞。」文振言于上，上喜曰：「相門有相，將門有將，故自不虛。」于是征遼之役，遂命玄感督運。黎陽逆謀，遂決于此。

玄感進逼東都，尚書衛玄率衆數萬自關中來援，先以步騎二萬挑戰，玄感僞北。玄逐之，伏兵發，前軍盡没。已數日，復戰。戰始合，玄感令人呼曰：「官軍得玄感矣。」玄軍恍惚疑信，勢稍懈，玄感輒率精騎乘之。玄復大潰。玄感每戰必身先士卒，喑嗚叱咤，當之者莫不披靡，時以方項羽。

楊智積，隋文帝侄也。楊玄感反，攻城，燒城門。智積于内益薪以助火勢，賊不能入。

王頒，僧辨之子。父爲陳霸先所殺，誓圖雪耻。及隋滅陳，頒對將士日涕泣，一壯士進曰：「陳亡，郎君之仇雪矣，而悲不止，豈霸先蚤死，不得三刃之故耶？何不斵棺而戮其尸？」一須乃頓顙答曰：「正恐帝王墳塋未易發，一宵不及，明即事露矣。」遂密計，召父時將卒，得千餘人，剋期備鍬鍤，竟一夕發訖。剖棺，見霸先鬚皆不落本，并出自骨中。遂焚骨，取灰投水，飲之。

隋虞孝仁，性奢華。伐遼之役，以駱駝負函盛水，養魚以自給。

王文同爲恒山郡丞。郡中一豪猾每持長吏長短，前後守令皆憚之。文同至，令剡木爲大橛，埋之庭，出尺餘，四角各埋小橛。因召其人數之，踣其心于大橛上，而縛四肢于小橛，棒其背，須臾潰爛。郡中大駭。又悉裸僧尼，驗有淫狀，非童男女者數千人，將盡殺之。于是合郡士女驚竄。煬帝聞之大怒，馳使斬之，以謝百姓。

崔儦字岐叔，性嗜書，自負才地，忽略世人，大署其户曰：「不讀五千卷書，不得入此室。」官給事内史，以聾，常得無事，一醉輒八日。時越公楊素勢傾中外，重儦門第，爲子玄縱娶儦女。始親迎，公卿滿座。及迎儦，儦故敝衣冠，騎驢而至，待素禮甚倨傲。素爲拂衣起。

柳[⿱巩言]（䛒）〔一〕好讀書，博覽萬卷。仕隋文帝，常撰《法華玄宗》，上之太子。煬帝嗣位，

〔一〕「⿱巩言」，當作「䛒」，形誤。柳䛒，隋代東宮學士。下同。

[翌]（䎸）常入侍宴讀。帝與妃后對酒，或逢興會，輒召[翌]（䎸）與共，共榻同席。尤恨不能夜召，命工刻木爲偶人，施機關，能坐起拜伏以像[翌]（䎸）。每月下飲，輒令宮人置之座，相酬酢爲歡笑焉。後從幸江都，卒。

蕭吉經華陰，見楊素冢上白氣屬天，密言之煬帝曰：「素冢當有兵禍，滅門之象，改葬庶可免。」帝從容謂玄感：「宜早改葬。」玄感以爲吉祥，托言遼東未滅，不遑私事。未幾，以謀逆族誅。

樂人王令言，妙解音律。煬帝將幸江都，令言子當從。忽于户外彈胡琵琶，作《翻調安公子曲》，令言曰：「此曲宫聲，往而不返。宫者，君也。汝慎毋從行。」後帝果于江都遇害。

趙昱常隱青城山，煬帝起爲嘉陵守。時犍祖潭口有老蛟爲害，昱率甲士千人，夾江鼓譟。昱持刀入水，有頃江水盡赤。昱左手持蛟首，右手持刀，奮波而出。隋大亂，隱去，不知所終。後嘉陵水漲，蜀人見昱青霧中騎白馬，從數獵者而過。宋太宗時，封「神勇大將軍」，廟食灌江口。

隋末有嗃居謨善射，閉目而射，志其目則中目，志其口則中口。有王靈智者，學射于君謨，以爲由盡其妙，欲射殺君謨，獨擅其美。時君謨無弓矢，執一短刀，矢來輒截之。末後一矢，君謨張口承之，遂齧其鏃而笑曰：「汝學射三年，未教汝齧鏃法。」

開皇中，詔舉秀才，杜正玄試策高第。楊素怒曰：「周孔更生，尚不得爲秀才。刺史何妄舉？」抵策于地，不視。時選期將盡，曹司爲重啓素，素意在試退正玄，乃手命題，擬司馬相如《上林賦》、王褒《聖主得賢臣頌》、班固《燕然山銘》、張載《劍閣銘》《白鸚鵡賦》，且曰：「吾不能爲君住，可未時急就。」正玄及時脱稿，讀數過，大驚曰：「真好秀才！」命吏部優叙。

煬帝無道，杜伏威以齊州叛。帝遣陳稜擊之，稜下偏裨將射中伏威額，伏威怒曰：「不殺射我者，終不拔此箭。」由是奮擊而入，獲所射者，乃令拔箭畢，然後斬其首。入稜軍中，稜遂大敗。

張仲堅，西京人。偉狀貌，鬚捲如虬，人稱「虬髯公」。雄才大略，人莫之測。隋末，天下大亂，仲堅陰有掃靖之志，遇李衛公靖于旅次。時靖方挾楊越公家紅拂妓宵奔，至旅店，靖往餵馬，紅拂妓見虬髯，即異之，問髯何姓，曰：「姓張。」妓曰：「妾也姓張，合是兄妹。」遂拜而呼兄，招靖出見之，與坐談。髯問靖曰：「君貧士，安得此麗人？」靖告以實。問：「君欲何往？」靖言將往太原。髯曰：「聞太原有異人否？」靖曰：「聞一州將子有異，將往見之。」髯曰：「我亦聞之。李郎能致我一見否？」靖曰：「靖友劉文静能致之。」因同至太原，給文静有善相者，思見郎君，文静遽遣使迎之。虬髯公熟視文皇，招靖起曰：「真天子也！吾已十得八九，須道兄决之。」後偕徐洪客復謁文皇，慘然屈服，辭去。路語靖曰：「李郎與一妹可速至京，與吾會于某巷小宅。」嗟咨而去。靖亦兼程至京，與一娘同往。至某巷，扣小板門，内有應者出，拜曰：「三郎令候郎君、一娘子久矣。」延入重門，門益壯麗。暫止東廳，其供帳陳設窮極珍異，頃刻角門開，傳云：「三郎至。」乃虬髯也。紗帽紫衫，氣若龍虎，同妻出拜，四人列坐，行酒設饌，皆大官法膳，非民間所有。食畢，引至中堂，蒼頭侍女十餘人，送至文簿匙鑰，盈滿數笥。髯語靖曰：「此皆金寶貨幣之數，凡吾所有，悉以贈君。某本欲于此世界少建功業，今既有主，住此何爲？李郎以王佐之才，一妹具英雄之略，將我所贈，以佐真主建立勛業，勉之勉之！此後東南數千里外有異事，是吾得意之秋也，一妹與李郎可酹酒相賀。」即命家僮列拜曰：「李郎、一娘是爾主矣。可善事之。」言訖，與其妻戎服乘馬，一奴從之，縱轡而去。後文皇既定天下，貞觀中，南蠻奏曰：「有海船千艘、甲兵數十萬，入扶餘國，殺其主，國已定矣。」靖知虬髯功成，歸告一娘，共酬酒向東南拜賀。或曰：「李衛公兵法，半是虬髯所傳。」

徐洪客隱于黄冠，明天文，素與虬髯公張仲堅善。初欲佐虬髯舉大事，後望氣知太原有真主，遂因劉文靖謁文皇。文皇出，長揖就坐，顧盼偉如。洪客一見，神情銷阻，退語虬髯曰：

「此世界，非公世界也。他方可勉圖之。當以我之進步爲公退步。」虬髯入扶餘國，殺其主，立虬髯爲王。遂飄然而去，不知所終。

烏程徐鴻本谷耘校字

史闕卷十

（明）古劍陶庵張岱紬
（清）吴興柳門鄭佶編

唐紀

高祖仕隋爲殿内少監，尚食奉御。郭弘道善相，言于高祖曰：「公天中伏犀，下接于眉，此非人臣之相。」後爲太原留守，鎮并州。武士彠嘗于街内獨行，聞空中有言曰：「唐公是天子。」後起兵太原，有紫雲如華蓋、樓閣之形，正臨高祖之上。高祖將舉義師，西入長安。夜夢身死，墜床下，爲群蛆所食，及覺，甚惡之。乃詣智滿禪師密語之，滿即賀曰：「公得天下矣。」帝大驚曰：「何謂也？」滿曰：「人臣不敢直指天子，乃曰陛下。死者，斃也；墜床者，下也；蛆趨附也，群蛆共食是億兆趨附至尊之象也。」又曰：「貧道爲沙彌時，常工《易》下。爲卦占之，卦成，得『乾，飛龍在天』，是又帝王之徵也。」

獨孤信，雲中人，美容儀，善騎射，從西魏孝武入關，累官大宗伯，封魏國公。信雅有奇謀大略，爲時所重。其三女各生一朝天子，長女生周武帝，次女生隋煬帝，幼女生唐高祖。

高祖竇皇后

后爲竇毅之女，聞周主禪位于楊堅，乃自投堂下，撫膺太息，曰：「恨我不爲男子，救舅氏之患。」毅及襄陽公主掩其口曰：「汝勿妄言，滅吾族矣。」由是奇之。及長，以適唐公李淵。嗟乎！太宗濟世安民，已兆于母胎矣。

平陽公主

公主下嫁柴紹。高祖起兵，主居長安，紹謂曰：「尊公有大舉，我欲往，恐不能偕，奈何？」主曰：「君行，我自爲計。」紹既發，主乃散家貲，招南山亡命，得數百人，自將以應帝。于道盡平諸劇賊，略地至武功，勒兵七萬，威震關中，號「娘子軍」。

吐谷渾與黨項寇邊，柴紹禦之，矢下如雨。紹安坐，遣人彈琵琶，二女子對舞。虜異之，停射縱觀。紹伺其懈，以精騎從後擊之，虜遂大潰。

李密之愛姬雪兒者，能歌舞，每見僚屬文章，有奇麗人意者，即命雪兒叶音律歌之。

王世充悉衆渡河，求決戰，密自將待之邙山。世充于未陣時，陰索一貌類密者，縛之以俟。既，兩軍接，埃霧囂塞。世充督兵疾戰，須臾索貌類密者過陣，衆遂噪曰：「獲密矣！」軍中咸呼萬歲。密軍驚惶，遂潰。

竇建德救王世充，兵至牛口，太宗曰：「豆入牛口，必無全理。」遂一戰擒之。

朱粲于大業末亡命爲盜，自稱「迦樓羅王」，衆十萬，渡淮，剽劫山南，所至殘殺無遺。時大餒，軍乏食，粲掠小兒及婦人蒸食之，謂其徒曰：「味之美，寧有如人者哉！」初，引陸從興、顏愍楚爲賓客，後盡食兩家。諸賊懼，皆逃散，乃乞降高祖。高祖遣散騎常侍段確勞之，確醉，粲戲曰：「啖嗜酒人，正如糟豚。」確悸，駡之曰：「狂賊歸朝，乃一奴耳，能復噬人乎？」粲即收確于坐，并從者數十，悉蒸以饗士。後東都平，斬粲于洛水上。

王君廓，故無賴，善盜。嘗負竹笥如魚具，内置逆刺，見鬻繒者，以笥囊其頭，不可脱，輒奪繒去，而主不辨也。後歸高祖，戰東都，以十三人破賊萬餘。入朝，帝賜所乘馬，令自廷中乘出，謂侍臣曰：「昔藺相如叱秦王，目眦盡裂。君廓往擊建德，李勣遏之，發憤大呼，至耳鼻皆流血，勇何啻相如哉！朕當不以例賞，更賜錦袍金帶。」

蕭瑀，太宗朝拜相，以至雲孫遘，凡八世宰相，古所未有。嵩，玄宗朝。華，肅宗朝。復，德宗朝。俛，穆宗朝。寘，宣宗朝。仿，懿宗朝。遘，僖宗朝。瑀事唐高祖，嘗引升御榻。子嵩，于開元十七年會裴光庭卒，帝問嵩：「誰可代光庭者？」嵩薦韓休，遂與休同相。時荆州進柑，帝以紫羅帕包柑賜之。

太宗世民

太宗嘗飲于劉文静家，醉卧，文静見宅南大池中有白龍下飲水，池中大魚皆躍上岸，以百數，良久乃隱。太宗睡覺，謂文静云：「醉中渴甚，夢入公家池中飲，水極清冷快意。」文静視其體，猶濕也。

高祖校獵城南，三子皆從，上命馳射角勝。建成有胡馬，肥壯，善蹶人，不能御，以授世民曰：「此馬甚駿，能超越數丈澗。弟善騎，試乘之。」世民即乘以逐鹿，馬蹶，世民躍立于數步之外。馬起，復乘之。如是者三，顧謂宇文士及曰：「彼欲以此斃我，而我有命焉。」諸臣爲賦《毒龍馬》。

太宗獵于苑内，有群豕突出，太宗引弓四發，殪四豕。有一雄豕，直來衝馬。尚書唐儉下馬搏之。太宗拔劍斷豕，顧而笑曰：「天策長史不見上將擊賊耶？何懼之甚！」儉對曰：「漢祖以馬上得，不以馬上理之。陛下以神武定天下，豈復逞雄心于一獸？」太宗因命罷獵。

唐遷内庫書于東宫麗正殿，置修書、著作兩院學士，得通籍出入太府，月給蜀郡麻紙五千番，季給上谷墨三百三十六丸，歲給河南、景城、博平、清河四郡兔一千五百皮爲筆，以甲、乙、丙、丁爲次。唐之書計二萬八千餘卷。

太宗臣

王珪隱居時，與房玄齡、杜如晦善，母李氏曰：「爾必貴。然未知所與游者何如人？爾試與偕來。」會玄齡等過其家，母見之大驚曰：「座上數客皆公輔器，未及最少年虬髯者，汝輩功名皆因此人。」少年乃太宗也。太宗虬髯，可以挂弓。

隋末有書生貧甚，居鄰官庫，因穴而入其内，有錢數萬貫，遂欲盗取。有金甲神持戈曰：「汝要錢，可索取尉遲公帖來。此是尉遲敬德錢也。」書生訪至一鐵冶所，有鍛鐵匠尉遲敬德者，方袒露，蓬首而鍛。書生乘間拜乞錢五百貫，尉遲公怒曰：「某打鐵人，安得錢？乃侮我耳。」書生曰：「若能哀愍，第賜一帖足矣。」公笑而勉書一帖與之。書生持至庫中，復見金甲神覽而笑曰：「是也。」令繫于梁上，命書生取錢，止于五百貫。後敬德佐神堯立殊功，定天下，請歸鄉里，敕賜錢一庫，閲簿缺五百貫，將罪主者，忽于梁上得帖子，敬德視之，乃打鐵時所書帖也，詫異久之。

李靖未遇時，射獵山中，遇晚，見人家投宿。夜半，聞扣門甚急。靖開門視之，見一老嫗謂靖曰：「此龍宫也。天府命行雨，二子皆不在，欲奉煩公。」取驄馬一、小瓶、小水鍬，付靖云：「但以瓶中水下數鍬足矣。」靖跨馬行雲霧中，如嫗言，向下灑水數鍬，遽返。見地下澍雨已數尺矣。歸覆老嫗。臨别，贈以兩奴，一奴儀貌和悦，一奴憤氣勃然。靖取憤怒者。其後爲大將，功蓋天下，而終不能登相位。

李靖爲岐州刺史，或告其謀反，高祖命一御史案之。御史知其誣罔，請與告事者偕，行數驛，詐言失去原狀，驚懼異常，鞭撻行典。乃祈求告事者别疏一狀，比驗，與原狀不同。即日還，以聞，高祖大驚，告事者以誣罔伏誅。

秦叔寶，名瓊，以字行，始爲隋將來護兒帳下卒。叔寶母喪，護兒吊之，吏怪曰：「士卒死喪，將軍未有所問，獨吊叔寶何也？」護兒曰：「是子才而武，有志節，非久處卒伍者。」已歸朝，高祖賜之金瓶，從征世充、建德、黑闥，累戰必剋，進上柱國。每臨敵，敵有驍將鋭士震耀出入以誇衆者，秦王輒命叔寶往取之，躍馬挺鎗，刺之萬衆中，靡不如意。秦王踐阼，命圖其形于凌烟閣。叔寶所乘馬，號「忽雷駮」，常飲以酒，每于月明中試，能竪越三領黑氊。及胡公卒，嘶鳴不食而死。

單雄信幼時，學堂前植一棗樹，至年十八，伐爲鎗，長丈七尺，拱圍不合，刃重七十斤，號爲「寒骨白」。嘗與秦王卒相遇，秦王以大白羽射中刃，火出，因爲尉遲敬德拉折之。

魏徵多直諫，言極剴切。巢刺王妃楊氏，有寵于帝。及文德皇后崩，帝欲立爲皇后，徵諫曰：「陛下方比德唐虞，奈何以辰嬴自累？」乃尋以楊氏子曹王明繼元吉後。晋太子圉質于秦，秦妻以嬴氏。及重耳奔秦，又以嬴氏納焉。嬴乃文公之侄婦也。

魏徵既死，太宗使人至其家，得書一紙，如半稿，其可識者：「天下之事，有善有惡，任善人則國興，用惡人則國敝。公卿之内，情有愛憎，憎者惟見其惡，愛者惟見其善。愛憎之間，所宜詳審。」太宗曰：「朕恐不免斯過。公卿侍朕，可書于笏。」

唐散樂高崔嵬，太宗命給使捺頭向水下，良久，出而笑之。帝問曰：「水中見何物？」對曰：「見三閭大夫屈原，向臣云：『我逢楚懷王無道，乃沉汨羅水。汝逢聖君，何爲來此？』」

太宗賜宴玄武門，援筆作飛白，衆乘酒就帝手中奪取。常侍劉順登御床，引手得之。有不得者，奏順不敬，宜付法司。帝笑曰：「昔聞婕妤辭輦，今見常侍登床。」

任環，合肥人。太宗朝累功拜大都督。上憐其無子，賜二姬。妻柳氏甚妒，髠其髪，僇辱之。上怒，召柳至，僞爲酖酒，敕柳飲之，傳言：「若不妒，則勿飲。」柳曰：「生不如死，請盡飲之。」上顧環曰：「死宜不畏，鄉其奈何？」命二姬別院安置。

虞世南，太宗時爲弘文館學士，謂之登瀛洲。後以銀青光禄致仕，圖形凌烟閣，謚文懿。太宗命寫《列女傳》于屏風。無本，暗疏之，一字無謬。太宗稱其五絶：一德行、二忠直、三博學、四文詞、五書翰。上嘗出行，有司請載書以從，上曰：「虞世南在，行秘書也。」

唐太宗購求「二王」真迹，民間進一字，賜一金錢，得二千六百本，以未得《蘭亭》爲急。有言智永之弟子辨才或知其處，遂召辨才入内道場供養，誘之者萬方，辨才辭以兵火失去，愕窒不承，尋乞還山。既在途次，又召入重問。如是者再三，辨才終無出意。太宗曰：「老禿木[彊]（僵），當以計取。」房玄齡薦御史蕭翼可充此使，太宗敕翼遄往。乃請出御庫「二王」雜帖三四通，間行洛潭，隨客舟至越，衣黄衫，寬長潦倒，直得山東書生體，日入寺廡觀畫壁。辨才出問客何來，翼曰：「某北人，將少許蠶種來賣。」辨才延入，茶語圍棋，情意款洽。夜便留飲，酒酣，刻韻賦詩，盡歡而别。嗣是往來浹旬。一日，翼出梁元帝所畫《職貢圖》示辨才，因説入翰墨。翼曰：「某好書畫，所携有『二王』手迹，爲希世之寶。」辨才匿笑曰：「可將來我看。」翼持帖如期往，初出一帖，曰：「贋本。」再出一帖，曰：「響榻。」最後一帖，作意珍惜，吝不與觀。辨才熟視之，曰：「是則是矣，非得意筆也。」急口出「老僧有」三字，又低頭默塞。翼力究之，辨才四顧無人，乃曰：「老僧有一真本。」翼曰：「何本？」低聲曰：「《蘭亭》。」翼佯笑曰：「數經喪亂，真迹豈存？此必贋本。」辨才曰：「智永臨終親付于我，那得非真？」翼曰：「真假亦須我辨之。」辨才笑曰：「呵呵！請君明日來辨。」次日，翼蚤至，辨才款坐方丈，掇長梯向梁上取下，招翼來看。翼反覆視，故指敗缺曰：「果是臨本不錯。」争競久之。辨才不懌，曰：「先生休矣。」捲置几上。自示翼之後，不復收藏，并翼所携雜帖，并留觀摹。一日赴圯橋齋，翼來，紿弟子取净巾，撤關而入，遂取《蘭亭》并雜帖軼出，急走。辨才歸，聞翼至取净巾，疑之。急檢《蘭亭》無有，疾走翼所，翼又不在，乃躃地嗥嘑，曳杖急追。翼走十餘里，出帖展看，但見山間百花遍開。翼方駭異，聞隔嶺老僧嘆啃懊恨聲。急奔二十餘里，見永安驛，走入，呼驛長曰：「我御史。奉墨敕到此，亟報都督齊善行。」驛長去。辨才追至驛，見翼，勃決不能出聲，持杖撲翼。

翼環驛走，都督馳至。翼對都督宣敕，大言曰：「吾乃御史蕭翼，奉敕取《蘭亭》。今《蘭亭》已得，爾守土官護送還闕。」辨才聞之，氣憤僕地，持久始甦。翼馳驛進呈。太宗大悦，擢翼尚書員外郎，賜金縷瓶、瑪瑙碗、良馬、莊宅。以玄齡舉得其人，賜彩段千端。始怒辨才無所與。數日後，亦賜帛三千端、穀三千斛。辨才施于雲門，建塔三級，是爲辨才塔。太宗得帖，命歐陽詢、虞世南、褚遂良各搨數本，賜太子、諸王、近臣。而太宗玩真本，不忍釋手，謂侍臣曰：「吾千秋後，必得此殉葬，第恐太子靳弗與耳。」一日，賜太子宴，手一爵賜太子曰：「汝飲此爵，吾有事丐汝。」太子奏曰：「陛下何旨，臣敢不敬承！」太宗曰：「吾欲得《蘭亭》殉葬，汝弗靳否？」太子曰：「陛下所愛，臣不惜頂踵，敢惜《蘭亭》乎？」太宗曰：「爾許我，我死無憾矣。」至貞觀二十三年，太宗崩，遂以《蘭亭》真本從葬昭陵。

丘行恭，有勇力。貞觀中討高昌有功，詔斬石爲人馬像，立昭陵闕前，以旌其功。

高宗治

高宗初扶床時，將戲弄筆墨，左右試置紙于前，乃亂塗滿紙，角邊盡處，成草書「敕」字。太宗遽命焚之，不許傳外。

薛仁貴起自耕農。將改葬其先人，妻柳氏曰：「夫有高世之才，今天子自征遼東，求猛將，君盍圖功名以自顯？富貴還鄉，葬未晚也。」仁貴往見將軍張士貴，自是每戰輒捷，位至領軍大總管，名震異域。烏海之役，坐失事貶象州。已而突厥入寇，召還擊突厥。師至雲州，虜問唐將爲誰，曰：「薛仁貴。」虜曰：「吾聞薛將軍流象州死矣，何紿我？」仁貴爲脱兜鍪見之。虜驚，下馬羅拜。仁貴每戰，必白袍以自標。一日，與宴内殿，帝謂曰：「古善射有穿七札者，鄉試以五札射之。」仁貴一發洞貫，帝大驚異。

李義府掌選事，惟賄是求。母妻諸子，競相市鬻，其門如沸。尋以贓賄敗，與子婿并流。義府之罪，太常劉祥道按之。時有好事者，遂作劉元帥祥道破銅山大賊李義府露布，榜于通衢。

楊德幹，高宗朝爲萬年令。有宦者恃貴寵，放鷂不避人禾黍。德幹擒而杖之二十，悉拔去鷂頭毛。宦者涕泣，袒背以示帝。帝曰：「汝情知此漢獰，何須犯他百姓？」

高宗時，少府監裴匪舒爲帝造鏡殿。帝與太子太傅劉仁軌觀之，仁軌驚趍下殿。帝問故，對曰：「天無二日，民無二王。適見四壁有數天子，不祥孰甚焉！」帝遽令剔去。

薛延陀毗伽可汗方負固，帝許之尚公主。契苾何力諫不可。帝曰：「天子無戲言。」何力曰：「禮有親迎，宜詔毗伽身到京師。彼畏必不來，則姻必不成。而彼憂憤下必交相疑阻，不戰擒矣。」帝然之。毗伽果不敢來。

員半千，其先姓劉，十世祖凝之慕伍員之爲人，遂改姓員。始名餘慶，幼舉童子。房玄齡異之，對策擢高第。王義方謂曰：「五百歲一賢，生子宜當之。」遂改名半千，凡舉八科皆中。高宗御武成殿，問兵家何謂「三陳」，衆未對。半千進曰：「古以星宿孤虚爲天陳，山川向背爲地陳，偏伍彌縫爲人陳。臣謂不然。夫師以義出，沛若時雨，順天時，是天陳也；足食約費，且戰且耕，占地利，是地陳也；舉三軍如子弟從父兄，得人和，是人陳也。」帝曰：「善。」

高宗嘗命宰相刊正國史，因謂曰：「朕昔從幸未央宫，辟仗既過，有横刀伏草中者，先帝爲斂轡而却顧，謂朕曰：『此事發，當死者數十人。汝可命出之。』史臣惟叙此爲實。」郝處俊曰：「先帝仁恩，類此者非一。昔臣弟處傑，備員供奉，時有衛士誤拂御衣者，懼甚。先帝曰：『左右無御史，我不汝罪。』」帝曰：「此事史臣亦須載。」

王勃與兄勔、勮皆有才名，杜易簡稱爲「三珠樹」。麟德初，沛王召勃署府修撰，時諸王方共鬥鷄，勃戲爲沛王檄英王鷄。高宗見之，大怒曰：「此殆交構之漸。」即日罷勃官，并左遷勃父福疇爲交趾令。後勃往省父，渡南海，墮水溺死。

王勃嘗夢人遺墨盈袖，自是文章日進。爲文先磨墨汁數升，引被覆面而卧，忽起書之，初不加點，時人謂之腹稿。圍棋率下四子，成詩一首，勃猶向人誇之曰：「吾才奪造化，雖一時之間，百用亦可。」所至請托爲文，金帛豐積，人謂之心織舌耕。

中宗哲　武后曌

高宗時，天下諸州進雌鷄化爲雄者甚多，或半已化，半未化，乃武后正位之兆。唐人目武后之世曰「牝朝」。后初稱周，方具告天册文。有吏人見「大周」字上有兩仙童，長二三寸，執刀剗削，斯須視之，失去「周」字。人知唐必復興。

武則天初誕之夕，雌雉皆雊。右手中指有黑毛，左旋，如黑子，引之，長尺餘。凶德殘唐，荼毒士庶，故亦受天之命。其不凡如此。唐《秘記》云：「唐三世後有女主武王，代有天下。」后年十四時，太宗聞其美，召爲才人。母痛哭與訣，后獨自如曰：「見天子庸知非福？何兒女悲！」及太宗崩，出爲比丘尼，會高宗過佛廬，見而悦之，乃復召入。既得幸，即肆凶惡，人莫能制。

武后元年，有獻三足乌者，宰相皆賀，侍御史王求禮颺言曰：「凡物反常皆爲妖。此鼎折足，非其人政教不行之象也。」武后爲之愀然。

武后時，來俊臣之婢産肉塊，如二升器。剖之，有赤蟲，須臾化爲蜂，螫人而去。

垂拱二年，新豐縣露臺鄉有山涌出，高二十丈。傍有池，周三百畝，池中具龍鳳之形，禾麥之異。武后以爲瑞，名之曰「慶山」。時荆州人俞文俊上言：「人氣不和而贅疣生，地氣不和而堆阜出。今陛下以女主居陽位，反易剛柔，故地氣隔塞，山變爲災。陛下以爲慶山，臣以爲非慶也。」后怒，流之嶺南。

唐故事，公卿皆搢笏于帶，而後乘馬。張九齡體弱，使人持之，因設笏囊。製自此始。

后于冬月將游上苑，作詩曰：「明朝游上苑，火急報春知。花須連夜發，莫待曉風吹。」是日至苑，百花盡開，獨木槿無花。後世號木槿爲「忠臣花」。

一説武后詔游後苑，百花俱開，牡丹獨後，遂貶于洛陽。故洛陽牡丹冠天下。是不特芳姿艷質足壓群葩，而勁骨剛心，尤高出萬卉。安得以富貴一語褫之？

李敬業，年十餘歲，好彈射。英公每曰：「此兒相不善，將赤吾族，射必溢鏑，走馬若滅，老騎不能及。」英公常獵，命敬業入林趁獸，因乘風縱火，意欲燒殺之。敬業知無所避，遂屠馬腹，伏其中。火過，浴血而立。公大奇之。

敬業與駱賓王俱逃，捕不獲，將帥慮失大魁，得不測罪。時死者數萬，因求類二人者函首以獻。故敬業得爲衡山僧，年九十餘乃卒。賓王亦落髮，遍游名山以終。

襄州胡延慶，以丹漆書龜腹曰「天子萬萬年」，進之鳳閣。侍郎李昭德以刀刮之，立盡，奏請付法。武后曰：「此非惡心也。」捨而不問。

朱前疑上書則天曰：「臣夢見陛下御宇八百歲。」武后大喜，即授拾遺。又刑寺繫囚將決，乃共商于獄牆内外作大人迹，長五尺。至夜分，衆大叫。内使推問，對云：「有聖人現身，長三丈，面黄金色。云汝等皆坐冤。然勿憂，天子萬年，即有恩赦。」后令把火照，視有巨迹，遂大赦天下，改爲大足元年。

武后時，争獻祥瑞。洛濱居民有得石而剖之中赤者，獻于后曰：「是石有赤心。」李昭德曰：「此石有赤心，其餘豈皆謀反耶？」

郭弘霸常按問李思徵，不勝楚毒，死後屢見思徵爲厲。弘霸懼，援刃自刳其腹而死。時大旱，弘霸死，即雨。又洛陽橋成，民稱「三慶」，是知酷吏之傷陰陽也甚矣。烹弘羊，天乃雨，信有是理。

郭弘霸爲御史時，大夫魏元忠病，僚屬省候，弘霸獨後，請觀便液，即染指嘗之，以驗病之輕重。賀曰：「甘者，病不易瘳。今味苦，當即愈。」元忠惡其媚，暴語于朝。

武后疾，遍祭神廟。給事中閻朝隱當詣少室，因親撰祝文，以身代犧牲，沐浴伏于俎盤，令僧道迎至神所，觀者如堵。后病愈，特加賞賚。張元一乃畫《代犧圖》以進，后大笑。元一腹粗脚短，項縮眼晱，吉頊目爲逆流蝦蟆。

侯思止求爲御史，武后曰：「卿不識字，豈堪御史？」對曰：「獬豸何嘗識字？但能觸邪耳。」后悦而從之。

狄仁傑爲相，有盧氏堂姨居午橋別墅，未嘗入城。仁傑伏臘修禮甚謹，常雪後休暇，候盧氏。適見表弟挾弧矢携雉兔歸，羞味進于堂上，顧揖仁傑，意甚輕傲。仁傑曰：「某幸爲宰相，表弟有所欲，願悉力從其請。」姨曰：「吾止有一子，不欲其事女主。」仁傑慚而去。

武后嘗謂仁傑曰：「朕常夢雙陸不勝，何也？」仁傑對曰：「雙陸不勝，蓋爲無子，天其儆陛下乎？且姑侄與母子孰親？陛下立廬陵，則千秋萬歲常享宗廟；立侄，則未聞侄爲天子祔姑于廟者也。」后乃感悟，即日迎歸廬陵王。王至，后匿之帳中，召見仁傑，語廬陵事。仁傑泣下，后乃使王出，曰：「還爾太子。」

張易之大起第宅，僧萬回指曰：「將作。」人莫悟其故。及易之伏誅，以其第爲將作監。回又嘗謂韋庶人、安樂公主曰：「三郎斫汝頭。」韋庶人以中宗第三，酖之，不悟玄宗爲三郎也。後勒兵入宫，斬韋后及安樂公主。

吉頊勸張易之迎立廬陵王以自固，武后怒曰：「卿所言，朕飫聞之。無多言。昔太宗有馬名獅子驄，衆莫能制。朕時侍側，言曰：『妾能制之。然須三物，一鐵鞭、二鐵撾、三匕首。鐵鞭之不服，則以鐵撾撾其首；又不服，則以匕首斷其喉。』今日卿豈足污朕匕首耶！」

武后時，每除一官，婢竊謂曰：「鬼樸又來矣。」不旬日，輒遭掩捕族誅。故告密者日衆，后亦厭之，乃命御史嚴善思按問，引虚伏罪者八百五十餘人，羅織之黨少衰。

武后殺彭城長史劉易從。易從素忠謹，將刑，吏民憐之，遠近奔赴，競解衣投地曰：「願爲長史求冥福。」有司平準其直，值十餘萬錢。

中宗廢于房陵，仰天而嘆，因抛一石于空中，心祝之曰：「我復帝，此石不墮。」其石遂爲樹枝勾掛。讀《中宗紀》，令人滮滮氣塞，惟于詩道，似有小助。至離宫列席，領略佳候，使才士操觚，次第稱賞，亦是文人快事。

中宗幸昆明池，賦詩，群臣應制百餘篇。帳殿前結彩樓，命上官昭容選一篇，爲新翻御製曲。從臣悉集其下，須臾紙落如飛，各認其名懷之。既退，惟沈佺期、宋之問二詩不下，移時一紙飛墜。觀之，乃沈詩也。評曰：「二詩工力悉敵，沈詩落句『微臣雕朽質，羞擬豫章材。』詞氣已竭；宋詩落句『不愁明月盡，自有夜珠來。』猶陡健。」群臣皆服。

中宗初復辟，韋后頗有穢聲。桓彦範疏諫，略云：「胡僧慧範，托浮屠法，詭惑后妃，出入禁奥，瀆撓朝政。陛下且輕騎微服，數幸其居。孔子曰：『執左道以亂政者殺，假鬼神以危人者殺。』今慧範亂政，危人者也，不急誅，且有變。」疏入，貶龍州。復有疏韋后隱穢，榜諸行道。奏聞，帝震怒，武三思曰：「此即彦範爲之。」遂詔訊，坐彦範死。帝不忍，止禁錮終身。而三思矯制縛彦範曳竹槎上，肉既盡，杖殺之。

周璟，壽春人。與駙馬都尉王同皎憤恨武三思溷亂宫闈，謀于武后靈駕發引，伏弩射殺之。事泄，三思遣人上變，言同皎欲擁兵闕下，廢皇后。帝大怒，斬同皎于都亭驛，籍其家。同皎且死，神色自如。璟逃入比干廟，自剄將死，謂人曰：「比干忠臣，神而聰明，其知我乎？三思溷亂宫禁，虐害忠良，滅亡不久，可竿吾頭國門，以見其敗也。」

汝州劉希夷，少有文華，好爲宫體詩，善彈琵琶。嘗爲《白頭翁咏》云：「今年花落顔色改，明年花開復誰在？」既而自悔曰：「我此詩讖，與石崇『白首同所歸』何異？」乃更作一聯云：「年年歲歲花相似，歲歲年年人不同。」既而又嘆曰：「此句復似向讖，然死生有命，豈復由此？」即兩存之。宋之問，希夷舅也，愛「花落」二句，懇求，許而不與，大怒，以土囊壓殺之。武三思當國，苛取民貲，毀族者十凡八九，呼天自冤。三思築天庫百餘舍，聚所得財，一火焚之，不遺一錢。

睿宗旦

睿宗初生含凉殿，則天乃于殿内造佛供之，有玉像焉。及長，閑觀其側，玉像忽言：「爾後當爲天子。」及爲冀王時，寢殿壁上蝸迹成「天」字。上懼，遽掃滅之。經數日，復如初。及即位，雕玉鑄黄金爲蝸形，分置釋道像前。

睿宗元夕于安福門外作燈輪，高二十丈，衣以錦繡，燃燈五萬盞，豎之如花樹。宫女千數皆衣羅綺，曳錦繡，耀珠翠。妙簡長安少婦千餘人，于燈輪下踏歌三日，令朝士以踏歌和之，聲調入雲。

玄宗隆基

玄宗潛龍時，與門人張暐等同謁僧萬回。回見帝，以杖將同往者驅出，扃其户，撫帝背曰：「五十年太平天子。自愛。已後吾即不知。」曜等在門外，歷聞其言，益傾心翼戴焉。

玄宗兼潞州别駕，州境有黄龍白日升天。嘗出畋，有紫雲在其上。景龍二年四月十七日，在廳事假寐，白鶴觀道士宋大辨等三十人，同見赤龍據案上。所居里名「隆慶」。韋庶人稱制改元，又爲「唐隆」，皆符御名。開元二年八月，太子賓客薛謙光獻豫州鼎，銘文曰：「犧農首出，軒昊應期。唐虞繼踵，湯禹乘時。天下光宅，域内雍熙。上玄降祉，方建隆基。」隆基乃玄宗御諱也。受命之符，鼎銘先見矣。

梨園子弟居宜春院，時有馬仙期、李龜年、賀懷智，皆洞曉音律。安禄山自范陽入覲，獻白玉簫管數百事，皆陳于梨園。自是樂音不類人間。

楊貴妃，字太真，小字玉奴，又名玉環。初承恩召，與父母相别，涕泣登車，時天寒，淚結爲紅冰。每至夏月，汗出，紅膩而多香，或拭于巾帕上，色如桃花。

明皇謂太真曰：「漢成帝獲飛燕，身輕不禁風，製七寶避風臺以護之，爾則任風吹亦不害。」蓋太真微有肌肉也。一日，登沉香亭，召太真。是時太真卯酒未醒。高力士扶掖而至，殘妝醉韻，不能再拜。帝曰：「豈海棠睡未足耶？」太真每宿酒初消，多苦肺熱。凌晨游後苑，傍花枝，口吸花上露以潤肺。明皇春宴宫中，使妃嬪各插艷花，帝親捉粉蝶放之，隨蝶所止者幸之，謂之「蝶幸」。從楊妃專寵，不復作此戲。

寧王善畫，常于花蕚樓壁上畫《六馬滚塵圖》。明皇最愛玉面花驄，謂「風鬃露鬣，纖悉皆備」。後壁間惟有五馬，其一失去，信知神妙將與變化俱也。

寧王春時，紉紅絲爲繩，綴金鈴繫花梢。有鳥雀翔集，則令園吏掣鈴索以驚之，號「護花鈴」。

玄宗舞馬四百蹄，分爲左右部，有名曰「某家驕」，其曲曰《傾杯樂》。皆衣以錦繡，綴以金銀。每樂作，則奮首鼓尾，縱横應節。

明皇與貴妃雙陸，采戰將北，惟重四可轉敗爲勝。上擲，連呼叱之，骰子宛轉而爲重四。上大悦，命高力士賜四以緋。骰子飾四以朱者，始于此。

開元中，嶺南進白鸚鵡，頗聰慧，洞曉言辭，上呼爲「雪衣娘」。上每與諸王及貴妃博戲，稍不勝，左右呼雪衣娘，即飛入局中，鼓舞以亂其行列。一日語曰：「昨夜夢鸚鵡爲鷙所搏。」已而果爲鷹斃，瘞之苑中，號「鸚鵡冢」。

明皇十三載重九，獵于沙苑。雲際有孤鶴迴翔，上親御弓矢，一發而中。其鶴帶矢，墮而復起。及幸蜀，游道觀中，視所挂箭，道士徐佐卿題，乃上獵沙苑日也。

宋璟爲相，嘗侍宴，帝以所用金箸賜之，曰：「以表卿直，故以賜卿。」

禄山之亂，哥舒翰與賊將崔乾祐戰，見黄旗軍數百隊，官軍以爲賊，賊又以爲官軍，相持久之，忽不見。是日，昭陵内石馬皆流汗。

明皇有舞象數十。禄山亂，據咸陽，出舞象，令左右教之拜舞。象皆怒目不動。禄山怒，盡殺之。

梅妃，姓江氏，莆田人。九歲能誦《二南》，語父曰：「我雖女子，期以此爲志。」父奇之，名曰采蘋。開元中，高力士使閩粤，見其少麗，選歸。侍明皇，大見寵幸。善屬文，自比謝女。淡妝雅服，而姿態明秀，不可描畫。性喜梅，所居闌檻必植數株，上榜曰「梅亭」。梅開時，賦賞至夜分，尚顧戀花下不能去，上因呼之曰梅妃。

明皇與梅妃鬥茶，顧諸王戲曰：「此梅精也，吹白玉笛，作驚鴻舞，一座光輝。鬥茶，今又勝我矣。」妃曰：「草木之戲，誤勝陛下。設使調和四海，烹飪鼎鼐，萬乘自有憲法，賤妾何能較勝負也？」

玄宗御案墨曰「龍香劑」。一日見墨上有小道士似蠅而行，上叱之，即呼萬歲，曰：「小臣墨精，黑松使者是也。」後即以小道士名墨。

明皇于勤政樓以七寶裝成山，座高七尺，召諸學士講議經書及時務，勝者得升焉。惟張九齡議論風生，升此座，餘人不可階也。

秦人以十二月爲嘉平節，唐李泌以二月爲中和節，令民間以彩囊盛百穀瓜果種相問遺，曰「獻生子」。閭里釀宜春酒，祭勾芒，以祈豐年。

開元中，元夕，葉法善謂帝曰：「天下燈無逾廣陵。」帝欲往觀，俄而虹橋起于殿前，帝步而上，俄頃至廣陵。士女仰望仙人現焉，帝敕伶官奏樂。後數日，廣陵守果奏其事。

葉法善精于符咒之術，嘗爲其祖葉國重求刺史李邕碑文，文成，并求書。邕不許，法善乃具紙筆，夜攝其魂，使書。書畢，持以示邕，邕大駭異。世謂之「追魂碑」。

開元六年八月十五夜，明皇與申天師游月宮，寒氣逼人，露下沾衣。見大府，榜曰「廣寒清虚之府」。翠色冷光相射，極寒不可少留。前見素娥十餘人，皆皓衣，乘白鸞，笑舞于廣庭大桂樹下，音樂清麗。明皇次日謂臣下曰：「吾昨夜夢游月宮，諸仙女奏以上清之樂，寥亮清越，悽楚動人。吾默記其音，制爲《霓裳羽衣》之曲。」

高力士于太宗陵寢宮見小梳匣一、柞木梳一、黑角篦一、草根刷子一，嘆曰：「先帝建義旗十餘載，方致升平，而隨身服用若此，將欲傳示子孫，永存節儉。」具以奏聞。上至寢宮，跪捧肅敬，如不可勝，曰：「夜光之珍，垂棘之璧，何以逾此！」即命史官書于册。

開元中，頒賜邊軍纊衣，皆製于宫中。有兵士于短袍中得詩曰：「沙場征戍客，寒苦若爲眠。戰袍經手作，知落阿誰邊？蓄意多添綫，含情更著緜。今生已過也，重結後生緣。」兵士以詩白帥。帥進之明皇，以詩遍示六宫，有一宫人自言死罪。上深憫之，遂以嫁得討之人，諭之曰：「我與汝結今生緣。」邊士皆感泣。

天寶八年，道士潘誕自言三百歲，爲煬帝合煉金丹，帝爲作嵩陽觀，費鉅萬。誕云：「應用石膽、石髓。」發石工鑿石，深百尺者數十處，不得。乃言若得男女膽三斛六斗，可以代矣。帝大怒，鎖詣涿州，斬之。

唐制，歲上巳，許宫女于興慶宫大同殿前，與骨肉相見，縱其問訊家眷，更相贈遺。一日之内，人至千萬。有初到，親戚便相見者；有及暮而呼姓氏不至者，則涕泣而去。

玄宗時，有王璵者，創造紙錢。蓋漢制葬者有昏冥錢，謂昏晚埋葬于壙中，爲死者之用。至璵乃易爲紙錢，于喪祭時焚以代之，又名「楮鏹」。

一日，帝登勤政樓，坐左設大金鷄障，施一大榻，詔安禄山坐。太子諫其寵甚必驕，帝曰：「此胡有異相，我欲厭之。」

玄宗入斜谷，天尚蚤，烟霧甚晦。給事中韋倜于野中得熱酒一壺，跪獻馬前。數四，不爲之舉。倜懼，乃注于他器，自滿飲于前。玄宗曰：「卿以吾疑耶？始吾御宇之初，常大醉，損一人，吾悼之，因以爲戒。今四十餘年矣，未曾嘗酒味。」指近侍力士曰：「此輩皆知。」

王維，字摩詰，善琵琶。岐王使爲伶人，引至公主第，獨奏新曲，號《鬱輪袍》，因獻懷中詩。主驚駭曰：「皆我素所誦習，常謂古人佳作，乃子爲之乎？」因命更衣，升之客右，召試官至第，遣宮婢傳教作解頭。登第後，官尚書，藝林稱維爲「詩天子」，杜甫「詩宰相」。

安禄山反，王維爲賊所得，乃以藥下利，陽瘖。禄山素重其才，必致之己。禄山大宴凝碧池，悉召梨園合樂，諸工皆泣。維聞之，悲惻，因作詩曰：「萬户傷心生野烟，百官何日再朝天？秋槐花老空宫裏，凝碧池頭奏管絃。」後賊平下獄，弟縉請削己官以贖。肅宗憐其才，釋而用之，尋自表五短，願放還田里。

姚崇、張説同位宰輔，頗不相能。崇病，戒諸子曰：「張燕公與吾交甚深。然其人稍奢侈，吾殁後來吊，汝當盛陳服玩寶器于帳前。若張不顧，舉族危矣。彼若寓目，當致此玩，以神道碑請。得其文，即時録進，仍先礱石，使速鐫刻。張料事遲，後必追悔。」及崇殁，説果至，目其服玩者數四，諸子悉依崇戒饋説，求碑文。數日文成，有曰：「八柱承天，高明之位列；四時成歲，亭毒之功成。」後數日，果來取本，欲重刪改。諸子引使者視之，碑已工畢，說悔恨曰：「死姚崇能算生張說。」

張燕公有門下士盜其寵婢，欲置之法。門下士呼曰：「相公豈無緩急用人時耶？何惜一婢！」公奇其言，遂以婢賜而遣之。後杳不聞。及公三子均、垍、埱皆以從祿山而敗。公與姚崇素不相能，崇奏按說，禍且不測。門下士夜至，請以夜明簾獻九公主，力言于上。上感動，命高力士敕御史臺罷所按事，說始獲免。

玄宗朝，宰相盧懷慎有疾，夫人崔氏止兒女不令號哭，曰：「公命未終，我得知之。公清儉而廉潔，蹇進而謙退，四方饋遺，絲毫不染。與張燕公同時爲相，張納賄山積，其人尚存。奢儉之報，豈虛也哉？」及宵分，公復生，左右以夫人之言啓陳于公。公曰：「理固不同，冥司有三十爐，日夜鼓橐，爲燕公鑄橫財。我無一焉，烏得匹哉？」言訖，復絕。

孟浩然極爲王右丞所知，一日待詔金鑾，召浩然商校風雅。上忽臨幸，浩然錯愕伏床下。右丞不敢隱，因奏聞。上欣然曰：「朕素聞其人。」因得召見，上令誦所作，乃誦：「北闕休上書，南山歸敝廬。不才明主棄，多病故人疏。白髮催年老，青陽逼歲除。永懷愁不寐，松月夜窗虛。」上聞之，憮然曰：「卿不求朕，朕豈棄卿？」因放歸南山。

唐來瑱爲潁川太守，賊攻城，瑱射之，皆應弦而僕。賊拜城下請降，稱爲來嚼鐵。

顔杲卿既被殺，徇首于衢，莫敢收者。有張湊得其髮，持謁上皇。是夕亦見夢，帝寤，爲賜祭。湊後歸髮于其妻，妻疑之，髮忽動。後杲卿子泉明，購尸將葬，得刑者言：「死時一足先斷，與袁履謙同坎瘞。」因指其處，得之。乃到河北求宗屬，始一女及姑女并流離賊中，及是并得之。爲悉錢三萬，僅贖姑女還，取貲復往，而已女復失之矣。

嚴浚字挺之，開元中以張九齡薦，授尚書左丞，知吏部。天寶初，李林甫惡之，除詹事。子武字季鷹，自幼豪爽。母裴氏，不爲挺之所答，獨厚其妾玄英。時武八歲，袖鐵椎，就英寢碎其首。左右驚，白挺之，召武責之，曰：「爾何戲之甚！」武曰：「安有大臣厚妾而棄妻者？兒故殺之，非戲之也。」父奇之，抱置膝曰：「真嚴挺之兒。」後爲劍南節度使。

杜甫十餘歲，夢人令采文于康水。覺而問人，言此水在二十里外，乃往求之。見峨冠童子告曰：「汝本文星典史，謫爲唐世文人。」授以上帝符册、雲誥金字云：「詩王本在陳芳國，九夜捫之麟篆熟，聲振扶桑享天福。」甫懷之入葱肆。後又遇神人云：「何故穢我？令子文而不貴。」

杜甫走鳳翔上謁，拜左拾遺。後從帝還京師，乃出爲華州司功參軍。關輔飢，甫棄官去，客秦州，負薪采橡自給。流落劍南，結廬成都西郭，會嚴武節度東西川，甫往依焉。武以世舊，待甫甚善，甫嘗醉，登武床瞪視曰：「嚴挺之乃有此兒。」武恚曰：「杜審言孫子欲捋虎鬚也。」一日，欲殺甫，集吏于門，武將親出行刑，冠纓掛于簾鈎者三，不得出。太夫人知之，急奔救，及獲免，遂以小舟送甫下峽。

李白在便殿撰詔誥，時十月大寒筆凍，莫能書字。帝敕宮嬪十人侍白左右，令各執牙筆呵之，取而書詔。

李白有書，自悉其生平云：「昔有蜀中友人吴指南，死于洞庭之上。白禫服痛哭，炎月伏尸，猛虎前臨，堅守不動，遂權殯于河側。數年來，覲筋骨尚在，雪泣持刃，躬申洗削，裹骨徒步，負之而趨。寢興携持，無輟身手。遂丐貸營葬于鄂城。」又云：「白常與逸人東岩子隱于岷山，巢居數年，不迹城市。養奇禽千計，呼之，皆就掌取食，了無驚猜。」其養高忘機如此。

李白晚渡牛渚磯，至姑熟，愛謝家青山，欲終焉。及卒，遂葬山麓。後有李赤者，作《姑熟十咏》，自比李太白，故自名「李赤」。即爲厠鬼所惑，死于厠。

李白既被謫，一日乘醉騎驢入華陰縣，縣令呵止之，詰問其狀。白索筆供云：「曾使力士脱靴，貴妃捧硯，御手調羹，龍巾拭面。天子殿前，尚容走馬；華陰縣裏，不許騎驢？」令大驚，謝罪。

杜甫于大曆中出瞿塘，下江陵，泝沅、湘以登衡山。因客耒陽，游岳祠，大水遽至，涉旬不得食。縣令具舟迎還，饋以牛炙白酒。甫大醉，一夕卒。或云：「爲奔濤所漂，莫可蹤迹。」

郭子儀身長七尺二寸，初在行伍，李白客并州，于哥舒翰座上見之曰：「此壯士目光如火照人，不十年，當擁節旄。」子儀嘗犯法當刑，白屢爲救免，翰因署子儀爲牙將。後子儀戡定安史之亂，歷諸道節度。及永王璘反，辟白爲寮佐，罪當誅。子儀請解官并上所賜銀印以贖之，詔流夜郎。會赦還潯陽，又坐事下獄。宋若愚將吴兵赴河南，過潯陽釋囚，辟白爲參謀，事乃解。

李白辭參謀，依族人當塗令李陽冰，于寶應元年十一月卒，葬當塗之謝家庄青山東麓。有詩集三十卷，李陽冰爲之序云：「三代以來，風騷之後，千載獨步，惟公一人。」元和末，觀察使范傳正訪白後，惟二孫女，爲民家妻。傳正欲改適士族，女曰：「孤窮失身，命也。」不願更嫁。傳正嘆美，爲復其夫徭役。

甄濟有操行識鑒，隱居清岩山。禄山爲采訪使，將奏掌書記。濟察禄山有異志，詐稱風病，舁歸家。禄山反，使蔡希德引行刑，封刀召之。濟引首待刀，希德以實病白禄山。會廣平王俶收復東京，濟詣軍門上謁，俶將詣京師。帝命館之于三司，令受僞命者列拜以愧之。

玄宗時，鄭虔爲廣文館博士，善圖山水，好書，常苦無紙，慈恩寺貯柹葉數屋，虔日往取葉肄書，歲久殆遍。嘗自寫其詩并畫以獻，帝大署其尾曰「鄭虔三絶」。署著作郎，已爲禄山所劫。賊平，與王維并囚。二人皆善畫，崔圓使繪齋壁，二人悸死，爲極思以祈解，得免死。居官貧約如洗，杜甫贈以詩，有「才名四十年，坐客寒無氊」之句。

時有鄭相如者，自滄州來，師事虔。虔未之禮，問何所業，相如曰：「孔子稱百世可知，吾亦能之。」虔駭然，即曰：「開元盡三十年，當改元，盡十五年，天下亂，賊臣僭位，公當污僞官，願守節，可得免。」虔因問曰：「君自謂云何？」曰：「相如有官三年，死衢州。」是年及進士第，調信安尉。既三年，虔詢吏部，則相如死矣。禄山反，虔念相如言，故終不附賊。

梁寶誌公，知逆胡亂唐事，乃作讖語曰：「兩角女子緑衣裳，却被太行邀君王，一止之月必消亡。」兩角女子，安字也。緑，禄也。太行，山也。一止，正字也。禄山果至正月敗亡。

肅宗亨

李泌母周氏，幼時，有異僧僧伽從泗上來，見而奇之，曰：「此女後當歸李氏，生三子。其最小者，慎勿衣以紫衣，當起家金紫，爲帝王師。」及生泌，幼，以神童，玄宗召見。長而遇桐柏真人羨門子、安期生，曰：「太上有命：以國祚中危，朝廷多難，宜以文武之道佐佑人主，功及生靈，乃可登真脱屣耳。」

肅宗嘗夜召潁王等三弟，同于地爐罽毯上坐。時李泌絶粒，上自燒二梨賜之。潁王恃恩固求，上不與，曰：「汝飽肉食，先生絶粒，何乃争也？」賜以他果。潁王曰：「先生恩渥如此，臣等請聯句，以爲他年美談。」潁王曰：「先生年幾許？顔色如童兒。」信王曰：「夜抱九仙骨，朝披一品衣。」一王曰：「不食千鍾粟，惟餐兩顆梨。」既而三王請上成之，上曰：「天生此間氣，助我化無爲。」

李泌絶粒多歲，身輕，能行屏風上，引指使氣，吹燭可滅。每引導，骨節皆珊然有聲，時人謂之「鎖子骨」。嘗作詩云：「天覆吾，地載吾，天地生吾有意無？不然絶粒升天衢，不然鳴珂游帝都。安能不仙復不貴，空作昂藏一丈夫。」

李長源嘗語肅宗曰：「臣絶粒無家，禄位、第宅皆非所欲。收復京師後，得枕天子膝以睡，有司奏客星犯帝座，一動天文足矣。」

李泌自洛歸别墅，偶入一宅，其家妻子闔室出拜。公莫測，問其故。主人曰：「僕姓竇，名廷芝。中橋有卜者胡蘆生，神人也。因卜告某曰：『不出三年，當有赤族之禍，須覓黄中君方免。』因問如何覓黄中君，曰：『問鬼谷子。』又問：『安得鬼谷子？』『言公姓名是也。』供待備至。」後禄山反，肅宗收兩京，刺史竇廷芝以受僞命，將族誅。泌因具白其事，肅宗大驚，遽命赦之。乃問黄中君、鬼谷子何人，廷芳云：「不知。而胡蘆生已卒矣。」

肅宗與李泌語，欲發李林甫冢，焚骨揚灰。泌曰：「陛下方定天下，奈何仇死者！彼枯骨何知，徒示吾德之不弘耳。且今從賊者，皆陛下仇，聞之恐阻自新之心。」乃止。

李泌爲相，以虚誕自任。嘗對客令家人：「速灑掃，今夜洪崖先生來宿。」有人携美酒一榼，有客至，乃曰：「麻姑送酒來，與公同飲。」飲未畢，門者曰：「某侍郎取酒榼。」命還之，了無愧色。

李泌七歲能文，張九齡呼爲小友。讀書衡山，遇懶殘禪師，往彼問道。師曰：「碎却筆硯，方可談此。」撥灰中煨芋以啖之。已而撫其背曰：「不必多言，領取十年宰相。」德宗召拜同平章事，封鄴侯。張子路常誣泌受年震金獅子百枚，德宗料是沙糖獅子，果然，遂殺子路。貞元四年八月，月蝕東壁，泌曰：「東壁，圖書府。大臣當有憂者，吾以宰相兼學士，當之矣。昔燕公張説由是以亡，又可免乎？」明年果卒。

李繁，泌之子也。浮薄無行。泌先起陽城，官諸朝，城以是感泌而親繁。城疏裴延齡，既具稿，謂繁親己，使書之。繁書已，輒録稿示延齡。明日，延齡豫白上，曰：「城以疏示于朝。」因摘數條以自解。于是城奏上，帝怒，遂不省。又泌與梁肅善，故繁師事肅。及肅卒，即烝其室。士論醜之，終擯于世。

李光弼母，有鬚數十莖，長五寸許，封韓國夫人。二子，光弼封臨淮郡王，光進封武威郡王，皆爲名將。死葬長安南原，將相奠祭，凡四十四幄。

李光弼將戰，納刀于靴，曰：「戰，危事也，吾位三公，不可辱于賊，萬一不捷，便當自刭。」光弼，名將也。不時將身首置刀俎上，此其所以爲名將乎！今之大將，身在戰場，先將此頭安頓在家，是以非敗即逃，政須朝廷執刀臨之，代渠納靴中耳。

張巡，南陽人。身長七尺，鬚髯若神。嘗見于嵩讀《漢書》，謂嵩曰：「何爲久讀？」嵩曰：「未熟耳。」巡曰：「吾于書讀不過三遍，終身不忘也。」因誦嵩所讀《漢書》，盡卷不錯一字。作文操筆立就，未嘗起草。守睢陽時，士卒、州人、父老一見，問姓名，其後無不識者。

令狐潮圍睢陽，城中矢盡，張巡縛稿爲人，被黑衣，夜縋城下。潮兵争射之，得箭數十萬。其後復夜縋人，賊笑不設備。乃以死士五百斫潮營，焚壘幕，追奔十餘里。

南霽雲，人呼爲「南八」，微賤，爲人操舟。睢陽始被圍，張巡築壇募死士，數日莫敢應。俄而喑嗚而來者，乃霽雲也。對巡即泣下。巡用爲偏將，卒得其死力。

號王巨走臨淮。張巡有姊嫁陸氏，遮王，勸勿行。不納，賜百縑，勿受。爲巡補綻于行間，軍中號「陸家姑」，先巡被害。

郭汾陽鎮蒲，欲造浮橋，而水忽毀墠。公酹酒，許以小女妻之。其夕水退，木立墠上，遂成橋，而小女尋卒。因塑像廟中，人因立公祠，號「河瀆親家翁」。

汾陽王宅，在親仁里，大啓其第，任人出入不問。麾下將吏出鎮來辭，王夫人及愛女方臨妝，令持帨汲水，役之不異僕隸。他日，子弟列諫，不聽。繼之以泣，曰：「大人功德隆赫，而不自崇重，貴賤皆游卧内，兒等以爲雖伊霍不當如此。」公笑曰：「爾曹固非所料，且吾馬食官粟者五百匹，食官餼者一千人，進無所往，退無所據。向使崇垣扃户，不通内外，一怨將起，構以不臣，其有貪功害能之徒成就其事，則九族虀粉，噬臍莫追。今蕩蕩無間，四門洞開，雖讒毁欲興，無所加也。」諸子拜服。

史思明有良馬千餘匹，每日出，于河南渚浴之。李光弼索軍中牝馬數百，繫其駒而出之。思明馬見之，悉浮渡河，盡驅入城。思明怒，泛火船欲燒浮橋。光弼先貯百尺長竿，以巨木承其根，氈裹鐵叉置其首，以迎火船而叉之。船不能進，須臾自焚盡。

肅宗時，鄴城王叟家積粟至萬斛，而夫妻儉嗇，常食粗糲充腸而已。偶見一客方食，盤飡頗盛。叟問卿有財幾何，而衣食過豐也。客曰：「惟有本五千耳。」叟大悟，歸語其妻，爲美飲食。數日内，夢神人責曰：「何得妄食軍餉？」後官軍討安慶緒，盡發叟之積粟餉軍焉。

僧一行精《大衍曆》，玄宗召入大内。邢和璞謂尹愔曰：「一行其聖人乎？漢之洛下閎造《大衍曆》之後，八百年當差一日，則有聖人定之，今年期畢矣。而一行造《大衍曆》，正其差謬，洛下閎之言信矣。」帝嘗問國運幾何，有留難否？曰：「鑾輿有萬里之行，社稷終吉。」及禄山亂，駕幸成都，至萬里橋，上始悟。唐至昭宗而亡，昭宗始封吉王，故云終吉。

白孝德，安西胡人。史思明驍將劉龍仙挑李光弼戰，舉足加馬上謾駡，光弼曰：「誰能取彼者？」左右言孝德可。光弼召問用兵幾何，對曰：「請挺身取之。但選五十騎爲吾後繼。」光弼撫其背而遣之。孝德挾二矛，策馬而進。龍仙見其獨來，甚易之。稍近，將動，孝德摇手示之，若非來敵者。良久，注目謂曰：「汝識我乎？」龍仙曰：「誰也？」曰：「我白孝德也。」龍仙曰：「是何狗彘乎？」孝德大呼，運矛躍馬搏之。五十騎繼進，龍仙矢不及發，環馳堤上，追及斬首，携之以歸。

郭汾陽治第，謂工人曰：「好築墻，勿令不固。」築者委鍤對曰：「數十年來，京城達官牆垣，皆某所築。今某死、某亡、某敗、某絶，人自改換，墻固無恙。」公聞言，即日請老。

陸羽，字鴻漸，采越江茶，使小奴子看焙，奴失睡，茶焦爍。羽怒，以鐵繩縛奴投火中。嘗著《茶經》三卷，鬻茶之家，至陶羽形署煬突間，祀爲茶神。有以善茶薦于御史大夫李季卿者，季卿召之，羽野服挈具入。季卿不爲禮。羽愧，更著《毁茶論》。

郭子儀至河中，斬僕固懷恩之子瑒，傳首闕下。懷恩聞，以告母。母曰：「我戒汝勿反，國家待汝不淺。今衆變，禍且及我，奈何？」懷恩再拜出，母提刀逐之，曰：「吾爲國殺此賊，取其心以謝天子。」懷恩走。已，敗死，帝聞之，惻然曰：「懷恩不反，爲左右所挾耳。」詔輦其母至京師，厚恤之。

代宗豫

后吴氏，初以掖庭衣冠子侍肅宗于東宫，夢神降，介而劍，决脅以入，痛不能堪。燭至，文尚隱然。遂娠，已生代宗。生之三日，玄宗幸東宫，賜金盆，命以浴。負姆嫌兒體弱陋，更取他宫兒體貌豐碩者以進。上視之，不樂曰：「此非我家兒。」姆叩頭具服。上曰：「速取我兒來。」

負姆以皇孫進，上大喜，置諸懷内，向日視之，笑曰：「此兒福過其父。」上起還宫，盡留内樂，謂力士曰：「此一殿有三天子，豈不樂哉！」留樂人侍太子飲酒。後代宗即位，上吴后尊號，啓故窆附葬，則容貌若生，衣成赭色。人皆異之。

德宗适

德宗幸梁州，中書齊映隨駕。途中見旌旗蔽野，上駭問，乃梁帥嚴震具軍容迎謁。上喜，令震登騎。「作朕主人。」映叱震與至尊導馬。頃之，召映，責以書生不諳事。映曰：「山南士庶，但知有震，不知有陛下。今使蜀地，知天子尊耳。」上嘆賞之。

德宗時，取市物市于宫中〔一〕，置「白望」數百人，但稱宫市。白奪民物，有農夫以驢負柴，宦者稱宫中取之。又就索門户錢，農夫曰：「我有父母妻子，待此然後食。今以柴與汝，不取直而歸，汝尚不肯，我有死而已。」遂毆宦者。街吏擒以聞，詔斥宦者，賜農夫絹十匹。然宫市亦不爲之改。

〔一〕「取市」句，《新唐書》作「宫中取物于市」。

盧杞鬼貌藍面。初爲虢州刺史，奏言虢有宫豕三千爲民患。德宗曰：「徙之沙苑。」杞曰：「同州亦陛下赤子，臣謂食之便。」帝曰：「守虢而憂他州，宰相器也。」自是有意柄任之。杞陰賊，觸之者必碎。郭子儀病，百官造省，不屏姬侍。及杞至，必盡屏。家人問故，公曰：「杞貌陋中險，左右見必笑。他日得權，吾族無噍類矣。」已而果殺楊炎，殺張鎰，殺顔真卿。

盧杞，仙官謫斥人也，後至宰相。有劉平者，善望氣，見安禄山常有銅頭鐵面惡鬼護其前心，甚異之。後見盧杞來，前有二青衣童子爲導，禄山身畔銅頭鐵面之鬼見二青衣至，即四散驚竄。劉平即知禄山不終，遂逃去。杞爲謫仙，位宰相，其宿命固佳。乃爲權利所惑，日恣凶狡，自隕其命，悲夫！

盧杞在唐，出于甲族，而懷慎一派爲盛。懷慎以清德相玄宗，號爲名相，而生東都留臺奕，奕駡禄山被害，在《忠義傳》。奕生杞，相德宗，敗亂天下，在《奸臣傳》。杞生元輔。《元輔傳》云：「端静介正，能紹其祖，故歷顯劇任，而人不以杞之惡爲異，亦附《忠義傳》。」然則杞不獨愧見其父祖，又且愧見其子也。

顔魯公墓偃師，一碑，米芾書云：「公之使賊也，謂餞者曰：『吾昔江南遇道士陶八，八授以刀圭碧霞丹，服之可以不死。』」且云：「七十後有大厄，當會我于羅浮山。得非今日之厄乎？」公至大梁，希烈縊殺之，葬于偃師北山。希烈敗，家人破棺，見狀貌如生，遍身金色。有賈人至南海，見一道士，托書至偃師顔家，及造訪，則公墓也。守冢蒼頭識公書，大驚異，往羅浮尋之，無蹤迹。後白玉蟾云：「真卿今爲北極驅斜院判官。」

李希烈入汴，聞參軍竇良女美，强取之。女顧家人曰：「慎無戚，我能滅賊。」後有寵，與賊秘謀，常稱將陳仙奇忠勇可任，而妻亦竇姓，願約姒娣，以固其夫。希烈許之。及希烈有疾，因乘間謂仙奇妻曰：「賊雖强，終必敗，奈何？」妻以告仙奇，仙奇始悟，乃賂醫人，使毒殺之。希烈死，其子謀先殺諸將而後發喪，會有獻桃者，竇請分餉仙奇妻，因染帛裹絮如桃狀，而藏書信于其中。仙奇大驚，即率兵噪而入，斬其子，并函希烈首，獻之朝，歸命天子。

段秀實爲兵馬使，王童之謀作亂，期以五更發。秀實聞之，陽召掌漏者，怒其失節，令每更來白，輒延數刻。遂四更而曙，童之不果發。

段秀實自涇州被召，戒其家曰：「若過岐，朱泚必致贈，慎毋納。」至岐，泚果致大綾三百，家人拒不能，遂携至都。秀實怒曰：「吾終不以污吾第。」取置司農治堂之梁間。吏後以告泚，泚視封袙，宛然如昨也。

僧普滿于潞州佛舍中題詩，云：「比水連涇水，雙珠血滿川。青牛將赤虎，還號太平年。」

人莫能知。及朱泚亂，人方解悟：此水者，泚字也。涇水者，涇原兵亂也。雙珠者，泚與滔也。青牛者，興元二年乙丑歲，乙者木也，木屬青。丑者，牛也。明年改元貞元。丙寅歲丙者，火也，火屬赤。寅者，虎也。至是賊平也。

張嘉禎，開元中拜中書令。弟嘉祐任金吾衛將軍。每朝，軒蓋騶從盈閭巷，時號所居坊曰「鳴珂里」。子延賞拜中書侍郎同平章事。孫弘靖，元和中拜相。繼祖父三代爲相，世稱「三相張家」。楊巨源詩曰：「尹陟無聞祖，韋賢不到孫。」真能爲張氏説門第。

張延賞妻苗夫人，其父太師，其舅張河東嘉禎，其夫延賞，其子弘靖，其孫次宗，其婿韋皋。古今婦人之貴，無出其右。

王仙客與其母姨姑表結姻，而姨鄭尚書以受僞命處死，其女無雙没入禁掖。仙客號慟，謂此生不復能見矣。後入仕途，爲富平縣令，兼理驛務。忽傳有中使押領内家三十人，往皇陵供灑掃，仙客密探之，而無雙亦在焉。命小傒塞鴻進驛烹茶，傳遞消息。次日于床褥下得書，云：「富平古押衙，有心人也，急往叩之。」仙客即訪押衙，以廢弁閑居村墅，年已老矣。仙客造謁，卑辭厚幣，以媚之者萬方。經年，絶不啓齒。一日，押衙走仙客署，謂曰：「某一武夫，年老無所用之，而郎君待我過分。察郎君意，似欲有所求我。某雖年邁，生平以俠烈自許，倘有指使，水火不避。」仙客泣拜，具以實告。押衙以手拍腦數四曰：「此事大不易。某爲郎君留意。然不可歲月計也。」仙客曰：「取日虞淵，誠非易事。安敢以時日促耶？」半歲，寂然無聞。一日叩門，乃押衙寄書，書云：「茅山使者回且來此。」仙客奔馬見古生，生乃無一方。又啓，使者復云：「殺却也，且吃茶。」夜深，謂仙客曰：「宅中有家人識無雙否？」仙客以采蘋對，命仙客立取來。押衙端相，且笑且喜云：「借留三四日，郎君請歸。」後有傳陵上宫娥且賜死者，急令塞鴻探聽，乃無雙也。仙客哭曰：「本望押衙。今死矣，奈何？」流涕不已。是夜更深，叩門甚急。及開門，乃押衙也，領一篼子入，謂仙客曰：「此無雙也。身死，心頭尚熱，須抱入藺室静守之。三日當活。」至日果然。押衙又謂仙客曰：「暫借塞鴻于屋後，掘一坑，坑稍深。抽刀斬塞鴻頭于坑中。」仙客驚懼，押衙曰：「郎君莫懼。今日報郎君恩足矣。某聞茅山道士有藥，服之立死，三日復活。某使人求得一丸，昨令采蘋假作中使，以無雙逆黨，賜藥令自盡。托以親故，百縑贖其尸。凡道路郵傳，皆厚賂，以免漏泄。某爲郎君，亦須自刎。郎君不可居此地。門外有担夫十人、馬五匹、絹三百匹，五更便行。變姓名，浪迹避禍。」言訖舉刀，仙客急救，頭已落矣。

許俊少以才氣自雄，有韓翃妾柳氏，爲番將沙吒利所得，翃不勝惆悵。一日，俊、翃會飲酒樓，俊見翃神色沮喪，乃按劍起曰：「必有故。願一效用。」翃具以告，俊曰：「是何難？請得足下數字，當立致之。」乃衣縵胡，佩雙鞬，一騎徑造叱利宅。會叱利出獵，候其出門里餘，排闥急趨而呼曰：「將軍中惡！」使召夫人，僕侍數百，莫敢仰視。俊乃出翃札示柳氏，挾之跨馬，倏忽而至，引裾而前，曰：「幸不辱命。」四座大驚。後侯希逸上其事，上壯其雄邁，厚賜之。

順宗誦

順宗時，拘弭國貢却火雀，純黑，大似燕，其聲清。置于火中，火自散去。遂盛以水晶籠，懸于寢殿，夜則宫人持蠟炬燒之，終不能損其一毛。

憲宗純

憲宗常禁無名貢獻，而至者不甚却，翰林學士錢薇懇諫罷之。帝密戒後有獻者，毋入右銀臺，以避學士。

韓愈少時，夢人與丹篆一卷，强吞之，傍一人拊掌而笑。後見孟郊，乃夢中傍笑者。

韓愈入試，陸宣公贄爲主司，作《不遷怒不貳過論》。贄閲愈卷，黜之不敘。次年，宣公復主試，復試是題，愈復寫舊作，一字不易。宣公大加嘆賞，擢置第一。非愈自信甚，真誰肯將落第文字更去應舉？又應舉于上年所塗抹之主司？非宣公虛心選擇，又誰肯首舉昌黎，更首舉昔年所塗抹之昌黎？皆當于古人中求之。

韓愈爲吏部侍郎，有令史權勢最重，舊常關鎖，選人不得見。愈縱之，聽其出入，曰：「人所以畏鬼者，以其不能見也。如可見，則人不畏之矣。」

韓昌黎常登華山巔，窮極幽險，心悸目眩，不能下。發狂號哭，投書與人訣別。華陰令百計取之，方能下。

柳子厚得昌黎所寄詩文，先以薔薇露灌手，薰玉蕤香，然後發讀，曰：「大雅之文，正當如是。」

韓昌黎寢疾，忽中宵驚悸，既寤而汗沾衾裯，命侍人扶坐。小君問之，良久曰：「向來夢天神長丈餘，金鎧持戟，直入寢門，自稱大聖，瞋目謂我曰：『睢邃骨稅國，世與韓爲仇，吾欲討之不能，如何？』我跪答曰：『願從大聖討焉。』」不旬日而公薨。

賈島字浪仙，初爲浮屠，名本無。韓愈惜其才，俾反俗，應試舉進士。島常以歲除取一年所得詩，祭以酒脯，曰：「勞吾精神，以是補之。」島無子，因啖牛肉得疾，終于傳舍。李洞慕其詩，鑄銅作島像，事之如神，常念「賈島佛」。

賈島爲僧，居法乾寺。宣宗微行至寺，聞鐘樓上有吟咏聲，遂登樓。于案上取詩覽之，島攘臂奪取詩卷。帝慚，下樓去。既而島知之，亟謝罪，乃賜御札，除長江簿。程錡詩云：「騎驢衝大尹，奪卷忤宣宗。」後寓于溟，乞詩者無虚日。

皇甫湜字持正，淳安人。韓愈弟子也。裴度辟爲判官，度修福先寺，求碑文于白居易。湜曰：「近捨湜而遠求居易，請從此辭。」度亟謝，隨以文屬湜。湜揮毫立就，酬以千緡。湜曰：「碑文三千字，每字一絹，更減不得也。」裴笑而足之。次日，湜索文改竄，度曰：「文已妙絶，增減一字不得矣。」湜嘗爲蜂螫指，乃散錢購小兒，歛取蜂窠，山聚于庭，命搗碎絞汁，以酬其痛。一日命子録詩，一字誤，詬躍呼杖，杖未至，嚙其臂流血。

裴晋公度未第時，羈旅洛中。一日，策驢上天津橋，時淮西不庭已數年，有二老人倚柱語曰：「蔡州何時得平？」見晋公，愕然曰：「適憂蔡州未平，須待此人爲相。」僕聞之以告公，公曰：「見我龍鍾，故相戲耳。」

裴度字中立，聞喜人。爲東都留守。因閹竪擅威，力請罷。治第于集賢里，日與白居易、劉禹錫文酒相歡，不問户外事。每使臣自洛來，帝必問裴度安否。臨卒，謂門人曰：「吾死無所繫，但午橋莊松雲嶺未成，軟碧池繡魚尾未長，《漢書》未終篇，爲恨耳。」

裴質，幼有相者曰：「當餓死。」一日游香山寺，有婦人以父被罪，假得玉帶、犀帶，以賂津要，置于欄楯，忘收而去。質拾得，候所失人還之。後相者復見，異之曰：「必有陰德及物，前程萬里，非所知也。」後果大貴。後以此事屬裴度，非也。

王義，裴度隸人。度爲御史中丞，武元衡遇害之日，度爲人所刺，傷頸墮溝中，以毡帽厚，得不死。王義自後抱賊大呼，賊斷臂掐胸而去。度由是獲免，感其義，自爲文以祭，厚給其妻子。

元和中，議築海塘，募致石一斛者與千錢。旬月塘成，故名錢塘。

石孝忠生長韓魏間，爲人猛悍多力，州里患之。後折節，事李愬爲前驅，信任與家人伍。元和中，天子用裴丞相討蔡，李愬、李光顔、烏重胤皆受節制。明年蔡平，命吏部侍郎韓愈撰《平淮西碑》，碑中盡歸功丞相，而愬特與光顔、重胤等。孝忠視其文，大恚怒，用詐力推倒其碑。吏不能止，乃執詣節度使，悉以聞。上甚訝之，命具獄，將盡于碑下。孝忠度必死，但虚死則無以明愬功，乃僞祇畏，若不勝按，伺吏隙，用枷尾拉吏，殺之。天子聞而震怒，俾送闕下親訊之，曰：「汝推吾碑、殺吾吏，爲何？」孝忠頓首曰：「臣一死未足以塞責，但得面天顔，則赤族無恨矣。臣事李愬久，以賤故給事，無不聞見。平蔡之日，臣從在軍前，如吴秀琳，蔡之奸賊也，而愬降之。李祐，蔡之驍將也，而愬擒之。蔡之牙爪脱落于是矣。及元濟受縛，雖丞相與諸將軍不能先知也。蔡平，刻石記功，盡歸丞相，而愬名與光顔、重胤齒，愬固無所言矣。脱不幸更有一淮西，其將略如愬者，肯爲陛下用乎？臣所以推去碑者，不惟明愬之績，亦將爲陛下正賞罰之源。不推碑，無以爲吏擒；不殺吏，無以見陛下。臣言已矣，請就刑。」憲宗既得淮蔡本末，又多其義，遂赦之。因名曰「烈士」，復召翰林學士段文昌更撰《淮西碑》。

按，憲宗以永貞元年八月即位，是月西川劉闢自稱留後。十一月，夏綏銀節度使留後楊惠琳反。元和元年三月，楊惠琳伏誅，十月劉闢伏誅，事皆在元和元年。而退之《平淮西碑》云「明年平夏，又明年平蜀」，蓋誤也。《新唐書》載：「此碑削去『平夏』句。」

穆宗恒

段文昌初極貧困，及富貴，則製金蓮花盆，盛水濯足，謂酬生平所未足也。又極精饌事，庖所榜曰「煉珍堂」，在途號「行珍館」，有老僕掌其法，指授女僕四十年。凡閲百餘婢，獨九婢可嗣法。文昌自編《食經》五十卷，時稱《鄒平公食憲章》。

王播，太原人。穆宗朝，以刑部尚書拜相。微時客揚州木蘭寺，隨僧飯。僧厭之，飯後擊鐘，比播至，飯已畢矣。播愧恨，題詩而去。播後鎮是邦，復游寺，見前所題詩，已碧紗籠矣。

唐穆宗每宫中花開，則以重頂帳蒙被欄楯，置惜春御史掌之，號曰「括香」。

尚宫宋氏，名若昭。其父廷芬生五女，長若莘，次若昭，次若倫、若憲、若荀，皆警慧，善屬文，而莘、昭尤著。性皆修潔，鄙薰澤靚，不願適人，欲以學名家。若莘誨諸妹如嚴師，著《女論語》十篇，大都準《論語》，以韋宣、文君代孔子，曹大家等爲顔、冉，推明婦道。若昭又爲傳申釋之。德宗時，昭義節度使李抱真表其事，因召入禁中，試文章，并問經史。上咨美，具留宫中。上能詩，每與侍臣賡和，則五女皆豫焉。高其風操，不以妾侍，名呼「學士」。若莘掌秘禁圖籍，至穆宗時，而若昭拜尚宫。歷憲、穆、敬三朝，皆稱「先生」，后妃諸主率以師禮見。廷芬擢饒州司馬。其男獨愚不可教，白衣終身。

穆宗殿前種千葉牡丹，花始開，有黄、白蛺蝶數萬集于花間，光輝照耀，達曙方去。宫人競以羅巾撲之，無有獲者。上令張網，遂得數百，遲明視之，則皆金玉也，其狀工巧無比。内人争用絲縷絆其脚，以爲首飾，夜則光起于妝奩中。其後開寶厨，視金玉屑，將有化爲蝶者。

長慶中，吐蕃遣佢夾乞盟，詔遣大理寺劉元鼎就盟其國。元鼎逾成紀，抵河廣。武梁故時城郭未隳，蘭州地皆秔稻，桃李榆柳岑蔚，户皆唐人，見使者麾蓋，皆夾道觀。至龍反城，耋老千人拜且泣，問天子安否？言頃從軍没于此，今子孫未忍忘唐服，朝廷尚念之乎？兵何日來？言已皆嗚咽。問之，則豐州人也。

敬宗湛

寶曆中，敬宗造紙箭竹皮弓。紙間密貯龍麝香末，每宫嬪群聚，帝射之。中有濃香觸體，了無楚害。宫中名「風流箭」，爲之語曰：「風流箭，中的人人願。」

崔鉉爲兒時，隨父訪韓晋公滉，滉指架上鷹，令咏之。鉉曰：「天邊心胆架頭身，欲擬飛騰未有因。萬里碧霄終一去，不知誰是解絛人。」滉曰：「此兒可謂前程萬里也。」寶曆三年，登第。

文宗涵

文宗性嗜蛤蜊。一日，御饌中有劈不開者，焚香禱之乃開，見菩薩形具足，賜興善寺。

術士相牛僧孺，若青蠅拜賀，方能及第。公疑之，及登科歸，坐家庭，有青蠅約數萬，作八行立，折躬再三，良久乃去。

李德裕營平泉莊，遠方以異物奏之，或題曰：「隴右諸侯供異鳥，日南太守進名花。」莊中有一石甚奇，人醉，坐其上即醒，名曰「醒酒石」。德裕戒子孫曰：「鬻平泉者，非吾子孫也。以平泉一樹、一石與人者，非佳子弟也。」

李文饒《平泉草木記》：「以一樹、一石與人者，非吾子孫。」又云：「吾百年之後，爲權勢所奪，則以先人之所命，泣而告之。」後五代唐莊宗入洛，張全義監軍與其孫延古争醒酒石，而全義殺之。延古守祖戒，而因以殺身，則是平泉一石貽害子孫。孫與石較，孰重孰輕耶？

李商隱，字義山，自稱玉溪子，爲文多檢閱書册，左右鱗次，號「獺祭魚」。時與温庭筠、段成式輩相夸，號「三十六體」。

武宗炎

武宗王妃，十三時以歌舞入侍帝于東宫。帝即位，進位才人，有寵，狀纖頎，頗類帝。每畋苑中，才人必從袍而騎，相與馳出入，莫知孰爲帝也。帝餌金石，浸不豫，才人憂之。及大漸，顧與才人訣曰：「奈何？」對曰：「陛下萬歲後，妾請得殉。」帝崩，才人乃悉所貯物散遺宮中，潛自經幄下。一時嬪嬡，即妒才人專寵者，咸爲之感動。宣宗即位，高其義，贈「賢妃」。

宣宗忱

宣宗微時，以武宗忌之，遁迹爲僧。一日與黄蘗禪師觀瀑布，黄蘗作詩曰：「千岩萬壑不辭勞，遠看方知出處高。」宣宗續之曰：「溪澗豈能留得住？終歸大海作波濤。」後竟踐大位。

宣宗初封光王，遇重疾，忽有神光燭身，蹶然而起。常夢乘龍升天，言于鄭后，后曰：「此不宜人知，幸不復言。」會昌末年，武宗忽改御名爲炎。「炎」文爲火下火。宣宗以光王龍飛，古文「光」字上從火，武崩而宣立，火下火也。先兆之明若此。

李德裕爲太子少傅，分司東都。問一僧禍福，曰：「公災未已，當南行萬里。」德裕不樂，問：「南行還乎？」曰：「公食羊萬頭，有五百未滿，必當還。」德裕嘆曰：「師實至人，我于元和中爲北都從事，嘗夢行至晋山，盡目皆羊，有牧者數十，謂我曰：『此侍御食羊也。』常誌此夢，不泄于人。今知冥數固不誣矣。」後旬餘，靈武帥送米，且饋羊五百。大驚，召僧問之，且欲弗受，僧曰：「羊至，此是已爲國相有矣，還之無益，南行其不返乎？」尋謫雅州，果卒于貶所。

李贊皇奢侈，每食一羹，其費約三萬錢，雜以珠玉寶貝，硃砂煎汁，爲之過三煎，即棄其滓。廷宴餘物懷歸，起于唐宣宗時，宴百官罷，拜舞遺下果物，怪問，咸曰：「歸獻父母，及遺小兒。」上敕大官，今後廷宴，文武給食兩分與父母，給果子與兒女，食餘者，聽以帕子懷歸。此制相沿，乃有以懷歸不盡而獲罪者。

温庭筠，才思艷麗，工于小賦。每入試，押官韻作賦，凡八叉手而八韻成，時號「温八叉」。李義山謂曰：「近得一聯句云『遠比趙公三十六年宰輔』，未得偶句。」温即曰：「何不云『近同郭令二十四考中書』？」

杜悰在武宗朝拜相，十擁旌節，兩登相位，三掌拜計，一判版圖，出入朝廷垂六十年，而未嘗薦推幽隱，時人號爲「秃角犀」。

懿宗濯

懿宗惑浮屠法，常飯萬僧于禁中，自爲贊唄。咸通十四年春，詔迎佛骨鳳翔，以金銀爲刹，珠玉爲帳，飾以孔鷸，小者尋丈，高至倍。刻檀爲檐注，陛墄塗黄金。每一刹數百人舉之，香輿前後，綴珠瑟瑟。既至長安，彩觀夾道，天子御安福樓迎拜，至泣下。不遑八人，至斷臂指，流血盈衢。所過鄉聚，皆裒土爲刹，争以金翠妝飾。傳言刹皆震揺，若有光怪者。京師高貲，相與集大衢，作繒臺縵闕，水銀爲池，金玉爲樹，桑門羅像，考鼓鳴螺，夜以繼日。先有言憲宗爲此俄而宴駕者，帝曰：「使朕生見之，死無恨。」及是夏四月迎至，秋七月帝崩。僖宗立詔，歸其骨，都人辭餞，猶嗚咽流涕云。時李蔚疏諍之，不聽。

僖宗儼

僖宗故冲騃，喜鬥鵝走馬。數幸六王宅，與諸王鬥鵝，一鵝至五十萬錢。尤狎昵内園小兒，閹人田令孜，初事帝于東宫，同卧起。至是以其知書，故政事一委之，呼爲父。令孜知帝不足憚，恣横無忌，尋釀大亂。黄巢陷東都，帝入蜀，見蜀陋陋，稍鬱鬱。時與嬪侍攘袂北望，潸然流涕焉。令孜伺間開釋，呼萬歲，帝爲解頤。

僖宗幸興慶池泛舟，方食餅餤，時進士在曲江有聞喜宴。上命御厨依人數，各賜紅綾餅餤一枚。故徐演詩云：「莫欺老缺殘牙齒，曾吃紅綾餅餤來。」

黄巢舉進士不第，賦菊花詩云：「待到秋來九月八，我花開後百花殺。衝天香陣透長安，滿城帶盡黄金甲。」朝廷不能收拾之，遂聚衆爲盜，號「衝天大將軍」，卒陷長安。既敗，脱身爲僧，依張全義于洛陽。曾繪己像，題詩云：「記得當年草上飛，鐵衣着盡着僧衣。天津橋上無人識，獨倚闌干看落暉。」人見其像，識其爲黃巢。

黃巢陷京師，帝出走咸陽。是時，巢乘黃金輿，衛者皆繡袍華幘，賊衆皆錦衣披髮，輜重絡繹千里。巢入春明門，升太極殿，宫女數千迎拜，稱黃王。巢喜曰：「殆天意與！」巢舍田令孜第，見窮民，抵金帛與之。其黨傳諭曰：「黃王非如唐家不惜爾輩也，各安無恐。」人頗信之。甫數日，輒大掠，至榜縛居人索財，號曰「淘物」。于是富室皆跣而走。逼亂人妻女，屠宗室王無遺類。已而敗于李克用，自刎。傳其首。

黃巢亂，有太白山人謁州刺史崔堯封，云：「掘破牛山，賊自滅。」崔遂發卒掘之，得一石桶，桶中有黃腰獸一、寶劍一。獸見劍，自撲而死。巢至秋果敗。

中和間，時溥既平黃巢，獻俘于朝，巢妃妾數百人。僖宗宣問妃妾：「汝等皆勛貴子女，世受國恩，何爲從賊？」其居首者曰：「狂賊凶逆，國家以百萬之衆失守宗祧，播遷巴蜀。今陛下以不能拒賊責及女子，置公卿將相于何地乎？」僖宗不復問，盡戮于市。人争與之酒，居首者獨不飲不泣，至于就戮，神色肅然。

陳道明，睦州人。日織草履，鬻以養親。又于開元寺潛作屨，施行路者，號「陳蒲鞋」。黃巢兵犯境，一群洶洶。道明戒勿憂，織大草屨，命標之三十里外，巢軍竭力不能舉。巢曰：「有大聖人在此。」乃捨城去，得免民難。壽九十八，端坐而逝，賜號「悟空禪師」。

董昌，僖宗時爲鎮海節度使，每于正賦外，倍有進獻。旬一遣，遣必五百人。朝廷頗賴之。然好托神以詭衆，自立生祠，刳香木爲軀，内金銀紈素爲肺肝，冕而坐，百倡鼓吹于前，列兵護門戺。又屬州爲土馬獻祠下，列牲牢祈請，或紿言土馬若嘶且汗者，必厚賞之。自言：「有饗者，我必醉。」有客嘗言吴隱之祠止一偶人，昌怒曰：「我豈吴隱之比？」遂殺之。

董昌既爲大尉，晋封隴西郡王。初，詔書至，爲字儹一縑，以歸當制者。忽復詫曰：「朝廷負我，吾奉金帛不貲，何惜越王不與，我當自取之。」遂僭大號。先是吴越間有鳥，四目三足，其鳴曰「羅平天册」。昌以爲受命之符，遂建國號曰「大越羅平」，建元曰「天册」，自稱曰「聖人」。每下制詔，必署名其下。或曰帝王無押詔體。昌曰：「不親署，何由知我爲天子？」已而爲錢鏐所滅。

昭宗曄

昭宗，人戲上尊號曰「避賢招難存三奉五皇帝」，蓋以帝嘗曰：「朕東西所至，禍難隨之，願避賢者路。」「三」謂三主帝后，及柳楊昭儀；「五」謂朱全忠、王行瑜、李克用、李茂貞、韓建。

唐昭宗播遷，隨駕有弄猴，能隨班起居。昭宗賜以緋袍，號「供奉」。羅隱詩云「何如學取孫供奉，一笑君王便賜緋」是也。朱温篡位，取猴令殿下起居。猴望見朱温，徑趨而前，跳躍奮擊。朱温怒殺之。

鄭綮初爲廬州刺史，黄巢掠淮南，綮移檄請無犯州境。巢讀檄笑，爲之斂兵，州獨完。僖宗嘉之，賜緋魚。歲滿去，贏錢千緡，藏州庫。後他盜至，終不犯鄭使君錢。及楊密爲刺史，送錢至京師還綮。

昭宗時，鄭綮爲相。太原兵至渭北，天子問禦敵之策，綮奏請于孔子廟文宣王謚號中急加一「哲」字，此爲上策。

後綮孫珏相梁末帝，唐莊宗兵入汴，帝惶恐，不知所爲。珏獻一策，願得陛下傳國寶，馳入唐軍，以緩其行，而待勤王兵至。帝曰：「寶不足惜。顧卿此行，果能了事否？」珏俯首徐曰：「但恐不易耳。」有是祖，乃有是孫。

羅隱自號江東生，好臧否，往往奇中，故至今江東人稱前定不爽，猶云羅隱題破。唐咸通、乾符中，與宗人虬、鄴齊名，時號「三羅」。又錢唐羅戭，酷嗜隱詩，遣使賂遺，叙其宗譜，推爲叔父。乃目己詩曰《偷江東集》。

唐羅紹威，以魏將牙兵驕甚，盡殺之。遂爲梁朱温所制，乃謂親吏曰：「聚六州四十一縣鐵，鑄一個『錯』不成！」

史闕卷十一

（明）古劍陶庵張岱紬
（清）吴興柳門鄭佶編

後五代紀

梁太祖朱温

文惠皇太后生三子，温最幼，名朱三。黄巢起，温去母，亡入巢黨爲盗。已歸唐，拜節鎮，遣人迎母。母惶恐走避，謂使者曰：「朱三落魄無行，作賊死矣。何以至此？」使者具道所以然，乃驚喜泣下。既至，温爲置酒，捧觴稱壽，因啓母曰：「朱五經温之父也。一生讀書，不能博一第。有子爲節使，無愧前人矣。」母曰：「汝能至此，可謂英特。然行誼未必如先人也。」

温兄全昱，温方受禪，有司備禮前殿，全昱視之，顧温曰：「朱三，爾作得否？」後封全昱爲廣王。温一日與諸王飲博，全昱酒酣，取骰子擊盆而迸之，呼温曰：「朱三，爾碭山一亡命，遭逢天子，用汝爲四鎮節度，何負于汝？而滅唐家三百年社稷，吾行見汝赤其族也。」

王彦章，壽張人。本村農。以驍勇著，能跣足行棘上百步。持一鐵鎗，騎而馳疾如飛，他人莫能舉也。軍中號「王鐵鎗」。晉王爲梁勁敵，獨彦章心輕之，謂人曰：「亞子鬥鷄，小兒何足懼也？」已，梁日削，勢不支。中都之戰，馬躓被擒。莊宗見，謂曰：「爾常以孺子待我，今日服乎？」意欲活之。彦章慨然作俚語曰：「豹死留皮，人死留名。我受梁恩，非死不能報。」遂見殺。

初，晉取鄆，軍聲大振。時彦章被讒廢不用，宰相敬翔顧事急，内繩靴中，入見帝，要帝召彦章。召至，帝問破敵之期，彦章對曰三日。左右皆失笑。彦章受命出，馳兩日至滑州，陽置酒大會，而陰遣人具舟楊村。命甲士六百人，各持巨斧，乘流直下。彦章酒半，佯起更衣，則引精兵數千，沿河趨德勝。令舟兵以巨斧斬浮橋，而身攻其南城。浮橋斷，南城遂破，裁三日云。

五代章仔鈞太傅出兵，有二人得罪，欲斬之。夫人練氏素知其勇，密使亡去。二人奔南唐爲將，攻建州。時太傅已死，練氏居内。二將遣使以金帛遺之，且授一白旗，曰：「吾將屠此城。夫人植此旗于門，士卒當勿犯也。」夫人返金帛并旗不受，曰：「君幸思舊德，願全此城之人。必欲屠之，吾家與衆俱死耳，不願獨生。」二將感其言，遂罷。夫人有子十五人，俱爲顯官。

葛周嘗與所寵美姬同飲，有侍卒目視姬不輟，失答問。既自覺，懼罪，周并不言。後與唐師戰失利，周呼此卒奮勇破敵，竟以美姬賜之。

張全義，初名言事，唐昭宗賜名全義。唐亡，事朱温，遂請改名，温賜名宗奭。及唐滅梁，全義時已老，莊宗厚遇之，因復請去温賜名，而復其前所賜名。温嘗以病幸全義會節園避暑，因逼淫其妻女。其子繼祚愧忿，欲刃温，全義止之曰：「吾昔被圍河陽，啖木屑以食，死在旦暮。而梁兵出之，得至今日。此恩不可忘也。」繼祚乃止。

袁象先，南陽袁恕己之後，尚梁太祖之妹。唐滅梁，莊宗復厚遇之。平生積財數十萬，邸舍四千間，其卒也，不以分諸子，而悉與其子正辭。正辭守父積財，室中常有聲如牛，人以爲妖，勸其散積以禳之。正辭曰：「吾聞物之有聲，求其同類耳。宜益以錢，其聲必止。」聞者笑之。

張策幼聰悟嗜學，父同居雒陽敦化里，因浚井得古鼎，銘曰「魏黄初元年春二月匠吉平」，同以爲奇。策時年十三，侍側，啓曰：「漢建安二十五年曹公薨，改元延康。是歲十月，文帝受禪，又改黄初。是黄初元年，無二月也。銘何謬！」同大驚異。後見梁太祖，呼爲張夫子，累官門下平章。

唐太祖李克用

僖宗時，李克用屢爲招討使所敗，父子亡入韃靼。克用少驍勇，軍中號曰「李鵶兒」，一目眇」，又號「獨眼龍」，威名蓋于代北。在韃靼久，鬱鬱不得志，又懼其圖己。因時時從其群豪射獵，或挂針于木，立馬鞭百步，射之輒中，群豪皆服，以爲神，遂不敢動。已而克用卒，其子存勖稱帝，追尊爲太祖。

莊宗同光初立劉夫人爲后。后少因兵亂，與父相失。及貴寵，其父劉山叟負藥笈，詣宫門請見。時諸嬪御争以門第相尚，后恐爲己辱，乃曰：「妾離家時父已亡歿，安得有是？」命驅出杖之。帝常于宫中敝衣攜筐，裝劉山叟尋女，以爲戲笑。

后性甚妒。莊宗有愛姬，色妍而生子，后患之。一日，元行欽在侍，莊宗謂曰：「爾新喪婦，其復娶乎？吾助爾聘。」后指愛姬請曰：「帝憐行欽，何不以某姬賜之？」莊宗佯諾，后即趣行。欽謝恩。欽再拜起，顧愛姬肩輿已出宫矣。莊宗悵惋，不食者累日。

明宗嗣源，本克用養子，性驍果。其所將五百騎，克用號爲「橫衝都尉」，時李橫衝之名震天下。梁、晉之相拒柏鄉也，梁軍以赤白馬爲兩陣，旗幟鎧仗皆如馬色。晉兵望之皆懼，嗣源獨笑曰：「翌日歸吾厩耳。」莊宗大喜，曰：「卿當以氣吞之。」即引鍾飲釂，奮檛馳騎，直犯其白馬陣，挾二裨將以歸。

趙鳳，性剛耿。時有僧游西域，得佛牙以獻，明宗以示大臣。鳳進曰：「世傳佛牙水火不能傷，請驗其真僞。」即舉斧斫之，應手而碎。時宫中施物已及數千，因鳳碎之而止。

李襲吉爲晉王作書，與梁通和，詞甚辨麗。朱温使人讀之，至「毒手尊拳，相交于暮夜；金戈鐵馬，蹂踐于明時」，嘆曰：「李公有才如此，使吾得之，是虎而翼也。」温使敬翔作答書，而工不及襲吉，或云「襲吉是唐相林甫之後」。

姚洪事唐，爲指揮使，嘗將千人戍閬州。董璋反，遣人以書招洪。洪得璋書，輒投厠中。已敗，被執。璋謂曰：「爾昔爲健兒，我遇汝厚，奈何負我？」洪罵曰：「老賊！爾昔爲李七郎奴，掃馬糞得一臠殘炙，感恩不已。今天子用爾爲節度使，何反耶？吾能爲國死，不能從人奴以生！」璋大怒，燃鑊于前，令壯士十人刲其肉烹之。洪至死罵不絶。明宗聞之泣下。

莊宗畋中牟，踐民稼。中牟令叩馬諫曰：「陛下爲民父母，奈何毁其所食，使轉死溝壑乎？」莊宗怒，將殺之，優人敬新磨曰：「汝爲縣官，獨不知吾天子好獵，奈何縱民耕稼，妨天子馳騁乎？汝罪當死。」因請行刑，莊宗笑而釋之。

敬新磨一日奏事殿中，殿中多惡犬。新磨出，一犬逐之。新磨倚柱呼曰：「陛下毋縱兒女嚙人！」莊宗本出夷狄，狄人諱狗，故新磨以此戲也。莊宗大怒，彎弓注矢將射之，新磨急呼曰：「陛下無殺臣。臣與陛下一體。」問何故，對曰：「陛下改元同光，『同』，銅也。殺敬新磨，則銅無光矣。」莊宗笑而釋之。

李嗣源反，兵向京師。莊宗奔汴，復還，軍士離散。時伶人郭門高爲亂，射帝于絳霄殿，帝崩，五坊人善友聚樂器而焚之。時謂莊宗好伶，而弑于門高，焚以樂器，所謂「君以此始，必以此終也」。

晉王克用將死，以三矢遺莊宗而告之曰：「梁，吾仇也；燕王，吾所立；契丹，與吾約爲兄弟。而今皆背晉歸梁。此三者吾遺恨也。與爾三矢，爾其無忘。」莊宗受而藏之廟，其後每用兵，則以一少牢告廟，請其矢，盛以錦囊，負而前驅。凱旋則納之。卒繫燕父子以組，函梁君臣之首，告于太廟，而還矢先王。

萇從簡，事晉爲都指揮使，嘗中流矢，鏃入髀。命工取之，工云須鑿骨，簡遽使鑿之。工遲疑不忍下，簡叱其亟鑿。環視者不勝楚，而簡言笑自若也。好食人肉，所至多潛捕民間小兒以食。許州富人有玉帶，簡欲得之，即遣二卒往，謀刺取。卒夜入，伏隱處，見其人夫婦如賓，乃私嘆曰：「欲奪其寶而害良人，不義。」因躍出告之，使速以帶獻。二卒去，不知所之。

李崧啓唐主曰：「宜得重臣鎮太原，非石敬瑭不可。」晉祖深德之，謝曰：「爲浮圖者，必合其尖。」

晉高祖石敬瑭

石敢當，晉人。極勇力，無人抵敵，故云「敢當」。劉知遠爲晉祖押衙，敢當袖鐵椎以侍晉祖，與愍王議事，敢當死鬥，遂弒愍王。世人刻其名于户外，以當凶煞。後因石敢當更加「泰山」二字。

杜廣成先生，多著神仙家書，悉出誣罔，如感遇傳之類。故人以其妄言，謂之杜撰。或云杜默，非也。杜默以前遂有斯語。

李守貞常爲都監，晉兵故騎，而守貞又不閑紀律，師行無節制。行營所至，居民豢圉一空，草木皆盡。其始發軍也，有賜賚曰「挂甲錢」。及班師，又有犒勞曰「卸甲錢」。一出入費不下三十萬。晋室由此重困。

漢高祖劉知遠

晋出帝北遷，知遠時爲北平王，遣其牙將王峻奉表契丹，耶律德光呼峻爲兒，賜以木拐一。木拐，夷狄所貴重，如中國几杖，然非優（禮）〔一〕大臣不可得。峻持拐行虜中，虜皆避道。已而峻還，爲言契丹必不能有中國，于是知遠遂議建國，即帝位。

昭聖太后李氏，本農家女。知遠少牧馬，夜入其家，劫娶之。已貴，生隱帝。知遠起兵太原，軍資乏，歛于民。后諫曰：「方今起事，號稱義兵，而先奪其財，恐非新天子救民意。今後宫所有，悉出以給軍，雖知不足，當不至民生怨也。」知遠爲改容謝。及隱帝立，好游戲，后每切責之，帝曰：「朝廷事非太后所宜言。」已，議誅楊邠、史弘肇。太后曰：「此大事，當與宰相議。」帝拂衣出，曰：「謀及婦人，不可也。」卒以亡。

劉銖仕至節度使，用法深刻，民有犯者，問其年幾何，對曰若干，即隨其數杖之，謂之「隨年

〔一〕「禮」，據《熊批史闕》補。

杖」。每杖一人，必兩杖齊下，謂之「合歡杖」。後周師入，銖被執，銖妻裸露，以席自蔽。

周太祖郭威

郭威年十八時，負氣好使酒，李繼韜特奇之。威常行市中，市有屠者，故以勇服市人。威一日醉，呼屠者使進几割肉，割不如法，叱之。屠者披其腹示曰：「爾勇，能殺我乎？」威即前，刀刺殺之。一市盡驚，威自若也。吏執威，繼韜陰縱之，使亡去。旋召置麾下，已而起兵太原代漢。

世宗柴榮，后兄柴守禮子，太祖威養子也。既嗣位，嘗夜讀書，見唐元稹《均田圖》，慨然曰：「此致治之本。」即詔頒圖于天下，期以一歲盡均天下田。其大略多類此。是時中國乏錢，詔悉毀天下銅佛像以鑄錢。嘗曰：「吾聞佛説以身世爲幻妄，而以利人爲急。使其真身尚在，苟利于世，猶不惜割截，豈惜此銅像哉！」計廢天下佛寺凡三千三百三十六。

周宣懿后，苻彦卿女，家世侯王，性明果，有智略。初適李守貞子崇訓。守貞事漢，陰挾異志，會有術士善聽人聲以知吉凶。守貞出其家人，使聽之。聞后聲，驚曰：「此天下母也。」于是益自負，曰：「吾婦猶爲天下母，吾取天下奚疑？」遂決反。漢遣郭威討之，守貞、崇訓皆見殺。時亂兵入，后儼然坐堂上，顧軍士曰：「吾王父與郭公有舊，汝輩無犯我。」軍士不敢迫。太祖威聞之，謂一女子能使亂兵不敢犯，奇之，因以歸彥卿。其母欲令削髮爲尼，后不肯，曰：「死生有命，何妄毀形髮？」世宗聞而益奇之，納爲繼室，尋册后。

陳希夷嘗舉唐長興中進士，不第，遂不復干禄，乃隱華山雲臺觀。華陰令强起之，先生作詩曰：「華山高處是吾宫，出即凌雲跨晚風。臺殿不將金鎖閉，來時自有白雲封。」令得詩愧謝。

陳摶初隱武當山，有五老人來聽講《易》，謂摶曰：「吾輩日月池中龍也，此地非君所栖。」令閉目御風而行，頃之遂至華山石上，因卜居焉。或云：「希夷之睡，乃五龍蟄法，龍所授也。」

列國

南唐

唐主李昪，即徐知誥也。知誥本徐温養子，既篡吴，復姓李，自謂唐憲宗五世孫，遂改國號曰唐。昪子璟。

徐知誥以宋齊丘爲謀主，每夜引齊丘于水亭，屏語常至夜分。或居高堂，悉去屏障，獨置大爐相向坐，不言，以鐵箸畫灰爲字，隨滅去。故其所謀，人莫得而知也。

後唐天成三年，徐知誥召知詢，以金鍾酒賜之，曰：「願弟壽千歲。」知詢疑有毒，引他器均之，進獻知誥，曰：「願與兄俱享五百歲。」知誥變色，顧左右不肯受，知詢奉酒不退，左右莫知所爲。伶人申漸高徑前爲恢諧，掠二酒合飲之，懷金鍾趨出。知誥密使人以良藥救之，已腦潰而死矣。

李主[景](璟)于宫中作百尺樓，衆皆嘆美。蕭儼獨曰：「恨樓下無井。」李主問其故，對曰：「以此不及景陽樓也。」

煜既嗣位，擬相韓熙載。時熙載後房妓妾數十人，多出外舍，私侍賓客。煜以此難之，爲左授庶子分司南都。熙載聞之，盡斥諸妓，單車就道。煜喜留之，復其位，而諸妓輒稍稍還。煜聞曰：「吾無如之何矣？」未幾，熙載卒。

韓熙載者，先事李[景](璟)，[景](璟)重之，江左號爲「韓夫子」。已入宋，頗以文章自負。乾德初，五星聚奎，奎主文章，又在魯分。是歲，熙載著《格言》五卷，輒自叙云：「魯無其應，韓子《格言》成，當應之。」其好大言如此。

蕭儼，永新人。以童子擢。及長，有志量，仕南唐，累官大理卿，兼給事中。後主屢與嬖倖對弈，儼入白事，舉奩投地。後主大怒，曰：「汝與魏徵孰愈？」儼從容言曰：「臣固非魏徵，陛下亦非唐太宗。」後主默然罷弈。

蕭結爲祁陽令，不畏强禦。方暮春，有州符下取競渡船，刺史將臨觀。結怒，批其符曰：「秧開五葉，蠶長三眠。人皆忙迫，劃甚閑船。」守愧而止。

邊鎬初生時，母夢謝靈運來謁，遂生鎬，故小名康樂。仕南唐，從查文徵尅建州，俘獲皆全，號稱「邊佛子」。

譚景昇于終南山著《化書》，出授宋齊丘，托序之行世。齊丘將酒灌之，沉湎，以牛皮裹縫，抛于江中。後爲漁人所獲，剖開，見先生睡齁。齁不止，喚之頗久，方覺。乃曰：「宋齊丘墜我于江，奪我《化書》，以齊丘子頒行天下矣。余特出現，爲我改正，使世人知譚子《化書》，非齊丘所能竊取也。」因留詩，化風起去不見。詩曰：「綫作長江扇作天，靸鞋抛向海東邊。蓬萊信道無多地，祇在譚生拄杖前。」

譚景昇，名峭，即紫霄真人也。住廬山栖隱洞，其徒百人，有道術。鄰僧嘗于溪滸創亭宇，且爲頑石所阻，致二百倍不能平之。而紫霄往見，曰：「此易耳。」以指捻訣，含水噀之，命搥其石，應手如粉。後主頗信，累辟至建康，賜以道號，階以金紫，比蜀杜光庭，皆讓而不受。

玄武湖是金陵勝處。一日，諸閣老待漏朝堂，語及林泉之事，馮謐曰：「玄宗賜賀監鏡湖，信爲勝事。余非敢望此，但賜後湖，亦足暢平生也。」徐鉉答曰：「主上尊賢待士常若不及，豈惜一湖？所乏者賀知章耳。」謐有慚色。

申漸高，伶人，昇元中爲教坊部伎。時關征苛急。屬畿内大旱，一日宴北苑，烈祖顧謂侍臣曰：「近郊頗得雨，獨都城未雨，何也？得非刑獄有冤乎？」漸高遽進曰：「大家何怪？此乃雨畏抽税，故不敢入京爾。」烈祖大笑，明日下詔弛税額。信宿，大雨沾洽。

元宗時，又有李家明，亦優人。宋齊丘止一子而死，悲哭逾月。齊王景達勉之，不從。家明曰：「是易喻爾。」作紙鳶，大書其上曰：「一子不能捨，如讓王百口何？」縱之，墜其第，齊丘取覩，爲收泪而止。元宗失江北，遷豫章，龍舟至趙屯。舉酒望皖公山曰：「好青峭數峰，不知何名？」家明曰：「此舒州皖公山也。」因獻詩曰：「皖公山總好，不落御觴中。」元宗太息罷酒。

前蜀

蜀自王建僭號，再傳爲衍。衍年少荒淫，委政宦竪。時蜀俗競爲小帽，僅覆其頂，俯首即墮，謂之「危腦帽」。衍以爲不祥，禁之。而衍好戴大帽，每微服出游，民間以大帽識之，因令國中皆戴大帽。又好裹尖巾，其狀如錐，后宫皆戴金蓮花冠，衣道士服。酒酣免冠，其髻髽然，更施朱粉，號爲「醉妝」。國中人皆效之。常游青城山，宫人衣服皆畫雲霞，望之飄然若仙也。自作《甘州曲》，述其仙狀。上下山谷，衍自歌，而使宫人和之。

後蜀

徐匡章納女于蜀後主孟昶，昶喜其輕䴘，賜號「花蕊夫人」。後昶銜璧歸宋，夫人遂侍掖庭。宋祖惑之，晋王諫，不聽。一日，從獵園中，射死焉。此事頗類范蠡沉西施于五湖，而正史不載，見于《鐵園山叢談》。

蜀僻在西裔，其俗富而喜華麗，城上環植芙蓉，幾四十里，號曰「錦城」。夾江兩岸，亭榭無數，名花相錯。昶乘御龍舟，召花蕊夫人避暑摩河池上，夜起作玉樓春詞。最好房中容城之術，多采良家女，以充後宮。一切國事付之卷簾使王昭遠與其子玄喆。昭遠手揮鐵如意，欲二三萬雕面少年，以當宋師。玄喆一乳臭兒，輦愛姬伶人樂器，守劍門之口。昶且與内尚書教坊小婦，打球走馬，鬥草采蓮，魚龍競渡，鸚鵡誦詩。而宋兵已入夔州矣。

蜀主昶歸宋，未幾卒。花蕊夫人隨輦入備後宫，心常憶昶，悒悒不敢言。昶美丰儀，喜獵，善彈弓，乃自畫昶像以祀。復佯言曰：「祀此神者多有子。」一日，宋祖見而問之，夫人亦托前言，詰其姓，遂假張仙。因歷言其成仙後之神異，宫中遂多奉以求子。翌日，宋祖召使言亡國事，夫人乃誦《去國詩》曰：「君王城上樹降旗，妾在深宫那得知。十四萬人皆解甲，并無一個是男兒。」因亦自見其情也，太祖大悦。

蜀李匡遠，性苛急，一日不斷刑，則慘然不樂。嘗聞捶撻聲，曰：「此一部肉鼓吹也。」

吴越

錢鏐字具美，生時光怪滿室，其父欲不舉，鄰媪强留之，故名「錢婆留」。卒謚武肅。所居殿名握髮，吴音「握」同「惡」，錢塘人遂謂曰：「此大王惡發殿也。」傳四世，忠懿王俶納土歸宋而國除。

鏐幼年嘗與群兒戲里中大樹下，坐石上，指揮群兒爲隊伍，號令有法。群兒憚之。及壯，不事生業，以販鹽爲盗，嘗被捕人所獲。縣録事鍾起屢爲解釋，鏐深德之。

豫章有術者望氣，言斗牛間有王氣。斗牛，錢唐分野，因游錢唐，占之，在臨安。乃至臨安，以相法隱市中，陰求其人。時縣録事鍾起與術者善，術者私謂起曰：「占君縣當有貴人，而求之市中不得。視君相貴矣，然不足當也。」起乃爲置酒，悉召縣中諸賢豪，令遍視，皆不足當。一日，術者過起家，錢鏐自外至，術者望見，大驚曰：「此真其人矣！」鏐正無賴，起方禁其子與游，因笑曰：「此吾舍傍錢生耳。」術者熟視，顧謂起曰：「君貴因此人。」復謂鏐曰：「子骨法非常，願自愛。」遂與訣曰：「吾求其人，非有所欲也，直質吾術耳。」明日，術者去。起自是乃縱其子與游，時貸其乏。鏐竟王吴越。

梁開平元年，封錢鏐爲吴越王。時有諷鏐拒其命者，鏐笑曰：「吾豈失爲一孫仲謀耶？」遂受之，改其鄉爲臨安，縣爲錦衣軍。是年省塋壟，延故老，旌鉞鼓吹，振耀山谷。自昔游釣之所，盡蒙以錦繡，或樹石至有封官爵者。舊貿鹽肩擔，亦裁錦韜之。一鄰媪年九十餘，携壺漿相迎于道，下車亟拜，媪撫其背，猶以小字呼之，曰：「錢婆留，喜汝長成。」蓋初生時光怪滿室，父懼，將沈于了溪。此媪酷留之，遂字焉。爲牛酒，大陳以飲鄉人，别張蜀錦爲廣幄，以飲鄉婦。凡男八十以上用金樽，百歲以上玉樽，時黃髮飲玉樽者，尚不減十餘人。鏐起，執爵于席，自唱還鄉歌以娛賓，曰：「三節還鄉兮挂錦衣，父老遠來相追隨。斗牛無孛人無欺，吴越一王駟馬歸。」

臨安石鏡山東峰有圓石，徑二尺七寸，其光如鑑。鏐布衣時，嘗照此鏡，顧其形服皆冠冕如王者狀。其後唐昭宗改鏐所居營曰「衣錦營」，又升衣錦營爲「衣錦城」，改石鏡山曰衣錦山，大官山曰功臣山。鏐游衣錦城，宴故老，山林皆覆以錦，號其幼所嘗戲木曰「衣錦將軍」。

武肅王初有國，將築宫，望氣者言，因故府大之，不過百年，填西湖之半，可得千年。武肅笑曰：「世有千年而不出真主乎？奈何困吾民爲？」遂弗改造。

開平四年，武肅王始築捍海塘，在候潮通江門之外。潮水晝夜衝激，版築不就，因命强弩數百，以射潮頭。又致禱于胥山。禱既，而潮水避錢塘，東擊西陵，遂成堤岸。

武肅王居宫中，輪差諸院敏利老嫗監更。一夕，有大蜥蜴沿銀缸噏油，既竭，倏然不見。嫗異之，不敢語人也。明日王曰：「吾昨夜夢飲麻膏而飽。」嫗以所見對，王微哂而已。

錢鏐自少在軍中，夜未嘗寐，倦極，就圓木小枕，或枕大鈴。寐熟，輒欹而寤，名曰警枕。常置粉盤于卧內，有所記，則書盤中。比老不倦。或寢方酣，外有白事者，令侍女振鈴即寤。

時彈銅丸于樓牆之外，以警直更者。嘗微行，夜叩北門，吏不肯啓關，曰：「雖大王來，亦不啓。」乃自他門入。明日，召北門吏，厚賜之。

錢忠懿王俶入朝宋太祖，恐其被留，作塔以保之，遂名「保俶塔」，在西湖之蝦蟆峰上。稱其名，尊天子也。今誤傳爲「保叔塔」，後人遂有「保叔緣何不保夫」之句。

忠懿王得天台寺中對瀑布泉屋柱，斲二琴，一號「洗凡」，一號「清絶」，爲曠代之寶。後錢氏獻之太宗，藏于御府。見《輟耕録》。

烏程徐鴻本谷耘校字

史闕卷十二

（明）古劍陶庵張岱紬
（清）吴興柳門鄭佶編

北宋紀

太祖趙匡胤

宋太祖始事周世宗于澶州。曹彬爲世宗親吏，掌茶酒。太祖嘗從求酒，彬曰：「此官酒，不可相與。」自沽酒以飲之。及太祖即位，語世宗群臣不欺其主者，獨曹彬耳，由是委以心腹。

太祖將北征，京師喧言曰：「軍中欲立點檢爲天子。」太祖慎密以告家人曰：「外間訩訩若此，將如之何？」太祖姊方在厨，引麵杖擊太祖，逐之曰：「丈夫臨大事，可否當自決胸懷？乃來家中恐怖婦女，何爲耶？」太祖默然而出。

太祖召見道士證隱，隱年九十，形氣不衰。帝欲留居建隆觀，隱曰：「帝都紛華，非野人所宜處。」上訪以養生之術，隱曰：「養生之術，清心煉氣耳。帝王之道則異于是。老子曰：『我無爲而民自化，我無欲而民自正。』軒轅、帝堯，享國延年，率由此道。」帝甚嘉之。

宋藝祖既以杯酒釋諸將兵權，又慮其所蓄不貲，每人賜地一方蓋第，所費皆數萬。又嘗賜宴，酒酣，乃宣各人子弟一人扶歸。太祖至殿門，謂其子弟曰：「汝父各許朝廷十萬緡矣。」諸節度醒，問所以歸，不失禮于上前否。子弟各以緡事對，疑醉中真有是言。翌日，各以表進如數。

太祖采聽明遠，有問者自蜀還，上問劍外有何事，曰：「但聞成都滿城誦朱山長《苦熱詩》曰：『煩暑鬱蒸無處避，涼風清泠幾時來。』」上曰：「此蜀民思吾往伐也。」遂舉兵伐蜀。

乾德五年正月，吴越王錢鏐入貢，疏買十七、十八兩夜燈。太祖下詔曰：「上元張燈，舊止三夜。朝廷無事，區宇乂安。方當年穀之豐登，宜縱士民之行樂，其令開封府更放十七、十八兩夜燈。」

太祖聞唐主酷嗜佛法，乃選少年僧有口辯者，南渡見唐主，論性命之説。唐主信重，謂之一佛出世，自是不復以治國守邊爲意。

太祖嘗與趙普言桑維翰，普曰：「維翰愛錢。」上曰：「苟用其長，當護其短。措大眼孔小，賜與十萬貫，則塞破屋子矣。」

太祖與趙普相遇甚奇。當周世宗親征淮南，太祖分兵攻滁州。南唐主李璟命大將皇甫暉襲之，太祖大敗，暉入據滁州。太祖聚兵清流，慮暉再至，問村人，云：「有鎮州趙學究在村中教學，多智計。」太祖微服訪之，依其計，從間道薄城。暉不爲備，奪門入，遂得滁州。趙學究即普也。

太祖居潛，與太宗及趙普游長安，遇陳摶，下騾大笑，左手握太祖，右手挽太宗，相從市飲。摶睥睨普良久，曰：「也得，也得。」普腳跛，隅坐席右。摶怒曰：「紫微帝垣一小星，輒據上次，可乎？」斥使居左。建隆庚申受禪，與摶論國祚，有「衹怕五更頭」之言，命宮中轉六更，方鳴鐘擂鼓。殊不省「庚」、「更」同音。至理宗元年，歷五庚申，越十七年宋亡。而「五更頭」之言驗矣。

周諸葛十朋，娶趙弘殷女，太祖妹也。一日，太祖與飲，席中言恭帝幼沖，權以中外物情，可取而代也。十朋大怒切責，以拳毆太祖，拂衣而去。及陳橋兵變，即易姓諸，樵于會稽山，終身不復出。

太祖一日大宴，驟雨不止。上不悦，趙普因奏百姓正望時雨難得，可令樂官就雨中奏樂。藝祖嘗以事怒周翰，將杖之。翰自言：「臣負天下才名，受杖不雅。」帝遂釋之。古來聖主名臣，斷無使性遂非者。

宋太祖受命三年，密鐫一誓碑于太廟夾室，門鑰嚴封，用黄幔蔽之，敕有司自後歲享及新君即位謁廟，禮畢，請讀誓碑，祇許小黄門不識字者一人從，餘皆遠立庭中。即小黄門亦祇許驗封啓鑰，設香燭，揭幔畢，亟出階下，不許仰視。上至碑前跪誦訖，仍封固如初。列聖相承，即心腹大臣，如趙韓王、王魏公等亦不知所誓何事。靖康之變，犬戎入廟，取法物去，門皆洞開，人得縱觀。誓辭祇三行，一云：「柴氏子孫有罪，不得加刑。縱犯謀逆，止于獄中賜盡，不得市曹刑戮，亦不得連坐支屬。」一云：「不得殺士大夫及上書言事之人。」一云：「子孫有渝此誓，天必殛之。」

陳摶方四歲，戲渦水側，有青衣媪置懷中乳之，聰悟日益。入武當山，辟穀煉氣二十餘年。徙居華山雲臺觀，周世宗召至禁中，賜號「白雲先生」。

王彦昇性酷烈，善擊劍，人號「王劍兒」。開寶初，爲原州防禦使。西人有犯法者，彦昇不加刑，每召僚屬飲，輒引犯前，以手捽斷其耳大嚼，巵酒下之。其人流血被體，股栗不敢動。前後啖耳凡數百人，西人爲之遠塞。

曹翰下江南日，盡取其金帛寶貨，連百餘舟，私載以歸。無以爲名，乃取廬山東林寺羅漢，每舟載十許尊獻之，詔賜相國寺。當時謂之「押扛羅漢」。

初，翰貶汝州，有中使來，翰泣曰：「衆口食貧，不能活，以袱封故衣一包，質十千。」中使回奏之，太宗開視，乃一畫陣圖，題曰《下江南圖》，惻然憐之，召還。

曹彬位兼將相，絶不以自異，遇士大夫于途，必引車避之。即下吏白事，必冠而後見，不斥其名。知徐州日，嘗有吏犯罪，既具案，逾年而後杖之。人莫知其故，彬曰：「吾聞此人爾時新娶婦，若杖之，其舅姑必以婦爲不利，而朝夕詬誶之，使不能自存矣。吾故緩其事也。」蓋體恤人情甚至，而法卒未嘗不行。

彬子瑋善將略，其用兵出入神變不可測。一日，張樂飲僚吏，中坐，忽失瑋所在。及明出視事，而賊首已擲庭下矣。嘗在渭州，有告戍卒叛入西夏者，瑋方對客弈棋，漫應曰：「吾使之行耳。」未幾，夏人輒斬叛者，投其首境上。時契丹使過天雄，每敕其下曰：「曹公在此，毋縱騎馳驅。」蓋懾其威名云。

曹彬所居之宅，僅庇風雨，敗檐疏牖，不堪其憂，而彬處之恬然。堂屋敝壞，子弟請少修葺。彬曰：「時方大冬，牆壁瓦石之間，百蟲所蟄，不可傷其生。」

宋建隆二年，曹彬爲都監伐蜀。謁孔明祠，視宇第雄觀，頗有不平，謂左右曰：「孔明雖忠于漢，然疲竭蜀之軍民，不能復中原萬一，何得爲武？當因其頹敗拆去，祇留其中，以祀香火。」左右皆諫不可。俄報中殿摧塌，有石碑出土尺許，彬遥視之，其刻字宛若新書，題云「測吾心腹事，惟有宋曹彬。」讀訖下拜，曰：「公神人也，小子焉能窺測哉！」遂令蜀守新其祠宇，爲文祀之而去。

張靄，浦城人。爲侍御史。太祖方彈雀于後苑，靄急請入奏事。及見，所奏乃常事耳。帝怒曰：「此小事，何急如此！」靄曰：「亦急于彈雀？」帝色愈厲，以斧柄撞其口，墮兩齒。靄跪而徐拾之。帝曰：「汝欲訟朕耶？」靄曰：「臣不能訟，自有史官書之耳。」帝大悔，賜靄縑百匹。

樊若水家池州，嘗舉進士于南唐，不第，謀歸太祖，乃釣魚采石江上，每乘小舟，載絲繩，維南岸，疾棹抵北岸，以度江之廣狹。開寶三年，詣闕上書，言江南可取狀，請造浮橋濟師。已，南征議用其策，或謂江濤險壯，恐不能就。乃于石碑口試造之，移至采石，三日橋成，不差尺寸，金陵遂平。擢侍御史。

太宗光義

宋太宗即位初年，京師某街富民，有丐者登門乞錢，意未滿，遂詈罵不休。衆人環觀，靡不忿之。忽人叢中一軍校躍出，刺丐死，擲刀而去。勢猛行速，莫敢問者。街卒具其事聞于有司，以刀爲証，坐富民殺人罪。既讞獄，太宗問富民服乎，曰：「服矣。」索刀閱之，遂納于室，示有司曰：「此吾刀也，丐者實吾殺之，奈何枉人？始知鞭笞之下，何罪不承？羅鉗吉網，不必濁世。」乃罰失入者而釋富民，諭自今訊獄，加慎毋濫。

太宗淳化中，春日苑中釣魚小宴。姚鉉詩先成，有「花枝冷濺昭陽雨，釣綫斜牽太液風」之句，賜白金百兩。時輩榮之，以比奪袍賜花等故事。

吕蒙正爲相，夾袋中有册子，四方人謁見，必問其有何人才。客去，隨疏之。或一人而數人稱之，必賢者也。朝廷用人，取之夾袋中，故文武百官各稱職。

太宗時，一宫人逾垣潛出，捕獲。太宗遲違不欲死之，皇城使劉承規奏曰：「法不可容，臣須是活取心肝進呈。」即時領去，送尼寺，潛遠嫁之。却取旋殺猪心肝一具，以盒子貯進，六宫闔而哭之。良久，略揭以慰太宗。由是宮掖肅然。

呂蒙正有客富言者，一日白蒙正曰：「兒子十許歲，欲令入書院事廷評太祝。」蒙正許之。及見，驚曰：「此兒他日名位與吾相似，勛業且遠過我。」遂令與諸子同學，厚視之，即富弼也。又嘗對帝謂兄子夷簡有宰相器，時方任推官耳。其倫鑒如此。

張齊賢爲布衣時，倜儻有大度，孤貧落魄，常舍道上逆旅。有群盜十餘人，飲食于逆旅之間。居人皆惶恐竄匿，齊賢竟前揖之，曰：「賤子貧困，欲就一醉飽，可乎？」盜喜曰：「秀才乃肯自屈，何不可也？顧吾輩粗疏，恐爲秀才笑耳。」即延之坐。齊賢曰：「盜者，非齷齪兒所能爲也，皆世之英雄耳。僕亦慷慨士，諸君又何間焉？」乃取大碗滿酌，一舉而盡，如是者三。又取㹠肩一指，分爲數段，舉而啖之，勢若狼虎。群盜視之愕眙，皆咨嗟曰：「真宰相器也。不然，何能不拘小節若此？他日宰制天下，當念吾曹皆不得已而爲盜耳。」願自結納，競以金帛遺之。齊賢皆不讓，重負而返。

齊賢四踐兩府，九居八座，以三公就第，福壽康寧，世罕其比。當其自司空致仕還也，入辭便坐，方拜而仆，上遽止之，許二子扶掖上殿，命益坐茵爲三。既歸洛，得裴晋公午橋莊，鑿渠通流，栽花植竹，日與故舊携觴游釣。榜于門曰：「老夫已裂冠冕。」或公紱垂訪，不敢迎見。

嘗以詩戲故人云：「午橋今得晋公廬，水竹烟花興有餘。師亮白頭心已足，四登兩府九尚書。」鄭文寶聯：「水暖鳬鷖行哺子，溪深桃花卧開花。」齊賢極喜之。

孔守正拜殿前都虞候。一日，侍宴北園，守正大醉，與王榮論邊功于駕前，忿争失儀。侍臣請以屬吏，上弗許。明日，俱詣殿廷謝罪，上曰：「朕亦大醉，漫不復省。」

賈黄中五歲時，其父玭每旦必令正立，展書卷比之，謂之等身書，課其誦讀。黄中六歲舉童子科，七歲能屬文，觸類賦咏。父恒食之蔬食，曰：「俟業成，乃得食肉。」十五遂舉進士，授校書郎，累官參知政事。時父已殁。太宗召見其母王氏，命坐，謂曰：「教子如是，真孟母矣。」爲作詩賜之。

張齊賢母晋國夫人孫氏，年八十餘，尚善飯。上數召至宫中，禮遇甚隆，賜詩爲壽，每稱之曰婆婆老福。

蘇易簡在翰林，太宗一日召對，賜酒甚歡，謂易簡曰：「君臣千載遇。」易簡應聲答曰：「忠孝一生心。」上悦，以所御金器盡席悉賜之。又嘗夜幸院中，易簡已寢，遽起，無燭具衣冠，宫嬪自窗格引燭入照之。窗格上有火燃迹，後亦不復换，以爲玉堂一盛事。

太宗嘗命易簡講《文中子》，有楊素食經、羹藜含糗之説，因問易簡：「食品稱珍，何者爲最？」對曰：「食無定味，適口者珍。臣心知虀汁美。」帝笑問其故，曰：「臣一夕酷寒，擁爐燒酒，痛飲大醉，擁以重衾。忽醒渴甚，乘月中庭，見殘雪中覆有虀盎，不暇呼童，掬雪盥手，滿飲數缶。臣此時自謂上界仙厨、鸞脯鳳胎殆恐不及。屢欲作《冰壺先生傳》記其事，未暇也。」帝笑而然之。

陳正敏《遁齋閑覽》云：「梁灝八十二歲，雍熙二年狀元及第。其謝表云，『白首窮經，少伏生之八歲；青雲得路，多太公之二年。』後終秘書監，卒年九十餘。」此語既著，士大夫亦以爲口實。予以國史考之：梁公，字太素，雍熙二年進士及第，景德元年以翰林學士知開封府。暴疾卒，年四十二。子固亦進士及第，至直史館，卒年三十二。史臣謂梁方當委遇，中途夭謝。又云：「梁之秀穎，中道而摧。」明白如此。《遁齋》之妄，不待攻也。

呼延贊，武人，有胆勇，每自言願死于敵。遍文其體爲「赤心殺賊」字，下至妻孥僕隸皆然。諸子耳後刺字曰：「出門忘家爲國，臨陣忘死爲生。」作破陣刀、降魔杵，鐵折上巾，兩傍有刃，絳帕首，乘騅馬以自異。更有俚誕不近理者，盛冬以水沃孩穉，蓋冀其長耐寒而勁捷也。故其子多病。贊又自割股爲羹以療之。

楊業事太宗，爲代州刺史。代北苦寒，人多服毡罽。業但挾纊露坐，傍不設火，侍者殆僵仆，而業怡然自若也。常言吾爲將用兵，猶用鷹犬逐雉兔。朝廷以其老于邊事，命鎮代州，契丹兵入，每望其旌旗輒引去。一時號爲「楊無敵」。

張詠少學劍，客長安旅次。聞鄰家哭，叩問其故。此人游宦遠郡，嘗私用官錢，爲僕夫所持，强要其女爲妻。詠明日至其門，陽假僕往探親。僕遲遲，强之而去。導馬出城，至林麓中，即數其罪，僕倉皇間，詠以袖椎揮之，墜崖而死。歸曰：「盛价不復來矣，速歸汝鄉。後當謹于事也。」

張詠在崇陽，一吏自庫中出，視其鬢旁，下有一錢，詰之，乃庫中錢也。詠命杖之，吏勃然曰：「一錢何足道，乃杖我耶？爾能杖我，不能斬我也。」詠筆判云：「一日一錢，千日千錢。繩鋸木斷，水滴石穿。」自仗劍下階，斬其首，申府自劾。

張詠知益州，嘗有小吏忤詠，詠械其頸，吏恚曰：「枷即易，脱即難。」詠曰：「脱亦何難？」即就枷斬之，吏俱悚懼。

張詠知崇陽縣，民以茶爲業。詠曰：「茶利厚，官將榷之。不若早自異也。」命拔茶而植桑，民以爲苦。其後榷茶，他縣皆失業，而崇陽之桑皆成爲絹，歲百萬匹。民富至今。

張詠知杭州，值歲飢，民竊販鹽以自給，捕獲者數百人。詠悉寬其罰，或曰：「恐不可縱。」

詠曰：「錢塘十萬家，飢者八九，苟不以鹽自活，一旦蜂起爲盗，患莫大矣。姑俟秋成嚴禁之。」民有子與婿訟家貲者，婿言舅臨終子纔三歲，遺書命異日三分付子，婿得其七。詠曰：「汝婦翁，智人也，以七與子，死矣。」亟命七給子，三給婿。時人服其明斷。

張詠知成都，民間訛言有白頭老翁于午後食人兒女。詠召其屬吏，訪市肆中，有大言其事者，但立證解來。明日，得一人，命戮于市，即日帖然。詠曰：「僞言之興，沴氣隨之。妖則有形，僞則有聲。止僞之術，在乎明決，不在厭勝也。」

張詠知益州，民有訴主將帳下卒恃勢嚇取民財者，其人聞知，縋城夜遁。詠差衙役往捕之，戒曰：「爾生擒得，則渾衣撲入井中，作逃走投入井申來。」是時群黨訩訩，聞自投井，遂無他說。又免與主將有不協名。

張乖崖謁陳希夷，贈以一詩云：「自吴入蜀是尋常，歌舞筵中救火忙。乞得金陵閑散地，也須多謝鬢邊瘡。」乖崖守成都，兵火之餘，人懷反側。一日大閲，始出，衆遂嵩呼者三。乖崖亦下馬，東北望而三呼，復攬轡而行，衆不敢嘩。

郭恕先放曠不羈，尤不喜與俗人伍。太宗聞其名，召赴闕，館于内侍省竇神興舍。恕先長髯而美，一日忽盡去之，神興驚問其故，曰：「聊以效顰。」

真宗恒

宋真宗宴近臣，語及《莊子》，忽命秋水至，則翠鬟緑衣一小女童誦《秋水》一篇，此可謂善解莊者。向秀、郭象，還不如此女童全具南華神理。

寇準，字平仲，少時愛飛鷹走狗，其母舉秤錘投之，足流血。及貴，母已亡，每捫其痕輒哭。初授巴東令，人皆以「寇巴東」呼之。手植雙柏于庭，至今以比甘棠，名「萊公柏」。後歸葬西京，道出荆南公安，人皆設祭，哭于路，折竹植地，以掛紙錢。逾月，竹盡生笋，人號「相公竹」，因立廟，號「竹林寇公祠」。

寇準年十九登進士第。時太祖策士，必親自臨軒，見年少者輒抑之。或教準增年，答曰：「準始進，可欺君耶？」既入仕，年三十餘，太宗欲大用，尚難其少。準遽服地黄，兼餌萊菔，反之，未幾，髭髮皓白。既爲相，丁謂參知政事，嘗會食，羹染準鬚，謂起拂之。準正色曰：「參政，國之大臣，乃爲官長拂鬚耶？」謂大慚，陰刺以詩曰：「少年罷去任紛紛，不忍增年惑上聞。餌藥變鬚祈速用，如何到此又欺君？」由此有隙。

萊公寢處一青幃，二十餘年，時有破壞，益命葺葺。或以公孫弘尋靳之，公曰：「彼詐我誠，雖弊何憂？」然知鄧州時，製花蠟燭，不點油燈。罷官日，厠溷間燭泪在地，往往成堆。何此奢而彼儉也？青幃之弊，豈真異于弘耶？

萊公出入宰相三十年，不營私第。處士魏野贈以詩曰：「有官居鼎鼐，無地起樓臺。」及公南遷時，北使至，内宴，宰執與坐。使者歷觀諸相，語譯者曰：「孰是無地起樓臺相公？」

李沆秉鈞日，有狂生扣馬獻書，歷詆其短。公遜謝曰：「俟歸家，當得詳覽。」狂生遂發訕怒，隨公馬後肆言曰：「居大位，不康濟天下，又不能引退，久妨賢路，寧不愧于心乎？」公但于馬上踧踖再三，曰：「屢求退，以主上未賜允耳。」終無忤也。

沆堂前藥欄壞，妻令守舍者弗葺以試沆。沆朝夕見，終不言。妻語沆，沆曰：「豈以此動我一念哉？」弟維輩勸治第，沆曰：「身食厚禄，時有横賜，計槖装亦可治，但内典以此世界爲缺陷，安得圓滿？若市新宅，須一年繕完。人生朝暮不可保，巢林一枝，聊足栖息，安事豐屋爲？」其素尚如此，至死不變。

大中四年，進士馮涓登第。時新羅國新起高樓，厚賚金帛，奏請涓撰記，時人榮之。

衛太素，宋真宗朝采群臣有位望者二十四人，召對崇政殿，置于臺省館閣，號「二十四氣」，太素其一也。

寇準在鎮，每遇生辰，輒造山棚，大會賓客，又服用僭侈。帝聞，怒謂王旦曰：「寇準每事欲效朕，何也？」旦徐對曰：「準誠賢，獨無如其騃何？」上良久曰：「然，此正是其騃耳。」意遂解。

真宗幸澶淵，丁謂知鄆州，兼齊、濮等州安撫使。時契丹深入，民大驚，争趨楊劉渡。舟人邀利，不急濟。謂取死囚詐作篙舟人，立命斬之。舟遂集，民乃悉渡。遂立部分，使并河執旗幟，擊刁斗自衛。契丹乃引去。

丁謂貶崖州，以家在洛陽，因爲書自責，叙國厚恩，家中不可妄有希覬，而專人致書洛守，乞付其家，戒使者曰：「伺守會衆時達之。」既達，守不敢隱，即以聞。帝見之，爲感惻，乃徙雷州。

丁謂竄崖州，道出雷州。寇準遣人以一蒸羊迎之境上。謂欲見準，準拒之。聞家僮謀欲報仇，亟杜門縱博，俟謂行遠乃罷。

真宗問近臣：「唐時酒價幾何？」衆莫能對。丁謂對曰：「每斗三百文。」上問何以知之，謂引杜詩「速宜相就飲一斗，恰有三百青銅錢。」上喜曰：「子美詩可謂一代之史也。」

王欽若狀貌短小，項有瘿，時人目爲「瘿相」。少時過圃田，夜起，視天中赤文成紫微字。

後使蜀至褒城，道遇異人，告以他日當位宰相。視其刺，則唐相裴度也。及貴，遂好神仙之説，常用道家科儀建壇場禮神，朱書紫微字陳壇上。自校《道書》，增六百卷。又表修裴度祠于圃田。

陳堯佐以進士及第，爲中牟尉，嘗作《海喻》一篇以寄志，人奇之。通判潮州，潮人有張氏子，隨其母濯于江。鰐魚尾而食之，母弗能救。堯佐聞，傷之，命吏拏小舟，操網往捕鰐。鰐至暴，非網可得，及是竟弭受網。因作文肆諸市而烹之。一時異其事。

杜鎬性敏辨，博學强記。兄爲法官，嘗有子毁父像，爲旁舍所訟者，兄疑其法，不能决。鎬輒應曰：「僧道毁天尊佛像可比也。」兄大奇之。太宗嘗問西漢賜與悉用黄金，何近代遂爲難得之寶。鎬對曰：「是時佛事未興，故金價賤。」真宗幸澶淵，適遇懿德皇后忌日，疑軍中鼓吹禮，以問鎬。鎬對曰：「武王載木主伐紂，前歌後舞。」上甚嘉重之。鎬凡有所檢閲，必戒吏書云「某事在某書某卷第幾行」。開卷覆之，無一誤者。其淹晰多類此。

查道沈嶷有至性。母病，思鱖羹。方冬苦冰，道泣禱于河，鑿冰取之，得鱖尺許，母病尋愈。後數年，母卒，遂游五臺，將祝髪爲僧。一夕雷震破柱，道坐其下，了無怖畏。寺僧異之，勸以仕。端拱初，舉進士高等。嘗知虢州，出按部，路側有佳棗，從者摘以獻。道爲計值，掛錢于樹而去。

林逋字君復，居杭州西湖之孤山。真宗聞其名，賜號「和靖處士」。元僧楊璉真伽發其墓，惟端硯一枚、玉簪一枝。

和靖隱居孤山，常畜兩鶴，縱之則飛入雲霄，盤旋久之，復入籠中。逋常泛小舟，游西湖諸佛刹。有客至，則童子應門，延客坐，爲開籠縱鶴。良久，逋必棹舟歸，蓋以鶴爲客至之驗。

楊徽之善詩，與邑人江文蔚齊名。太宗聞其詩名，嘗索所著撰。徽之奏詩數百篇，且獻詩爲謝，有「十年流落今何幸，叨遇君王問姓名」之句，上嘉賞之。自是聖製多以別本爲賜。詔與李昉等類輯《文苑英華》，分命徽之編詩百八十卷。

楊朴性癖，常騎驢往來鄭圃，每欲作詩，即伏草中冥搜。或得句，則躍而出，遇之者無不驚駭。直宗祀汾陰過鄭，召朴，欲官之，問：「卿來有以詩送行者乎？」朴揣知帝意，謬云：「無有，惟臣妻一篇。」使誦之，曰：「更休落魄貪杯酒，亦莫猖狂愛作詩。今日捉將官裏去，這回斷送老頭皮。」帝大笑，賜束帛遣還。

曹克明有智略，真宗朝，累功官融、桂等十州都巡檢。既至，蠻酋來獻藥一器，曰：「此藥，凡中箭者傅之，創立愈。」克明曰：「何以驗之？」曰：「請試以鷄犬。」克明曰：「當試以人。」取箭刺酋股，而傅以藥，酋立死。群酋慚懼而去。

楊避舉，瓊州人。時李守奉使至瓊，道遇之，至其家，諸父皆年百二三十歲。祖宋卿，年百九十五歲。次見鷄窠，小兒出頭下視。宋卿謂守曰：「此九世祖也。不語不食，不知其年。」

仁宗禎

仁宗性仁恕，忽一日晨興，語近臣曰：「昨夜因不寐而甚飢，思食燒羊。」侍臣曰：「何不降旨取索？」仁宗曰：「比聞禁中每有取索，外面遂以爲例，誠恐自此逐夜宰殺，以備非時供應，則歲月之久，害物多矣。豈忍以一旦之餧，而啓無窮之殺也。」左右皆呼萬歲。

影戲始漢武帝李夫人事。宋仁宗朝，市人有能談三國事者，或采其説，加緣飾，作人影，始爲魏、吴、蜀戰國之像。

仁宗時，有道士游于市，形狀大異，飲酒不醉。好事者圖其形，達于帝。帝召見，賜酒一石，飲盡之。次日司天臺奏云：「壽星臨帝座。」忽失道人所在。

嘉祐初，梅公儀贊出守杭州。帝特製詩以寵賜之。其首章曰：「地有吴山美，東南第一州。」既到杭，侈上之賜，遂建堂于山上，名曰「有美」，歐陽修記之。

嘉祐中，將修東華門。太史言：「今年太歲在東，不可犯。」帝批其奏曰：「東家之西，乃西家之東。西家之東，乃東家之西。太歲果何在？其興工無忌。」

仁宗在位四十二年，民安物阜，天下稱治。及崩，葬昭陵。有題詩道傍者，曰：「農桑不擾歲常登，邊將無功吏不能。四十二年如夢過，春風吹泪灑昭陵。」

曹后善飛白書，有遠識，嘗于元夕諫帝張燈。是時果有衛卒數人，乘夜作亂，越屋叩寢殿。后方侍帝，帝聞變，遽起，欲出。后閉閤擁持，趣呼都知王守忠，使引兵入。賊傷宫嬪，聲徹帝所，宦者猶以乳嫗毆小妮子紿奏。后叱曰：「賊在近殺人，敢妄言耶！」后度賊心縱火，陰遣人挈水踵其後。果舉炬焚簾，水隨滅之。是夕所遣宦侍，后皆親剪其髮，以爲明日行賞驗。故争盡死力，賊即就擒。

仁宗内宴，進新蟹一器二十八枚。帝曰：「吾未嘗，枚值幾何？」左右對曰：「值千錢。」帝不悦，曰：「數戒汝輩勿爲侈靡，一下箸費錢二十八千，吾不忍也。」置不食。

仁宗以月食幾盡，修陰教以應天變，前後出宫女幾五百人。時後宫得幸者十人，謂之「十閤」，而劉氏、黄氏尤驕恣，通請謁。御史韓絳密以聞，帝曰：「非卿言，朕不知也。當審驗之。」遂并出六人。

侍讀林瑀，自謂洞曉《周易》，嘗以仁宗時合《易》之需卦，需之象曰：「君子以飲食宴樂，須頻宴游，務娛樂，始合卦體而天下治。」上駭其説，斥之。

蔡齊字子思。真宗臨軒策士，夜夢殿下有菜一株，甚盛，與殿基等高。及拆卷，乃蔡齊。上見其狀堂堂，喜得人，詔金吾給七騶，傳呼以出。狀元得給騶自齊始。

晏殊字同叔，以神童出身。年十三，楊億薦于真宗，值御試進士，便令就試，見題，輒曰：「臣十日前已作此賦，有草尚在，乞别命題。」上愛其不隱。仁宗朝拜相，謚元獻。

狄青爲樞密使，有狄之後，持梁公畫像及告身十餘通，詣青獻之，以爲青之遠祖。青謝曰：「一時遭際，安敢自附梁公？」厚贈而還之。

南俗尚鬼，狄青征儂智高，大兵始出桂林之南，因祝曰：「勝負無以爲據。」乃取百錢自持之，與神約：果大捷，則投此錢，錢盡面。左右諫止，曰：「倘不如意，恐亂軍心。」青不聽，萬衆方聳視，倏而揮手一擲，百錢皆面。于是舉衆歡呼，聲振林野。青亦大喜，顧左右取百釘來，即隨錢疏密而釘之，加以青紗籠，手自封焉，曰：「俟凱旋，當謝神取錢。」其後平邕州，還師如言取錢。幕府士大夫共視，乃兩面錢也。

狄青本農家子，年十六時，其兄素與里人鐵羅漢者鬥于水濱，至溺殺之。保伍方縛素，青適往田，見之，曰：「殺羅漢者我也。」人皆釋素而縛青，青曰：「我不逃死，然待我救羅漢。庶幾復活，若決死者，縛我未晚也。」衆從之，青默祝曰：「我若貴，羅漢當蘇。」乃舉其尸，出水數斗而活。其後人無知者。青死後，子諮、詠護喪歸西河，父老爲言此事。

狄青宣撫廣西，儂智高守崑崙關。青至賓州，值上元，令大張「鐙」（燈）〔一〕。首夜宴將佐，次夜宴參軍，次夜二鼓，青忽稱疾，暫起如内服藥，數遣左右行酒。客至曉，未得散。忽報云：「三鼓已破崑崙矣。」

狄青起卒伍，從征元昊，常爲先鋒，大小二十五戰。每臨敵，必披髮帶銅面具，所至披靡，莫有當其鋒者。尹洙嘗與談兵，即薦之韓琦、范仲淹二人，一見奇之。仲淹授以《左氏春秋》，謂曰：「將不知古今，匹夫勇也。」青遂折節讀書，悉通古名將兵法，自是名益顯。

狄青面故有涅，既貴顯，涅猶存。上敕青傅藥去涅字，青曰：「陛下以功擢臣，不問門第。臣所以有今日，由此涅耳。願留以勸軍士，不敢奉詔。」後神宗考次近世將帥，至青，慨然思之，命取青畫像入禁中。御製祭文，而遣中使祀其家。

〔一〕「鐙」，當作「燈」，形誤。據《宋史》改。

衡州耒陽縣有石碑，乃是諸葛孔明斬雍闓、擒孟獲，回軍經此，立石紀功。又相傳孔明立石誓蠻曰：「後有功在吾上者，宜立石于右。」至宋狄青破儂智高回，立碑于右，後爲雷所擊，惟有斷碑。

滕涉，天聖中爲青州太守。盛冬濃霜，屋瓦皆成百花之狀，以紙摹之，甚妙。又《大金國志》：「河冰凍成龜文。」又有花卉禽鳥之狀，巧過圖繪，蓋天畫也。

楊王休調台州黄岩尉，邑有豪民，武斷一方，具得其奸狀，白于郡，黥隸他州。閭里歡傳，稱爲鐵面少尹。

陳子桱作《通鑑續編》，書太祖廢周主爲鄭王，雷忽震其几。桱厲聲曰：「老天便打折陳桱之臂，亦不换矣。」

李嵩、李全交、王旭，時號「三豹」，訊囚必鋪棘卧體，削竹籤指，方梁壓髁，碎瓦搘膝。被追者皆别妻子，辭朋友。京中相傳作咒曰：「若違必負教，横遭三豹。」

楊億初生，母章夫人夢羽衣人，自言武夷仙脱化。既誕，則一鶴雛也，舉家驚駭，貯而棄之江。其叔曰：「吾聞世之異人，其生亦異，如姜嫄有棄、簡狄有契。」乃追至江濱，開視之，則鶴已脱而嬰兒具焉。體猶有紫毳，次日乃落。

億生數歲不能言。一日，家人抱之登樓，觸其首，即吟曰：「危樓高百尺，手可摘星辰。不敢高聲語，恐驚天上人。」從祖徽之嘗與語曰：「興吾門者在汝矣。」雍熙初年，十一試中童子科，太宗召見，試一賦二詩，頃刻立就。送中書再試，執政令賦喜朝金闕詩，有「願秉忠貞節，終身立聖朝」之句，除正字，後賜進士，兩爲翰林學士。億每作文，與賓客飲博，投壺弈棋，語笑喧嘩，不妨緯思，以小紙細書，揮毫如飛，文不加點，真一代文豪也。

張去華舉進士第一，善談議。嘗獻《元元論》，真宗嘆賞，命以縑素繕寫，爲十八軸，列置龍圖閣四壁。但以不飾邊幅，故仕不顯。生十子，而師德最賢，舉進士亦第一，當世榮之。

王曾自鄉、貢試、禮部、廷對皆第一，在朝正色獨立。天聖中，嘗大雨，傳言汴口決，水且大至，都人恐，欲東奔。帝以問曾，曾曰：「河決奏未至，第民間訛言耳，不足慮。」已而果然。知應天府，民間訛傳有妖若飛帽，夜搏人。京師以南，人情大惶惑。曾下令敕里門夜開，但口言妖至者即捕之，妖頓息。

王曾居恒寡言笑，眉目如畫。在朝廷，進止皆有常處。與楊億同列侍從，億喜諧謔，于僚友無所不狎侮，獨與曾言則曰：「余不敢戲也。」真宗常晚坐承明殿，召對，久之，既退，使內使諭曰：「思卿甚，故不及朝服見。卿勿以朕爲慢。」其見嚴憚如此。其知天雄軍，契丹使往返，必斂車徒而過，無敢或嘩。

杜司徒在維揚日，嘗語賓幕曰：「我致政後，着一粗布襴衫，跨小驢入市，看盤伶傀儡足矣。」後致政，果如其言。諫官疏言三公不合入市，公曰：「此是吾意，政欲爾也。」

胡酋蘇慕恩部落最强，种世衡嘗夜飲，出侍姬佐酒。既而世衡起入内，慕恩竊與姬戲，世衡遽掩之。慕恩慚愧請罪，世衡笑曰：「君欲之耶？」即以遺之。由是諸部有貳者，使慕恩討之，無不剋。

宋莒公，初名郊，字伯庠。天聖初登進士，仁宗便欲大用。有忌之者，謂其姓符國號，名應祀天，于朝廷未便。仁宗乃間諭之，遂改名庠。一日，移書葉清臣，稱同年，葉戲云：「清臣宋郊榜第六人，遍閱小録無宋庠者，不知此何許人？」吏還，具以白宋。宋乃書一絶云：「紙尾何勞問姓名，禁林依舊玷華纓。欲知《七略》稱臣向，便是當年劉更生。」

宋祁字子京，與庠同舉進士，禮部奏祁第一，庠第三。莊獻太后不欲弟先兄，乃擢庠第一，置祁第十。時人呼「二宋」，以大小别之。祁修《唐書》十餘年，自守亳州，出入内外，常以稿自隨，爲《列傳》百五十卷，他著撰亦甚富。性清約，但莊重不及庠，以是不得公輔。

宋子京過御街，逢内家車子，中有搴簾者，曰：「小宋也。」子京歸，作《鷓鴣天》云：「寶轂雕輪狹路逢，一聲腸斷繡幃中。身無彩鳳雙飛翼，心有靈犀一點通。金作屋，玉作籠，車如流水馬如龍。劉郎已恨蓬山遠，况隔蓬山幾萬重。」其詞傳達禁中，仁宗知之，問内人第幾車子呼「小宋」。有内人自陳：「頃侍陛下見宣翰林學士，左右内臣曰『小宋』也。時在車中，偶見之，呼一聲爾。」上召子京，從容語及。子京惶懼無地，上笑曰：「蓬山不遠。」即以宫人賜之。

宋子京好客，會賓于廣厦中，外設重幕，内列寶炬，百味具備，歌舞俳優相繼。觀者忘疲，但覺更漏差長。席罷，已二宿矣，名曰「不夜天」。

子京博學能文，天資醖藉，好游宴自嬉。晚年知成都府，帶《唐書》于本任刊修。每宴罷，盥漱畢，開寢門垂簾，燃二椽燭，媵婢夾侍，和墨伸紙，遠近皆知爲尚書修《唐書》。

富鄭公弼自亳移汝，過南京，張安道留守，公來見。坐久之，公徐曰：「人固難知也。」安道曰：「得非王安石乎？亦豈難知者？往年方平知貢舉，或薦安石有文學，宜辟以考校，姑從之。安石既來，一院之事皆欲紛更。方平惡其人，即檄以出。自此未嘗與語也。」富公有慚色。

寇準不識丁謂，而王旦識之。富弼、曾公亮不識王安石，而張方平、蘇洵、鮮于侁、李師中識之。人各有所明暗也。

邢和叔欲從康節學數，康節略爲開示，和叔稱説古今不已。康節曰：「姑置是，此先天學，未有許多言語。」故和叔留别詩有云:「圯下每慚呼孺子,床前時得拜龐公。」康節曰:「觀君自比諸葛亮,顧我殊非黄石公。」和叔要學康節之數,康節不肯,曰:「徒長奸雄。」

范仲淹字希文,吴人。幼孤,隨母適長山朱氏,讀書長山。日煮粟米二升作粥,晝以四塊,斷虀數莖啖之。一日,于寺中得窖金,覆之不取。及貴,語僧,出金修寺。先名朱説,後改今名。世傳其表云:「志在投秦,入境遂同于張禄。名非霸越,乘舟偶效于陶朱。」後知青州,有惠政。溪側忽涌醴泉,遂以范公名之。今醫家汲此水以丸藥,名「青州白丸子」。

皇祐二年,吴中大飢,時范仲淹領浙西,發粟,及募民存餉,爲術甚備。吴人喜競渡,好爲佛事,仲淹乃縱民競渡,太守日出宴于湖上,自春至夏,居民空巷出游。又召諸佛寺主守諭之曰:「飢歲工價至賤,可以大興土木。」于是諸寺工作并興。又新倉廒吏舍,日役千夫。兩浙大飢,惟杭晏然。

仲淹守饒,有書生上謁,自言「平生未嘗飽,天下飢寒無如我」者。時盛稱歐陽率更薦福寺碑墨本值千錢,仲淹欲爲打千本,使售于京師。紙墨已具,一夕,雷忽擊碎其碑。時人語曰:「有客打碑來薦福,無人騎鶴上揚州。」

仲淹鎮越,兵官皆被薦,獨巡檢蘇麟不見録,乃獻詩云:「近水樓臺先得月,向陽花木易爲春。」公即薦之。

范純仁謫永州。夫人不如意，輒罵章惇奸邪。舟過橘州，大風雨，船破，僅得及岸，公次子正平持蓋，公自負夫人以登。燎衣民舍，公顧夫人曰：「如此亦豈章惇所爲耶？」

范鎮字景仁，華陽人。少時作《長嘯却胡騎賦》，後奉使契丹，虜中相目曰：「此長嘯公也。」司馬光亦嘗言：「吾勇決不若范景仁。」

英宗曙

王岐公珪在翰苑，時中秋有月，上問當值學士爲誰，左右以姓名對。命小殿對設二位，召來賜酒。公至殿側侍班，俄頃女童小樂引步輦至，宣學士就坐。公奏：「君臣無對坐禮。」上曰：「天下無事，月色清美，與醉聲色，何如與學士論文？政欲略去苛禮，放懷飲酒。」公乃再拜就坐。夜深下二鼓，上悦甚，令左右宮嬪各取領巾、裙帶或團扇、箋帖求詩。内侍舉牙床，以金鑲水晶研、珊瑚筆架、玉管筆，皆上所用者列于公前，來者應之。上曰：「豈可虚辱學士？須與潤筆。」遂各取頭上花朵裝公幞頭，簪不盡者，置公袍袖中。宴罷，月將西沉，上命撤金蓮燭，令内使扶掖歸院。翌日，都下盛傳天子請客。

韓琦舉進士，名第二。方唱名，太史奏日下五色雲現。仕至司徒、侍中，封魏公，爲兩朝顧命，定策元勛。贈尚書令，謚忠獻，後追封魏王。

韓魏公知北都，有人獻玉盞，云：「耕者入古壞冢而得，表裏無纖瑕可指，真絕寶也。」開宴，召漕使顯官，設一桌，置玉盞其上，將酌酒遍勸客。俄而爲吏將誤觸臺倒，玉盞竟碎。坐客皆愕然，吏將伏地待罪。公神色不變，徐語曰：「成毁亦自有時。」

韓魏公宴客，睹一營妓插杏花，戲曰：「鬌上杏花真有幸。」妓應曰：「枝頭梅子豈無媒。」席散，公命老兵唤妓。已而悔之，呼老兵，尚在。公曰：「汝未去耶？」答曰：「吾度相公必悔，是以未去。」

有人贋作《韓魏公書》，詣蔡君謨，君謨雖疑之，然士頗豪，與之三十緡。回書，遣四兵送之，并致果物于魏公。其人至京，謁公謝罪。公徐曰：「君謨手段小，恐未足了君事。夏太尉在長安，可往見之。」即爲發書。公之子弟疑爲包容已足，書可勿發。公曰：「人能爲我書，又能動君謨，其才略不凡矣。」至關中，夏太尉竟與之官。

宋朝引試，率在八月中。韓魏公當國日，二蘇將就試，黄門忽卧病，魏公奏曰：「今歲召制科之士，惟蘇軾、蘇轍最有聲望。今聞蘇轍偶病，未可入試。若此人不得就試，甚非衆望。欲展限以俟之。」上許之。黄門病中，魏公數使人問訊，既聞安全，方引試，比常例展二十日。自後試科目并在九月後。吕相國微仲，語及科目何故延及秋末，東坡爲吕言之，吕曰：「韓忠獻其賢如此。」

韓魏公在魏府時，有禁卒私逃數日而顧其母以至者，軍士執之以見，按法當死。卒曰：「母老且病，近在數舍間，常恐不得復見。誠知擅去當誅，但得一見母，死無恨矣。」公惻然，考核得實，即以便宜釋之。軍中感泣，頌公仁慈。

魏公駐兵延安，夜有人持匕首至卧内。公起，問是誰，曰：「某來殺諫議。」又問誰遣，曰：「張相公。」公復就枕，曰：「取我首去。」其人曰：「某不忍。得諫議金帶足矣。」遂取帶去。公亦不治此事。

韓琦在魏都久，遼使過，必書名，以韓公在此故也。後忠彦使遼，遼主問知其貌類父，命工圖之。

韓魏公爲相，每見文字有攻人隱者，必手自封記，不令人見。韓億執政，每見有捃拾官吏小過者，輒不懌，曰：「天下太平，雖昆蟲、草木皆欲使得所。今仕者大望爲公卿，次望爲侍從，職司二千石，其下亦望京師幕官，奈何錮之于盛世也？」二韓公皆千古至人。

崔公孺性直亮，好面折人。仁宗朝爲諫議大夫，韓魏公爲相，監司有不得其人者。公孺進曰：「公居陶冶之地，宜以造化爲心。造化以蛇虎害人，故置蛇于藪澤，置虎于山林。今公乃置之通衢，使爲人害，可乎？」公謝之。

至和、嘉祐間，舉子文尚奇澀，讀或不能成句。歐陽公欲力革其弊，既知貢舉，凡文涉雕刻者，皆黜之。時范景仁、王禹玉、梅公儀等同事，而梅聖俞爲參詳官，未引試前，唱酬詩極多。歐公「無嘩戰士衡枚勇，下筆春蠶食葉忙」，最爲警策。聖俞有「萬蟻戰時春日暖，五星明處夜堂深」，亦爲諸公所稱。及放榜，平時有聲如劉幾輩，皆不與選。士論汹汹，閧然以爲主司耽于唱酬，不暇詳考校，且以五星自比，而待我輩如蠶蟻，因造爲醜語。自是禮闈不敢作詩者三十年。

歐陽修知貢舉日，每遇閱卷，坐後常見一朱衣人，若點頭，則其文入格。始疑侍吏，及回視，一無所見。因語同列，爲之三嘆，嘗有句云：「文章自古無憑據，惟願朱衣暗點頭。」

劉幾好撰怪險之語，歐公深惡之。會知貢舉，決意痛懲。有一舉子試卷有曰：「天地軋，萬物茁，聖人發。」修曰：「此必劉幾也。」戲續之曰：「秀才辣，試官刷。」因以硃筆橫抹之，謂之紅勒帛，判「大紕繆」字。榜之，果幾也。被黜之士，候修早朝，聚噪馬前，至爲祭文投修家。後三年，公爲御試考官，而幾在廷，修曰：「除惡務盡，今必痛斥輕薄子，以除文章之害。」是時試《堯舜性仁賦》，有曰：「静以延年，獨高五帝之壽；動而有勇，形爲四罪之誅。」修大稱賞，擢第一。唱名，乃劉暉，即幾易名也。修愕然久之。

歐陽公爲翰林學士日，常有空頭門狀數十紙隨身，或見賢士大夫稱道人物，必問其所居，書填門狀，先往見之。果如所言，便爲延譽，未嘗以位貌驕人。

蘇子瞻問歐陽公曰：「《五代史》可傳後也乎？」公曰：「修于此竊善善惡惡之志。」坡公曰：「韓通無傳，惡得謂善善惡惡。」公默然。通，周臣也。陳橋兵變，通擐甲誓師，出抗而死。

歐陽永叔爲推官時，昵一妓，爲錢惟演所持，永叔恨之。後作《五代史》，乃誣其祖武肅王鏐重斂民怨。司馬温公則載錢氏復税寬民。是錢氏不因永叔誣傳，便失千載仁聞，永叔枉用這番曲筆矣。以子孫小嫌，重貶其祖，非君子所忍。永叔且然，何况後之職史者乎？

蔡襄爲泉州郡守，建洛陽橋，長三百六十丈，廣丈有五尺。先是海渡，歲溺死者無算。襄欲壘石爲梁，慮潮來不可以人力勝，乃移檄海神，遣一吏往。吏酣飲，睡于海涯，半日，潮落而醒，則文書已易封矣。歸呈太守，啓之，惟一「醋」字。襄悟曰：「神其教我于廿一日酉時興工乎？」至期，潮果退舍，凡八日夕而功成，費金錢一千四百萬。橋在福建泉州府城東北，跨洛陽江，名萬安橋。

蔡端明作《洛陽橋記》，止言丈尺所費金錢與年月日時，首尾不及百字，并無一字誇張，言及神靈幽昧之事，今俗傳移檄海神，乃皇明蔡錫，非端明也。蔡錫，字廷予，鄞人。中永樂癸卯鄉試，入冑監，以學行擢兵科給事中，升泉州知府。時洛陽橋圮，發故石，有刻文云「石頭腐爛，蔡公再來」，遂捐俸修之。橋故跨海，潮日奔湊，施工極難。錫乃爲文檄海神，募賫批者，皆莫應。忽一醉卒踉蹌前曰：「我能往。」乃飲酒大醉，自没于海。若有人接之者，遂得批以還。復于錫批上有一「醋」字，錫妄意曰：「得非八月二十日酉時耶？」刻于是日興工，潮不至者旬日，橋遂訖工，更其名曰萬安橋。民德之，立祠其旁，配享端明。錫累官至湖廣都御史。又仁和鍾化民，字維新，其母夢蔡忠惠襄而生，中萬歷庚辰進士。宰惠安時，洛陽橋壞，渡者苦溺。橋工鉅，且駕海，難爲力。化民毅然修之，既刻期爲文，告海神，潮不至者五日，人稱神明。及更新忠惠祠，于座前土中得碣石云：「五百年後爲怪濤所折，繼我者其維新焉。」後化民以太常少卿巡撫河南，卒于官。上特賜祠，額名「忠惠」，出于宸斷，不由擬撰，而適與蔡襄之祠謚合，亦可異也。

蔡君謨，美鬚髯。一日屬清閑之燕，上顧問曰：「卿鬚甚美，長夜覆之于衾下乎？將置之衾外乎？」君謨無以對，歸舍，暮就寢，思聖語，以鬚置之衾内外，悉不安。一夕不能寢。君謨尤工書，書爲當時第一。仁宗製《元舅隴西王碑》文，特命書之。及命書《温成后父碑》，則曰：「此待詔職耳。」不奉詔。上重之，嘗親書「君謨」二字賜之。蔡京與君謨同郡而晚出，欲附名閥，自謂爲族弟。政和初，君謨之孫佃廷試，唱名第一，京以族孫引嫌，奏降第二，佃終身恨之。

蘇洵字明允，下第，嘆曰：「此不足爲我學。」悉取所爲文數百篇焚之，益閉户讀書，絶筆不爲文辭者五六年。久之，慨然曰：「可矣。」出而應舉，遂得高第。及二子軾、轍少年登第，明允曰：「莫道登科易，老夫如登天。莫道登科難，小兒如拾芥。」

吴宿，性忠實，外和而内剛。嘗與一僧善，僧有秘術，能化瓦石爲黄金。且死，將以術授宿，曰：「其爲我營葬。」宿曰：「後事當盡力，他非吾所知也。」僧曰：「子之志殆未可量。」歷樞密副使，篤行若布衣時。

劉敞奉使契丹，契丹使導行自古北口至柳河，紆迴殆千里，欲誇示險遠。敞謂曰：「自松亭趨柳河，路甚徑，不數日抵中京。何故道此？」虜使駭愧。山中有異獸如馬，而食虎豹，契丹不識，以問敞。敞曰：「比駮也。」爲道其音聲色象，誦《山海經》《管子》書証之，契丹嘆服。敞尤嗜古，嘗得先秦彝鼎數十，銘識奇奥，皆按而讀之，因以考知三代制度，極珍秘。每曰：「吾死，子孫必以此蒸嘗我。」其爲文尤敏贍，歐陽修每于書有疑，必折簡來問，敞對使揮筆答之，不停手。修服其博。

王素知諫院，遇事感發，多所匡規。王德用嘗進二女子，素論之。帝曰：「朕真宗皇帝子，卿王旦子，原有世誼，非他人比也。德用實進女，然已事朕左右，奈何？」素曰：「臣之憂正恐在左右耳。」帝爲動容，立遣二女出。

歐陽修作《瀧岡阡表》碑，僱舟載回，至鄱陽湖，舟泊廬山下，夜有一叟五人來舟，揖而言曰：「聞公之文章蓋世，水府願借一觀。」齎碑入水，遂不見焉。修驚悼不已。黎明，泰和縣令黄庭堅至，言其事。庭堅爲文檄之，方投湖中，忽空中語曰：「吾乃天丁也，押驪龍往而送至。」修歸家掃墓，但見水洼中雲霧蒙蔽，有大龜負碑而出，倏忽不見，惟碑上龍涎宛然在焉。

神宗頊

帝生時，群鼠吐五色氣，幾成雲。其在東宫，嗜學好問，日宴忘食。英宗常遣内侍止之。居恒正衣冠，拱手，雖大暑，未嘗御扇。常聽侍講王陶講論經史，輒下拜。其即位也，勵精圖治，將大有爲，而不幸爲王安石所誤，海内騷然。

神宗年十三，居濮邸。一日，晝憩便寢，有紫氣自鼻中出，盤旋如香篆。時以爲瑞。

神宗一日行後苑，見牧猳猪者，問何所用。牧者曰：「自太祖來，常令畜，自稚養至大，則殺之。更養稚者。累朝不改。亦不知何用。」神宗命革之。月餘，忽獲妖人于禁中，索猪血澆之，倉卒不得，方悟祖宗遠慮。

熙寧初，神宗與二王禁中打球子。上問二王欲賭何物，徐王曰：「臣不願别物，若贏時，祇告罷了新法。」

神宗庚申三年五月，追封晋程嬰爲成信侯，公孫杵臼爲忠智侯，立廟絳州，報留趙武也。

司馬温公言：「昔與王介甫爲郡牧，判官包孝肅公，時號清嚴。一日牡丹盛開，包公置酒賞之。公舉酒相勸，光素不喜酒，亦强飲。介甫終席不飲。包公不能强，以此知其執拗。」

交趾貢異獸，謂之麟。司馬光言：「真僞不可知。即使其真，然非自至不爲瑞；若僞，益爲遠夷笑。願厚賜而還之。」

司馬温公作《資治通鑑》，手自謄寫，凡三易草，顛倒塗抹數千卷，無一字潦草，端確如此。

趙清獻公，熙寧中知越州。兩浙旱蝗，米價踊貴，飢死者相望。諸州皆榜衢路，立告賞，禁人增價。公獨榜通衢，令有米者增價糶之，于是米商輻輳，米價更賤。

趙抃守青州時，山東旱，有蝗自青齊及境，遇風退飛，墮水而死。

李清照，字易安，提點刑獄京東李格非之女，嫁趙清獻之子誠明。精工文藝，尤賞識古玩。誠明蚤亡，易安改適非類，自敘：「有猥以桑榆之晚景，配此［狙獪］（駔儈）〔一〕之下才。」瞿宗吉有詩云：「清獻名家厄運乖，羞將晚景對非才。」是錯認清獻爲趙抃，故詩以惜之。按，此清獻是趙挺之。挺之附會蔡京，拜尚書僕射，亦謚清獻。其家饒富。格非妝奩又厚，故易安渡江時，鼎彝、書畫至數十餘車，爭勝御府。清獻以一琴、一鶴之家，那得有此富厚？且辱趙公有此失節之婦，故不可不辨。

王荆公裁損宗室恩數，宗室相率馬首陳狀云：「均是宗廟子孫，那得不看祖宗面？」荆公厲聲曰：「祖宗親盡亦祧，何況賢輩？」

王介甫爲相，大講天下水利。劉貢父嘗造介甫，值一客在坐獻策曰：「梁山泊決而涸之，可得良田萬頃。但未擇得便利之地貯其水耳。」介甫俯首沉思曰：「然。安得所貯許水乎？」

〔一〕「狙獪」，參見《野獲編・內監・二中貴命相》，意指狡猾奸詐。宋李清照再適張汝舟，《漁隱叢話・再配駔儈》載：「易安與綦汝厚啓，有猥以桑榆之晚景，配兹駔儈之下材。」駔儈者，市儈經濟人也。據改。

貢父抗聲曰：「此甚不難。」介甫欣然以爲有策，遽問之，貢父曰：「別穿一梁山泊，則足以貯此水矣。」介甫大笑而止。

王荆公居鍾山，日與金華俞秀老過故人家飲。飲罷小憩水亭，顧水際沙間，有饌器數件，皆黄白物，意吏卒所竊，使人問之，乃小兒適聚于此，食棗栗盡，棄之而去。荆公謂秀老曰：「士欲任大事，閲富貴如群兒作息，乃可耳。」

王荆公嘗慕馮道，唐介曰：「道爲宰相，使朝易四姓，身事十主，此得爲純臣乎？」荆公曰：「伊尹五就湯、五就桀，止在安人而已。」介曰：「有伊尹之志則可。」荆公爲之色變。

王荆公罷相，出鎮金陵。時飛蝗自北而南，江東諸郡偕百官餞公于城外。劉貢父後至，追之不及，見先行榻上有一書屏，因書一絶以寄之云：「青苗助役兩妨農，天下嗷嗷怨相公。惟有蝗蟲偏感德，又隨台旆過江東。」

王元澤有心疾，與妻未嘗交接，荆公憐而嫁之。同時有工部員外郎侯叔獻，再娶而悍。後叔獻卒，朝廷慮其虐前妻之子，有旨出之，不得爲侯氏婦。京師語曰：「王太祝生前嫁婦，侯兵部死後休妻。」

吕惠卿知延州，夏人入寇，惠卿修米脂諸砦以備之。寇至，欲攻城，則城不可近；欲擄掠，則野無所得；欲戰，則諸將按兵不動；欲南，則懼腹背受敵。留兩日，即拔栅去。大有邊才，古今人以小人目之。程頤曰：「立朝雖多可議，其才亦何可掩。」可謂公論。

曾鞏字子固，爲文本原六經，斟酌于司馬遷、韓愈，上下馳騁，愈出而愈工。少與王安石游，安石名未震，鞏導之歐陽修。及得志，遂與異。神宗嘗問安石何如人，對曰：「文學行義，不減揚雄，但以吝，故不及。」帝曰：「安石輕富貴，何吝也。」鞏曰：「臣所謂吝，謂吝于改過耳。」帝首肯之。

鮮于侁，閬中人。新法行，諸路騷動。侁奉使九載，獨以公心處之。常判利州，轉運使李瑜欲定四十萬，侁曰：「利州民貧地瘠，半此可矣。」遂各爲奏。帝是侁議，諭曾布頒以爲式，因黜瑜而擢侁。侁既爲副使，部民不請青苗錢，王安石遣使詰之。侁曰：「青苗之法，願取則與。民自不願，豈能强之哉？」蘇軾稱之曰：「上不害法，中不廢職，下不傷民。」以爲「三難」。司馬光當國，除東京轉運，曰：「子駿，一路福星也。」

焦蹈，無爲人。四次鄉薦皆首選。元豐中，因禮部貢院火，乃別試，蹈爲第一。諺云：「不因南省火，安得狀元焦？」放榜六日而卒。

种世衡知環州，蕃部有奴訛者素崛，未嘗出謁郡守，聞世衡至，遽郊迎。世衡與約，某日當至帳務部落。及期，雪深三尺許，左右諫地險勿往。世衡曰：「吾方結諸羌以信。」時奴訛度世衡必不來，方卧帳中，世衡猝至，奴訛大驚曰：「前此未有官至吾部者，今公不疑我。」因相率羅拜聽命。

哲宗煦

［仁］（神）〔一〕宗與近臣論人材，曰：「蘇軾方古人孰比？」對曰：「唐之李白。」上曰：「不然。白有軾之才，無軾之學。」上累欲進用，而言者阻之。一日，特出手札曰：「蘇軾黜居思咎，閲歲滋深，人才實難，不忍終棄。」遂量移臨汝。

哲宗問左右：「蘇軾襯服者何衣？」對曰：「道衣。南行時帶一軸彌陀。」上曰：「此軾生西方公案也。」徽宗寶籙宮啓醮，其主醮道流拜章，伏地久之方起，曰：「適至上帝所，值奎宿奏事，良久方畢，始能達其章故也。」上問曰：「奎宿何神爲之？所奏何事？」對曰：「所奏不可得知。然爲此宿者，乃本朝臣蘇軾也。」上大驚，不惟弛其禁，且欲玩其文詞墨迹。一時士大夫

〔一〕「仁」，當作「神」，據趙葵《行營雜録》改。

從風而靡。

嘉祐二年，試禮部，主司歐陽修得蘇軾《刑賞忠厚論》，驚喜，欲冠多士，疑其門人曾鞏所爲，抑置第二，復以《春秋對義》擢第一。殿試中乙科，修語梅聖俞曰：「吾當避此人出一頭地。」後復試秘閣六論，舊不起草，故文多不工。軾始具草，文義粲然，復對制策入三等。自宋初來，制策入三等者，惟吳育與軾。

蘇軾知杭州，歲值飢疫，力請減價糶常平倉，奏給度僧牒，易米助賑。日遣吏督醫四出治病，全活者以萬計。民有逋税若干不償者，軾呼至，訊之，云：「家以製扇爲業，遇天寒，所製不售，非故負之也。」軾曰：「姑取扇來。」遂據案作草書及枯木竹石，須臾就二十餘柄。其人纔出府門，而好事者争以千錢取一扇，因得盡償所逋。一郡稱嗟。

蘇東坡坐作詩追赴詔獄，妻子送出門者皆哭。無以語之，顧王夫人曰：「獨不能如楊朴處士妻作詩送我乎？」王夫人不覺失笑。

坡公逮獄時，舒亶之徒力詆上前，必欲置之死地。裕陵密遣小黄門至獄中，視公起居狀。適坡公晝寢，鼻息如雷，即馳以聞。裕陵顧謂左右曰：「朕知蘇軾胸中無事者。」于是即有黄州之命。

坡公在黄州，都下忽盛傳公病歿。裕陵以問蒲宗孟，宗孟曰：「日來外間似有此語，然亦未知的實。」裕陵將進食，因嘆息再三，曰：「才難，才難！」遂輟膳而起，意甚不懌。

蘇軾謫黄州，與田父野老相從溪山間，築室東坡，因自號東坡居士。及知杭州，則訪李泌六井與白居易西湖遺迹，爲浚茅山、鹽橋二河，製閘以蓄泄湖水，而因以餘力復六井之舊。又取葑田積湖中南北徑三十里，築爲長堤，以通行者。又募人種菱湖中，使葑不復生。而堤上則植芙蓉、楊柳其上，望之如圖畫然。人遂稱爲蘇公堤。其去也，以其有德于杭，民皆畫像供之，飲食必祀。

漢時金牛見湖中，人言明聖之瑞，舊稱「明聖湖」。蘇公守郡，上言西湖有不可廢者五，乃築長堤以便行者，遂名「蘇堤」。自紹興建都，君相競游嬉于此。金主亮聞而羨焉，卒起投鞭渡江之志。論者以西湖爲尤物破國，比之西施云。

元祐四年，蘇轍奉使契丹，見幽州館中有題蘇子瞻《老人行》于壁間者，諸家書肆亦刻子瞻文數十篇，名《大蘇集》。轍寄子瞻詩曰：「誰將家集過幽都，每被行人問大蘇。莫把文章動蠻貊，恐妨談笑卧江湖。」東坡《楚頌帖》云：「吾來陽羨，船入荆溪，意思豁然，如愜平生之欲，逝將歸老，殆是前緣。王逸少云：『吾卒當以樂死。』殆非虚言。吾性好種植，能手自接果木，尤好栽橘。陽羡在洞庭上，柑橘栽至易得，當買一小圃，種柑橘三百，本屈原作《橘頌》。吾園若成，當作一亭，名之曰《楚頌》。元豐七年十月二日書。」

趙孟頫跋曰：「東坡云欲買園種橘于荆溪之上，然志竟不遂，豈造物者尚有所靳耶？而《楚頌》一帖，傳之後世爲不朽，則又非造物者所能靳矣。」

東坡在黄州，與客飲江上。夜歸，江面際天風露，浩然有當其意，乃作歌辭，所謂「夜闌風静浪波平。小舟從此逝，江海寄餘生」者，與客大飲數過。翌日，喧傳東坡夜作此辭，挂冠眠江邊，拏舟長嘯去矣。郡守徐君敬聞之驚懼，以爲州失罪人，急命駕往謁，則子瞻鼾齁未興也。

宋時，杭州府治虚白堂前，有紫薇花兩株，相傳白樂天所植。蘇子瞻守郡時，神宗嘗書樂天《紫薇花》詩以賜之。

東坡季子過，字叔黨，年十九，以詩賦解兩浙。侍坡公居海外。其所爲文曰《志隱》，坡公覽之，曰：「吾可安于島夷矣。」坡卒于常州，過移葬汝州小峨眉山。遂家潁上，營河陰水竹數畝，名曰「小斜川」，自號斜川居士。有《斜川集》二十卷，其《思子臺賦》《颶風賦》早行于世，時稱「小坡」，蓋以公爲「大坡」也。

蘇叔黨翰墨文章，能世其家，士大夫以「小坡」目之。靖康中，得倅真定，赴官次河北，道遇緑林，脅使相從。叔黨曰：「若曹知世有蘇内翰乎？吾即其子，肯從爾輩求活草間耶？」通夕痛飲。翌日視之，卒矣。惜乎，世不知其有此節也。

東坡之子過、范敦夫之子温，皆出入于梁師成之門，以父事之，以其父名在籍中，亦不得官職。師成自謂係東坡遺腹子，故待叔黨如親兄弟，諭宅庫云：「蘇學士使一萬以下，不須覆。」叔黨緣是多散金，卒喪其身。

孫覿字仲益，東坡南遷時，一妾有娠，不能從，出嫁常州孫氏。後七年，公歸宜興，道無錫洛社。至其家，覿時髫齡出見，命名曰「覿」，志「賚見」也。公問：「孺子習何藝？」覿曰：「學對。」坡命對云「衡門稚子璠璵器」，覿應聲曰：「翰苑神仙錦繡腸。」公大奇之。覿後官尚書，世傳梁師成亦公出妾之子。何公之子多才且貴也。

元祐間，東坡知貢舉，屬意李廌，令叔黨持一簡與之。值其出，僕受簡置几上，偶章惇之子章援與弟持來訪，取簡竊觀，乃《劉向優于揚雄論》二篇，持去。已而果出此題，二章以二論抄入，援取第一，持取第十。放榜後始知竊取，深懊恨之。

劉安世字器之，初除諫官，未拜命。入，白母曰：「朝廷不以安世不肖，使任言路。倘居其官，須明目張膽，脱有觸忤，禍譴立至。若以老母辭，當可免。」母曰：「不然。吾聞諫官爲天子諍臣。汝父平生恨不得爲之，汝今幸居此政，當捐軀報國。即使得罪流竄，無間遠近，吾當從汝所之。」于是始受命。立朝正色，時時面折廷諍，旁觀者至惴縮汗流，而安世自若。時目爲殿上虎。蘇軾嘗評元祐人物，曰：「器之真鐵漢。」

同文獄起，章惇意必欲殺安世，貶徙梅州。擢一土豪爲轉運判官，屬殺之。判官疾馳將至，梅守遣客勸安世自裁。安世色不動，對客飲酒，談笑自若，但徐書數紙，付其僕曰：「我即死，依此行之。」顧客曰：「死不難矣。」客密從僕所視，皆經紀同貶當死者之家事也。判官未至二十里，忽嘔血斃。安世乃得免。

米芾字元章，號海嶽外史。有潔癖，盥手用銀方斛，瀉水于手，已而兩手相拍至乾，都不用巾拭。巾帽少有塵，則濯之。客至，必濯其坐榻。朝靴偶爲他人所持，因屢洗，靴遂碎損，不可復著。嘗擇婿，得建康段拂之，字去塵，芾釋之曰：「既拂矣，且去塵，真吾婿也。」以女妻之。子友仁，亦善畫，世號「小米」。米芾爲書學博士，一日上與蔡京論書艮嶽。俄召芾至，令書一大屏上，指御前一端石硯，使就用之。書成，芾捧硯請曰：「此硯經賜臣芾濡染，不堪復以進御。」上大笑，因以賜之。芾舞蹈以謝，抱負趨出，餘墨沾漬袍袖，喜動顏色。上顧蔡京曰：「顛名不虛得。」京曰：「芾人品誠高，所謂『不可無一，不可有二』。」

米南宫喜潤州鶴林寺松石沉秀，誓以來生爲寺伽藍，以護名勝。公殁時，鶴林伽藍無故塌下。里人知公有宿願，遂奉祀焉。今在寺之左偏，乃袍笏像。

徽皇聞芾有字學，一日于瑶林殿張絹圖，方廣二丈許，設瑪瑙硯、李廷珪墨、牙管筆、金硯匣、玉鎮紙、水滴，召芾書之。上出簾觀看，賜酒果。元章乃反繫袍袖，跳躍便捷，落筆如雲龍飛動。聞上在簾下，回顧抗聲曰：「奇絶陛下。」上大喜，以硯、匣、鎮紙之屬盡賜之。

米南宫晚年學禪有得，後卒于淮陽軍。先一日區處家事，作親友别書，盡焚其所好書畫奇物。預置一棺，坐卧飲食其中。前七日，不茹葷，更衣沐浴，焚香清坐而已。及期，遍請郡僚，舉拂示衆曰：「衆香國中來，衆香國中去。」擲佛合掌而逝。

徽宗佶

帝崇道教，改佛號爲「大覺金仙」，餘爲仙人，詔大士僧爲德士，易服飾，稱姓氏。寺爲宫，院爲觀，改女冠爲女道，尼爲女德。時宗澤知登州，坐建神霄宫不虔，除名編管。

徽宗朝，任伯雨爲右正言，首擊章惇，疏云：「臣聞之北使，去年遼主方食，聞中國黜惇，放箸而起，稱甚善者再，謂南朝錯用此人。北使又問何爲祇止行遣。由此觀之，如惇者不獨孟子所謂『國人皆曰可殺』，雖蠻貊之邦，莫不以爲可殺者也。」章八上，乃貶惇雷州。

宣和初，蜀人王俊明在京師，謂人曰：「汴京王氣盡矣。吾夜以盆直氏房下望之，皆無一星照臨汴分野，更于宣德門外掘土嗅之，枯燥無生氣。天星不照，地脉又絶，而爲萬乘都乎？」即上書乞都洛陽。

方閶，淳安人。與弟閎同業太學。一日，兄弟同食藕，忽一士子來，曰：「一彎西子臂。」前一夕，兄弟皆夢有告以「七竅比干心」者，于是同聲應之。士子取几間韻，略詢其姓名而書之曰：「特賜進士出身。」方知爲徽宗臨幸。閶官至金紫光禄大夫，閎至南京國子祭酒。

王黼雖爲相，事徽宗極褻，宫中使内人爲市，黼爲市令，若東昏之戲。一日，上故責令，撻之取樂。黼窘，乃曰：「告堯舜，免一次。」上笑曰：「吾非唐虞，汝非稷契也。」一日，又與黼逾牆微行，黼以肩承帝趾，牆峻不接，上笑曰：「聳上來司馬光。」黼應曰：「伸下來神宗皇帝。」

徽宗宣和七年，有酒肆朱氏子，其妻忽生髭鬚，其人可四十餘，鬚長至六七寸，疏秀甚美，森然一男子矣。特詔度爲女道士。

元祐黨籍碑文

皇帝嗣位之五年，旌别淑慝，明信賞刑，黜元祐害政之臣，靡有佚罰。乃命有司夷考罪狀，第其首惡與其附麗者以聞，得三百九人。皇帝書而刊之石，置于文德殿門之東壁，永爲萬世臣子之戒。又詔臣京書之，將以頒之天下：「臣竊惟陛下仁聖英武，遵制揚功，彰善癉惡，以昭先烈。臣敢不對揚休命，仰承陛下孝悌繼述之志。司空尚書左僕射兼門下侍郎臣蔡京謹書。」

林靈素，一日同帝夜静禮斗，至太清樓下，見有碑題曰「元祐奸黨之碑」。靈素稽首，上怪問之，對曰：「碑上姓名皆天上列宿，臣敢不稽首？因作詩曰：『蘇黄不作文章客，童蔡翻爲社稷臣。三十年來無定論，不知奸黨是何人？』」帝明日以示蔡京，京惶恐乞去，仍勉留之。

林靈素見朝政日非，上疏曰：「蔡京，鬼之首，付之以重權。童貫，國之賊，任之以兵柄。彗星示變，陛下不能修德以禳之。太乙離宫，陛下不能遷善以避之。若云數不可逃，然古昔却有過期之歷。臣今暫辭龍顔，願陛下自愛。」帝不允。靈素封鎖所賜之物，私出國門而去。帝乃賜觀温州。一日，謂弟子張如晦曰：「塵世不可以久戀。況大禍將及，吾將去矣。」言訖，端坐而逝。敕封通真達靈真人，立祠天慶觀。

爲奸臣，是誣天也。」倅立之，敏碎其石。或咎敏，敏曰：「我死且不辭，何劾之畏？」遂掛冠以行。

陳敏字伯修，無錫人。知台州。朝命立元祐黨碑，敏不肯。監司促急，敏曰：「誣司馬公

江州碑工李仲寧，山谷名其居曰「琢玉坊」。官呼其刻黨籍碑，辭曰：「小人因刻蘇、黄二學士詞翰，乃得温飽。今日名之曰奸，不忍下手。」

陳葵，福州人。哲宗時擢甲科。蔡京籍元符中上書王定等十八人，奏乞編置，葵其一也，謫居衡州。崇寧三年，一日大風雷，宣和殿所立奸黨碑爲震雷擊碎，得釋歸。

司馬温公賜葬地，敕蘇軾作誌銘，御筆題曰「清忠粹德之碑」。至黨禍作，僕其碑，有杏生于斷碑之罅，盤屈偃蓋，擁其龜趺。金皇統間，夏邑令建祠。入元二百餘年，白雲先生家與之鄰，益加封植，繪圖傳之。

司馬温公隧道碑，紹聖初毁之。是日，大風走石，群吏莫敢近。獨一石匠揮斤擊之，未盡碎，忽仆碑下，頃刻而死。

欽宗桓

靖康二年夏四月，金人再入，京師陷。帝如青城，議和不許，即要上皇出城。以上皇命召皇后、皇太子，又按籍盡索諸王孫，既滿志，始北發。自帝與上皇以下，及諸官吏、内人、技藝、工匠、娼優諸屬，自九鼎、八寶、圭璧、渾天儀、銅人、刻漏諸法物，以及三館秘書，爲之一空。是日大風吹石折木，冷如隆冬。

靖康之變，金人取宗正寺玉牒。牒至，會使者以事出，户部郎邵澤民遽索視之。每揭二三板，則掣一板投火爐中，嘆曰：「苦力不能遍存也。」俄而金人按籍索誅黨，因投爐獲免者十有四五，而澤民不言，人亦不知。

金兵再下，唐恪言于帝曰：「唐自天寶以後，屢失而復興者，以天子在外，可號召四方也。今宜舉景德故事，留太子居守，而駕西幸洛，連據秦雍，以圖興復。」帝將從其議，適開封尹何㮚入見，引蘇軾所論「周之失未有如東遷之甚」者，帝遂幡然，決計死守。已，城陷，駕至金營。恪曰：「計大失矣。一入那得復出？」已，還宫復往。恪曰：「一之已甚，其可再乎？」及金人謀立張邦昌，取推戴狀。恪既書名，即仰藥死。

王婉容，宋宫人。隨徽、欽北去。粘罕見之，求爲子婦。婉容在車中自裂其額，絶吭而死。虜葬之道傍，稱爲烈婦人。

种師道奉詔勤王，止步騎七千。至洛陽，聞斡離不兵已逼汴，勢甚盛。或止弗行，師道曰：「吾兵少，若遲不進，形見情露，祇取辱耳。第鼓行而前，彼安能測我虚實？都人知我來，士氣必振，何憂賊哉！」遂沿道揭榜，言「种少保領兵百萬，尅期且至」。竟抵城西。金人退舍。師道入朝，適金使王納在廷，頡頏無狀，望見師道，拜跪稍如禮。帝顧笑曰：「彼爲卿耳。」已，李綱罷，太學生及都人蜂擁至，伏闕呼號，願見种、李。詔師道彈壓之，師道肩輿來，衆搴帷視之，曰：「果我公也。」爲聲喏而散。時師道春秋高，在兵間久，天下呼「老种」。

姚平仲字希晏，世爲西陲大將。幼孤，從父古養爲子。年十八，與夏人戰臧底河，斬獲甚衆，賊莫能支。宣撫使童貫召與語，平仲負氣不少屈，貫不悦，抑其賞。然關中豪傑皆推之，號「小太尉」。睦州盜起，徽宗遣貫討賊。貫雖惡平仲，心服其沉勇，復取以行。及賊平，平仲功冠軍，乃見貫曰：「平仲不願得賞，願一見上耳。」貫愈忌之。他將王淵、劉光世皆得召見，平仲獨不與。欽宗聞其名，及即位，金人入寇，都城受圍，平仲適在京師，得召對福寧殿，厚賜金帛，許以殊賞。于是平仲請出死士斫營，擒虜以獻。及出，連破兩寨，虜已夜徙去。平仲功不成，遂乘青騾亡命，一晝夜馳七百九十里，至鄧州，始得食。入武關，至長安，欲隱華山，顧以爲淺，奔蜀，至青城山下清宮，人莫識也。留一日，復入大面山，行二百七十餘里，度采藥者莫能至，乃解縱所乘騾，得石穴以居。朝廷數下詔，物色求之，勿得也。乾道、淳熙之間始出，至丈人觀道院，自言如此。時年八十餘，紫髯鬱然長數尺，面奕奕有光，行不擇崖，斬荆棘，其速如奔馬。亦時爲人作書，頗奇偉，然秘不言得道之由云。

張叔夜奉詔勤王，自將中軍，令其子伯奮、仲熊分將前後軍，合三萬人上道，軍容甚盛。既至，與金人大戰四日，斬其金環貴將二人，而諸道迄無赴援者，城遂陷。叔夜被創，父子力戰不已。駕出郊，叔夜叩馬諫，號哭再拜。衆皆哭。帝回首呼其字曰：「稽仲努力。」金人謀立異姓，叔夜以死争之，不能得，則從帝北徙。道中遂不食粟，惟時飲湯。次白溝，馭者曰：「過界河矣。」叔夜矍然起，仰天大呼，自是不復語。明日卒。

徽宗嘗議謁諸陵，有司預爲西幸之備。宋昪爲京西轉運，治行宫，城廣袤十六里，創廊屋四百四十間，費不可勝紀。髹漆至灰人骨爲胎，骨灰斤值錢數千，盡發洛城外二十里内古冢。衣冠壟兆，大半遭掘。又奉命補治三陵泄水坑澗，計役四百九十萬工，用是致位正議大夫、殿中監。昪，宋庠之孫也。

靖康後，宋諸陵遭金人發掘，獨索太祖昌陵不可得。金人登鄰山高望，儼然七陵，下即其地，祇六陵矣。累歲求之，竟不可得。每寒食，昌陵林木間必掛白銀紙，金人聞而疑。亦累歲，數萬軍馬先寒食屯昌陵左右，密伺之，至寒食掛帛如舊矣。

趙立，武衛軍都虞候，從徐州守王復。金人圍徐，嚴守禦。時無外援，六中飛矢，三中兵刃，猶拔矢裹創，灑血以戰。州守王復忠之，自持巵酒揮泪以賞功。及城破，復死之。立巷戰奪門以出，爲賊所得。夜殺守者，入城，潛求復尸，大哭，掩藏之。團結鄉民爲兵，歃血相誓，戮力平賊。諸軍奮勇，遂復徐州，乃立王復廟，歲時致祭。杜充守建康，命立會兵楚州，凡七破賊。立中箭，鏃入舌下，堅不可取，命醫以鐵箝破齒鑿骨鈕去，移時乃出，流血盈襟。左右毛髮皆悚，而立神色不變。劉豫在東平，遣立故人葛進齎書誘立，立斬之。又遣沂州舉人劉偲持旗榜招之，立令拽出就戮，曰：「吾知忠義爲國，豈恤一故人耶！」令纏以油布，焚死市中。後金人圍楚州，相守百餘日，爲飛炮碎其首而殁。贈節度使，立廟楚州，謚忠烈。

翁延慶，崇安人。以父蔭補官。靖康初，聊城縣舉義兵，從王若訥等勤王。至京師南薰門，與金人血戰，死之。贈朝散大夫。

徐徽言，西安人。大觀中武舉及第。靖康初，知晋寧軍，陰結汾晋土豪，欲擣金取太原、雁門。會朝廷議和，事中沮。後金人陷晉寧，罵賊而死。事聞，高宗嘆曰：「徐徽言忠貫日月，過于顔真卿、段秀實遠矣。」贈彰化軍節度使，謚忠壯。

危翁一，光澤人。家貧業樵。靖康中，聞徽、欽二帝北狩，哭三日，骨立而死。

李震，宋小校也。金人寇汴城，城陷被執。金人問南朝皇帝安在，震曰：「我官家非爾所當問。」金人怒，縛庭柱，臠割之。肉垂盡，罵不絶口而死。

烏程屠儲芳愚谷校字

史闕卷十三

（明）古劍陶庵張岱紬
（清）吴興柳門鄭佶編

南宋紀

高宗構

高宗構，徽宗第九子。高宗未生時，徽宗夢錢武肅王討還兩浙舊疆甚懇，且曰：「昔以好意來朝，何故留我？今當遣第三子居之。」覺而與鄭后言之，鄭后曰：「妾夢亦然，果何兆也？」須臾，韋氏報誕生皇子，即高宗也。既三日，徽宗臨視，抱置膝間，甚喜，戲妃曰：「酷似浙臉。」蓋妃籍貫開封，原籍在浙，豈其生固有本。而武肅王壽八十一，高宗亦壽八十一。而錢王所據十四州，政在浙西舊地。以夢讖之，良不誣也。

康王質于金，與金太子共射，力能挽弓至一石五斗，三箭中筈。太子疑其宗室中之武藝者，非真王也，留之無益，命宋换質。康王間道竄奔，倦息崔府君廟，夢神人曰：「金人追騎且至，王宜速去。已備馬，門首候矣。」康王驚覺，馬已在側，躍馬南馳，一日行七百里，河既渡而馬不前，下視之，乃泥馬也。入村莊午飯，聞追者果至。老嫗紿言已去，追者回騎。由是得歸金陵，以延宋祚。

建炎間，高宗航海過越，元將琶八追之，勢逼。紹興衛士唐琦袖石伏道旁，伺其騎過，擊之不中，被執。琶八詰之，琦曰：「欲碎爾首，爲趙氏鬼耳。」擁出斫之，琦曰：「若止斫我，有何奇特？若能熬我肉，封我脂，爲大燭燃我耶？」琶八依其言，用芻縛之，舉以烈火，自首爇至踵，俟其燒絶，爲時已久。高宗遂脱。

高宗航海至越州西門外，名霞頭。天將暝，投土穀祠中安歇。夜，追騎過祠外，竹篠叢生，將廟門遮住。追騎謂是竹林，策馬竟過。次日，祠後大河無舟楫，忽有獨木浮至，乘之而渡，遂至明州。後人名其祠曰靈篠庵，名其渡曰獨樹港。

高宗南渡，駐蹕臨安，草創一殿，無瓦，而天雨，郡吏與漕司憂之。忽一掾吏白曰：「多差兵士，以錢鏹分俵關廂鋪席，賃借樓屋腰檐瓦若干。旬月新瓦到，如數賠還。」郡司從之，殿瓦咄嗟而辦。

高宗好養鵓鴿，躬自飛放。有士人題詩云：「鵓鴿飛騰繞帝都，朝收暮放費工夫。何如養個南來雁，沙漠能傳二帝書。」帝聞之，召見士人，即命補官。

紹興間，漁人獲得一琴，視其腹，刻云「臣雷霄造」，即以獻上。高宗見之，泣下，乃建炎時渡海所失物也。

康伯可在高宗朝，以詩章應制，與左璫狎。適睿思殿有徽宗御筆畫扇，特爲卓絶，上時持玩流涕。璫偶下直，竊攜至家，而康適來，留之燕飲，漫以示康。康紿璫入取殽核，輒洗筆几間，書一絶于上，曰：「玉輦宸游事已空，尚餘奎藻繪春風。年年花鳥無窮恨，盡在蒼梧夕照中。」璫見扇大駭，而康已醉，無可奈何。明日，叩頭請死。上大怒，亟取視之，天威頓霽。

帝既正位，邢后已北入，乃册吴氏爲中宫。吴性慧知書，常以戎服侍從。幸四明，衛士謀爲變，問帝所在，后紿之，得免。帝航海，有魚躍入御舟。后曰：「此周武王白魚之祥。」帝悦。時有劉貴妃者，頗恃寵驕侈，嘗因盛夏以水晶飾脚踏，帝見怒，命取爲枕。妃懼，始撤去。

宋紹興中，汴梁大雷雨，下「水」（冰）龜數十里，隨大小皆龜形，具手足卦文。「龜」猶「歸」

也。龜又介物，兵象也。冰有消釋之象。時秦檜主和，議罷兵，自是神州陸沉。

宗澤政和初知萊州掖縣，時户部着提舉司科買牛黄，以供在京惠民和劑局合藥用。督責急如星火，州縣百姓競屠以取黄。既不登所科之數，則相與歛錢，以賂吏胥祈免。澤獨以狀申提舉司，言牛遇歲疫，則多病有黄。今太平日久，和氣充塞，縣境牛皆肥腯，無黄可取。使者不能詰，一縣獲免，無不歡戴。

紹興初，楊存中在建康，諸軍之旗中有雙勝交環，謂之「二勝環」，取兩宫北還之意。因得美玉琢成帽環以進，高宗日常御用。偶有一伶人在側，帝指環示之：「此楊太尉所進，名二勝環。」伶人接奏云：「可惜二勝環，俱放在腦背後。」高宗爲之改色。

張浚既平苗劉之亂，入見帝，伏地涕泣待罪。上勞問再三，曰：「曩在睿聖，兩宫隔絶。一日啜羹，小黄門忽傳太母命，貶卿柳州。朕是時不覺羹覆于手，念卿被謫，此事誰任。」因留浚，引入内殿，曰：「皇太后知卿忠義，欲識卿面，適垂簾見卿過庭矣。」即解所服玉帶以賜。

魏公治兵秀州，常夜坐，警備甚嚴。忽有客至前，出懷中一紙，示曰：「此苗傅、劉正彦募賊公之賞格也。」浚問欲何爲，客曰：「僕河北人，粗讀書，知逆順，豈以身爲賊用，特見公備不嚴，恐有後來者耳。」浚下執其手，問姓名，不告而去。浚及旦，斬死囚徇于衆，曰：「此苗、劉刺客。」因私識其狀貌，物色之，終不遇。

統制酈瓊，縛呂祉，叛歸劉豫。張魏公方宴僚佐，報至，滿座失色。公色不變，樂飲至夜，乃爲蠟書遣死士遺瓊，言事可成則成之，不可成，速全軍以歸。豫得書，疑瓊，乃分隸其衆，因殺之，邊賴以寧。

趙從善爲京尹，宦寺欲窘之，科降設醮紅桌三百事，批限一日辦集。從善命于酒坊茶肆取桌洗净，糊以白紙，用紅漆塗之。又兩宫幸聚景園，夜過萬松嶺，索火炬三千。從善命取諸瓦舍妓館蘆簾，實以脂，卷繩之，繫于夾道松柏，左右照耀，比于白日。

唐太宗《蘭亭》，用玉石刻之。文宗朝，舒元輿作《牡丹賦》，刻之碑陰。熙寧間，薛紹彭聞公厨有石，用以鎮肉，取視之，碑陰有《牡丹賦》，遂易之以歸長安。大觀中，詔取置宣和殿。靖康之亂，尚方珍寶悉歸胡輦，獨留此石。建炎初，高宗駐廣陵，宗澤居守東都，見之，遣騎疾馳進行在。未逾月，虜復南寇，大駕幸浙，倉卒失之。紹興中，密旨搜訪，竟不獲。

宣和初，方臘反，江浙震動。世忠時以偏將從王淵致討，師次杭州，賊奄至，勢甚張，大將惶怖。世忠僅以二千兵迎敵，設伏大敗之。賊遁入睦州青溪洞，世忠窮追至其地，賊方深據岩險爲三窟，諸將繼至，莫知所入。世忠偵得其徑，令野婦爲導，獨身潛行溪谷間，直搗其穴，格殺數十人，擒臘以出。先是有詔「得臘首者，授兩鎮節鉞」，及是，辛興宗掠其功，賞不及。

韓世忠在楚州十餘年，兵僅三萬，而金人不敢犯。因秦檜欲收三大將之權，拜世忠爲樞密使，世忠遂以所積軍儲錢百萬貫、米九十萬石、酒庫十五歸于朝廷。其軍儲所積，殷富若此。

世忠在兵間久，嘗中矢，毒入骨，以强弩刮取之，談笑自如。十指僅全四，不能動，刀痕箭瘢，如刻畫然。秦檜既主和議，世忠屢争之不得，則抗疏詆其誤國。岳飛冤獄，舉朝莫敢出一語，世忠獨攖檜怒，極力剖白曰：「今日苟同，異時瞑目，必受鐵杖于太祖之前。」故雖與檜同在政地，一揖外，絶不與談也。自是杜門謝客，絶口不言兵。時跨驢携酒，從一二奚童，縱游西湖以自樂。平時將佐罕得見其面。晚喜釋老，自號清凉居士。

岳飛字鵬舉，生時有大鳥若鵠，飛鳴屋上，因名飛。未彌月，會河决水暴溢，母姚氏抱飛坐甕中，任其飄泊。適濤衝及岸得免。人異之。少好《左氏春秋》《孫吴兵法》，力挽弓三百斤、弩八石，能左右射。初隸留守宗澤，爲秉義郎，犯法將刑，宗澤一見奇之，曰：「此將材也。」會金人攻汜水，澤以五百騎授飛，使立功贖罪。飛大敗金人而返，遂擢爲統制。澤謂之曰：「爾智勇材藝，古良將不能過。然好野戰，非萬全計。」因授飛戰圖，飛曰：「陣而後戰，兵法之常，運用之妙，存乎一心。」澤更奇其言，自是遂以將略顯。

秦檜殺岳飛于大理獄，獄卒隗順負其尸，逾城至北山以葬。後朝廷購求葬處，隗之子以告。及啓棺如生，乃以禮服殮焉。隗順，史失載。

浙江按察使（署）〔一〕址，岳武穆故宅也。東南有井，王之女聞武穆被收，抱銀瓶投其中死。按察司梁大用造亭覆之，榜曰「孝娥井」。于時西蜀劉瑞作之銘，曰：「天柱軏，日爲月，禍忠烈，奸檜孽。娥叫父冤冤莫雪，赴井抱瓶泉化血。血如霓，慣如鐵，曹江之娥符爾節。噫嘻，井可竭，名不可滅！」

岳武穆死，有劉元升者，上疏鳴岳氏冤，且白檜所以死飛狀，天下義之。卒爲檜所戮。

岳震，父被禍，變姓名匿大河民間，子孫遂家焉。至今遺有故宋敕命，及武穆征討鳴金一面，每值時世方隅有警，則此金不敲自鳴。岳霆，飛第五子，知兄震在黄梅可依，潛奔聚焉。檜宿恨猶存，惡岳州與飛同姓，改爲純州，子孫亦不敢以岳爲氏。孝宗登極，恤録與恩者，祇原徙嶺南雲、雷支裔，而此派不及。至追贈忠武鄂王，霖、震、霆子孫在梅地者，悉宗鄂姓，至今析爲十三户鄂家云。

〔一〕「署」，據《熊批史闕》補。

張澤端《清明上河圖》，因南渡後想見汴京舊事，故摹寫不遺餘力。若在汴京，未必作此。乃知繁華富貴過去便堪入畫，當年政不足觀。嗟乎，南渡後人但知臨安富麗，又誰念故都風物？澤端此圖，即謂忠簡《請回鑾表》可也。

酈瓊之叛，飛奉詔駐師江州。時劉豫結粘罕，而兀朮惡之。飛知其可間，會軍中得兀朮諜者，飛陽責之曰：「若非我軍人張斌耶？吾向遣汝至齊，約誘至四太子。若一往竟不來，吾繼遣人問齊，已許我今冬借名寇江，致四太子于清河，若所持書竟不至，何耶？」諜冀緩死，即詭服，乃作蠟書，約豫同謀誅兀朮。因謂諜曰：「吾今貸汝，復遣至齊問舉兵期。」因刲股納書，戒勿泄。諜歸，出書示兀朮。兀朮大驚，馳白其主，遂廢豫。

岳飛學射于周同。同死，飛家貧，朔望必鬻衣具酒食，詣同冢，奠而泣，引同所贈弓發三矢，乃酬。

岳武穆家無姬侍，吴玠欲納交于武穆，飾名姝以遺之。武穆曰：「主上宵旰，豈大將安樂之時？」却而不受，玠益敬服。

世傳錡通陰陽家行師所避就。錡在揚州，命盡焚城外居屋，用石灰盡白城壁，書曰「完顔亮死于此」。亮多忌，見而惡之，遂居龜山。人衆不可容，以是生變云。錡善射，牙門水斛滿，錡以箭射之，拔箭水注，旋以一箭窒之。人服其精絶，或云「此即古剡注法也」。

李顯忠初生時，母數日不能娩。有僧過其門，曰：「所孕乃奇男子，當以劍矢置母傍。」如其言，即生。方墮地，即立于蓐，人皆駭異。長負絶力，金人犯鄜延，經略王庶募閒者，得張琦，更求一人，顯忠即請行。父永奇曰：「汝年少未涉歷，必累琦。」顯忠曰：「年小，胆氣不小，必不累琦。」敵時夜宿陶穴，顯忠縋穴中，得十八人，皆殺之。取首二級、馬二匹，餘馬悉折其足。庶大奇之。

延安陷入金，顯忠謀歸朝，事泄，舉家二百口皆遇害。顯忠僅以單騎免。投入夏，泣訴其故，乞兵二十萬復仇。夏主曰：「爾能爲我立功，則可。」時有酋豪號青面夜叉者，久爲夏患，令顯忠圖之，與三千騎往。顯忠晝夜疾馳，抵其帳，立擒以歸。夏主大悅，即爲出兵二十萬。會和議成，延安已歸宋，顯忠乃擒其殺父母者，盡斬之，而身入朝。

王德，熙帥姚古募卒也。金人入侵，古軍于懷澤間，遣德諜之，斬一酋而還。補校尉。古曰：「能復往乎？」德乃從十六騎，徑入隆德府治，執其僞守姚太師，左右驚擾，德手殺數十百人。衆愕眙，莫敢救。古械姚獻于朝，上問狀，姚曰：「臣就縛時，止見一夜叉耳。」時遂呼德爲「王夜叉」。劉錡見之，事以兄禮。

牛皋爲岳飛部將，飛嘗遣皋攻隨州，裹三日糧，糧未盡而城已拔。僞齊嘗遣甲騎五千薄廬州，皋遥謂金將曰：「牛皋在此，爾輩何爲！」衆愕然，不戰而潰。其威名懾敵如此。會上巳日，統制田師中大宴諸將。皋遇毒，亟歸，謂所親曰：「皋年六十一，官至侍從，幸不啻足，所恨與北講和，不以馬革裹尸，顧死牖下耳。」或言皋爲飛將中最善戰，檜惡飛，故先使師中毒之。

曲端，鎮戎軍人。長于兵略，屢戰有聲。張浚宣撫川陜，以端有威聲，承制拜端威武大將軍、都統制、知渭州，軍士歡聲如雷。婁室寇邠州日，端屢戰皆捷。至白店原，撒離曷乘高望之，懼而號泣，虜人稱爲「啼哭郎君」。其爲敵所畏如此。既而浚欲大舉，端力勸浚按兵以伺金人之弊，浚不悦。金犯環慶，端遣吴玠拒之彭店原，少却，端劾玠違節制。時參謀王庶亦與端有宿怨，因共譖于浚。浚大怒，罷其兵柄。是年浚大舉軍至富平縣，將戰，仍僞立前軍都統制曲端旗以懼之。婁室曰：「聞曲將軍已得罪，必紿我也。」遂擁軍驟至，軍遂大潰。浚心愧其言，而欲慰人望，乃下令，以富平之役，涇原軍出力最多，皆前帥曲端訓練有方，遂復叙左武大夫，欲復用端。玠懼端復起，因與王庶力譖之。浚入其説，于是徙端恭州，置獄。端既赴逮，知必死，仰天長呼，指其所乘戰馬鐵象云：「天不欲復中原乎？惜哉！」泣數行下，左右皆泣。至獄，獄官進械，坐之鐵籠，熾火逼之，殊極慘惡。端渴甚，求飲，與之酒，九竅流血而死，年四十二。時建炎四年八月三日丁卯申時也。陝西軍士皆流涕悵恨，多叛去者。浚尋得罪，詔追復端宣州觀察使，制曰：「頃失意于權臣，卒下獄而譴死。恩莫追于三宥，人將贖以百身。」其後金歸河南之月，又詔謚端壯閔，制曰：「屬委任之非人，致刑誅之横被。興言及此，流涕何追！」端爲涇原都統日，有叔爲偏將，戰敗誅之，既乃發喪，祭之以文，曰：「嗚呼！斬副將者，涇原都統制也。祭叔者，侄曲端也。尚飨！」一軍畏服。其紀律極嚴，魏公嘗按視端軍，端執撾以軍禮見，傍無一人。公異之，謂欲點視。端以所部五軍籍進，公命點其一，則于庭開籠縱一鴿以往，而所點之軍隨至，張爲愕然。既而欲盡觀，于是悉縱五鴿，則五軍頃刻而集，戈甲焕爛，旗幟精明。魏公雖面奬，而心實忌之。在蜀日，嘗有詩云：「破碎江山不足論，何時重到渭南村。一聲長嘯東風裏，多少未歸人斷魂。」亦可見其志也。今尚論者，咸稱其冤，而《四朝國史》且罪端狠愎自用，委曲爲魏公庇，失其實矣。

趙開轉運四川，總領財賦。宣司獲僞錢引三十萬，盜五十人。時張魏公撫蜀，欲議死，開白魏公曰：「相君誤矣。引誠僞，加宣撫司印，即真矣。黥其面，使治幣，是相君一日而獲三十萬錢，且起五十人之死也。」魏公奇其言，從之。

胡銓，廬陵人。爲樞密院編修官，上書乞斬王倫、秦檜、孫近三人頭，懸藁街。金人以千金購其書，得之大驚，遂退師。秦檜怒其逆己，貶韶州。居海外三十年，後入爲工部侍郎，請祠以歸。復召以經筵，稱疾不赴，因陳時病五事，自號澹庵老人。張魏公曰：「秦檜專權二十年，祇成就一個胡銓耳。」其嫁女止《漢書》一部、匣一硯，此外無他物。

洪皓少負奇節，舉政和五年進士，能力辭王黻、朱勔婚。宣和中，秀州大荒，皓時爲州司録，會綱來，過城下，皓白守截留之。守不可，皓曰：「願以一官易十萬人命。」因全活無算，人號「洪佛子」。其後秀軍叛，縱掠，郡民無得脱者，惟過皓門，曰：「此洪佛子門，不可犯。」

皓使金，竄冷山，苦寒，四月草生，八月已雪。穴居百家，陳王悟室聚落也。悟室使教其八子，或二年不給食。皓盛夏衣粗布，嘗大雪薪盡，燃馬矢煨麵食之。其後悟室携之入燕，因得聞二聖居五國城，密遣人奏書，獻桃李、栗麵。聞祐陵訃，則北向泣血，操文以祭，詞致悲壯，讀者揮涕焉。久之，會金主以生子大赦，放還。既遣，復七騎追之，及淮，而皓登舟矣。

皓歸，與秦檜言連日，檜不懌。他日，謂其子适曰：「尊公信有忠節，得上眷。但官職如讀書，速則易終而無味，須如黄鍾、大吕乃可。」已因争趙彬等家屬不可遣，設若從遣，恐謂秦無人。檜變色曰：「公無謂秦無人！」未幾，嗾人劾皓，尋竄嶺表，卒。

皓留虜中十五年，身處患難，而屢振人于急。外戚趙伯璘隸悟室戲下，貧甚，皓時賙之。

范鎮孫祖平爲傭，皓言于金人，釋之。劉光世庶女，爲人豢豕，贖而嫁之。他貴族流落者，皆力拔以出。獨爲檜所疾，不死于敵國，而死于奸讒。然皓死後一日，檜亦死。

紹興二年，上策士。張九成對策，略云：今閭巷之人，皆有父兄妻子之樂，而陛下貴爲天子，乃冬不得温，夏不得清，昏無所定，晨無所省，感時遇物，悽惋于心，可不思所以還二聖之轍乎？願陛下以剛大爲心，無以憂驚自阻，云云。楊時讀之，謂曰：「自中興以來，未有此對，非正直之氣，不爲得喪回屈，不能爲也。」九成故從學楊時。

九成每歲薦寒士十數人館地，而得大魁之報，謫南安，閉門謝客，以經史自娱，倚柱觀書，庭磚雙足趺隱然。公自題柱曰：「老來病目，執書就明者十四年，倚立積久，雙趺隱然。可一笑也。」

許譽卿，婺源人。父大寧，有學行，嘗教譽卿曰：「段秀實笏擊朱泚，顔杲卿面折禄山。『簡策有光，惟爾英烈，追配古人。』此高宗皇帝追贊李若水詞也。小子識之。」後譽卿登籍，攻擊權貴，無少顧忌，數上書斥丁、賈奸邪，出佐江西漕。宋亡，三年不言。雖言，亦如病狂。卒年七十。謝疊山嘗書其門曰：「要知今日謝枋得，便是當年許譽卿。」

陳剛中，侯官人。性慷慨，敢論事。胡銓以劾秦檜貶韶州，剛中啓曰：「知無不言，願借尚方之劍；不遇故去，聊乘下澤之車。」檜怒，遂與張九成同謫。客死，貧不能葬，士論惜之。

宋高宗時，程氏家井水溢，高數尺，夭矯如長虹，聲如雷，穿牆毀樓。二水鬥于杉墩，且前且却，約十餘刻乃解。

建炎間，術者周生觀人書字，分配筆畫，以知休咎。車駕駐杭州，慮有虜警，執政呼周生，書一「杭」字示之。周曰：「『杭』字以右點配木上，即爲『兀术』二字。旬日之間，恐有警報。」試之，果然。後高宗命周生拆一「春」字，生言：「秦頭太重，壓日無光。」忤檜，死于戍。

張守常上疏高宗，略云：「陛下處宫室之安，則當思二帝、母后穹廬毳幕之居；享膳羞之奉，則當思二帝、母后羶肉酪漿之味；服細暖之衣，則當思二帝、母后窮邊絶塞之寒苦；操予奪之柄，則當思二帝、母后語言嚬笑受制于人；享嬪御之適，則當思二帝、母后誰爲之使？令對臣下之朝，則當思二帝、母后誰爲之尊禮？思之又思，兢兢栗栗，聖心不倦，而天下爲之助順者，萬無是理也。」其詞激切，天下傳誦之。

岳飛之獄，羅汝楫爲侍御史，附會殺之。後汝楫既卒，其子願知鄂州，有治績。然以父故，不敢入飛廟。一日自念：「吾政善，姑往祀之。」甫拜，竟不起，遽卒于像前。人疑飛憾未釋也。

高宗時，郭倪爲將，每自比孔明，酒後輒咏：「三顧頻煩天下計，兩朝開濟老臣心。」屏風、便面，皆書此二句。未幾，敗于江上，倉皇涕泣而匿。時人笑曰：「此帶泪諸葛亮也。」

孝宗瑗

孝宗生于秀州，有嘉禾之瑞。初封普安郡王，與恩平郡王璩同養于宫中，各賜宫女十人。閲數日，召入，恩平十人皆犯之矣，普安一人無犯，皆完璧也。已而皆竟賜焉，遂立普安爲皇太子。

虞允文將兵一萬八千，破金亮兵四十萬于采石。乃率兵趣瓜州，時李顯忠、楊存中等皆以衆來會，戰艦畢集。允文乃臨江按試，令戰士踏車船于中流，上下三周金山，迴繞如飛。敵持滿以待，相顧駭愕。亮望見，笑曰：「真紙船耳。何捷疾若是。」會金有内難，亮被殺。捷聞，上嘆曰：「允文，朕之裴度也。」

虞允文知太平州，舊制民舉子必納添丁錢，歲額百萬。貧不能納者，生子皆溺死。允文惻然，爲措蘆荻税以補之。百姓鼓舞，生子皆舉，户口日增。

王德征秀州賊邵青，諜言將用火牛。德曰：「此古法也，可一不可再。彼不知，祇成擒耳。」先命合軍持滿，陣始交，萬矢齊發，牛皆反奔。我師乘之，遂殲賊衆。

辛棄疾，字幼安，先仕金。紹興末，縛宋叛將歸朝。一日，陳同父造訪，將近，有小橋，同父引三躍而馬三却。同父斬馬首，徒步而行。幼安倚樓見之，大驚異，遂與定交。有二妾，一曰田田，一曰錢錢，皆因其姓而名之，并善筆札，常代幼安答尺牘。

光宗惇

李燾，字仁甫，丹稜人。累官學士。博極載籍，搜羅百氏，慨然以史事自任。本朝典故尤悉力研考，仿司馬光《資治通鑑》例，斷自建隆，迄靖康，爲編年一書，名曰《長編》。浩繁未集，史官以聞，詔給札來上。淳熙七年，書成，上之，詔藏秘閣。李燾特立獨行，早著書，以秦檜當路，秘不出。及檜死，始聞于朝。張栻嘗曰：「仁甫如霜松雪柏，絶無世味，生死文字間。」《長編》一書，用力四十年乃成。葉適以爲《春秋》後僅有此書云。死謚文簡。

寧宗擴

后性甚妒，帝嘗于宫中浣手，睹一宫人手白，悦之。他日，后遣人送食合，帝啓視，則宫人兩手也。又因黄貴妃有寵，伺帝郊宿齋宫，殺之，以暴卒聞。是夕風雨大作，黄壇燭盡滅，不能成禮。帝疾自是增劇。

張詔嘗奉命爲介聘使于金。一日，金人持所繪祐、獻二陵像至館中，皆北地服。詔審視，向之再拜，館者止勿拜。詔答曰：「詔雖不識其人，然龍鳳之姿，天日之表，知必非北朝祖宗也，敢不拜？」孝宗聞而喜。

張威自行伍充偏裨，戰必剋，金人憚之。荆鄂多平野，利騎不利步。威曰：「彼鐵騎一衝，則吾技窮矣。」乃以意創撒星陣，分合不常，聞鼓則聚，聞金則散。每騎兵至則擊金，一軍輒分數十族。金人隨分兵，則又鼓而聚之，倏忽間分合數變，金人失措，然後縱擊之，以此輒勝。其臨陣戰酣，精采愈奮，則兩眼皆赤，時號「張紅眼」，又號「張鶻眼」。每戰不操他兵，有木棓，號「紫大蟲」，揮之掠陣，敵無不披靡者。其行軍必若銜枚，寂不聞聲。

史彌遠用事，拜右相，陳晦草制，有「昆命元龜」語。倪思嘆曰：「董賢爲大司馬，册文有『允執厥中』語。蕭咸以爲堯禪舜之文，長老見之，莫不駭懼。今『昆命元龜』，此舜禹揖遜事也。天下有如蕭咸者讀之，能無駭乎！」彌遠怒，擢晦侍御史，即劾思落職去。

理宗昀

理宗童時育于母家，偕弟芮浴于河。鄞人余天錫自杭來，舟至此，忽雷雨，帝偕芮避于舷側。天錫卧舟中，夢龍負舟，驚起視之，則二兒也，問知其家世，心異之。天錫爲彌遠門客，知彌遠有廢立意，適感此異，歸白彌遠。後代濟王爲帝。

理宗，太祖十世孫。寧宗無嗣，選立之。即位，頗崇儒學，詔尊《朱熹集註》。已，工部侍郎朱在進奏人主學問之要，上曰：「先卿《中庸》序言之甚詳，朕讀之不釋手，恨不與同時也。」在位四十年，黜王安石從祀，而升濂、洛九儒，表章正學，其功有足多者。惜也，史彌遠、丁大全、賈似道相繼用事，遂以貪地棄盟，啓釁速禍。

理宗之后，宰相謝深甫之女孫也。生而黧黑，一目瞖。理宗即位，擇中宮，選及謝氏諸女，其家人不欲遣。會元夕，縣有鵲來巢燈山，衆以爲后妃之祥，乃送就道。旋病疹，疹愈，膚蜕，瑩白如玉，目瞖亦去。時賈涉女有殊色，理宗欲立之。太后曰：「謝女端重有福。」左右亦竊語：「不立真皇后，乃立假皇后耶？」帝遂立之。已，同瀛國公北遷。

理宗寶慶二年，圖功臣神像于昭勛閣，趙普、曹彬、薛居正、石熙載、潘美、李沆、王旦、李繼隆、王曾、吕夷簡、曹瑋、韓世忠、韓琦、曾公亮、富弼、司馬光、韓忠彦、吕頤浩、趙鼎、張浚、陳康伯、史浩、葛邲、趙汝愚，凡二十四人。

嘉熙間，峒丁反吉州。萬安宰黄炳鳩兵守備。一日五更，探報寇且至，遣巡尉引兵迎敵，皆曰：「空腹奈何？」炳曰：「第速行，飯且至矣。」炳乃率吏輩携竹籮木桶，沿市民之門曰：「知縣買飯。」時人家晨炊方熟，皆有熱飯熱水，厚酬其值，負之以行。于是士卒皆飽餐，一戰破敵。由此論功，擢守臨川。

帝昺

帝昺駐蹕于厓門山，爲元兵所逼，丞相陸秀夫抱帝赴海死。時御舟一白鷳奮擊哀鳴，墮水以殉。其視陳宜中輩委而去之，誠禽獸之不若矣。

文天祥字宋瑞，吉水人。貌豐偉，美皙如玉，秀眉長目，顧盼燁然。自爲童子時，見學宫所祠鄉先生歐陽修、楊邦乂、胡銓像，皆謚忠節，欣然慕之曰：「没不俎豆其間，非夫也。」年二十舉進士，對策集英殿，時理宗在位，天祥以「法天不息」對，其書萬言，不屬稿，一揮而就。考官王應麟奏曰：「是卷古誼若龜鑑，忠肝如鐵石。臣敢爲得人賀。」帝親擢第一。

趙時賞者，天祥起兵時監軍也。空坑之潰，天祥妻妾、子女皆被執，時賞時坐肩輿，元軍問爲誰，時賞紿曰：「吾姓文。」衆以爲天祥也，執之，天祥以此得脱去。時有係累至者，時賞輒麾去曰：「小小簽廳官耳，執之何用？」以是得逸者甚衆。是時劉洙亦被執，臨行刑，洙頗自辨。時賞叱之曰：「死耳，何必然？」時多其壯烈。

張弘範襲執文天祥于五坡嶺。劉子俊自僞爲天祥，冀可免天祥。及執至，各争真僞。元人遂烹子俊而執天祥。

文天祥被執，自鎮江亡入真州，欲東入海，道遇兵，伏環堵中，飢不能起，從樵者乞得餘糝羹。行入板橋，兵又至，衆走伏叢篠，兵入索之，執杜滸去。滸解所懷金與卒，獲免。因募二樵者，以簣荷天祥至高郵，復泛海以達温州。

趙弼作《文山傳》曰：「文丞相既赴義，其日大風揚沙，天地盡晦，咫尺不辨，城門晝閉。自此連陰，宫中皆秉燭而行，群臣入朝亦爇炬前導。世祖問張真人而悔之，贈公特進、金紫光禄大夫、太保、中書平章事、廬陵郡公，謚忠武。命王積翁書神主，灑掃柴市，設壇以祀之。丞相孛羅行初奠禮，忽狂飈旋地而起，吹沙滚石，不能啓目。俄捲其神主于雲霄中，空空隱隱，雷轟電擊，如怨怒之聲，天色愈暗。乃改前宋少保、右丞相、信國公，天果開霽。」按，正史、文集皆不載此事，傳疑可也。信公至我朝景泰中，賜謚忠烈，人不能知，故記之。

張千載字毅甫，廬陵人，文文山友也。文山貴顯，屢以官辟，皆不就。文山自廣還，至吉州城下，千載來見，曰：「丞相赴京，某亦往。」遂寓于文山囚所之側，朝夕以美食奉之。凡留燕三年，潛造一櫝，文山受刑後，即藏其首。仍尋訪文山夫人歐氏于俘虜中，俾出，火其尸。千載拾骨置囊，并櫝南歸，付其家葬之。千載高誼，亦千載下所不多見也。

千載持櫝歸。次日，其子夢文山怒云：「繩鉅未斷。」其子心動，亟啓視之，果有繩束其髮，亟爲除之。李卓吾銘曰：「不食其禄，肯受其縛？一繩未斷，如錐刺腹。生當指冠，死亦[努]（怒）目。張氏何人，置囊并櫝。生死交情，千載一鶚。」

謝枋得號疊山，弋陽人。性豪爽，每與人論國事，必掀髯抵几，跳躍自奮。徐霖比之鶩鶴摩霄。舉進士對策，極攻時相。宋亡，變姓名入建寧唐石山，轉茶坂。日麻衣躡履東鄉哭，人以爲狂。已去，賣卜建陽市。有問卜者，惟取米，不受錢。後忤謝天祐，强之北行。枋得即不食，惟茹蔬果。至京，尋謝太后攢宫及瀛國公所在，再拜慟哭。遷憫忠寺，見壁間《曹娥碑》，泣曰：「小女子猶爾，吾不汝若哉！」病卧僧寺，留夢炎使人持藥雜米飲以進。枋得怒曰：「吾欲死，若乃欲生耶？」擲之地，終不食，死。

隆祐太后崩，朝廷欲建山陵，大臣謂大宋諸陵皆在伊洛，不日恢復中原，歸祔祖陵。今暫厝會稽，定其名曰「攢宫」。

元將浮屠楊總統，發宋諸陵，徽、欽二陵空無一物。徽陵惟朽木一段，欽陵惟木燈檠一枚而已。蓋二帝浮沉沙漠，實未嘗歸也。高陵骨髮盡化，止錫器數件、端硯一方。孝陵亦蜕化無餘，止頂一片，内有玉爐瓶一副、古銅鬲一枚，似同尸解。餘光、寧、理、度及諸后皆儼然如生。理陵珍寶尤多，妖僧倒懸其尸，瀝取水銀三日，取其頂蓋以爲飲器。洪武元年遣主事谷秉義即北平，索飲器于西僧，詔應天府尹瘞之高座寺。明年歸葬舊陵，立碑記之。

唐珏字玉潛，山陰人。宋亡後，妖僧楊璉真伽至會稽，發趙氏陵寢，殘斷肢體，棄骨草莽間。珏聞之，亟貨家資，得百金，具酒醪，市羊豕，邀里中少年數十輩，狎坐轟飲。酒酣，少年請其故。珏潸然具以實告。少年許諾，乃謀取四郊暴骨易之，斵文木爲匵，絹囊，署其表曰某陵，散瘞蘭亭山中，樹冬青以識。越七日，真伽取陵骨，雜置牛馬骼中，築一塔壓之，名曰「鎮南」。未幾，楊髡被誅，稍稍傳播唐珏義聲，震動吴越。

唐玉潛有《感雷震白塔》詩曰：「冬青花，不堪折。南風吹，香積香，雪摇摇。華蓋萬年枝，上有鳳巢、龍穴，君不見羊之年，犬之月，霹靂一聲天地裂。」

林景熙字德暘，平陽人。楊總統發掘宋陵，景熙故爲杭乞者，背竹籮，手持竹夾投籮中。楊髡棄陵骨于草莽，景熙鑄銀，作百十小牌，繫腰間，取賄役卒曰：「余不敢望收其骨，得高家、孝家足矣。」役卒左右之，果得高、孝兩朝骨，爲兩函貯之，歸葬東嘉。

楊璉真伽取宋陵諸骨，雜以牛馬骼，建石塔壓之，以厭勝江南。凡宗廟神主、人民版籍皆置其下，高一十三丈。後有雷火自天而下破塔，烟火焚燒，經三日乃已。或云「是天歷戊辰秋也」。其塔至張士誠毁之，不言有唐、林二義士，豈當時尚未知此舉耶？

楊蓮真伽發掘宋陵之禍，起于天長寺福僧聞，成于演福寺剡僧澤。方移理宗尸，時澤在傍，以足蹴其首，以示無懼。遂覺奇痛一點起于足心，自此苦足疾數年，以致潰爛雙股，墮落十指而亡。聞既得志，富不義之財，復倚楊髡勢，豪奪産業。後爲鄉夫二十人伺道遇聞，屠而臠之。罪不加衆，各杖而已。

僧真諦，住德藏寺，性若騃戇，爲寺中樵牧惟謹。元妖僧楊璉真伽來寓寺中，聲言欲發天女等墓，然皆古冢，實無意開發。以雲間陸左丞愛女及朱提舉夫人，皆以有色夭，聞用水銀含殮，欲發尸淫穢之耳。及楊下令，果及二冢。真諦聞之，怒形于色，衆僧懼禍，力制之。及真伽五鼓發衆出寺，真諦忽起，抽韋馱手中降魔杵奮擊。真伽命擒之，時衆雖數百，皆披靡不能拒，傷者百餘人，至有裂腦折臂者。人見真諦于衆中超躍，每逾尋丈，若隼擻虎騰，飛捷非人力可到。一時燈炬皆滅，櫌鋤畚插皆爲斷壞。真伽大懼，謂是韋馱顯聖，不敢往發，率衆遁去。亦不敢問此僧也。後二年，真諦行脚峨眉，不知所往。

文天祥留燕三年，坐卧一小樓，足不履地。薙髮令下，亦纖須去其兩鬢。故《文山集》中有《薙髮詩》曰：「回看鬢少原非我，祇要心存尚是人。」可是當日文山亦曾薙髮。

劉鼎孫，江陵人。第進士，累官翰林學士。德祐末，從二王至厓山。陸秀夫負王赴海死，鼎孫亦驅家屬并輜重沉海。不死，爲元兵所執，拷掠無完膚。一夕得脱，卒蹈海死之。

衛富益，華亭人。宋亡，日夜悲泣，乃設壇爲文，祭故相文天祥、陸秀夫及張世傑，聞者無不墮泪。門人謚曰正節先生。

謝翺字臯羽，福建長溪人。試進士不第，落魄漳泉間。會丞相文天祥開府延平，長揖軍門，署諮議參軍。及宋亡，天祥被執以死。翺悲不能禁，隻影行浙水東，逢山川池榭、雲嵐草木與所别處，則徘徊顧盼，失聲而哭。嚴有子陵臺，翺挾酒以登，設天祥主荒亭隅，再拜跪伏。酹畢，號而慟者三。以竹如意擊石，作楚歌招之，曰：「魂朝往兮何極，暮歸來兮關水黑。化爲朱鳥兮，有咮焉食。」歌闋，竹石皆碎，聞者傷之。愛嚴灘山水，死即葬于子陵臺側，以所著《晞髮集》殉焉。

鄭思肖，號所南，太學上舍。元兵南下，叩閽上書。宋亡不仕，因改名，寓思趙之意。遇歲時伏臘，輒野哭南向拜，聞北語必掩耳急走。自題書塾云：「不知今日月，但夢宋山川。」題《畫菊》云：「寧可枝頭抱香死，何曾吹落北風中？」善畫蘭竹，自更祚後，畫蘭、畫竹俱不畫土。或問之，則云：「地爲番人奪去，汝不知耶？」趙孟頫才名重當世，思肖惡其受元聘，遂與之絶。孟頫數往候之，終不得見。臨終屬其友唐東嶼，曰：「思肖死矣，煩爲書一牌位，當云『大宋不忠不孝鄭思肖』。」語訖而絶，年七十八。宋社既墟，適意緇黄，自稱「三外野人」。嘗著《大無工十空經》一卷，「空」字去「工」而加「十」，宋字也，寓爲《大宋經》。造語奇澀，自題其後云：「臣思肖嘔三斗血方能書此，後有鉅眼當自識之。」

鄭思肖造《心史》二卷，名「九九書」，蓋篇中積九字，即割裂錯綜書之，非細心湊合，則一字不可解釋。思肖以此書函之鐵匱，以錫錮之，藏于姑蘇承天寺智井中，土蓋其口。是年爲至元二十年辛卯。至明崇禎十一年戊寅，相距三百[四十七]（五十六）年。姑蘇大旱，狼山房僧達浚井，縋人下視，有鐵匱一函，啓之，則《心史》二卷藏之。墨香猶在，字迹如新。閩人林古度割裂補湊，遂成全書，上下二卷，蓋誌元初諸事，大肆醜詆。鏤板行世，金陵爲之紙貴。

謝緒，會稽人。東山太傅之裔。宋末隱苕溪，布衣慨然，有澄清中原志。會天目山崩，嘆曰：「天目乃臨安主山，今土崩，宋不振矣。」遂不仕。及帝昺亡，誓衆曰：「吾生不能報宋，死若有知，必滅此虜。」中夜起作詩，曰：「立志平夷尚未酬，莫言心事付東流。淪胥天下誰能救，一死千年恨不休。湘水不沉忠義氣，淮灘自愧破秦謀。苕溪北去通胡塞，留此丹心滅虜酋。」赴苕溪死。苕溪水漲，高至丈餘，若憑其怒氣者。土人異之，立廟金龍山。至明太祖與蠻子海牙戰吕梁洪，虜在上流，我師失利，風濤忽捲黄河爲之北注，海牙大敗。太祖夜夢有神告之曰：「臣謝緒也。昨黄河倒注，臣實爲之。」太祖驚寤，遂封爲黄河神。

宋以周顯德七年庚申得天下，圖讖謂：「過唐，不及漢，一汴，二杭，三閩，四廣。」又有「寒在五更頭」之讖。故宫漏有六更。按，唐二百八十九年，開慶元年，宋祚過唐十一年，滿「五更頭」之數。至德祐二年五月，得三百一十七年，而見「六庚申」，適如宫漏之數。

儒林

高宗問尹焞曰：「紂亦君也，孟子何以謂之獨夫？」焞對曰：「此非孟子之言，武王誓師之言也。『獨夫受洪惟作威。』」高宗又問曰：「君視臣如草芥，臣可視君如寇仇乎？」焞對曰：「此亦非孟子之言。《尚書》云：『撫我則后，虐我則仇。』」高宗大喜。嗚呼！儒者對君之言，從容中道如此，其所養可知矣。」

胡旦喜讀書，性誇誕。晚年喪明，猶令人誦經史，隱几聽之。嘗著《漢春秋》《五代史略》《將帥要略》《唐乘家傳》等書，凡三百餘卷。爲斲一大研，方五六尺，刻而瘞之，曰「胡旦修《漢春秋》硯」。時有何涉，亦以博洽著。人問書傳中事，必指某册、某卷、某葉所在，而使人探之，并無謬誤。

喻樗字子才，精賞鑒。宣和間，嘗謂友人沈晦誠進士當第一。建炎初，又謂：「今歲進士，張九成當第一，淩景夏第二。」會風折大槐，樗以作二簡遺之。未幾果然。趙鼎嘗以樊光遠免舉事訪樗，樗曰：「方今省試，不可無此人。」于是光遠亦第一。初樗二女方擇配，富人爭請婚，不許。及見汪應辰、張孝祥，曰：「佳婿也。」遂妻之。兩人俱擢進士第。

楊萬里初請教張魏公，魏公勉以誠，因名其讀書之室曰「誠齋」。韓侂胄築南園，屬萬里爲記，餌以掖垣。萬里曰：「官可棄，記不可作。」侂胄恚，自是卧家十五年。侂胄誤國事久，萬里憂憤成疾。家人知其故，凡邸吏報時政者，皆不以告。一日，忽有族子來，遽言侂胄用兵事，萬里慟哭失聲，亟呼紙，書曰：「奸臣韓侂胄，專權無上，構兵殘民，謀危社稷。吾頭顱如許，報國無路，惟有孤憤！」筆落而逝。

黄震嘗通判廣德。廣德俗，有自嬰桎梏自拷掠而以徼福者。震見一人，召問之，乃兵卒也。即令自狀其罪，卒曰：「本無罪。」震曰：「爾罪實多，但不敢對人言，故告神求免耳。」杖之，俗遂絶。撫州飢，震奉命往救荒。但期會富民耆老以某日至，至則大書「閉糴者籍，强糴者斬」八字，揭于市。米價遂漸平，活人無數。

文苑

馮吉，馮道子。善滑稽，尤精琵琶，教坊供奉亦莫之及。父嘗戒勿習，因辱之。一日家宴，令吉奏琵琶爲壽，賜以束帛。吉置之肩，抱琵琶按膝再拜，如伶官狀，了無慚色。每朝士宴集，即不召亦自至，酒酣，彈琵琶，彈罷即賦詩，詩成即起舞。時人愛其俊逸，稱爲「三絶」。

郭忠恕縱酒跅弛，逢人無貴賤輒呼貓。嘗爲參軍，乘醉毆從事，自是削籍。遇佳山水，必淹留浹旬不能去，或逾月不食。盛暑暴日中，體不沾汗。窮冬則鑿冰而浴。尤善畫，游王侯公卿家，或儲美醖，預張紈素于壁，乘興輒畫之。意苟不欲，即固請弗顧也。太宗嘗召赴闕，宕佚自恣。上憐才，特優容之，益使酒謗讟。詔流登州，行至齊，謂部送吏曰：「我今逝矣。」即掊地爲穴，度可容其面，俯窺焉而卒。後累月，故人取其尸，將改葬之，則體甚輕，空空然若蟬蜕也。

梅堯臣字聖俞，梅詢從子也。工詩，爲歐陽修詩友，常言詩必能狀難寫之景，如在目前，含不盡之意，見于言外，然後爲至。詩人以爲知言。家貧嗜飲，士大夫時載酒過其家，談笑詠諧，與物無忤。晚年詩益工，時有傳西南夷布弓衣至者，其所織文，乃堯臣詩也。

晁補之嘗官杭州，覽錢唐風物之麗，爲著《七述》，以謁蘇軾。軾先欲有所賦，讀補之作，嘆曰：「吾可擱筆矣。」自是名顯。家居，葺歸來園，自號「歸來子」。雅慕陶淵明之爲人，其文尤長楚詞。

李薦少孤，能文，倉卒間落筆飛舉，蘇軾謂其筆墨瀾翻，有揚沙走石之勢。嘗拊其背曰：「子才萬人敵也。」軾典貢舉，偶遺薦，爲賦詩以自責，因與范祖禹謀曰：「薦雖在山林，其文有錦衣玉食氣，棄奇寶于路隅，昔人所嘆。」將同薦于朝，未果。及軾亡，薦哭之慟，曰：「吾愧不能死知己。」作文祭之，詞云：「皇天后土，鑒平生忠孝之心；名山大川，還千古英豪之氣。」詞致奇壯，讀者神悚。

忠義

劉韐使金軍，金人館之僧舍。及京城陷，金人欲用之，使人謂曰：「國相知君，今用君矣。請以家屬行。」韐仰天呼曰：「有是耶！」爲索筆，書片紙曰：「金人不以予爲有罪，而以爲可用。夫貞女不事二夫，忠臣寧事二主？此予所以必死也。」書畢，令親信持歸，報其子。尋沐浴更衣，酌巵酒，自縊。燕人嘆其忠，瘞之寺西岡上，遍題窗壁識其處。凡八十日，始就殮，顔色如生。

楊邦乂知溧陽。金兵陷建康，守臣皆出迎拜，乂獨不屈。自誓必死，刺血大書其衣裾曰：

「寧爲趙氏鬼，不作異邦臣。」金帥使人説以官，又以首觸柱，謂曰：「世豈有不畏死而可利動者！」旁一帥怒取幅紙，書「死」、「活」二字示曰：「無多言。欲死即書『死』字。」又奮筆書「死」字，大聲駡賊而死。

閻進使金，金人拘留之。已亡去，被追還。詰問，對曰：「思大宋耳。」又問：「郎主待汝有恩，何故去？」進曰：「錦衣玉食亦不戀也。」凡三亡，乃見殺。臨刑謂行刑者曰：「吾尚南向受刃，南則吾皇帝行在也。」行刑者曳其臂，令面北，進踊身直起，盤旋數迴，卒南向斃。

潭城中有尹穀者，先舉進士第，知衡州。是時在圍中，知城且陷，將不免，爲積薪扃户，朝服望闕拜已，取歷官告身焚之，即縱火自焚。鄰家救之，火熾不可救。但望見烈焰中尹穀正冠端笏，危坐如平時。州守李芾聞之，曰：「尹務實先我就義，真男子也！」

元兵陷太和，針工劉士昭者，謀復城不剋，乃血指書帛云：「生爲宋民，死爲宋鬼。赤心報國，死而後已。」即以帛自縊。時又有王士敏者，慷慨不撓，題其裾曰：「此生無復望生還，一死都歸談笑間。大塊盡爲腥血污，好收吾骨首陽山。」臨刑嘆曰：「恨吾病失聲，不能大駡耳！」

宗室孟松，與芮從子也。謀舉兵，事泄被執。范文虎詰其謀逆，孟松曰：「賊臣危我宗社，吾帝室之胄，誼當雪耻。乃更以爲逆耶！」文虎怒，驅出斬之。過宋廟，呼曰：「太祖太宗列聖之靈在天，何以使孟松至此！」都人莫不隕涕。既被刑，雷電晝晦久之。

奸臣

神宗朝，蔡確自知制誥晋御史中丞，又晋參知政事，皆以起獄奪人位而居之。其置獄也，朝士自翰林學士以下，悉逮捕械繫，令獄卒與同寢處。設大盆于前，凡羹飯餅胾，舉投其中，以杓混攪，分飼之，如犬豕然。故久繫不問，于是幸而問，即無事不承矣。

章惇舉進士，爲商洛令。與蘇軾游南山，抵仙游潭，潭下臨絶壁萬仞，横木其上，惇揖軾書壁，軾懼謝不敢。惇平步過之，垂索挽樹，攝衣而上，大書石壁曰：「蘇軾、章惇來。」既還，恬然。軾拊其背曰：「君他日必能殺人。」惇曰：「何也？」軾曰：「能自拚命者，必能殺人。」惇大笑，已果如其言。

瑶華秘獄，惇主之，曾布實附會其事。初法官議罪，猶謂魘魅事未成，不當取極曲。布曰：「驢媚蛇霧，是未成否？」衆皆瞿然，于是死者三人，孟后遂廢。

章惇入相，會妻張氏病將革，屬惇曰：「君作相，幸勿報怨。」既卒，惇一日語陳瓘曰：「悼亡不堪，奈何？」瓘曰：「與其悲傷無益，曷若念其垂絶之言。」惇無以對。

蔡攸既得幸帝，進見無時，與王黼并預宫中秘戲。或侍曲宴，則短衫窄袴，塗抹青紅，雜倡優、侏儒，多道市井淫媟語以相謔浪。妻宋氏，出入禁掖。童貫伐燕，攸爲副宣撫，陛辭日，適二美嬪侍上前，攸指之，請曰：「臣成功歸，乞以二嬪賞。」帝笑而弗責。後語京曰：「攸奏功成，要問朕覓念四、五都。念四者，閻婕好也。知其英氣如此。」京但謝以小子無狀。

秦檜當國，有士人假其書謁楊州守。守覺其僞，繳原書管押其回。檜見之，即假以官資。或問其故，曰：「有胆智敢假吾書，必非常人。若不以一官束之，則北走胡、南走越矣。」

西夏用兵時，有張、李二生，欲以策干韓、范二公，耻于自媒，乃刻詩于碑，使人曳之而過，韓、范疑而不用。及走西夏，詭名張元、李昊，到處題詩。元昊聞而怪之，招致與語，大悦，奉爲謀主，大爲邊患。奸檜此舉，却勝韓、范遠甚，所謂「下下人有上上智」。

檜妻王氏常入禁中，顯仁太后言近日子魚大者絶少，王氏對曰：「妾家有之，當以百尾進。」歸告檜，檜咎其失言，與館客謀，進青魚百尾。太后拊掌笑曰：「我道這婆子村，果然。」

秦檜構格天閣，有某官任江南，思出奇媚之，乃重賂工人，得其尺寸，作絨毯以進，鋪之恰合。檜謂其詗己内事，大怒，因尋事斥之。

秦檜建第于望仙橋，備極宏麗。其死也，值應天府開浚漕河，取土堆府門。有人題詩云：「笑談便解興羅織，咫尺那知有照臨。」二語曲盡檜之奸狀。

施全爲殿司小校，俟秦檜趨朝，乃挾長刃遮檜肩輿刺之，透革不中，逮送大理獄，磔于市。自是檜出，必列軍伍以自衛。

施全刺秦檜于望仙橋下，不中，斬之于市。觀者甚衆，中有一人朗言曰：「此不了漢，不斬何爲！」

洪皓歸自金，名節獨著。檜以致金酋室撚語，不一月，逐去。室撚者，黏罕近侍也。初黏罕行軍淮上，檜爲草檄，室撚時與俱，故因皓歸寄聲。檜方謂士大夫莫有知者，而皓語發其私，故痛以爲恨。先是韓肖胄使還，偕金使至，求盡還北俘，而檜南北二語，適與吻合，故識者早知檜與金人共謀云。

方虜之以七事要我也，有毋易首相之説，正爲檜地。洪忠宣自虜回，戲謂檜曰：「撻辣郎君致意。」檜大恨之。厥後金人徙汴，其臣張師顔者作《南遷録》，載孫大鼎疏，備言遣檜間我，以就和好。于是檜之奸險不臣，其迹始彰彰矣。

程厚子山與檜善，爲中舍時，一日邀至府第内閣，一室蕭然，獨案上有紫綾縹一册，寫「聖人以日星爲紀」，賦尾有「學生類貢進士秦塤呈」，文彩艷麗。程兀坐静觀，反復成誦。雖酒殽問勞沓至，及晚，檜竟不出，乃退。程不曉其故。後數日，差知貢舉，宣押入院，始大悟。即以此命題，此賦擅場，塤遂首選。

鄧孺孝曰：「秦檜欺君誤國，萬世罪人。而有曾孫鉅、鉅子浚、浚弟瀶，皆盡忠孝，以是知世類不可限量人也。鉅通判蘄州，金人犯境，與郡守李誠之協力捍禦，求援于武昌、安慶。月餘，兵不至，城陷。鉅與誠之各以見兵巷戰，死傷略盡，歸署自焚而死。浚先往四祖山，兵至，亟與弟瀶殉父死。」孺孝此論可謂辨矣。然考之史，檜無子，立妻兄王唤孽子爲後，名曰熺。熺子名塤，皆王所自出，則秦氏世絶于檜久矣。嗚呼！檜以奸臣亂人之國，己亦自以妒婦殄絶其家，天道然也。

秦檜墓在建康，墓上豐碑矻立，不鐫一字。蓋當時士大夫鄙其爲人，兼畏物議，故不敢作神道碑及墓誌銘耳。及孟珙滅金回，屯軍于檜墓所，令軍士糞溺墓上，人謂之「穢冢」。

按，檜墓在金陵江寧鎮，歲久榛蕪。成化乙巳秋八月，爲盗所發，獲貨貝以萬計。盗被報，而司法者末減其罪，惡檜故也。

韓侂胄用事十四年，威行宮省。嘗鑿山爲園，下瞰宗廟。孝宗疇昔思政之所，恒偃然居之。老宫人見之，往往有垂涕者。顔棫草制，言其得聖之清。易祓撰答詔，褒以元聖。四方投書獻頌，俱謂伊、霍、旦、奭不足擬，至有稱我王者。所嬖妾張、譚、王、陳，號「四夫人」，每内宴，與妃嬪雜坐。是時言路阨塞，臺諫皆其私人，每月舉論一二尋常細事，謂之「月課」。或勸侂胄立蓋世功名以自固，于是恢復之議起，而卒以自危。初，侂胄擅權日，一時獻佞者皆稱師王。參知政事錢象祖嘗諫用兵，與有隙。史彌遠因與合謀，既得罷相之旨，遂私謀批殺之。寧宗實不知也。都下語曰：「釋伽佛坐中間，胡漢神立兩傍。文殊普賢自鬥，象祖打殺獅王。」聞者絕倒。

賈似道少本博徒，落魄無賴，以其姊有寵理宗爲貴妃，遂詔廷對，擢太常丞。自是恃寵無忌，日縱游娼家，夜即燕游湖上，通夕不返。理宗嘗夜憑高望西湖，燈火異常，顧左右曰：「此必似道。」旦訊之，果然。使京尹戒之，弗悛也。已歷平章，賜第葛嶺。襄陽圍急，似道日坐葛嶺，取宫人、娼尼有美色者淫樂其中。惟故博徒得入縱博，餘人無敢輒窺者。會其妾有兄來，立府門，若將入，似道見，縛而投之火。嘗與群妾踞地鬥蟋蟀。酷嗜寶玩，爲建多寶閣，時時登玩。聞余玠有玉帶，求之，已殉葬矣，乃發其冢取之。

賈似道有異志，有一術士能拆字，賈以策畫地作「奇」字，與之拆。術者曰：「公相之志不諧矣。道立又不可，道可又立不成。」公默不語，禮而遣之。恐泄其事，敕力士害諸途中。

賈似道爲相。臨安失火，賈時在葛嶺，相距二十里，報者絡繹。賈殊不顧，曰：「至太廟則報。」俄而報者曰：「火直至太廟。」賈從小肩輿，四力士以椎劍護，里許即易人，倏忽即至。下令肅然，不過曰：「焚太廟者斬殿帥！」于是帥率勇士，一時救熄。賈雖權奸，而威令必行，其才亦自有快人處。

張邦昌逼處内廷，有華國夫人李氏者，數以果實奉。一夕，邦昌被酒，李氏擁之，曰：「大家事已至此，尚何言！」因以赭色半臂加邦昌身，掖入福寧殿，飾養女陳氏以進。高宗正位，邦昌等俱伏誅，凡僭號四十日。

二帝既北，劉豫受金人册命，僭大號，立八年，而仍爲金所廢。廢之日，豫乞哀于撻辣。撻辣曰：「昔趙氏少帝出京，百姓燃頂煉臂，號泣聲接遠近。今汝廢，無一人憐汝者，又何言？」蓋豫少無行，初入太學，嘗盜其同舍生白金盂紗衣。已官御史，猶爲言者發其醜云。

史彌遠入對，請誅韓侂胄。皇后楊氏素恨侂胄，因彌遠懷中出御批，殛殺于玉津園。王楠以侂胄與蘇師旦二首至金，金主璟御應天門，備黄麾主仗受之，百官上表稱賀。懸二首于通衢，令百姓縱觀。然後漆其首，藏于金器庫。

秦檜死，高宗謂近侍曰：「朕今日始得免于護膝中尖刀耳。」

烏程徐鴻本谷耘校字

史闕卷十四

（明）古劍陶庵張岱紬
（清）吴興柳門鄭佶編

遼史

遼太祖億，字阿保機，生時才墮地，體即如三歲兒，能匐匐。祖母異之，匿之别幕，塗其面，不令人見。三月能行，晬而能言。知未然事，自謂左右若有神人翼衛者。雖髫齡，言必及世務。既長，身長九尺，能關弓三百斤。已嗣其父，自稱「天皇帝」，后曰「地皇后」，太子曰「人皇王」。

穆宗璟，嗜酒無度。十三年之正月，自丁巳至乙丑，晝夜酣飲者凡九日。十八年正月，觀燈，先出銀百兩市酒，命群臣亦市酒，縱飲三夕。三月，如潢河，以獲駕鵝祭天，造大酒器，刻爲鹿文，名曰「鹿甒」，以貯酒。十九年正月，自立春飲至月終，不聽政。初，惑于女巫蕭古，製延年藥，至殺男子取其胆和藥。人有偵鵝失期者，則加炮烙、鐵梳之刑。卒以嗜殺被弑。

聖宗蕭后，小字菩薩哥，美而才。嘗以草莛爲殿式，密付有司，令造清風、八方、天祥三殿。又以白金爲浮屠，俱極工巧。帝寵異之。夏秋從行山谷間，花木如繡，車服相錯，人望之，共訝爲神仙也。無子，子宫人耨斤子，是爲興宗。聖宗崩，耨斤謀殺后。

太子倍，太祖之嫡長子，封東丹國，號「人皇王」。太祖崩，太后欲立德光，倍即讓位。德光立，頗疑之。倍曰：「吾當適他國，以成吴太伯之名。」遂立木海上，刻詩曰：「小山壓大山，大山全無力。羞見故鄉人，從此投外國。」于是携美人，載書，浮海歸唐。明宗迎以天子儀仗，妻以莊宗后夏后。倍性嗜書。初愛醫巫閭山［水］之勝，築室絶頂，署曰「望海」，爲市書萬卷藏其中。精音律、砭爇之術，尤工遼、漢文章，譯《陰符經》，善畫本國人物，如《射騎》《獵雪騎》《千鹿圖》，皆入宋秘府。其子即世宗。

張儉性端悫，舉統和，中進士第一。聖宗獵雲中，故事，行在所至，長吏當有所獻。雲中守臣進曰：「聖駕辱臨，愧臣境無他産，惟幕僚張儉，真一代之寶。願以爲獻。」先是上夢四臣侍側，賜之食，人二口。及是睹僉名悟而異之，即召見，詢時務三十餘條。自此顧遇特異。

陳昭衮，勇而善射，兼掌圍場事。開泰中大獵，帝射虎，以馬馳太疾，矢不及發，虎勢將犯蹕，左右辟易。昭衮捨馬，急趨上前，捉虎兩耳，一躍騎之。虎駭且逸。上命衛士追射，昭衮乃大呼：「止！勿射！」虎雖跳逸，昭衮終不墮，伺便拔佩刀殺之。上驚喜甚，即日設燕，悉席上金銀器以賜，特加節鉞。

金史

太祖阿骨打初起兵，與遼將耶律謝十戰，大敗之，盡敵而止。時撒改來賀，請稱帝，太祖曰：「一戰而勝，遂稱大號，何示人不廣？」已破寧江，進至鴨子河，時遼將蕭糺里以兵十萬至。兩軍對壘，太祖甲士止三千七百人，會大風起，塵埃蔽天，輒乘風縱擊，遼兵遂大潰。先是人言女直兵滿萬，則天下無敵，至是始滿萬矣。尋即帝位。

太祖自將攻黄龍府，師次混同江，無舟，乃使一人導前，乘赭白馬徑涉，曰：「視我鞭所指而行。」諸軍隨之，水僅及馬腹。既渡，使人測渡處，則深不得其底。先是鴨子河之役，太祖夜甫就枕，若有扶其首者三。驚起，而遼兵適至。蓋皆有神助云。

熙宗合剌，蚤年頗英慧，後乃嗜酒，每與近臣飲，必夜以繼日。宰相入諫，輒飲以酒曰：「知卿等意。但今既飲矣，明日當戒。」及明日復然。卒以酒敗。

海陵王亮南侵，既臨江，會世宗即位報至，因問改元云何，曰：「大定。」乃嘆曰：「朕本欲平一江南，改元大定，此豈非天乎？」因出素所書，取「一戎衣天下大定」改元事，以示群臣，蓋數之前定如此。已過烏江，觀項羽祠，嘆曰：「如此英雄，不得天下，誠可惜也。」未幾被弑。

廢主亮嘗自製尖靴，頭極長鋭，云便于鐙；而足指所不及，謂之不到頭；又爲短鞭僅存其半，謂之没下梢。其後渝盟犯順，果爲其下所戕，死于江上。大定初，降封海陵。

金兀术愛一小卒之妻，殺卒而奪之，寵以專房。一日晝寢覺，忽見此婦持刃欲向，驚起問之，曰：「欲爲夫報仇耳。」术默然麾使去。即日大享將士，召此婦出，謂曰：「殺汝則無罪，留汝則不可。任汝于諸將中自擇所從。」婦曰：「誓不從人。」术縱之使去。

張浩字浩然。世宗時，近侍有欲罷科舉者。上以問浩，曰：「自古帝王有不用文學者乎？」浩對曰：「有。」上曰：「誰也？」浩曰：「秦始皇。」上顧左右曰：「豈可使吾爲秦始皇？」事遂中止。

紇石烈良弼，年十四，即爲北京教授，學徒常二百人。世宗嘗問：「每旦暮日色赤，何也？」良弼曰：「旦而色赤，應在東，高麗當之；暮而色赤，應在西，西夏當之。陛下但修德以俟可耳。」未幾，夏有任敬德之亂，高麗有趙位寵之亂。

哀宗既棄汴走歸德，元兵圖汴，崔立時自稱太師，爲送兩宮及梁王、荆王與諸宗室齊赴青城。是日，宮車三十七輛，太后先，中宮次之，妃嬪又次之，宗族男女合五百餘口，次取三教及一切技術諸屬皆赴北，大約如宋靖康故事。

駐蹕山，在昌平州西北二十五里，自金章宗游此，鐫「駐蹕」字，因名也。上有臺，章宗自題「栖雲」。嘯臺下，觀野燒而獵。召其酋長擊球，俄而自擊，自賞之曰：「美乎哉，無人見之。」須臾，石群起若觀。章宗大喜，灌以酪，而石頂至今尚白也。

哀宗守緒，元兵攻蔡，城且陷，上謂侍臣曰：「吾爲金紫十年，太子十年，人主十年，自知無大過惡，死無所恨。所恨者，與自古荒淫殘暴之主等爲亡國，獨此介介爾。」又曰：「古亡國主，往往爲人縶囚，或俘獻辱于庭階，或閉于空谷。朕必不至此。朕志決矣，卿等觀之。」未幾城陷，自縊于幽蘭軒，奉御絳山焚之，瘞其骨于汝水上。

崔立性淫狡，每托軍前索隨駕官吏家屬，因令聚省中親閱之，擇有色者，日亂數人。猶爲不足，又禁城中嫁娶，有以一女故殺十數人者。又薰索居民金寶，百慘倍至。會元兵入，立方在城外，亂兵入其家，悉取立妻妾珍寶且盡。立歸，無如何，爲之一慟而已。其後立爲李琦等所殺，梟其首，以望祭哀宗。尸挂闕前槐樹，樹忽[投]（折）〔一〕。人謂樹有靈，亦厭爲所污也。

完顔陳和尚，名彝，性高朗，好文史，通《春秋左氏》大義。居禁衛，人以秀才目之。元兵入太昌原，以四百騎破元兵八千，名震天下。後戰衛州，戰倒回谷，皆捷。及元兵破鈞州，和尚知事不可爲，趨避隱處，俟掠定乃出。自言曰：「我金國大將，欲見白事。」兵士擁至行帳前，問姓名，曰：「我忠孝軍總領陳和尚也。太昌原、衛州、倒回谷諸捷，皆我爲之。令戰敗死亂軍中，人將謂我負國。今日明白死，天下必知有我者。」時勒其降，至斫足折脛不爲屈，割口吻至耳，猶噀血而呼，死不絶聲。大將義之，酬以馬湩，曰：「好男子！他日再生，當令我得之。」

完顔絳山，當元兵入蔡，哀宗自縊幽蘭軒。近侍皆迸散，絳山獨留，放火焚幽蘭軒。爲兵所執，問爲誰，答曰：「我完顔絳山也。」兵曰：「衆散，若何獨留？」曰：「吾君終于是，吾候火滅，瘞其骨耳。」兵笑曰：「若命且不保，能瘞而主耶？」絳山曰：「吾主有天下十餘年，身死社

〔一〕「投」，《熊批史闕》作「折」，據改。

稷，忍令暴露？吾逆知君輩必不遺我，俟瘞我君，寸斬無憾。」兵以告帥奔蓋。帥義之，曰：「此奇男子。」絳山乃拾餘燼，裹以敝衾，瘞之汝水上。再拜慟號，將赴汝水，兵救之。後不知所終。

麻九疇字知幾。三歲識字，七歲能草書，作大字有及數尺者，時目爲神童。章宗召見，問曰：「汝入宮殿中，亦懼怯否？」對曰：「君臣猶父子也，子寧懼父？」上大奇之。

金郭斌守會州，元梅竺通取之。斌食盡城破，手劍驅妻妾聚一室，焚之，已而自投火中。有女奴自火中抱兒出，授人曰：「將軍盡忠，汝忍使其絕嗣？此其子也，幸哀而收之。」言畢後，投火死。竺通聞之惻然，命保其孤。

元史

太祖奇渥温鐵木真

帝即位二十二年崩。疾將革，謂左右曰：「金精兵在潼關，南據連山，北限大河，難以遽破。若假道于宋，宋金世仇，必能許我。許則下兵唐、鄧，直擣大梁。金急，必徵兵潼關。然以數萬之衆，千里赴援，人馬疲敝，雖至弗能戰，破之必矣。」言訖而瞑。已卒，用其策滅金。

耶律楚材三歲而孤，母楊氏教之。及長，博極群籍，天文、地理、律歷、陰陽家，無不精解。太祖置之左右，每呼「吾圖撒合里」而不名，華言「長髯人」也。帝西討回回禡旗日，雨雪三尺。帝疑之，楚材曰：「玄冥之氣，見于盛夏，尅敵之徵也。」庚辰冬大雷，復問之，對曰：「回回主當野死。」後皆驗。嘗從下靈武，諸將争取玉帛子女，而楚材獨收遺書及大黄。已，軍中疫，得大黄輒愈。

太祖北征，至東印度，駐鐵門關，有一角獸，鹿形馬尾，其高數丈，其色緑，能作人語，曰：「此非帝世界，宜速還。」耶律楚材進曰：「此名角端，乃旄星之精也。聖人在位，斯獸奉書而至，日馳萬八千里，靈異如鬼神，不可犯也。此殆天使以告陛下。」帝即日班師。

太宗窩闊台

太宗時，速哥嘗奉使至金，謁者令下拜。速哥曰：「吾大國使，肯爾屈乎？」金主壯之，取金巵飲之酒。速哥飲畢，即懷其巵以出。已從歸途，默圖其山川阨塞及城郭堅瑕之狀以獻，因獻所懷金巵，上喜曰：「吾得金于汝手中矣。」

太宗時，中原法制未定，官無儲積，近臣遂言漢人無補于國，宜空其人以爲牧地。楚材曰：「陛下南伐，軍需所資，若均定中原地稅、商稅、鹽酒、鐵冶、山澤諸利，歲可得銀五十萬、帛八萬匹、粟四十餘萬石，何謂無補哉？」乃奏立燕京等十路徵收課稅使，凡長貳悉用士人。辛卯，帝至雲中，十路歲輸畢集，帝笑謂楚材曰：「汝不去朕左右，而能使國用充足如此。」即日拜中書令。

汴京將下，大將以金人抗拒良久，議城下日屠之。楚材聞，馳奏曰：「將士暴露數十年，所欲得者，土地、人民耳。得地無民，將焉用之？」帝尚猶豫，楚材復曰：「奇巧之工，厚藏之家，皆萃于此。若盡殺之，將無所獲。」乃詔罪止完顏氏，餘皆弗問，得民百四十七萬人。

楚材與諸王燕，醉卧車中，帝臨平野望見，直幸其營，登車手撼之。楚材方酣睡，怒其擾己，忽張目視，始知帝，驚起謝。帝曰：「有酒獨醉，而不與朕共樂耶？」笑而去。楚材不及冠帶，馳詣行宫。帝爲置飲，極歡而罷。帝性嗜酒，日與諸大臣酣飲，楚材屢諫不聽。一日持酒槽鐵口進曰：「麴蘖能腐物，鐵尚如此，况五臟乎？」帝語近臣曰：「汝曹愛君，寧有如吾圖撒合里者？」即敕近臣日進酒三鍾而止。

丁酉，楚材奏命宣德周宣課使劉中隨郡考試，以經義、詞賦、論分爲三科，儒生被俘爲奴者，亦令就試，其主匿弗遣者死。得士四千三十人，免爲奴者四之一。

太宗疾篤，醫言脉已絶，皇后召楚材問之。對曰：「今任使非人，囚繫非辜者多。古人一言而善，熒惑退舍。請赦天下囚徒。」后即欲行之。楚材曰：「非君命不可。」俄頃，帝少蘇，因入奏，請肆赦，帝首肯。是夜，醫者候脉復生，翌日瘳。冬十一月，帝將出獵，楚材以太乙數推之，言不可。左右皆曰：「不騎射，無以爲樂。」獵五日，而帝崩于行在。

先是，西域諸國及宋與高麗使者來，語多誇詡，帝頗厭之。一日，適諸國使咸在，帝指楚材示之，曰：「汝國有如此人乎？」皆謝曰：「此殆神人，本國實無有。」帝乃曰：「汝等向多浮言，惟此言不妄。吾亦知汝國無此人也。」已，太宗崩，楚材亦尋卒。有譖其爲相久，天下貢賦半入其家者。是時乃馬真后命近臣覆閲之，惟琴阮十餘，及古今書畫、金石遺文數千卷而已。

世祖忽必烈

宋鄂漢降臣張宴然等，上書乞存趙祀。帝召赴闕，諭曰：「卿言良是。比奏至，已詔伯顔按兵不進，仍遣廉希賢持書往諭，果能悔過來附，既往之愆，朕復何尤？即權臣賈似道，朕尚無罪之之心，況肯令趙氏乏祀乎？」是時，似道方誇戰勝以紿其主，凡北使至南，恐其敗露已事，每拘留之，無得達者。宋遂以亡。

湖州長興縣有金沙泉，泉不常出。唐時用此水造紫笋茶進貢，有司具儀祭之，始得水，事訖即涸。宋末屢浚治，泉不出。是時，帝遣官致祭，一夕水溢，可溉田千畝。所司以聞，賜名「瑞應泉」。

宋亡，其幼主朝于上都，是日大宴，后獨不樂。帝詰之，后曰：「妾聞自古無不亡之國，毋使吾子孫及此，幸矣。」一日，又召后視宋府庫舊物，后遍視訖，無所取。帝怪之，后曰：「宋人蓄貯以遺子孫，子孫不能守而歸我，我何忍取？」帝爲惻然。

史天澤，年四十始折節讀書，尤熟于《資治通鑑》，立論多出人意表，居恒未嘗自伐其能。及臨大節，議大事，輒毅然身任天下之重。拜相之日，門庭悄然。或勸其以權勢自張，答曰：「君亦聞韋澳之語周墀乎？曰：願相公無權，爵禄刑賞自天子出，何權之有？」言者慚服。出入將相五十年，上不疑而下無怨。人以比郭子儀與曹彬云。

劉秉忠八歲，日誦千言。年十七，爲府令史，鬱鬱不樂。一日投筆嘆曰：「大丈夫不遇，當隱居求志，乃汩汩刀筆吏乎！」即棄去，隱武安山。久之，天寧虛照禪師招爲僧，俾掌書記。後至雲中，留居南堂寺。世祖潛邸，海禪師被召，過雲中，聞其名，邀與俱北。既入見，應對稱旨，屢承顧問，卒爲一代元勛。

秉忠學無所不窺，尤精《易》及邵氏《經世》書，于天文、地理、律歷、三式、六壬、遁甲之屬，無不精解，論天下事若指掌。位極人臣，而齊居蔬食，澹然不異儒素。居恒優游嘯咏，自號藏春散人。世祖常言：「秉忠術數神奇，惟朕知之，他人莫得聞也。」

世祖在潛邸，秉忠上書數千言，皆天下大計。已即位，秉忠謀謨帷幄，不離左右。然猶不改舊服，人稱聰書記。聰書記者，因其爲釋時嘗名子聰也。後以學士王鶚言，始拜官，尋入中書。妻以竇默之女。扈從上都，忽築室南屏山居之，是年秋八月無疾端坐而逝。其爲詩瀟散閑澹，類其爲人。有文集十卷。無子。

世祖既定天下，從容問秉忠曰：「天下無不敗之家，無不亡之國。朕之天下，後當誰得？」對曰：「西方之人也。」又問秉忠曰：「今之定都，惟上都、大都耳，何處最佳？」對曰：「上都國祚短，民風淳；大都國祚長，民風淫。」遂定都燕之計。因命秉忠監築京城，開土得一巨穴，内有紅頭蟲，不知幾萬。世祖以問秉忠，曰：「此何祥也？」對曰：「異時代國家者，乃此物也。」

世祖思太祖創業艱難，俾取所居之地青草一株，置于大内丹墀之前，謂之自儉草。太祖起龍朔，破大金。世祖得襄陽，平南宋，天下一統，取《易經》「大哉乾元」之義，國號大元，取「至哉坤元」之義，年號至元。

郝經讀書萬卷，尚氣節。其文豐蔚豪宕，詩多奇崛。嘗爲國信使使宋，被拘十六年。宋亡，經還。是歲汴京民射雁金明池，得繫帛書詩，云：「霜落風高恣所如，歸期回首是春初。上林天子援弓繳，窮海孤臣有帛書。」後題曰「至元五年九月一日放雁，獲者弗殺。國信大使郝經書于真州忠勇營新館」。

成宗鐵穆爾

帝即位，下詔蠲租。浙江行省臣上言江南與江北異，貧者佃富人之田，歲輸其租。今所蠲特及田主，其佃民輸租如故，則是恩及富室而不及貧民也。宜令佃民當輸田主者，亦如所蠲之數。詔曰：「可。」

仁宗愛育黎拔力八達

趙孟頫字子昂，至元中程鉅夫奉詔，搜訪江南逸才，以孟頫見。孟頫才氣英爽，望之若神仙中人。世祖一見喜甚，從容諮訪治道，命坐右丞葉李上，有旨令其出入宮門無禁。一日，行東御牆外，道險馬墮，至傷其股。帝聞，爲移御牆稍西二丈許，其見禮重若此。仁宗與侍臣論文學士，以孟頫比唐李白、宋蘇軾云。又嘗稱孟頫詩文奇逸，讀之飄飄有仙氣，所作篆籀分隸、真行草書，皆妙絶名天下。嘗有天竺僧涉數萬里來，求其書爲國寶。其畫山水木石、花竹人馬，無不精緻。所著有《尚書注》，又著《琴原》《樂原》，得律吕不傳之秘。

趙松雪肌膚極細潤，常服止用軟綾絹，遇絺葛，肌即傷擦。元主以其儀觀非常，且宋之宗室，懼爲衆望所歸，竊忌之。一日步至館閣，松雪適據案書牘，乃默從後相其肩背，笑曰：「此不過秀才官耳。」自是信任不疑。

仁宗命趙子昂之妻管夫人書《千文》，敕玉工磨玉軸，送秘書監裝池收藏。因又命子昂書六體爲六卷，雍亦書一卷，且曰：「令後世知我朝有善書婦人，且一家皆能書，亦奇事也。」

宦者李邦寧，宋小黄門也。宋亡，入侍世祖，稱旨，遂見親任，階金紫，屢攝大祀。仁宗即位，當釋奠國學。邦寧以舊臣隆任，奉敕攝祭文宣王。甫就位，忽大風起，殿上兩廡燭盡滅，燭臺底鐵鐏入地尺許，無能拔者。邦寧悚息伏地，諸執事皆伏地，良久始成禮。邦寧驚悸累日。

泰定帝也孫鐵木兒

燕鐵木兒，既附文宗謀逆，秉大權，恣横無忌，一宴或宰十三馬。取泰定后爲夫人，前後尚宗室女凡四十餘。至有交禮三日即遣去者，後房充斥，不能盡識。一日，宴趙世延家，男女列坐，名「鴛鴦會」。見一婦色甚麗，問爲誰，意欲與俱歸。左右曰：「此太師家人也。」未幾，病溺血卒。

明宗和帝瑓

帝既即位于行殿，特命臺臣曰：「天下國家，譬猶一人之身，中書則右手也，樞密則左手也。左右手有病，治之以良醫。省院缺失，不以御史臺治之可乎？風紀肅則貪墨懼，猶斧斤重則入木深，其勢然也。」頃之被弑。

順帝妥懽帖睦爾

宋少帝㬎既降元，封瀛國公。及長，世祖以公主配之。一日與内宴，酒酣，立傍殿檻間。

世祖恍惚見龍爪攫拏狀。時有獻謀除滅者，世祖疑而未許。瀛國密知之，乃乞爲僧，往吐蕃學佛法。因挈金石公主姬御遁居沙漠，易名合尊。長子亦爲僧，名完普。頃之復誕一子。時明宗爲周王，亦遁沙漠，與少帝、公主往來，遂乞少帝子與其妻邁來的爲子，即順帝也。其生之年，爲大德七年庚申。大明兵入燕都，遁去。當時人祇呼庚申君。既卒，國人謚曰惠宗。

順帝好觀古名畫，夔夔進郭忠恕《比干圖》。一日，帝覽宋徽宗畫，嘆賞不已。夔夔徐奏曰：「徽宗洵多能，惟一事不能耳。」帝問：「何事？」對曰：「獨不能爲君。國破身辱，皆由不能爲君也。」帝爲改容。

小雲石海涯，自號酸齋，年十二三，膂力已絶世。嘗使健兒驅三惡馬疾馳，已持槊立。待馬至，騰上之，越二而跨其三，運槊風生，觀者辟易。或挽弓射生，上下峻阪如飛舉。已復折節讀書，目五行下，文不襲故，而獨奇峭。歌行樂府，慷慨激烈。居恒雅歌投壺，意所暢適，絶不爲形迹所拘也。

余闕，進士及第。順帝時，奉命守安慶，會陳友諒自上游直擣小孤山，薄城下。闕率衆乘城，晝夜不得息，屢擊賊敗去。會群盗四面蟻集，外無一甲之援，勢不支，闕猶徒步揮戈，爲士卒先。士卒號哭止之，闕愈憤激，孤軍血戰，身被十餘創，城遂陷。闕知不可爲，引刀自剄死。

其妻若子若女皆赴井死。是時，城中士民至相率登城樓自捐其梯，曰：「吾寧從余公死，不願與賊俱生也。」

順帝末年，怯薛官哈剌章夢太祖召見，曰：「吾勤勞取天下，以傳妥懽帖睦爾。而愛猷識理達臘不剋肖，廢壞我家法。若不即改圖，天命去矣。爾是吾功臣後，故語汝，汝亟以吾言告爾主及愛猷識理達臘。汝不告，吾即殛汝。告而不改，吾自處之。達禮麻識理知而不言焉，用彼相，吾今先殛之矣。」及旦入朝，具以夢告帝，令告太子，比出，則達禮麻識禮已無疾而卒。

馮三，湖廣省中一公使也。目不知書，而性獨烈。盜陷湖廣，掠三以從。三曰：「賊名惡，我豈可爲！」衆强之，勿從，且罵賊。賊怒，乃縛諸木，而舁之以行，漸刲其肉，三罵愈厲，至斷其喉而死。是時三之妻號泣從其後，每刲肉落地，輒俯而拾之，納布裙中。已，伺賊遠，收三血骸，脱衣裹之，投江而死。

趙宏毅，嘗受經吴澄，官編修。明兵入都城，宏毅曰：「臣各爲其主。」遂自殺。其子恭，職中書管勾，曰：「吾父子同食禄，父已死，吾何忍獨生？」或曰官卑，何自苦。恭叱曰：「忠義人各自盡，寧問職之崇卑乎？」輒公服北向再拜，亦自殺。時恭女官奴見恭死，方大慟，適鄰嫗數輩來挽之出避，女曰：「我未適人，避將安之？」群嫗力挽之，女曰：「人生在世，便百歲，終須一死。」亦自殺。

石明三與母居餘姚山中。一日，明三自外歸，覓母不見，惟見臥内有三虎子，知母爲虎所噬，乃盡殺三虎子。復礪巨斧立壁間，伺虎至，斫之，裂其腦。已復操斧伺牡虎于岩畔，牡虎至，又斫之。明三亦遂僵于岩畔，立不仆，張目如生，執斧牢不可拔。

徐氏，名彩鸞，浦城徐嗣源之女。通經史，每誦文天祥《六歌》，輒歔欷墮泪。至正中，賊冠浦城，徐氏從父逃。賊及之，欲殺嗣源，徐氏前曰：「此吾父也。寧殺我。」賊捨父而逼徐氏。氏語父曰：「兒義不受辱，父可急去。」賊乃拘徐氏，至桂林橋，徐拾炭題詩壁間，末云：「惟有桂林橋下水，千年照見妾心清。」題畢，厲聲罵賊，投水而死。

梅花道人吴仲圭，自題其墓曰「梅花和尚塔」。後值兵火，以和尚墓獨全。人稱其有樗里子之智。

張天雨字伯雨，錢塘黄冠，號真居，宋張九成之裔。後入華陽洞，自號句曲外史。初見虞伯生，全不言儒家事，祇問道家典故。雖答之，或不能詳，末問能作幾家符篆，曰：「不能。」伯生曰：「某試書之，以質是否。」連書七十二家，伯雨汗流浹背，輒下拜曰：「真吾師也。」自是托交甚契，故與伯生書必稱弟子。伯生名集，世稱邵庵先生，宋丞相允文之後。

王冕字元章，會稽人，號山農。人目爲狂奴。當天大雪，乃赤脚上潛岳峰，四顧大呼曰：「遍天地皆白玉合成，使人心膽澄澈。」便欲仙去。

王元章于香爐峰下種梅千樹，架屋其間，署曰梅花書屋。嗜畫梅，畫成輒題咏，有詩曰：「我家洗研池頭樹，個個花開淡墨痕。不要人誇好顔色，衹留清氣滿乾坤。」或以是詩刺時，欲執之，遂遁去。後明太祖物色得之，因與糲飯蔬羮。山農且談且食，應制作一絶云：「獵獵北風吹倒人，乾坤無處不生塵。胡兒凍死長城下，始信江南别有春。」上喜甚，謂可與共大事，授咨議參軍。一夕暴卒。

陶宗儀字九成，號南村。崎嶇亂離，每以筆墨自隨，作勞之暇，時時休于樹陰。有聞見，摘葉書之，貯一破盎，去則埋于樹根，累盎至十數。一日盡發其藏成帙，題曰《輟耕録》。

顧仲瑛遭亂，盡散其家貲，乃削髪爲在家僧，自稱「金粟道人」。乃畫其像，題曰：「儒衣僧帽道人鞋，天下青山骨可埋。若説少年豪俠處，五陵球馬洛陽街。」

楊廉夫嘗得古斷劍于洞庭湖上，煉以爲笛，名之曰「洞庭鐵龍」；又得胡琴于大陵吕氏；得宋徽宗象管于杭老宫人；得文文山石硯，上有玉帶文；得賈秋壑古琴于赤城；得秦始皇古陶甕，盛酒其中，經歲不變，則折花其中，又能自葩實不死，名之曰：「陶氏太古春，以六物爲客，而自居其間，總而名之曰『七客寮』。」

楊鐵崖晚居泖湖，嘗曰：「吾未七十休官，在九峰三泖間，殆且二十年優游光景，過于樂天，有李五峰、張句曲、周易癡、錢思復爲倡和友，桃葉柳枝，瓊花翠羽，爲歌歈伎，第池臺花月主者，乏晉公耳。然東諸侯如李越州、張吴興、韓松江、鍾海鹽，聲伎高宴，余未嘗不在其坐，則池臺主者未嘗乏也。風日好時，駕春水宅，先生舫名。赴吴越間，好事者招致，效水仙舫故事，蕩漾湖光鳥翠，望之，呼鐵龍仙伯，未知香山老人有此無也？」客有小海生賀公爲江山風月神仙福人，且畫公小像，以八字字之。又賦詩其上曰：「二十四考中書令，二百六字太師銜。不如八字神仙福，風月湖山一担擔。」鐵崖晚年卧起小篷臺，不復下直，榜于門曰：「客至不下樓，恕老懶；見客不答禮，恕老病；客問事不對，恕老默；發言無所避忌，恕老迂；飲酒不輟樂，恕老狂。」其誕情傲世如此。

洪武初，太祖將召楊維禎用之，令近臣促入京師。維禎托疾固辭，作詩曰：「天子來徵老秀才，秀才懶下讀書臺。商山肯爲秦嬰出，黄石終從孺子來。太守免勞堂下拜，使臣且向日邊回。袖中一管《春秋》筆，不爲傍人取次裁。」或勸上殺之，上曰：「老蠻子正欲吾成其名耳。」遂赦之。

倪元鎮所居，有清秘閣、雲林堂，其清秘閣尤勝。前植碧梧，四周列以奇石，蓄古法書、名畫其中，客非佳流不得入。嘗有夷人入貢，道經無錫，聞元鎮名，欲見之，以沉香百斤爲質。元鎮令人紿云：「適往錫山飲泉。」翌日再至，又辭以出探梅花。夷人以不得一見，徘徊其家。元鎮密令開雲林堂，使登焉。堂東設古玉器，西設古鼎、彝、尊、罍，夷人方驚顧，問其家人曰：「聞有清秘閣，可一觀否？」家人曰：「此閣非人所易入，且吾主已出，不可得也。」其人望閣再拜而去。

倪雲林山水早歲學董北苑，後乃自成一家。《圖繪寶鑑》以爲師馮覲。覲，閹人耳。雲林負氣節，必不肯師其畫法。

倪元鎮當至正初，天下尚無事。元鎮日鬻其田産，不事家業，惟逍遥吟咏，兼寓意于圖畫，人竊笑之。後兵興，諸富家田産飄剥殆盡，衆始服其先見。

倪雲林善畫山水，獨不寫人物。高皇帝問曰：「見卿山水俱無人物，何也？」倪曰：「世無人物可畫耳。」

至正間，瑞州上高縣有術士曾義山者，世居縣十五里外胡蘆石畔，嘗開卜肆于縣南之橋址。有瞽丐者日過肆前，義山必禮而與之語，或啖之果餌。久之，丐者告義山曰：「明日有三人共一目來者，有異術，君宜叩之。」明日果有眇一目者，曳杖導二瞽者過肆，義山隨之拜于縣北之鸕鷀洲。一瞽者曰：「當以小橈爲誓。」遂以書授義山，且畫沙指訣，盡其秘妙，其書名《銀河棹》。義山後占卜如神。紅巾賊起，邑人以義山卜，皆知預避，紅巾賊行掠無所得。詗知義山神卜，恨欲殺之，義山匿縣西觀音閣得免。遂不復行其術，密藏其書于胡蘆石洞中，臨終囑其子曰：「某年月日，有劉姓過吾家，取書畀之。戒不可泄。」後劉伯温官江西高安，果經義山家，其子如義山言，授以書。伯温遂棄官歸青田。以孫炎聘，見明太祖于金陵。

烏程徐鴻本谷耘校字

跋

右《史闕》十四卷，寧都下河巡檢蔣君芝樓貽余者也。芝樓得之吴門肆上亂書堆裹，題曰「古劍陶庵張岱紬」。岱之爲人不可考，其旨法《春秋》書「夏五」闕文取義之意，上自伏羲，下逮金元，有明一代不與焉，意其時明史未之修歟？其所序述，有與正史事同而文異者，有與正史全異者，辨證博洽，持論平允，熟讀百史而得間者也。原本密行密格，未經繕寫，紙色甚舊，摺痕皆斷裂，殆非近時所抄。間有次序差錯，字畫魚魯，余與屠君愚谷同爲考訂。愚谷之力居多，且手録一通，置諸案頭。愚谷之舅氏徐君谷耘，于余爲内兄弟，其于異書有嗜痂之癖，見之狂喜，任貲付刊，閲三月而竣。於呼！向不爲芝樓所得，沉埋于廢紙叢中，歸于一炬，余何由得見？谷耘不即爲壽之梓，藝林亦不及共賞。今其傳也，豈偶然哉？芝樓名曾灼，吴縣人。

時道光四年歲次甲申閏七月朔，吴興鄭佶柳門氏跋〔一〕。

〔一〕《熊批史闕》于跋末附熊氏識語云：「張岱，明末人。著有《陶庵夢憶》行于世。鄭氏言岱之爲人不可考，殆未見《夢憶》一書故也。中華民國七年十月，熊佐虞。」

後跋

曩余跋《史闕》，謂作者之行詣不可考。歲乙酉，延嚴耐齋學博兆元課諸孫，一日，語及之。耐齋曰：「《山陰縣志》有之。」因撿以示余。按志，張岱字宗子，明廣西參議汝霖孫。少時陳繼儒命屬對，奇之，呼爲小友。比長，好結納海内名流，家世通顯，畜梨園數部，徵歌度曲無虚日，未嘗見其挾册吟誦，而酒間譚故事，自四部、《七略》以及唐宋説家瑣屑之書，靡不該悉。頡頏詩酒社中，鮮有能難之者。讀書有天授，睢陽之流亞歟？明亡，隱剡溪山中，著書十餘種，率以夢名，蓋追感少壯時豪華，而作《硯雲甲乙編》，所刻者一也。其《石匱書》紀明代三百年事，異聞尤多。谷應泰提學兩浙時購之，爲《明史紀事本末》，世無知爲岱者。《史闕》無卷數，六册，寫本。余所得一册，厚二寸許，上溯皇古，下逮元末，雖不列卷目，似非未全之本，前已依時代分卷梓行矣。沈曉滄明府炳垣見之，寄余序云「古劍，『劍』字疑『剡』訛劍」，而原本自序及卷首皆作「劍」。序之書法甚佳，斷非兩書皆訛，惜未及晤曉滄，以原本質之。金忠淳跋《夢憶》，謂父汝霖實未見郡邑《志》，漫以所閲《舌華録》而懸揣耳。夫《石匱》一書，既爲人掠美，已刻之。《夢憶》又乖其世系，爲可憫也。《志》云六册，海内搜羅家得有别本，惠而示余，應續刊刻。今余考之既審，不敢改易前之跋語，以識余之謭陋，抑以嘉耐齋之攟鐸山陰，而能潛心于其邑之文獻有如此。

道光七年歲次丁亥臘月，吴興鄭佶柳門甫書于維揚官舍之題襟館，時年七十有八。